2015年河北省生物学强势特色学
科建设项目资金及2014年中西部
高校提升综合实力专项资金人才
培养和创新团队建设项目资助

高级生物统计学

马寨璞 编著

科学出版社
北京

内 容 简 介

本书主要为《生物统计学》的后续课程内容，对生物科研人员经常遇到的数据分析问题进行了通俗的讲解，并给出了数据分析的通用程序。全书共10章，内容包括多维数据的组织与整理、多元统计学与矩阵计算基础、假设检验、判别分析、聚类分析、主成分分析、因子分析、对应分析、典型相关分析和多维标度法。本书充分考虑了生物科研人员的数学基础，以深入浅出的文字对原理进行了讲解，以极其详细的步骤展示了数据分析过程，以傻瓜式的通用代码给出了解决方案，可以帮助生物科研人员对数据分析做到抓大放小，既领会数据分析的思想，知道为什么要这样做，又方便执行，可以很快得到结果。

本书适合生物类、药学类等专业高年级本科生或研究生使用，作为教材或自学材料均可，也是教师和科研工作者的得力助手。

图书在版编目（CIP）数据

高级生物统计学/马寨璞编著. —北京：科学出版社，2016.1
ISBN 978-7-03-046802-4

Ⅰ. ①高… Ⅱ. ①马… Ⅲ. ①生物统计 Ⅳ. ①Q-332

中国版本图书馆 CIP 数据核字（2015）第 321684 号

责任编辑：刘 畅 / 责任校对：贾伟娟
责任印制：张 伟 / 封面设计：迷底书装

科 学 出 版 社 出版
北京东黄城根北街 16 号
邮政编码：100717
http://www.sciencep.com
北京盛通商印快线网络科技有限公司 印刷
科学出版社发行 各地新华书店经销
*
2016 年 1 月第 一 版 开本：787 × 1092 1/16
2022 年 9 月第七次印刷 印张：20 1/2
字数：486 000

定价：79.00 元

（如有印装质量问题，我社负责调换）

前　言

随着实验技术的发展与数据获取的便捷，越来越多的数据出现在科研人员面前，面对庞大的数据，如何从中挖掘出人们所需要的信息，是每一个生物科技工作者感到棘手的问题，虽然有类似《多元统计分析》这样的教材可供参考，但总结起来，这些教材有以下几个特点。

一是多数教材面向统计学专业或者数学专业学生，这类教材有各种译著和影印版等，教材内容多，有些教材更偏重于数学推导，不适合生物学类研究生的“弱”数学背景。

二是多数教材中涉及的例题，其数据都是和财经管理类专业相关，对问题的解释也都是和财经类相关的，对于生物类各专业的学生来讲，这些例题内容显得过于生疏，“不合胃口”。

三是多数教材中使用 SPSS 或者 SAS 软件进行数据分析，讲授 SPSS 操作过程，截图数据解释，有些必要的细节在正文中没有讲授，却在 SPSS 操作中直接解释，显得过于突兀。另外，对于关心数据操作细节，喜欢刨根问底的细节探究者，使用 SPSS 操作，无法显示每一步的具体结果。

为此，在讲授《生物统计学》的基础上，笔者试着以一种新的方式编写这本《高级生物统计学》。

在理论讲授上，做到既有必要的理论知识介绍，又不过分拘泥于数学理论细节，做到理论上理解“是那么回事”即可，不探究数学细节，够用就好。《高级生物统计学》中，每一种方法都有其对应的哲学思考，如主成分分析，我们就认为它对应着哲学中的“抓住主要矛盾”或者“抓住矛盾的主要方面”，在讲授理论的过程中，适当拓展这种方法的哲学应用基础，有助于我们进行创新思考。

但在具体计算实施上，则采用和理论讲授相反的策略，我们利用自编的 MATLAB 代码，具体实现每一步的操作，做到理论讲授的“粗放”和动手计算的“细化”相结合，该粗的要粗，该细的要细。因此对每一个例题，尽量做到详细计算，几乎都给出了每一步的具体计算结果，以方便读者观察、验证。这样安排理论介绍与例题解释，有助于读者更加深刻地掌握知识。

在实践操作与应用上，尽量做到减少输入与步骤。在具体应用时，读者只需要提供格式化的数据，然后参考程序说明写上一两句调用代码即可，每个程序都提供详细操作说明，具有“傻瓜式”、“一键式”操作特点，操作极其简单明了，书中所附每段代码都经过了实践验证，在 MATLAB 2012a 及以上版本运行正常，低于该版本的 MATLAB，有可能个别指令不兼容。

在习题的选择上，每一章的习题都是从众多已经公开发表的文献中精心摘选的，选用这些数据作为对应章节的习题，一是可以让读者进行习题训练，达到掌握本章节基础理论知识的目的；二是拓展读者的思考深度，读者可以研习每道习题的计算结果，并参考原作者是如何解析这些数据的，对比自己的解读，会发现如何才能做到更深入的分析，为此，每道习题都给出了详细的参考文献出处。本书代码及习题数据可填写本书最后一页的读者反馈表索取。

高级生物统计学是面向生物类各专业研究生的必修专业基础课，其主要内容也是各类生物科研人员必须掌握的数据分析方法。在教学过程中，笔者遇到许多需要更深入学习统计知识的研究生，他们对统计知识的理论要求不高，要求方法操作越简单越好。基于此，本书采用 MATLAB 编程实现每一章的计算，并附于每章的末尾，以帮助学习验证及满足工作需要。另外，对于所附的编程代码，笔者不刻意追求过分精简，毕竟程序是给人读的，过分简练的代码，像(^(\(\d{3}\)|^\d{3}[.-]？)？\d{3}[.-]？\d{4}$)这样的正则表达式，虽然缩短了程序的长度，节省了篇幅，但类似于天书，并不适合日后的维护。

在本书编写过程中，河北大学生命科学学院院长康现江教授曾多次关心编写进度，并给予鼓励与帮助。对于本书的编写出版，管越强教授也多次给予具体业务指导与帮助。在书稿文字校核时，研究生张凯利和王慧欣做了耐心细致的阅读。科学出版社的编辑对本书的出版付出了辛勤的工作，对于他们的支持与帮助，表示衷心的感谢。本书的出版，还得到了“2015 年河北省生物学强势特色学科建设项目”资金及“2014 年中西部高校提升综合实力专项资金人才培养和创新团队建设项目”资金的支持，在此一并表示深深的感谢。

马寨璞

2015 年 12 月

于河北大学

目　录

前言
第一章　多维数据的组织与整理 …… 1
　第一节　多维数据的组织 …… 1
　第二节　多维数据的可视化 …… 2
　习题 …… 19
第二章　多元统计学与矩阵计算基础 …… 23
　第一节　多维随机变量的一些概念 …… 23
　第二节　多元正态分布 …… 25
　第三节　WISHART 分布 …… 29
　第四节　HOTELLING 分布 …… 30
　第五节　WILKS 分布 …… 31
　第六节　多元随机变量的数字特征 …… 32
　第七节　矩阵分解与导数 …… 33
　第八节　数据读取的 MATLAB 实现 …… 35
　习题 …… 46
第三章　假设检验 …… 48
　第一节　引言 …… 48
　第二节　均值向量的检验 …… 49
　第三节　协方差矩阵的检验 …… 53
　第四节　实例计算 …… 55
　第五节　假设检验的 MATLAB 实现 …… 58
　习题 …… 72
第四章　判别分析 …… 76
　第一节　引言 …… 76
　第二节　距离判别法 …… 76
　第三节　Bayes 判别法 …… 81
　第四节　Fisher 判别法 …… 84
　第五节　判别分析的 MATLAB 实现 …… 86
　习题 …… 92
第五章　聚类分析 …… 97
　第一节　引言 …… 97
　第二节　相似性 …… 97
　第三节　系统聚类法 …… 101
　第四节　系统聚类分析 MATLAB 实现 …… 108

第五节　热图与聚类……117
第六节　其他聚类方法……134
习题……145
第六章　主成分分析……150
第一节　引言……150
第二节　主成分分析的几何解释与推广……151
第三节　数学原理与主要性质……153
第四节　主成分应用举例……156
第五节　主成分分析的 MATLAB 实现……167
习题……176
第七章　因子分析……181
第一节　因子分析的基本概念……181
第二节　因子模型……182
第三节　载荷矩阵的求解……186
第四节　因子旋转与得分……190
第五节　因子分析详细算例……194
第六节　因子分析的 MATLAB 实现……203
习题……209
第八章　对应分析……215
第一节　对应分析的基本思想……215
第二节　对应分析数据的列联表表示……215
第三节　对应分析的基本理论……217
第四节　对应分析的具体步骤与注意事项……220
第五节　对应分析举例与 MATLAB 实现……224
习题……250
第九章　典型相关分析……254
第一节　引言……254
第二节　基本理论性质……254
第三节　样本数据的典型相关分析……260
第四节　典型相关分析的几个问题……263
第五节　典型相关计算过程实例……266
第六节　典型相关分析解读实例……269
第七节　典型相关分析的 MATLAB 实现……276
习题……285
第十章　多维标度法……290
第一节　引言……290
第二节　古典 MDS 的基本原理……291
第三节　非度量 MDS 的求解……295

第四节　权重多维标度……297
第五节　古典 MDS 实例计算详解……298
第六节　多维标度的 MATLAB 实现……305
习题……312
参考文献……316

第一章 多维数据的组织与整理

第一节 多维数据的组织

随着实验技术的提高与实验手段的多样化，生物科研工作者面临越来越多的实验观测数据，如何对这些结果进行有效处理，从而找出新规律、新结论，是每一个生物研究人员必须面对的问题。

在处理多维试验数据时，常常使用多元统计的方法。因此，多维生物试验数据的处理，需要按照多元统计的要求进行整理。表 1-1 是张淑珍等[1]研究野生大豆对大豆疫霉根腐病的抗感反应结果，通过观察，可得到常用数据表格的基本特征。

在表 1-1 中，研究数据包含了 5 个指标，分别是来源、叶形、茸毛、粒形、抗感反应，该项试验共进行了 40 次观测。一般的，设 p 代表指标（变量）个数，设试验观测次数为 n，则把这 p 个指标表示为 $X_1,X_2,\cdots,X_p$，常常使用向量

$$\boldsymbol{X}=(X_1,X_2,\cdots,X_p)'$$

表示对同一个个体观测的 p 个变量。

表 1-1 野生大豆对大豆疫霉根腐病的抗感反应结果

编号	代号	来源	叶形	茸毛	粒形	抗感反应
1	ZYD00225	黑龙江	椭圆	灰色	小形	I
2	ZYD01914	辽宁	椭圆	灰色	小形	I
3	ZYD03803	陕西	椭圆	灰色	小形	I
4	ZYD04437	浙江	椭圆	灰色	小形	I
5	ZYD00434	黑龙江	椭圆	灰色	小形	I
6	ZYD02025	辽宁	椭圆	棕色	大形	I
7	ZYD04320	四川	长叶	灰色	大形	I
8	ZYD03804	陕西	椭圆	灰色	小形	I
9	ZYD02413	辽宁	椭圆	灰色	小形	I
10	ZYD017240	辽宁	椭圆	灰色	小形	I

注：摘取原文献表中部分数据；“I”代表抗病

高级生物统计分析和本科期间学习的生物统计学[2]一样，将研究对象的全体称为总体，表 1-1 中数据有 5 个指标，称该观测数据的总体为 5 维总体。像表 1-1 这种数据组织格式，有利于使用数学方法进行处理。一般而言，当实验数据有 p 个指标，有 n 次观测时，常常排列成如表 1-2 的格式，表头安排各个指标，左侧第一列是试验观测次号，或者是其他诸如样品个体名称之类的属性。

表 1-2　数据的组织形式

次数	X_1	X_2	…	X_p
1	X_{11}	X_{12}	…	X_{1p}
2	X_{21}	X_{22}	…	X_{2p}
…	…	…	…	…
n	X_{n1}	X_{n2}	…	X_{np}

取出表 1-2 中的数据，则 n 次观测 p 个指标的数据列表形成如下数据矩阵。

$$\boldsymbol{X}=\begin{bmatrix} x_{11} & x_{12} & \cdots & x_{1p} \\ x_{21} & x_{22} & \cdots & x_{2p} \\ \vdots & \vdots & & \vdots \\ x_{n1} & x_{n2} & \cdots & x_{np} \end{bmatrix}$$

在数据矩阵的基础上，可使用其他方法进行深度处理。

第二节　多维数据的可视化

在对观测数据进行深入分析处理之前，有必要先对数据的概况做一些了解。多维数据的可视化，就是借助数学变换的手段，以图像的形式表达数据，更直观地展现出数据具有的特征。

在多维数据的可视化中，目前有许多可用的方法，这些方法都是通过将数据进行某种变换，转化成人们“看起来”更容易理解的形态，并展示出来。更进一步地讲，多维数据的可视化，其实是多维数据“可感知化”的一种，就是让人更容易感受到、了解更深刻的一种变换手段。这种变换就在身边，比如持续热播的电视剧《红楼梦》，其实是对文学著作的可视化，编剧及制片人等将文字形态的内容，转化成了可视化的画面。而人类内心的某种感受，比如苦闷，也可以通过某种转换，如通过声音表达成人们容易感受到的状态，名曲《二泉映月》和《梁祝》等就是这种感受的转换典型。当然，这种数据的转换超出了生物科研工作者的数据转换范畴，可以看作更广泛意义上的数据变换。

在高级生物统计学中，要学习常见的轮廓图法、雷达图法、调和曲线法与星座图方法，更多的可视化方法，参阅陈为[3]的著作，切比雪夫脸图参看陆璇[4]的译著。为叙述方便，规定如下：设 p 个指标 n 次观测的样本数据矩阵 $\boldsymbol{X}$，则第 k 次观测值记为

$$X_{(k)}=(x_{k1},x_{k2},\cdots,x_{kp}),\quad k=1,2,\cdots,n$$

样本数据矩阵记为

$$\boldsymbol{X}=(x_{ij})_{n\times p}$$

一、轮廓图

轮廓图也可以看作折线图，它在数据预处理中经常用到，主要是把每个样本点的各个变量依次用直线连接，这样就可以看出不同样本点的变化走势，让人们能够更加清楚地看到差别。这种图形的绘制，多数以变量作为横坐标，比如有 p 个变量，则横坐标取 p 个点，而每

一个样本点的一次观测（p 个变量则有 p 个数据），可分别对应横坐标的 p 个点，其高度可按正比确定量值。每确定一个样本点（含有 p 个横坐标数据），即可用直线段依次连接各点，得到一条折线，即该次观测值的一条轮廓线。对于多个样本点，每次都重复上述步骤，可画出多条折线，构成多个观测值的轮廓图。

这种轮廓线的优点是易于表现变化趋势，但有时也带来混乱，比如不相关的各变量之间，并没有什么变化趋势，观察这种图，有时却能够让人“感觉到”某种趋势。轮廓图还常常用来对样本个体进行概要判断归类，对聚类分析很有帮助。例如，朱娜[5]对渤海湾 7 个不同位置夏季水生动物重金属污染指数进行了测量，其数据如表 1-3 所示。

表 1-3　夏季水生动物重金属污染指数表[5]

采样点	Zn	Cu	Cd	Hg	Pb
S_1	0.305	0.087	0.117	0.010	0.071
S_2	0.077	0.044	0.043	0.007	0.138
S_3	0.132	0.023	0.033	0.007	0.071
S_4	0.216	0.029	0.046	0.003	0.111
S_5	0.135	0.010	0.015	0.003	0.015
S_6	0.141	0.023	0.032	0.003	0.077
S_7	0.106	0.016	0.028	0.003	0.055

则其轮廓图可绘制为图 1-1。

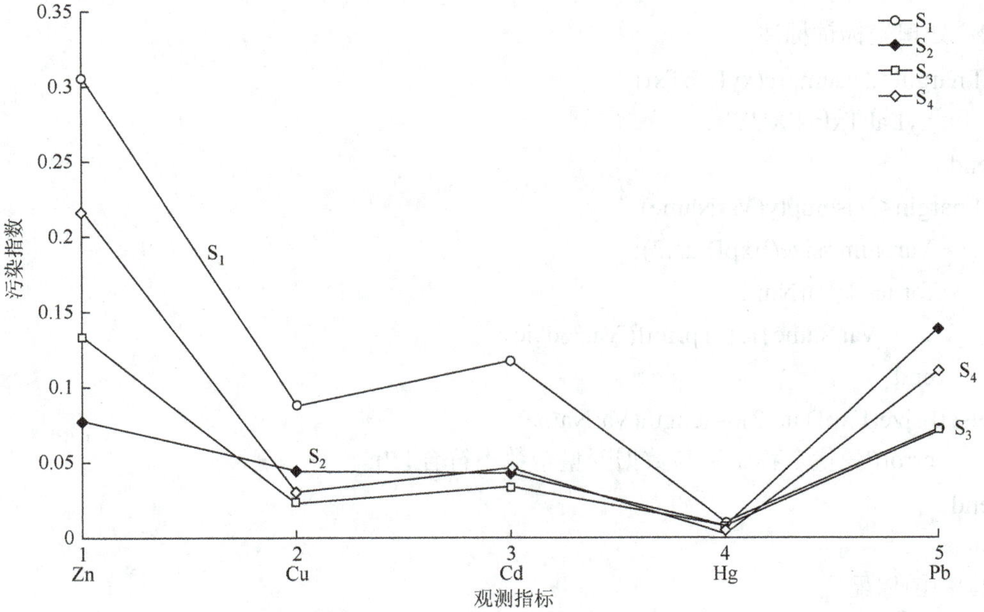

图 1-1　渤海湾不同位置夏季水生动物重金属污染指数（只给出 4 个点位）

这种轮廓图将两种含量的对比显示得很清楚。下面为笔者编写的 MATLAB 绘图通用代码，其在 MATLAB 2014a 版本运行正常。

```
function    DrawSketch(ExpData,xyLabTxt,VarName)
%用途：对于给定的数据，绘制轮廓图
%参数：本函数需要 3 个输入参数，ExpData,xyLabTxt,VarName，分别保存数据、
%          坐标轴名称和变量名称。其中数据参数 ExpData 不可缺省。
% ExpData：数据以矩阵的形式读入，每行作为一个样本点，每列作为一个变量指标。
%       具体格式如下：
%                0.305,0.087,0.117,0.010,0.071;
%                0.077,0.044,0.043,0.007,0.138;
%                0.132,0.023,0.033,0.007,0.071;
% xyLabTxt: 用来标注绘图坐标轴的文字，属于固定文字，具体格式如下：
%          xyLabTxt={'X 坐标轴','Y 坐标轴'};
% VarName: 用来标注横坐标轴上的变量的名称，属于固定文字，格式如下：
%         VarName={'含量','浓度','渗透率','可视面积'};
%编制：2011.01.17.
%联系：mazhaipu，   wdwsjlxx@163.com
%

if nargin>3
    error('Too many Inputs!');
end

% 处理坐标轴标注
if nargin<2||isempty(xyLabTxt)
    xyLabTxt={'X','Y'};
end
if nargin<3||isempty(VarName)
    VarNum=size(ExpData,2);
    for ic=1:VarNum
        VarName{ic}=sprintf('Var%d',ic);
    end
elseif size(ExpData,2)~=length(VarName)
    error('变量名称个数与数据变量个数不符合！');
end

%% 图像配置
FigX0 = 0.05;                    % 整图坐标起点 x0
FigY0 = 0.05;                    % 整图坐标起点 y0
FigWidth = 0.80;                 % 整图图幅宽度
FigHeight = 0.80;                % 整图图幅高度
```

```
% 绘图区位置
CentralAxesX0 = 0.2;                    % 坐标起点
CentralAxesY0 = 0.2;                    % 坐标起点
CentralAxesWidth = 0.6;                 % 图幅宽度
CentralAxesHeight = 0.6;                % 图幅高度
% 将图面分成 2 部分
FigPos = [FigX0,FigY0,FigWidth,FigHeight];
H=figure( 'Color',[1,1,1],    'Units','normalized',...
     'Position',FigPos,       'Name','HeatMap',...
     'NumberTitle','on');
axis off;

[nRows,nCols]=size(ExpData);
if nRows<=3
     ColorArray=[1,0,0;0,1,0;0,0,1];
else
     ColorArray=rand(nRows,3);
end
% 标注
LegTxt=cell(1,nRows);
MarkNum=13;              % 固定使用 13 种不同标记
MyMarker={'o','*','s','d','v','>','<','p','h','x','.','^','+'};
LineStyleNum=4; % 固定使用 4 种线型
MyLineTypes={'-',':','--','-.'};
myFontSz=18;

for ir=1:nRows
     % 不同标记的循环使用
     MarkPos=mod(ir,MarkNum);
     if MarkPos==0
          MarkPos=MarkNum;
     end
     % 不同线型的循环使用
     LinePos=mod(ir,LineStyleNum);
     if LinePos==0
          LinePos=LineStyleNum;
     end
     plot(1:nCols,ExpData(ir,:),'Color',ColorArray(ir,:),...
          'Marker',MyMarker{MarkPos},'LineWidth',1.5,...
```

```
            'LineStyle',MyLineTypes{LinePos});
        Pos4X=ir*(nCols-1)/nRows+1;                        % 横坐标位置的确定
        LeftPos4X=floor(Pos4X);                            % 为插值计算 y，x1 的位置
        RightPos4X=LeftPos4X+1;                            % 为插值计算 y，x2 的位置
        if RightPos4X>nCols;
            RightPos4X=nCols;
        end
        ratio=Pos4X-floor(Pos4X);                          % 插值比例
        LegTxt{ir}=sprintf('S%d',ir);                      % 图例文字
        Pos4Y=triMix(ExpData(ir,LeftPos4X),ExpData(ir,RightPos4X),ratio);
        text(Pos4X,Pos4Y,LegTxt(ir),'Color','k',...
            'FontSize',myFontSz,'horizontalAlignment','left');
        hold on;
    end

    set(gca,'xTick',[1:nCols],'FontSize',myFontSz,...
        'FontName','Times',...
        'LineWidth',1.5);
    % XY 轴标注
    tempX=get(gca,'xtick');
    xTickDelta=tempX(2)-tempX(1);
    xpx=nCols+0.1*xTickDelta;
    tempY=get(gca,'ytick');
    ypx=min(tempY,[],2);
    xlabel(xyLabTxt{1},'FontName','Times',...
        'rotation',0,   'HorizontalAlignment','Left',...
        'Position',[xpx,ypx],   'Fontsize', myFontSz);
    xpy=min(tempX,[],2);
    yTickDelta=tempY(2)-tempY(1);
    ypy=max(tempY,[],2)+0.1*yTickDelta;
    ylabel(xyLabTxt{2},'FontName','Times',...
        'rotation',0,   'HorizontalAlignment','Right',...
        'Position',[xpy,ypy],   'Fontsize', myFontSz);
    legend(LegTxt,'Location','BestOutside');
    box off;

    %% 底部区域
    BottomPos =[ FigX0, FigY0, FigWidth, CentralAxesY0-FigY0];
    HD=axes(...
```

```
        'Position',BottomPos,...
        'Color',[1,1,1],'Box', 'off',...
        'Units','normalized',...
        'FontName','times ',...
        'FontAngle','italic',...
        'FontSize',myFontSz);
    axis off;
    txtArea=get(HD,'Position'); %[x,y,w,h]
    detX4b=txtArea(3)/(nCols-1);
    for ic=1:nCols
        xPos4Var=txtArea(1)+(ic-1)*detX4b;
        yPos4Var=txtArea(2);
        text(xPos4Var,yPos4Var,VarName(ic),'Color','k',...
            'rotation',70,...
            'FontSize',myFontSz);
        hold on;
    end

    %% 子函数
    function [mx]=triMix(x1,x2,ratio)
    % 计算线性插值,返回 mx
    % ratio--介于 x1 和 x2 之间的比例系数，以距离 x1 为标准，该值不大于 1。
    delta=x1-x2;
    if delta>0
        mx=(1-ratio)*delta+x2;
    elseif delta<0
        mx=x1+ratio*abs(delta);
    else
        mx=x1;
    end
```

二、雷达图

雷达图应用很广，例如，在临床眩晕、平衡障碍的诊断中，常用重心动摇检查计检查机体的平衡功能。测量的指标（变量）分别为外周面积、单位面积轨迹长、x 轴动摇平均中心偏移、y 轴动摇平均中心偏移及罗姆伯格率。每一指标对诊断具有不同的意义，表 1-4 给出了重心动摇检查计测量的 5 个指标，根据这 5 个指标可制作 5 轴雷达图。这种图形既像雷达荧光屏上看到的图像，也像一个蜘蛛网，因此有人称为雷达图，也有人称为蜘蛛图。

表 1-4　重心动摇检查计测量的 5 个指标[6]

指标	均数	标准差	例 1	例 2	例 3
外周面积/cm^2	3.61	1.86	2.56	36.28	26.09
单位面积轨迹长/（cm/cm^2）	27.70	9.81	28.76	11.56	28.88
x 轴动摇平均中心偏移/cm	0.07	0.58	0.07	1.63	1.08
y 轴动摇平均中心偏移/cm	−0.32	1.83	−1.44	−0.17	4.07
罗姆伯格率/（cm^2/cm^2）	1.39	0.53	1.09	3.99	1.18

一般的，雷达图（图 1-2）的作图步骤[7]如下：①作圆，将圆周分为 p 等分；②连接圆心和各分点，以 p 条半径作为各变量坐标轴，并标注合适刻度；③将各样本点的 p 个变量测定值标记在相应坐标轴，每个样本点数据连接成一个 p 边形。

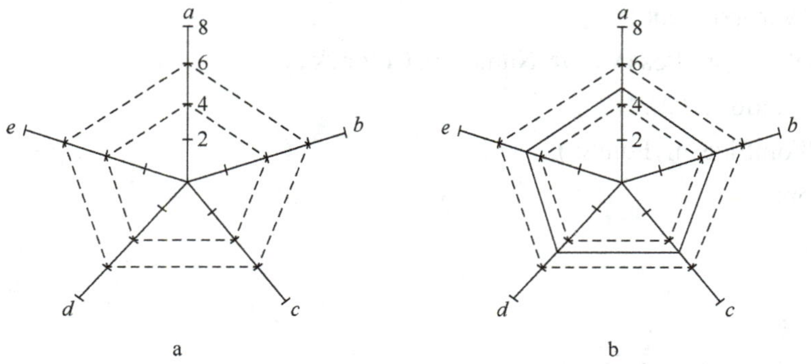

图 1-2　雷达图的使用

a. 标准雷达图；b. 表 1-4 中例 1 的（5±2）s 雷达图

为了方便绘制雷达图，笔者利用 MATLAB 编写了通用的绘图程序，读者准备好必要的数据后，直接调用该绘图程序，即可得到结果，简洁方便，下附 MATLAB 通用代码。

```
function [IsOk]=DrawRadar(RadarData,FactorName,SampleName,FileName)
% 用途：用来绘制多元统计数据的雷达图。
% 数据：包含 4 个输入参数，其具体含义及使用如下：
%  1，RadarData 数据
%     按照如下格式准备 RadarData 数据，比如调查学生的考试成绩，分别是英语，
%     数学，物理，化学，语文等，则每列作为一个因子，每行看作一个同学，
%     格式如下：
%        % English, maths, physice, chemistry, chinese;
%          71.5    80.8    64.0    63.9    61.9    % Zhangsan   %(张三)
%          69.2    60.8    69.0    64.0    63.8    % Lisi       %(李四)
%          77.3    63.1    84.3    81.4    85.8    % Wangwu     %(王五)
%     由于 matlab 兼容汉字的问题，文字尽量使用英文标注。
%  2，因子名称 FactorName 数据
%   为了输出图像，还需要将各因素名称输入。本项数据属于可选项，当没有本项数据时，
```

```
%    默认为 F1，F2, ...,当有自己的准备数据时，按照如下格式准备：
%         FactorName = {'Food', 'House', 'Doctor', 'Phone', 'Play'};
%   3，样本点名称 SampleName 数据
%    在标注每个样本点数据时，可采用文字名称或数字形式，没有输入该项数据时，
%    自动按照 S1,S2,...，当采用准备好的文字名称标注时，可按照如下准备 SampleName
数据
%          SampleName = {'Zhangsan','Lisi','Wangwu','Zhaoliu'};
%   4，输出图片文件名称由 FileName 给定，默认 RadarMap.jpg
% 内部参数：
%   1，参数 OnOff 用来控制输出样本点的标注形式。当其值为 ON 时，使用文字标注
%    当其值为 OFF 时，使用数字标注。
%   2，为了输出方便，请给出输出图片的名称。
% 作者：mazhaipu,   wdwsjlxx@163.com
%

% 1.参数检测
if nargin<1||nargin>4
    error('输入参数数目错误！');
end
if nargout>1
    error('输出参数太多！');
end

% 2.检查数据及格式
[nRows,nCols]=size(RadarData);
if nargin==1   %只输入 1 个参数时，自动形成因子名称和样本点名称
    for jc=1:nCols
        FactorName{jc}=sprintf('F%d',jc);
    end
    for ir=1:nRows
        SampleName{ir}=sprintf('S%d',ir);
    end
    OnOff = 'OFF';
    FileName='RadarMap';
elseif nargin==2   %只输入 2 个参数时，自动形成样本点名称
    if length(FactorName)~=nCols
        error('因子数目与数据不匹配！');
    else
        for ir=1:nRows
```

```
                SampleName{ir}=sprintf('S%d',ir);
            end
            OnOff = 'OFF';
            FileName='RadarMap';
        end
elseif nargin==3
        if length(FactorName)~=nCols
            error('因子名称个数与数据不匹配！');
        end
        if length(SampleName)~=nRows
            error('样本名称数与数据不匹配！');
        end
        OnOff = 'ON';
        FileName='RadarMap';
else
        OnOff = 'ON';
end

% 3.设置图片概括
H = figure(...
        'Color',[1,1,1],...
        'Units','normalized',...
        'Name','RadarMap',...
        'NumberTitle','on');

% 绘制基圆
Radius = 10;% for common
Alpha = 0:pi/(nCols*50):2*pi;           %角度[0,2*pi]
x = Radius*cos(Alpha);
y = Radius*sin(Alpha);
plot(x,y,'-','color','k','lineWidth',2) ;
axis equal;axis off;hold on;

% 绘制基线，并标注分项名称
ps = zeros(nCols,2);
dangle = 2*pi/nCols;
for jc = 1:nCols
        ps(jc,1) = Radius*cos(dangle*(jc-1));
        ps(jc,2) = Radius*sin(dangle*(jc-1));
```

```
    line([ps(jc,1),0],[ps(jc,2),0],'color','k','lineWidth',2);
    if (ps(jc,1)>= 0 &&ps(jc,2)>= 0)            % 标注圆外文字（右上角）
        xPos = (Radius+0.3)*cos(dangle*(jc-1));
        yPos = (Radius+0.3)*sin(dangle*(jc-1));
        text(xPos,yPos,FactorName{jc},...
            'FontSize',12,...
            'horizontalAlignment','left');
    elseif (ps(jc,1)<0 &&ps(jc,2)>= 0)   % 标注圆外文字（左上角）
        xPos = (Radius+0.3)*cos(dangle*(jc-1));
        yPos = (Radius+0.3)*sin(dangle*(jc-1));
        text(xPos,yPos,FactorName{jc},...
            'FontSize',12,...
            'horizontalAlignment','right');
    elseif (ps(jc,1)<0 &&ps(jc,2)<0)   % 标注圆外文字（左下角）
        xPos = (Radius+0.3)*cos(dangle*(jc-1));
        yPos = (Radius+0.3)*sin(dangle*(jc-1));
        text(xPos,yPos,FactorName{jc},...
            'FontSize',12,...
            'horizontalAlignment','right');
    elseif (ps(jc,1)>0 &&ps(jc,2)<0)   % 标注圆外文字（右下角）
        xPos = (Radius+0.3)*cos(dangle*(jc-1));
        yPos = (Radius+0.3)*sin(dangle*(jc-1));
        text(xPos,yPos,FactorName{jc},...
            'FontSize',12,...
            'horizontalAlignment','left');
    end
end
hold on;

% 归一化，还可以采用其他的归一化方法
DataMax = max(RadarData);
for ir = 1:nRows
    for jc = 1:nCols
        RadarData(ir,jc) = RadarData(ir,jc)/DataMax(jc);
    end
end

% 绘制每条线
ColorArray=rand(nRows,3);       % 颜色矩阵,各不相同
```

```
dx = zeros(nRows,nCols+1);
dy = zeros(nRows,nCols+1);
for ir = 1:nRows
    for jc = 1:nCols
        dx(ir,jc) = RadarData(ir,jc)*Radius*cos(dangle*(jc-1));
        dy(ir,jc) = RadarData(ir,jc)*Radius*sin(dangle*(jc-1));
    end
    dx(ir,nCols+1) = dx(ir,1);          % 回连到起始点
    dy(ir,nCols+1) = dy(ir,1);
    line(dx(ir,:),dy(ir,:),'color',ColorArray(ir,:)','LineWidth',2);
    if (ir<= nCols)                     % 确定标注位置及分布
        nxPos = (dx(ir,ir)+dx(ir,ir+1))/2;
        nyPos = (dy(ir,ir)+dy(ir,ir+1))/2;
    else
        newColumns = mod(ir,nCols);
        if (newColumns == 0);
            newColumns = nCols;
        end
        nxPos = (dx(ir,newColumns)+dx(ir,newColumns+1))/2;
        nyPos = (dy(ir,newColumns)+dy(ir,newColumns+1))/2;
    end
    % 下述用来标注样本名称
    if strcmp(OnOff,'OFF')
        str = SampleName{ir};
        text(nxPos,nyPos,str,'FontSize',...
            10,'horizontalAlignment','center');
    elseif (strcmp(OnOff,'ON'))
        str = SampleName{ir};
        text(nxPos,nyPos,str,'FontSize',10,...
            'horizontalAlignment','center');
    else
         text(nxPos,nyPos,num2str(ir),'FontSize',10,...
             'horizontalAlignment','center');
        disp('StyleSwitch is wrong,use digital style.');
    end
end
% 输出图形,输出到当前目录下文件
FigFmt = ['-dmeta'];
FigRslu = ['-r100'];
```

```
FigName = sprintf('%s.jpg',FileName);
print(FigFmt,FigRslu,FigName);
pause(5);close(H);IsOk=1;
```

应用实例　为了解某种动物在生态环境中的习性，进行了指标调查，包括食物、窝别、病害、气味、玩要 5 项，共进行了 4 次调查，数据见表 1-5，则绘制的雷达图如图 1-3 所示。

表 1-5　某动物生活习性调查研究数据

食物	窝别	病害	气味	玩耍
563.51	227.78	147.76	235.99	510.78
678.92	365.07	112.82	301.46	465.88
237.38	174.48	119.78	141.07	245.57
253.41	156.13	102.96	108.13	212.20

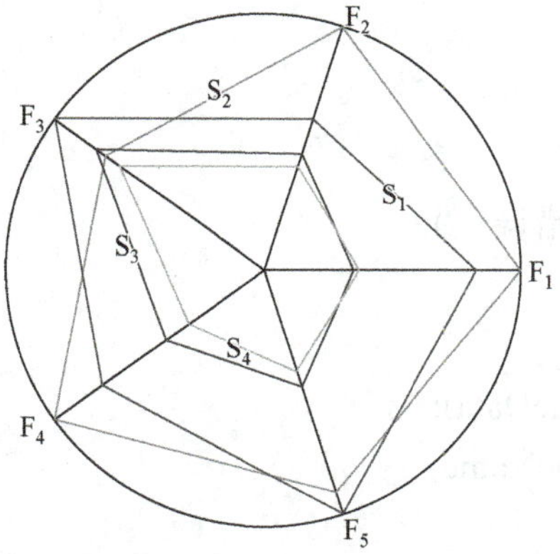

图 1-3　动物生活习性雷达图

F. 因子名称；S. 样本点名称或编号

三、调和曲线图

调和曲线图指将数据进行数学转换，绘制出各样本点对应的曲线图，某样本点曲线，从视觉上看，如果让人感觉“舒服”或者“美好”，那么这个点的数据就比较好。该方法的主体思想是把多维空间中的一个点对应于二维平面上的一条曲线。

设 p 维数据 $X=(X_1,X_2,\cdots,X_p)'$，则对应的曲线是[8]

$$f_X(t)=\frac{X_1}{\sqrt{2}}+X_2\sin t+X_3\cos t+X_4\sin 2t+X_5\cos 2t+\cdots$$

$$(-\pi\leqslant t\leqslant\pi)$$

当 t 在区间 $[-\pi,\pi]$ 上变化时，其轨迹是一条曲线。下面给出笔者编写的通用 MATLAB 代码，其后是使用伪数据绘制的一个调和曲线图。

```
function [IsOk]=DrawHarmLine(SampleData,SampleName,FileName)
% 用途：绘制调和曲线图，输出到文件
% 数据：SampleData 数据
```

```
% 1,按照如下格式准备 SampleData 数据，比如调查了 3 个样本点，分别包含 5 个因子，
%     则每列作为一个因子，每行看作一个样本，格式如下：
%          71.5      80.8      64.0      63.9      61.9    % sample 1
%          69.2      60.8      69.0      64.0      63.8    % sample 2
%          77.3      63.1      84.3      81.4      85.8    % sample 3
% 2,样本点名称 SampleName 数据
%     在标注每个样本点数据时，可采用文字名称或数字形式，没有输入该项数据时，自动
%     按照 S1,S2,...，当采用准备好的文字名称标注时，可按照如下准备 SampleName 数据
%          SampleName = {'Zhangsan','Lisi','Wangwu','Zhaoliu'};
% 3,输出图片文件名称由 FileName 给定，默认：HarmLine.jpg
% 作者：mazhaipu，  wdwsjlxx@163.com
% 日期：2011.01.09.
%

% 1.参数检测
if nargin>3 ||nargin<1
    error('输入参数数目错误！');
end
% 2.检查数据及格式
[nRows,nCols]=size(SampleData);
if nargin<2||isempty(SampleName)
    for ir=1:nRows
        SampleName{ir}=sprintf('S%d',ir);
    end
else
    if length(SampleName)<nRows
        disp('样本点名称数目与数据行数不匹配，是用数字编号标记！');
        for ir=length(SampleName)+1:nRows
            SampleName{ir}=sprintf('S%d',ir);
        end
    end
end
if nargin<3||isempty(FileName)
   FileName='HarmLine';   %默认输出图片文件名
end

% 3.绘图
H = figure('Color',[1,1,1],'Units','normalized',...
    'Name','Harmnious Map','NumberTitle','on');
```

```
t=-pi:pi/100:pi;LineWidth=1.5;FontSize=12;
sz=size(t,2);
 % 颜色矩阵
if nRows<=3
    ColorArray=[1,0,0;0,1,0;0,0,1];
else
    ColorArray=rand(nRows,3);
end
%
for ir=1:nRows
    CurVal=SampleData(ir,1)/sqrt(2);
    jc=1;
    while(2*jc+1<=nCols)
        CurVal=CurVal+SampleData(ir,2*jc)*sin(jc*t)+...
            SampleData(ir,2*jc+1)*cos(jc*t);
        jc=jc+1;
    end
    % 计算标注线条序号的位置
    LeftPos4X=-pi;         LeftPos4Y=CurVal(1);
    MidPos4X=0;            MidPos4Y=CurVal(floor(sz/2));
    RightPos4X=pi;         RightPos4Y=CurVal(end);
    % 绘曲线
    plot(t,CurVal,'-','Color',ColorArray(ir,:)','linewidth',LineWidth);
    % 标注
    str=SampleName{ir};
    if nRows<=3
        text(MidPos4X,MidPos4Y,str, 'Color','k','FontSize',FontSize,...
        'horizontalAlignment','center');
    elseif nRows<=7&&nRows>3
        text(LeftPos4X,LeftPos4Y,str, 'Color','k','FontSize',FontSize,...
        'horizontalAlignment','left');
    else
        text(RightPos4X,RightPos4Y,str, 'Color','k','FontSize',FontSize,...
        'horizontalAlignment','right');
    end
    hold on;grid off;
    box off;
end
legend(SampleName,'Location','Best');
```

```
% 输出图形文件
FigFmt = ['-dmeta'];   FigRslu = ['-r100'];
FigName = sprintf('%s.jpg',FileName);
print(FigFmt,FigRslu,FigName);
IsOk=1;
```

调和曲线的绘制示例如图 1-4 所示。

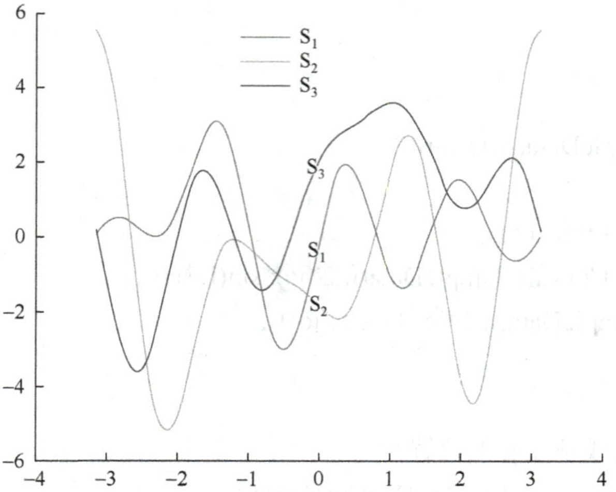

图 1-4　伪随机数据的调和曲线图

四、星座图

星座图也是一种将高维空间的样本点投影到平面上的一种变换方法，它将所有的点都投射到一个半圆内，以投影点表示样本点。由于样本点在半圆内展开，再辅以各种不同标记符号，好似夜空中分布的星星，故此称之。

星座图的绘制过程包含 3 个主要步骤[8]：首先是将非角度数据变换为角度，这可以通过极差标准化得以实现。即对观测数据 x_{ij} 作如下变换，转为角度 θ_{ij}：

$$\theta_{ij}=\frac{x_{ij}-x_{\min,j}}{x_{\max,j}-x_{\min,j}}\times 180°,\quad 0°\leqslant\theta_{ij}\leqslant 180°$$

式中，$x_{\max,j}=\max\limits_{1\leqslant i\leqslant n}\{x_{ij}\}$，即第 j 变量的最大值；$x_{\min,j}=\min\limits_{1\leqslant i\leqslant n}\{x_{ij}\}$，即第 j 变量的最小值。

其次，为每一个变量确定合理的权重，即取一组权数 $w_1,w_2,\cdots,w_p$，使满足 $w_{ij}\geqslant 0$，$\sum\limits_{j=i}^{p}w_{ij}=1$。目前，一般认为重要指标的权重应相对大一些，若各变量的重要程度难以区分，取等权处理即可，即取

$$w_1=w_2=\cdots=w_p$$

关于确定权重，可以参考有关文献，按照经验确定，也可以采用主成分分析方法，借助确定主要因子来确定权重。

最后，对每个样本点的具体路径点位进行确定，第 i 个样本点 $x_i=(x_{i1},x_{i2},\cdots,x_{ip})'$ 对应的

星点 (ξ_i,η_i) 及其路径分别为

$$\begin{cases} \xi_i = \sum_{j=1}^{pl} w_j \cos\theta_{ij} \\ \eta_i = \sum_{j=1}^{pl} w_j \sin\theta_{ij} \end{cases} \quad i=1,2,\cdots,n$$

路径坐标点为

$$\xi_i^{(l)} = \sum_{j=1}^{l} w_j \cos\theta_{ij}, \eta_i^{(l)} = \sum_{j=1}^{l} w_j \sin\theta_{ij}, \qquad l=1,2,\cdots,p$$

以直线连接各星点，构成的折线即该星的路径。

星座图已经在很多领域得到了广泛的应用，许多学者也致力于这方面的研究工作，并在距离分析和主成分分析不能很好地解决问题的情况下，能获得满意的结果，下面给出通用 MATLAB 代码。

```
function [IsOk]=DrawSkyStar(X)
% 用途：绘制星座图数据
% 说明：只有一个参数，即数据矩阵，其具体数据布置参考示例。
% 作者：mazhaipu,    wdwsjlxx@163.com
% 日期：2011.01.09.
% 示例：
%         a=[0.8147      0.0975      0.1576      0.1419      0.6557
%            0.9058      0.2785      0.9706      0.4218      0.0357
%            0.1270      0.5469      0.9572      0.9157      0.8491
%            0.9134      0.9575      0.4854      0.7922      0.9340
%            0.6324      0.9649      0.8003      0.9595      0.6787];
%
%         DrawSkyStar(a);
%

if nargin>1,
    error('Too mang Input!');
end

[nRows,nCols]=size(X);
xMax=max(X,[],1);    xMin=min(X,[],1);
Alpha=zeros(nRows,nCols);
for ir=1:nRows
    for jc=1:nCols
        Alpha(ir,jc)=(X(ir,jc)-xMin(jc))/(xMax(jc)-xMin(jc))*180;
```

```
    end
end

AlphaRad=deg2rad(Alpha); %
EqualWeight=1/nCols;
CosAlpha=EqualWeight*cos(AlphaRad);
SinAlpha=EqualWeight*sin(AlphaRad);
XforPath=zeros(nRows,nCols);
YforPath=zeros(nRows,nCols);
XforPath(:,1)=CosAlpha(:,1);
YforPath(:,1)=SinAlpha(:,1);
for jc=2:nCols
    XforPath(:,jc)= XforPath(:,jc-1)+CosAlpha(:,jc);
    YforPath(:,jc)= YforPath(:,jc-1)+SinAlpha(:,jc);
end
% 设置图线随机颜色
figure('color',[1,1,1]);
if nRows<=3
    ColorArray=[1,0,0;0,1,0;0,0,1];
else
    ColorArray=rand(nRows,3);
end
% 绘制折线
for ir=1:nRows
    xt=XforPath(ir,:)';
    yt=YforPath(ir,:)';
    plot(xt,yt,'*-',...
        'LineWidth',2,...
        'color',ColorArray(ir,:)',...
        'MarkerSize',8);
    hold on;
end
box off;
% 标注
for ir=1:nRows;
    Names{ir}=sprintf('s%d',ir);
end
legend(Names,'Location','Best');
IsOk=1;
```

表 1-6 是某试验中测得的数据，图 1-5 是对应的星座图，共有 5 条线，每条线上有 10 个测点。

表 1-6　绘制星座图的伪随机数据

样点	X_1	X_2	X_3	X_4	X_5	X_6	X_7	X_8	X_9	X_{10}
S_1	0.2645	0.6956	0.4583	0.3605	0.7030	0.3367	0.8534	0.4426	0.3699	0.1009
S_2	0.9498	0.5624	0.6572	0.9477	0.5102	0.5641	0.6838	0.9072	0.2052	0.4989
S_3	0.7387	0.3377	0.5720	0.0301	0.6122	0.8553	0.1063	0.0447	0.0956	0.2390
S_4	0.0045	0.3328	0.4021	0.4411	0.7464	0.5892	0.5020	0.9452	0.4327	0.3496
S_5	0.8507	0.0773	0.9347	0.7007	0.8014	0.5082	0.0192	0.1804	0.2776	0.5583

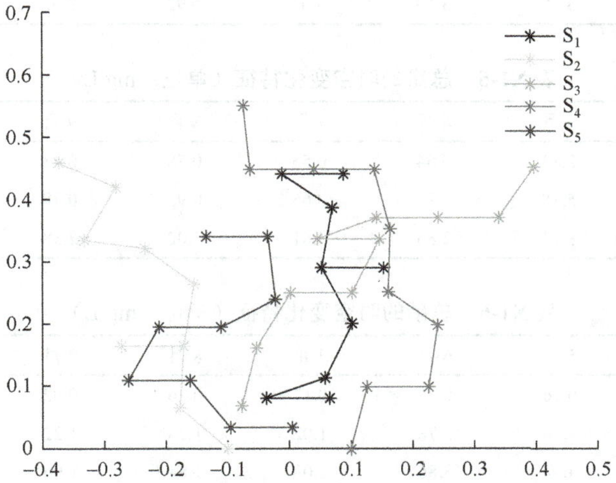

图 1-5　表 1-6 数据的星座图

表 1-6 中这批样例数据经计算后有重复点，绘图时有点被覆盖

习　题

1. 水体理化指标是水体健康状况的直接影响因素，同时也是影响浮游藻类及附着藻类生长的重要因子。表 X1-1 ~ 表 X1-7 是 2013 年 4 ~ 11 月白洋淀的水温、pH、透明度、溶解氧、总氮、总磷及氨氮理化因子的实测数据[9]，试应用这些数据绘制轮廓图。

表 X1-1　水温的时空变化特征（单位：℃）

样点	4 月	5 月	6 月	7 月	8 月	9 月	10 月	11 月
净水区	19.6	20.5	28.1	28.7	21.4	18.5	16.6	11.1
放养区	25.4	27.8	32.8	30.2	25.6	25.9	18.2	10.3
村庄	26.1	27.2	33.6	30.1	26.1	24.8	18.3	10.4

表 X1-2　pH 的时空变化特征

样点	4 月	5 月	6 月	7 月	8 月	9 月	10 月	11 月
净水区	8.23	8.32	7.84	8.16	8.11	7.96	8.02	8.33
放养区	7.67	8.03	8.22	7.64	8.05	7.95	7.88	7.66
村庄	7.24	7.84	7.96	7.73	7.90	7.75	7.80	7.63

表 X1-3　透明度的时空变化特征（单位：m）

样点	4月	5月	6月	7月	8月	9月	10月	11月
净水区	2.57	2.51	2.56	1.32	1.54	1.82	1.84	1.88
放养区	0.57	0.64	0.55	0.53	0.45	0.67	0.72	0.65
村庄	0.68	0.53	0.48	0.51	0.54	0.45	0.77	0.83

表 X1-4　溶解氧的时空变化特征（单位：mg/L）

样点	4月	5月	6月	7月	8月	9月	10月	11月
净水区	7.23	7.78	5.71	5.85	6.89	7.28	7.86	7.58
放养区	7.54	7.02	7.01	7.20	6.84	3.98	8.74	8.90
村庄	5.13	3.50	3.10	3.05	5.92	3.52	7.84	8.62

表 X1-5　总氮的时空变化特征（单位：mg/L）

样点	4月	5月	6月	7月	8月	9月	10月	11月
净水区	0.81	2.83	0.64	0.55	0.78	0.43	0.56	0.13
放养区	1.22	5.18	1.28	0.65	0.93	0.78	0.63	0.54
村庄	1.93	8.13	2.86	2.61	3.02	2.38	1.64	1.92

表 X1-6　总磷的时空变化特征（单位：mg/L）

样点	4月	5月	6月	7月	8月	9月	10月	11月
净水区	0.15	0.36	0.38	0.12	0.26	0.02	0.06	0.02
放养区	0.92	4.94	2.78	1.02	1.28	1.22	1.74	0.74
村庄	1.33	6.6	3.86	1.08	1.84	1.96	1.79	0.98

表 X1-7　氨氮的时空变化特征（单位：mg/L）

样点	4月	5月	6月	7月	8月	9月	10月	11月
净水区	0.11	0.17	0.57	0.12	0.04	0.3	0.21	0.36
放养区	0.54	1.11	0.65	0.63	0.55	1.21	0.36	0.64
村庄	0.98	1.92	0.99	0.76	0.95	1.22	0.4	0.96

2. 为考察我国经济发展与环境变化的状况，张立志[10]等对我国 1978～2011 年的可持续发展状况进行分析，表 X1-8 和表 X1-9 是国内 34 年生态足迹与承载力的计算数据，利用这些数据，熟悉本章的可视化方法。

表 X1-8　国内 1978～2011 年生态足迹

年份	耕地	草地	水域	林地	能源	建筑	淡水资源	总足迹
1978	0.5888	0.0005	0.0136	0.1065	0.1127	0.0018	0.5524	1.3764
1979	0.6489	0.0006	0.0130	0.1166	0.1200	0.0019	0.5817	1.4827
1980	0.6947	0.0007	0.0169	0.1154	0.1239	0.0022	0.5972	1.5511
1981	0.7334	0.0009	0.0199	0.1118	0.1281	0.0024	0.5986	1.5951
1982	0.7716	0.0010	0.0210	0.1236	0.1450	0.0027	0.6013	1.6662
1983	0.7995	0.0011	0.0253	0.1335	0.1601	0.0031	0.6208	1.7433

续表

年份	耕地	草地	水域	林地	能源	建筑	淡水资源	总足迹
1984	0.8307	0.0015	0.0284	0.1810	0.1924	0.0030	0.6415	1.8786
1985	0.8372	0.0021	0.0308	0.1908	0.2216	0.0032	0.6613	1.9468
1986	0.8578	0.0024	0.0413	0.2127	0.2537	0.0032	0.6425	2.0135
1987	0.8569	0.0027	0.0469	0.2232	0.2899	0.0033	0.6518	2.0747
1988	0.8627	0.0035	0.0502	0.2233	0.3209	0.0036	0.6722	2.1363
1989	0.8650	0.0036	0.0593	0.2157	0.3461	0.0036	0.6878	2.1811
1990	0.8817	0.0037	0.0583	0.2177	0.3693	0.0040	0.6812	2.2158
1991	1.0588	0.0042	0.0766	0.2312	0.3965	0.0045	0.6955	2.4672
1992	1.0189	0.0051	0.0845	0.2515	0.4261	0.0048	0.6954	2.4861
1993	1.0078	0.0050	0.1018	0.2639	0.4566	0.0054	0.7028	2.5433
1994	0.9706	0.0064	0.1225	0.2762	0.4867	0.0061	0.7155	2.5839
1995	0.9780	0.0070	0.1460	0.3044	0.5581	0.0068	0.7388	2.7390
1996	1.0131	0.0081	0.1697	0.3194	0.6074	0.0068	0.7521	2.8765
1997	0.9708	0.0105	0.1658	0.3111	0.6186	0.0072	0.7570	2.8410
1998	0.9782	0.0105	0.1769	0.2953	0.6292	0.0072	0.7200	2.8173
1999	1.0589	0.0120	0.2040	0.2685	0.6754	0.0069	0.7347	2.9604
2000	1.0736	0.0145	0.2246	0.2467	0.7062	0.0077	0.7197	2.9930
2001	1.0463	0.0150	0.2463	0.2434	0.7382	0.0093	0.7235	3.0220
2002	1.1478	0.0192	0.3054	0.2410	0.7957	0.0095	0.7096	3.2283
2003	1.1296	0.0220	0.3242	0.2623	0.9416	0.0095	0.6825	3.3718
2004	1.1211	0.0193	0.3141	0.2940	1.1193	0.0116	0.7074	3.5869
2005	1.1841	0.0244	0.3270	0.3191	1.2581	0.0127	0.7142	3.8394
2006	1.1905	0.0237	0.3369	0.3802	1.3836	0.0137	0.7306	4.0592
2007	1.0749	0.0275	0.5344	0.3996	1.4919	0.0148	0.7298	4.2728
2008	1.0645	0.0251	0.4759	0.4769	1.5742	0.0170	0.7374	4.3711
2009	1.1463	0.0301	0.4941	0.4233	1.6844	0.0185	0.7406	4.5373
2010	1.1618	0.0290	0.5191	0.4831	1.7544	0.0217	0.7441	4.7132
2011	1.1511	0.0306	0.5059	0.4888	1.8978	0.0214	0.7492	4.8449

表 X1-9 我国 1978～2011 年生态承载力

年份	耕地	草地	水域	林地	能源	建筑	淡水资源	总承载力
1978	0.1845	0.0004	0.0007	0.0808	0.0217	0.0716	0.9940	1.3537
1979	0.2069	0.0005	0.0006	0.0799	0.0215	0.0796	1.0135	1.4025
1980	0.2055	0.0005	0.0007	0.0766	0.0206	0.0806	1.0231	1.4076
1981	0.2149	0.0007	0.0008	0.0652	0.0175	0.0852	1.0208	1.4051
1982	0.2337	0.0008	0.0009	0.0603	0.0162	0.0937	1.0138	1.4194
1983	0.2481	0.0009	0.0011	0.0633	0.0171	0.0973	1.0230	1.4508
1984	0.2567	0.0013	0.0013	0.0838	0.0225	0.1004	1.0410	1.5070
1985	0.2438	0.0019	0.0017	0.0836	0.0226	0.0959	1.0539	1.5034
1986	0.2419	0.0022	0.0023	0.0863	0.0233	0.0955	1.0247	1.4762
1987	0.2411	0.0026	0.0029	0.0861	0.0233	0.0954	1.0240	1.4754

续表

年份	耕地	草地	水域	林地	能源	建筑	淡水资源	总承载力
1988	0.2365	0.0036	0.0036	0.0758	0.0206	0.0934	1.0380	1.4715
1989	0.2366	0.0040	0.0042	0.0633	0.0173	0.0929	1.0407	1.4590
1990	0.2554	0.0044	0.0043	0.0540	0.0148	0.1010	1.0423	1.4762
1991	0.2898	0.0050	0.0055	0.0696	0.0190	0.1128	1.0480	1.5497
1992	0.2912	0.0059	0.0063	0.0800	0.0219	0.1132	1.0502	1.5687
1993	0.2995	0.0076	0.0084	0.0841	0.0231	0.1168	1.0343	1.5738
1994	0.2888	0.0119	0.0104	0.0937	0.0259	0.1132	1.0566	1.6005
1995	0.2966	0.0155	0.0125	0.0924	0.0258	0.1154	1.0742	1.6324
1996	0.4126	0.0157	0.0156	0.0880	0.0247	0.1165	1.0631	1.7362
1997	0.4048	0.0173	0.0137	0.0806	0.0228	0.1139	1.0525	1.7056
1998	0.4082	0.0193	0.0149	0.0788	0.0224	0.1142	1.0429	1.7007
1999	0.4194	0.0225	0.0168	0.0491	0.0147	0.1170	1.0344	1.6739
2000	0.3860	0.0257	0.0191	0.0469	0.0143	0.1075	0.9997	1.5992
2001	0.3812	0.0269	0.0200	0.0466	0.0143	0.1067	0.9337	1.5294
2002	0.3888	0.0286	0.0211	0.0474	0.0146	0.0919	1.0261	1.6185
2003	0.3656	0.0327	0.0226	0.0842	0.0248	0.0873	0.9628	1.5800
2004	0.3992	0.0344	0.0230	0.0838	0.0248	0.0969	0.7368	1.3989
2005	0.3985	0.0372	0.0234	0.0906	0.0268	0.0978	0.9930	1.6673
2006	0.3916	0.0379	0.0238	0.1104	0.0322	0.1041	0.8051	1.5051
2007	0.3777	0.0419	0.0489	0.1231	0.0358	0.1015	0.7961	1.525
2008	0.3878	0.0429	0.0396	0.1349	0.0390	0.1053	0.9346	1.6841
2009	0.3927	0.0452	0.0382	0.1137	0.0335	0.1096	0.7224	1.4553
2010	0.3999	0.0440	0.0403	0.1338	0.0388	0.1093	1.1746	1.9407
2011	0.4059	0.0435	0.0400	0.1405	0.0406	0.1138	0.6614	1.4457

第二章　多元统计学与矩阵计算基础

第一节　多维随机变量的一些概念

在概率论中，随机变量用来描述一个随机试验的结果，这和其他学科中要给出一些参数来描述某些事物特征是一样的，也就是要有一些指标来描述某结果的概率大小。在实际问题中，对于一些随机试验，其结果往往需要多个随机变量来描述。例如，在计算机辅助药物分子筛选中，要考察某分子结构能否成为药物分子，就需要考虑包括[11]相对分子质量大小、脂水分配系数大小、氢键给体数目和氢键受体数目等的大小，这至少需要 3 个随机变量。在日常生活中，即使描述某地区学龄前儿童的发育情况，对该地区儿童抽查身高和体重，也需要两个变量来描述。在生物学研究中，这种用多个变量描述生物状态的情况很常见。例如，为了描述金银花根围 AM 真菌与土壤环境的关系[12]，需要测定 12 个指标，其中包括土层（X_1）、全氮（X_2）、有机碳（X_3）和 pH（X_4）4 个土壤因子；孢子密度（X_5）、丛枝定殖率（X_6）、泡囊定殖率（X_7）、外生菌丝定殖率（X_8）、内生菌丝定殖率（X_9）和总定殖率（X_{10}）6 个真菌指标，以及易提取球囊霉素（EEG）（X_{11}）、总球囊霉素（TG）（X_{12}）等指标。

为了研究随机变量的性质，常采用与一维随机变量相似的研究方法，即从分布函数入手，下面学习多维随机变量的几个主要概念。

一、多维随机变量

设 E 是一个随机试验，它的样本空间是 $S=S(e)$，设 $X_1=X_1(e),\ X_2=X_2(e),\cdots,\ X_n=X_n(e)$ 是定义在 S 上的随机变量，则由它们构成的一个 n 维向量 $(X_1,X_2,\cdots,X_n)$ 称为 n 维随机向量。对于这个概念，可以简单地加以类比说明，不做严谨的界定。例如，在测定 AM 真菌的实验研究中，AM 真菌与土壤环境关系的各种测定就可看作随机试验，而各个指标就可看作随机变量，各个变量构成的一组数据就可看作一个随机向量。

二、联合分布函数

先给出联合分布函数的一个数学定义，对于任意 n 个实数 $x_1,x_2,\cdots,x_n$，n 元函数

$$F(x_1,x_2,\cdots,x_n)=P\{X_1\leqslant x_1,X_2\leqslant x_2,\cdots,X_n\leqslant x_n\} \qquad (2\text{-}1)$$

称为 n 维随机变量 $(X_1,X_2,\cdots,X_n)$ 的分布函数或随机变量 $X_1,X_2,\cdots,X_n$ 的联合分布函数。对于这个定义，怎么去理解呢？先从简单的地方开始，比如当 $n=2$ 时，则表达为 $F(x_1,x_2)=P\{X_1\leqslant x_1,X_2\leqslant x_2\}$，此时可以看到，在二维平面上，它的具体含义是在点 (x_1,x_2) 左下方的阴影面积（图 2-1）。

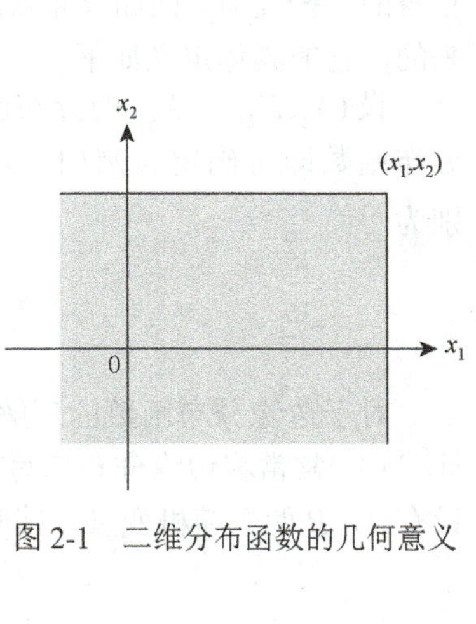

图 2-1　二维分布函数的几何意义

同样的，可以想象到，如果增加一维，比如当$n=3$时，则表达式为

$$F(x_1,x_2,x_3)=P\{X_1\leqslant x_1,X_2\leqslant x_2,X_3\leqslant x_3\} \tag{2-2}$$

此时可以想象，在三维坐标系下，它的具体含义是在点(x_1,x_2,x_3)左下方的阴影体积内。

三、概率密度函数

和一维随机变量一样，多维随机变量也可分成离散型和非离散型随机变量，在这里，学习连续型随机变量的概率密度函数。在上边已经学习了分布函数，若把分布函数的表达改写成

$$F(x_1,x_2,\cdots,x_n)=\int_{-\infty}^{x_n}\int_{-\infty}^{x_{n-1}}\cdots\int_{-\infty}^{x_1}f(x_1,x_2,\cdots,x_n)\mathrm{d}x_1\mathrm{d}x_2\cdots\mathrm{d}x_n \tag{2-3}$$

再加上必要的限定条件，就得到了一个新概念的定义，即若存在非负函数$f(x_1,x_2,\cdots,x_n)$，使对于任意实数$x_1,x_2,\cdots,x_n$有式（2-3）成立，则称$f(x_1,x_2,\cdots,x_n)$为（$X_1,X_2,\cdots,X_n$）的概率密度函数。还是回到最简单的情况下，当$n=2$时，则式（2-3）具体化为

$$F(x,y)=\int_{-\infty}^{y}\int_{-\infty}^{x}f(x,y)\mathrm{d}x\mathrm{d}y \tag{2-4}$$

这里对于概率密度的理解，可以比照物理学中的密度，在物理学中通常使用密度来描述物质在单位体积下的质量。这里所谓的概率密度，就是“某种单位”下的概率，之所以说是“某种单位”，是因为当$n=1$时，也就是一维时，可以把概率密度看作“单个点”对应的概率，这里的“看作”不是严格的描述，严格地讲，一维的情况下，连续性随机变量在点上的概率为零。这里的“单个点”，更准确地说是一个趋向于宽度为0的一个小区间。

同样的，当$n=2$时，“某种单位”可以看作一个很小的面积，概率密度就是单位面积上的概率；而当$n=3$时，“某种单位”可以看作一个很小的体积，概率密度就是单位体积上的概率；以此类推，则可以理解。

四、边缘分布

边缘分布是针对联合分布而讲的，前边已经知道了联合分布，联合分布主要考察了随机变量之间相互作用下的共同分布状况。在这些随机变量共同构成联合分布的时候，随机变量自身的一些性质，比如分布状况等，还是需要考察的，边缘分布可以看作为这个目的而提出来的。它的具体定义如下。

设$(X_1,X_2,\cdots,X_n)$的分布函数为$F(x_1,x_2,\cdots,x_n)$，则$(X_1,X_2,\cdots,X_n)$的$k(1\leqslant k<n)$维边缘分布函数即可确定。例如，$(X_1,X_2,\cdots,X_n)$关于变量X_1、关于(X_1,X_2)的边缘分布函数分别为

$$F_{X_1}(x_1)=F(x_1,\infty,\infty,\cdots,\infty) \tag{2-5}$$

$$F_{X_1,X_2}(x_1,x_2)=F(x_1,x_2,\infty,\infty,\cdots,\infty) \tag{2-6}$$

对于边缘分布函数的理解，可按照一维随机变量的概念一样对待。在概率论与数理统计[13]中，常常将边缘分布律写在联合分布表格的边缘上，也算是称之为“边缘”的一个来源。设有A，B两个随机变量，其联合分布律与边缘分布律如图2-2所示。

随机变量B的边缘分布律

B \ A	1	2	3	4	$P\{B=j\}$
0	0.1	0	0	0	0.1
1	0	0.4	0.2	0.1	0.7
2	0	0	0	0.2	0.2
$P\{A=i\}$	0.1	0.4	0.2	0.3	1

随机变量A的边缘分布律

图 2-2　边缘分布示意

五、边缘概率密度

边缘概率密度和其他既有的概率密度一样，同样描述了“某个单位”上的概率，它的数学定义是：设 $f(x_1,x_2,\cdots,x_n)$ 是 $(X_1,X_2,\cdots,X_n)$ 的概率密度，则 $(X_1,X_2,\cdots,X_n)$ 关于 X_1 及 (X_1,X_2) 的边缘概率密度分别为

$$f_{X_1}(x_1)=\int_{-\infty}^{\infty}\int_{-\infty}^{\infty}\cdots\int_{-\infty}^{\infty}f(x_1,x_2,\cdots,x_n)\mathrm{d}x_2\mathrm{d}x_3\cdots\mathrm{d}x_n \tag{2-7}$$

$$f_{X_1,X_2}(x_1,x_2)=\int_{-\infty}^{\infty}\int_{-\infty}^{\infty}\cdots\int_{-\infty}^{\infty}f(x_1,x_2,\cdots,x_n)\mathrm{d}x_3\mathrm{d}x_4\cdots\mathrm{d}x_n \tag{2-8}$$

六、相互独立

各个随机变量共同构成了联合分布，又具有自身独特的边缘分布，有时候，构成联合分布的各个随机变量之间，一个变量的变化，并不受其他变量的影响，针对这种情况，可以使用相互独立来加以描述。其定义为：若对于所有的 $X_1,X_2,\cdots,X_n$，有 $F(x_1,x_2,\cdots,x_n)=F_{X_1}(x_1)F_{X_2}(x_2)\cdots F_{X_n}(x_n)$，则称 $X_1,X_2,\cdots,X_n$ 是相互独立的。

第二节　多元正态分布

在学习多维正态分布之前，先回顾一下在概率论中学习过的一维正态分布及其概念、计算，设连续型随机变量 X 的概率密度为

$$f(x)=\frac{1}{\sqrt{2\pi}\sigma}\mathrm{e}^{-\frac{(x-\mu)^2}{2\sigma^2}},\quad -\infty<x<\infty \tag{2-9}$$

式中，$\mu,\sigma(\sigma>0)$ 为常数，则称 X 服从参数 μ,σ 的正态分布，记为 $X\sim N(\mu,\sigma)$。

这里，为了将一维正态分布的密度函数表达形式推广到多维，先将概率密度的表达形式进行改写。首先，对密度函数中的指数部分进行改写，

$$\left(\frac{x-\mu}{\sigma}\right)^2=(x-\mu)(\sigma^2)^{-1}(x-\mu) \tag{2-10}$$

将其中的参数以向量表达，则可以推广到多变量上，设有 p 个变量，则有

$$(\boldsymbol{X}-\boldsymbol{\mu})'\boldsymbol{\Sigma}^{-1}(\boldsymbol{X}-\boldsymbol{\mu}) \tag{2-11}$$

式中，$p\times 1$ 向量 $\boldsymbol{\mu}$ 为随机向量 $\boldsymbol{X}$ 的期望值，$p\times p$ 矩阵 $\boldsymbol{\Sigma}$ 为 $\boldsymbol{X}$ 的协方差矩阵。这里，我们不对数学推导做严格要求，假定对称矩阵 $\boldsymbol{\Sigma}$ 是正定的，则式（2-11）表示点 $\boldsymbol{X}$ 到 $\boldsymbol{\mu}$ 的广义距离的平方。

其次，对密度函数中的标准化常数进行改写。我们知道，一维正态分布概率密度函数具有如下的性质，

$$\frac{1}{\sqrt{2\pi}\sigma}\int_{-\infty}^{+\infty}\mathrm{e}^{-\frac{(x-\mu)^2}{2\sigma^2}}\mathrm{d}x=\frac{1}{\sqrt{2\pi}}\int_{-\infty}^{+\infty}\mathrm{e}^{-\frac{t^2}{2}}\mathrm{d}t=1 \tag{2-12}$$

这里的 $\frac{1}{\sqrt{2\pi}\sigma}$，起到了将积分归一化的作用，将这部分归一化参数进行改写，则一元标准化常数改写为 $(2\pi)^{-1/2}(\sigma^2)^{-1/2}$，将其推广到多维更一般化，则对于 p 维多元密度函数，该常数是 $(2\pi)^{-\frac{p}{2}}|\boldsymbol{\Sigma}|^{-\frac{1}{2}}$，据此，对 p 维随机变量 $\boldsymbol{X}'=(X_1,X_2,\cdots,X_p)$，其正态密度函数可表达为

$$f(\boldsymbol{x})=\frac{1}{(2\pi)^{p/2}|\boldsymbol{\Sigma}|^{1/2}}\mathrm{e}^{-(\boldsymbol{x}-\boldsymbol{\mu})'\boldsymbol{\Sigma}^{-1}(\boldsymbol{x}-\boldsymbol{\mu})/2} \tag{2-13}$$

其中 $-\infty<x_i<\infty, i=1,2,\cdots,p$。与一元正态密度类似，用 $N_p(\boldsymbol{\mu},\boldsymbol{\Sigma})$ 表示 p 维正态密度。

为了直观地理解多维正态分布的表达，下面以二维正态分布为例，具体加以改写，并绘制出密度函数的图像（图 2-3），以了解参数对形状的影响。

二维正态随机变量 (X_1,X_2) 的密度函数是

$$f(x_1,x_2)=\frac{1}{2\pi\sigma_1\sigma_2\sqrt{1-\rho^2}}\exp\left(\frac{-1}{2(1-\rho^2)}\left(\frac{(x_1-\mu_1)^2}{\sigma_1^2}-2\rho\frac{(x_1-\mu_1)(x_2-\mu_2)}{\sigma_1\sigma_2}+\frac{(x_2-\mu_2)^2}{\sigma_2^2}\right)\right) \tag{2-14}$$

令

$$\boldsymbol{X}=\begin{pmatrix}x_1\\x_2\end{pmatrix},\quad \boldsymbol{\mu}=\begin{pmatrix}\mu_1\\\mu_2\end{pmatrix}$$

则 (X_1,X_2) 的协方差矩阵为

$$\boldsymbol{\Sigma}=\begin{pmatrix}\sigma_1^2 & \rho\sigma_1\sigma_2\\\rho\sigma_1\sigma_2 & \sigma_2^2\end{pmatrix}$$

则

$$\boldsymbol{\Sigma}^{-1}=\frac{1}{\boldsymbol{\Sigma}}\begin{pmatrix}\sigma_2^2 & -\rho\sigma_1\sigma_2\\-\rho\sigma_1\sigma_2 & \sigma_1^2\end{pmatrix}$$

计算

$$\begin{aligned}&(\boldsymbol{X}-\boldsymbol{\mu})'\boldsymbol{\Sigma}^{-1}(\boldsymbol{X}-\boldsymbol{\mu})\\&=\frac{1}{|\boldsymbol{\Sigma}|}\begin{pmatrix}x_1-\mu_1 & x_2-\mu_2\end{pmatrix}\begin{pmatrix}\sigma_2^2 & -\rho\sigma_1\sigma_2\\-\rho\sigma_1\sigma_2 & \sigma_1^2\end{pmatrix}\begin{pmatrix}x_1-\mu_1\\x_2-\mu_2\end{pmatrix}\\&=\frac{1}{1-\rho^2}\left(\frac{(x_1-\mu_1)^2}{\sigma_1^2}-2\rho\frac{(x_1-\mu_1)(x_2-\mu_2)}{\sigma_1\sigma_2}+\frac{(x_2-\mu_2)^2}{\sigma_2^2}\right)\end{aligned} \tag{2-15}$$

于是，(X_1, X_2)的概率密度可写成

$$f(x_1,x_2)=\frac{1}{(2\pi)^{2/2}\left|\boldsymbol{\Sigma}\right|^{1/2}}\exp\left(-\frac{1}{2}(\boldsymbol{X}-\boldsymbol{\mu})'\boldsymbol{\Sigma}^{-1}(\boldsymbol{X}-\boldsymbol{\mu})\right) \tag{2-16}$$

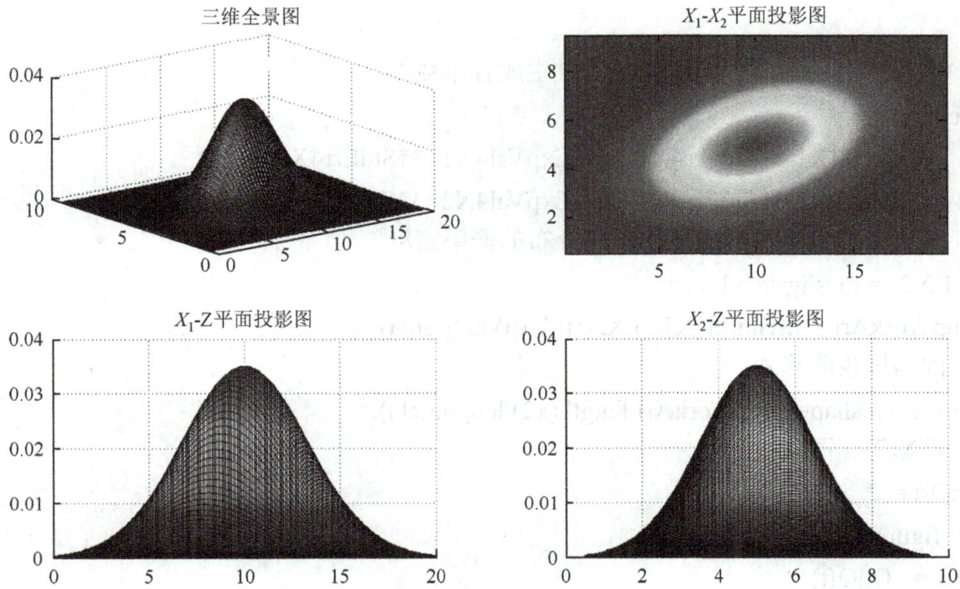

图 2-3　二维正态分布密度函数

参数设定：$\mu_1=10, \sigma_1=3.3, \mu_2=5, \sigma_2=1.5, \rho=0.4$

下面给出绘制密度函数代码。

```
function DrawPDF4Norm(ExpVal,StdErr,CorrCoef)
% 用途：使用 Matlab 画二维正态分布图。
% 参数：ExpVal 行向量，用来存储变量 X1 和 X2 的期望
%       StdErr 行变量，用来存储变量 X1 和 X2 的标准差
%       CorrCoef：二维变量 X1 和 X2 之间的相关系数
% 日期：2011.06.17   修订：2015.03.22
% 联系：wdwsjlxx@163.com
%

if nargin~=3
    error('The number of input parameter is wrong!');
end

% 形成协方差矩阵
StdErr4X1 = StdErr(1,1); StdErr4X2 = StdErr(1,2);
ExpVal4X1 = ExpVal(1,1); ExpVal4X2 = ExpVal(1,2);
```

```
Sigma = [StdErr4X1^2,...
        CorrCoef*StdErr4X1*StdErr4X2;...
        CorrCoef*StdErr4X1*StdErr4X2,...
        StdErr4X2^2;...
        ];
% 准备绘制图像数据：设置步长，生成各维数据
Step = 0.1;
x1 = ExpVal4X1-3*StdErr4X1:Step:ExpVal4X1+3*StdErr4X1;
x2 = ExpVal4X2-3*StdErr4X2:Step:ExpVal4X2+3*StdErr4X2;
% 形成网格数据，形成多维正态分布的概率密度
[X1,X2] = meshgrid(x1,x2);
TmpWorkArr = mvnpdf([X1(:) X2(:)],ExpVal,Sigma);
% 改写成矩阵形式
Result = reshape(TmpWorkArr,length(x2),length(x1));
% 投影等高图
OnOff = 2;   % 开关参数
h = figure('Color',[1,1,1]);
if (0 == OnOff)
    contourf(x1,x2,Result,1000,'LineStyle','none');
elseif(1 == OnOff)      % 三维图
    surf(Result);
else
    ftsz=14;
    xTxt1=['\mu1 = ',num2str(ExpVal4X1),…
              ';\mu2 = ',num2str(ExpVal4X2)];
    xTxt2=[';\sigma1 = ',num2str(StdErr4X1),…
              ';\sigma2 = ',num2str(StdErr4X2)];
    xTxt3=[';\rho = ',num2str(CorrCoef)];
    xTxt=[xTxt1,xTxt2,xTxt3];

    %1，三维图全景
    subplot(2,2,1);surf(x1,x2,Result);
    title('三维全景图','fontsize',ftsz,'fontName','微软雅黑');
    xlabel([xTxt],'fontsize',ftsz);
    set(gca,'fontsize',ftsz );

    %2，投影到 X1-X2 平面
    subplot(2,2,2);contourf(x1,x2,Result,1000,'LineStyle','none');
    title('X1-X2 平面投影图','fontsize',ftsz,'fontName','微软雅黑');
```

```
    set(gca,'fontsize',ftsz);

    %3， 投影到 X1-Z 平面
    subplot(2,2,3);surf(x1,x2,Result);view(0,0);
    title('X1-Z 平面投影图','fontsize',ftsz,'fontName','微软雅黑');
    set(gca,'fontsize',ftsz );

    %4，投影到 X2-Z 平面
    subplot(2,2,4);surf(x1,x2,Result);view(90,0);
    title('X2-Z 平面投影图','fontsize',ftsz,'fontName','微软雅黑');
    xlabel([xTxt]);
    set(gca,'fontsize',ftsz );
end
```

第三节　WISHART 分布

卡方分布是生物统计中常用的一种分布，比如在考察数据的齐性时，常用来对方差进行检验，在进行拟合优度检验时，常用来对实验样本点与理论计算值的一致性进行对比评判，在列联表检验中也常常使用。我们先回顾其定义，设 $X_1, X_2, \cdots, X_n$ 是来自总体 $N(0,1)$ 的样本，则称统计量

$$\chi^2 = X_1^2 + X_2^2 + \cdots + X_n^2 \tag{2-17}$$

服从自由度为 n 的 χ^2 分布，记为 $\chi^2 \sim \chi^2(n)$。这里的自由度是指式（2-17）右端包含的独立变量的个数。$\chi^2(n)$ 分布的概率密度图像见图 2-4。

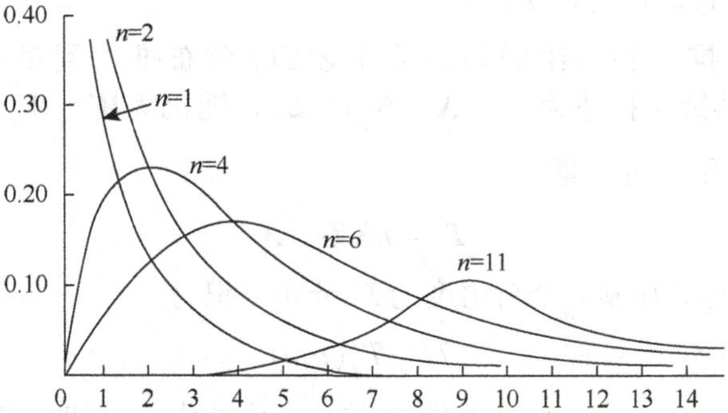

图 2-4　χ^2 分布示意图

和正态分布的推广类似，改写卡方分布，使之表达到多维，则得到 WISHART 分布的定义如下：设 $\boldsymbol{X}_{(\alpha)}$ 相互独立，且满足 $\boldsymbol{X}_{(\alpha)} \sim N_p(\boldsymbol{0}, \boldsymbol{\Sigma})$，$\alpha = 1, 2, \cdots, n$，记 $\boldsymbol{X} = (X_{(1)}, \cdots, X_{(n)})'$ 为 $n \times p$ 矩阵，则称随机阵

$$\boldsymbol{W} = \sum_{\alpha=1}^{n} \boldsymbol{X}_{(\alpha)} \boldsymbol{X}'_{(\alpha)} = \boldsymbol{X}'\boldsymbol{X} \tag{2-18}$$

的分布为威沙特分布（WISHART 分布），记为 $W \sim W_p(n, \Sigma)$。若假设 $\boldsymbol{X}_{(\alpha)} \sim N_p(\boldsymbol{\mu}, \boldsymbol{\Sigma})$ 相互独

立，则称 $\boldsymbol{W}=\boldsymbol{X'X}$ 服从非中心参数为 $\boldsymbol{\Delta}$ 的非中心威沙特分布，记为 $\boldsymbol{W}\sim \boldsymbol{W}_p(\boldsymbol{n},\boldsymbol{\Sigma},\boldsymbol{\Delta})$，其中

$$\boldsymbol{\Delta}=\boldsymbol{M'M}$$

$$M=\begin{pmatrix}\mu_1 & \cdots & \mu_p\\ \vdots & & \vdots\\ \mu_1 & \cdots & \mu_p\end{pmatrix}$$

一元统计中的 σ^2 对应 p 元统计中的协方差阵 $\boldsymbol{\Sigma}$。随机阵 $\boldsymbol{W}$ 的密度函数是威沙特于 1928 年推导出来的，命名为威沙特分布。

WISHART 分布的密度函数稍显复杂，这里给出其定义，设 $\boldsymbol{W}=\boldsymbol{X'X}=(w_{ij})_{p\times p}$ 为 p 阶对称随机矩阵，且以概率 1 正定，若 $\boldsymbol{W}$ 的上三角元素有密度函数

$$f(w_{11},w_{12},\cdots,w_{pp})=\frac{|\boldsymbol{W}|^{\frac{n-p-1}{2}}\exp\left(-\frac{1}{2}tr\left(\boldsymbol{\Sigma}^{-1}\boldsymbol{W}\right)\right)}{2^{\frac{np}{2}}\pi^{\frac{p(p-1)}{4}}|\boldsymbol{\Sigma}|^{\frac{n}{2}}\prod_{i=1}^{p}\Gamma\left(\frac{n-i+1}{2}\right)},W>0 \tag{2-19}$$

则称 $\boldsymbol{W}$ 服从 WISHART 分布。

第四节　HOTELLING 分布

在生物统计学中，为了检验均值之间的差异，我们曾经学习过 t 分布，甚至方差分析也是 t 检验的推广，在数学上，t 分布的定义如下：设 $X\sim N(0,1)$，$Y\sim\chi^2(n)$，且 X 与 Y 相互独立，则称随机变量

$$t=\frac{X}{\sqrt{Y/n}} \tag{2-20}$$

服从自由度为 n 的 t 分布，记为 $t\sim t(n)$。

和一维正态分布推广到多维类似，将上述的 t 分布推广到多维，则称新的分布为 HOTELLING 分布。其数学描述为：设 $\boldsymbol{X}\sim \boldsymbol{N}_p(\boldsymbol{0},\boldsymbol{\Sigma})$，随机阵 $\boldsymbol{W}\sim \boldsymbol{W}_p(n,\boldsymbol{\Sigma})$ $(\boldsymbol{\Sigma}>0,n\geqslant p)$，且 $\boldsymbol{X}$ 与 $\boldsymbol{W}$ 相互独立，则称统计量

$$\boldsymbol{T}^2=n\boldsymbol{X'W}^{-1}\boldsymbol{X} \tag{2-21}$$

为 T^2 统计量，其分布称为服从 n 个自由度的 T^2 分布，记为

$$T^2\sim T^2(p,n) \tag{2-22}$$

更一般的，若 $\boldsymbol{X}\sim \boldsymbol{N}_p(\boldsymbol{\mu},\boldsymbol{\Sigma})$ $(\mu\neq 0)$，则称 T^2 的分布为非中心霍特林 T^2 分布，记为

$$T^2\sim T^2(p,n,\mu) \tag{2-23}$$

下边给出 HOTELLING 的密度函数

$$f(x,\Sigma,v)=\frac{1}{|\Sigma|^{1/2}}\frac{1}{\sqrt{(v\pi)^d}}\frac{\Gamma\left(\frac{v+d}{2}\right)}{\Gamma(v/2)}\left(1+\frac{x'\Sigma^{-1}x}{v}\right)^{-\frac{v+d}{2}} \tag{2-24}$$

式中，v 为自由度；x' 为 x 的转置；d 为维数。

为了对 HOTELLING 分布有一个更直观的理解，这里给出二维分布的图像（图 2-5）。

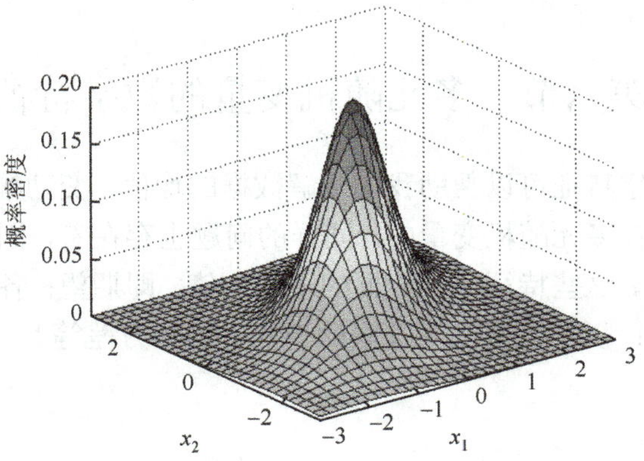

图 2-5　二维分布的图像

绘图参数：$\rho=\begin{pmatrix}1 & 0.6\\ 0.6 & 1\end{pmatrix}$，$df=5$，$-3\leqslant x_1\leqslant 3$，$-3\leqslant x_2\leqslant 3$

第五节　WILKS 分布

WILKS 分布和一维中的 F 分布相对应，在学习 WILKS 分布之前，先复习一下 F 分布。我们知道，在生物统计中，通过 F 分布，可以判断两总体的标准差大小，以此比较数据的齐性。但最主要的应用，还是用来进行方差分析的判别。在时间序列分析中，还可以判断变量 ARMA 模型的阶次[14]等。

F 分布的定义是：设 $U\sim\chi^2(n_1)$，$V\sim\chi^2(n_2)$，且 U 与 V 独立，则称随机变量

$$F=\frac{U/n_1}{V/n_2} \tag{2-25}$$

服从自由度为 (n_1,n_2) 的 F 分布，记为 $F\sim F(n_1,n_2)$。$F(n_1,n_2)$ 分布的概率密度图像如图 2-6 所示。

类似前边的，我们可得到 WILKS 分布的定义。设 $\boldsymbol{A}_1\sim W_p(n_1,\Sigma)$，$\boldsymbol{A}_2\sim W_p(n_2,\Sigma)$，$(\boldsymbol{\Sigma}>0,n_1\geqslant p)$，且 $\boldsymbol{A}_1$ 与 $\boldsymbol{A}_2$ 独立，则广义方差之比

$$\Lambda=\frac{|\boldsymbol{A}_1|}{|\boldsymbol{A}_1+\boldsymbol{A}_2|} \tag{2-26}$$

称为威尔克斯统计量或 Λ 统计量，其分布称为威尔克斯分布，记为 $\Lambda\sim\Lambda(p,n_1,n_2)$。关于将 F 分布推广到多维时涉及的形式选择，张尧庭[15]等做了详细的探讨，可参阅。

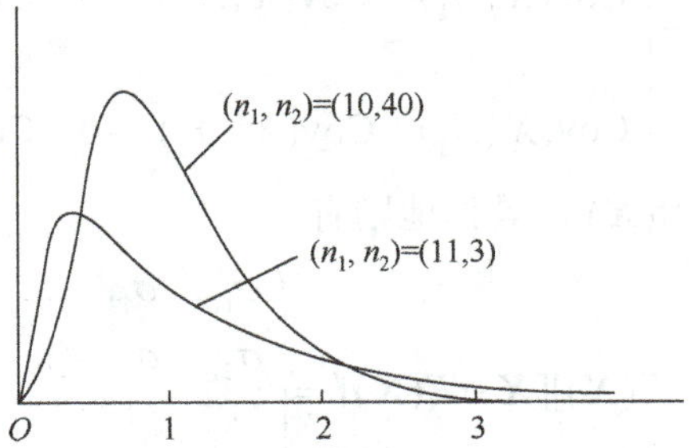

图 2-6　F 分布的概率密度图

第六节 多元随机变量的数字特征

在数理统计中，数字特征可以帮助我们了解数据的均值、变动幅度等，从而整体上把握数据总体的基本情况。在多元随机变量中，同样的问题也存在着，因此有必要对多元随机变量的数字特征加以了解。这些特征包含数据的理论均值，即期望；各数据点距离数据中心的平均变动幅度，即方差；以及数据之间关联的表征，即协方差等。

一、期望

设有向量 $\boldsymbol{X}=(X_1,X_2,\cdots,X_p)'$，若其中的 $E(X_i)$ $(i=1,\cdots,p)$ 存在，且具有有限的取值（具有实际意义的，不是发散状态的无穷大或无穷小），则称 $E(\boldsymbol{X})=[E(X_1),\cdots,E(X_p)]'$ 为 $\boldsymbol{X}$ 的均值或数学期望，$E(\boldsymbol{X})$ 和 $E(X_i)$ 可分别简记为 $\boldsymbol{\mu}$ 和 μ_i，即 $\boldsymbol{\mu}=(\mu_1,\mu_2,\cdots,\mu_p)'$。

多元随机变量的期望具有的性质，和单一随机变量的性质相类似，设 $\boldsymbol{X}$、$\boldsymbol{Y}$ 为随机向量，$\boldsymbol{A}$、$\boldsymbol{B}$ 为大小适合运算的常数矩阵，则存在以下情况。

（1）$E(\boldsymbol{AX})=\boldsymbol{A}E(\boldsymbol{X})$，对于这个性质，我们可简单理解为：数据组变动 $\boldsymbol{A}$ 倍后，其均值大小，和先求解数据的均值，然后再变动 $\boldsymbol{A}$ 倍等效。

（2）$E(\boldsymbol{AXB})=\boldsymbol{A}E(\boldsymbol{X})\boldsymbol{B}$，这条性质和上一条几乎类似，主要考虑了矩阵乘法规则的左乘和右乘。

（3）$E(\boldsymbol{AX}+\boldsymbol{BY})=\boldsymbol{A}E(\boldsymbol{X})+\boldsymbol{B}E(\boldsymbol{Y})$，这条性质指出期望的计算，和的期望与期望的和等价。

二、方差与协方差

在概率论的基础课中，我们已经知道，方差是用来表达各个样本点离开数据中心点的平均偏离程度的一个指标，而协方差用来表征数据之间关联程度。从形式上看，方差也是协方差的一种特例。因此，统一起来，则有如下的定义。

设 $\boldsymbol{X}=(X_1,X_2,\cdots,X_p)'$，$\boldsymbol{Y}=(Y_1,Y_2,\cdots,Y_p)'$，则称 $\mathrm{Cov}(\boldsymbol{X},\boldsymbol{Y})=E[\boldsymbol{X}-E(\boldsymbol{X})][\boldsymbol{Y}-E(\boldsymbol{Y})]'$ 为随机向量 $\boldsymbol{X}$ 和 $\boldsymbol{Y}$ 的协方差阵。

$$\mathrm{Cov}(\boldsymbol{X},\boldsymbol{Y})=E[\boldsymbol{X}-E(\boldsymbol{X})][\boldsymbol{Y}-E(\boldsymbol{Y})]'$$
$$=\begin{pmatrix}\mathrm{Cov}(X_1,Y_1) & \mathrm{Cov}(X_1,Y_2) & \cdots & \mathrm{Cov}(X_1,Y_p)\\ \mathrm{Cov}(X_2,Y_1) & \mathrm{Cov}(X_2,Y_2) & \cdots & \mathrm{Cov}(X_2,Y_p)\\ \vdots & \vdots & & \vdots\\ \mathrm{Cov}(X_p,Y_1) & \mathrm{Cov}(X_p,Y_2) & \cdots & \mathrm{Cov}(X_p,Y_p)\end{pmatrix} \tag{2-27}$$

当 $\boldsymbol{X}=\boldsymbol{Y}$ 时，即为方差矩阵 $D(\boldsymbol{X})$，具体地则有

$$E[\boldsymbol{X}-E(\boldsymbol{X})][\boldsymbol{X}-E(\boldsymbol{X})]'=\begin{pmatrix}\sigma_{11} & \sigma_{12} & \cdots & \sigma_{1p}\\ \sigma_{21} & \sigma_{22} & \cdots & \sigma_{2p}\\ \vdots & \vdots & & \vdots\\ \sigma_{p1} & \sigma_{p2} & \cdots & \sigma_{pp}\end{pmatrix} \tag{2-28}$$

其中：$\sigma_{ij} \to \mathrm{Cov}(X_i, X_j)$。

当$\boldsymbol{A}$，$\boldsymbol{B}$为常数矩阵时，协方差阵有如下性质。

（1）对于常数向量$\boldsymbol{a}$，有$D(\boldsymbol{X}+\boldsymbol{a})=D(\boldsymbol{X})$，对于这条性质，我们可以理解为：所有样本点值同时增加或减少一个常数，则样本点偏离数据中心点的平均幅度不受影响。

（2）$D(\boldsymbol{AX})=\boldsymbol{A}D(\boldsymbol{X})\boldsymbol{A}'=\boldsymbol{A\Sigma A}'$，对于这条性质，可以理解为：原始样本点值变换一个幅度，则平均偏离程度要以平方的形式发生变化。考虑矩阵的计算规则，则具有左乘和右乘的形式。

（3）$\mathrm{Cov}(\boldsymbol{AX},\boldsymbol{BY})=\boldsymbol{A}\mathrm{Cov}(\boldsymbol{X},\boldsymbol{Y})\boldsymbol{B}'$，这一条性质和上一条类似，应该说是上一条的普适版，而上一条则是这条性质的特例版。

（4）设$\boldsymbol{X}$为n维随机向量，期望和协方差存在，记$\boldsymbol{\mu}=E(\boldsymbol{X})$，$\boldsymbol{\Sigma}=D(\boldsymbol{X})$，$\boldsymbol{A}$为$n\times n$常数阵，则

$$E(\boldsymbol{X}'\boldsymbol{AX})=\mathrm{tr}(\boldsymbol{A\Sigma})+\boldsymbol{\mu}'\boldsymbol{A\mu}$$

在生物实验中，各测定数据往往具有各自的量纲，如果直接使用这种原始数据，往往带来一些影响，为了克服量纲各异产生的影响，在进行统计分析之前，常需要将每个指标“标准化”，即进行如下变换。

$$X_j^* = \frac{X_j - E(X_j)}{\sqrt{D(X_j)}}, \quad j=1,\cdots,p \tag{2-29}$$

这和一元正态分布中的标准化变量含义一样。在将非标准正态分布转为标准正态分布时，我们曾经使用过

$$Z=\frac{X-\mu}{\sigma} \tag{2-30}$$

第七节　矩阵分解与导数

对于多元数据的处理，通常利用的工具就是矩阵，在多数的生物实验中，结果也常常以矩阵的形式出现，这样做有助于进行计算机编程处理。为了挖掘隐藏在数据中的潜在规律，需要对矩阵进行各种变换，本节我们将对这些变换及定义做简单的解读，更详细的内容，请参阅《线性代数》和《矩阵论》方面的教材。

一、正交矩阵

设有方阵$\boldsymbol{Q}$，若满足$\boldsymbol{Q}'\boldsymbol{Q}=\boldsymbol{QQ}'=\boldsymbol{I}$，或者$\boldsymbol{Q}'=\boldsymbol{Q}^{-1}$，则称$\boldsymbol{Q}$为正交矩阵。所谓正交矩阵，最主要的特征就是“正交”，用数学表达式来说，即若$\boldsymbol{Q}$的第i行为q_i'，则$\boldsymbol{QQ}'=\boldsymbol{I}$就意味着$q_i'q_i=1, q_iq_j=0$，就是说每一行都具有单位长度，不同行之间互相垂直。将这些数学含义更加通俗化的解释，就是每一行都体现一条完整的信息，各信息之间没有重复或者冗余，这为我们深入分析数据中的信息提供了基础。

二、特征值与特征向量

设$\boldsymbol{A}$是一个$n\times n$矩阵，若存在数λ，使得$\boldsymbol{Ax}=\lambda\boldsymbol{x}$，则称$\lambda$是方阵$\boldsymbol{A}$的特征值，其对

应的向量 $\boldsymbol{x}$ 为特征向量，这里要求 $\boldsymbol{x} \neq \boldsymbol{0}$。

在生物数据的处理中，通常将向量 $\boldsymbol{x}$ 进行标准化，使其具有单位的长度，即满足 $\boldsymbol{x}'\boldsymbol{x}=1$，这样可以消除多值性，在后边我们学习典型相关分析时，会着重强调要用到这一点。$n \times n$ 矩阵 $\boldsymbol{A}$ 有 n 对特征值和特征向量，即 $(\lambda_1, \boldsymbol{x}_1), (\lambda_2, \boldsymbol{x}_2), \cdots, (\lambda_n, \boldsymbol{x}_n)$，且各个特征向量经过施密特正交化处理，均可以满足 $\boldsymbol{x}_i'\boldsymbol{x}_i = 1\ (i=1,2,\cdots,n)$。对于正交化，施密特正交化本质上实现了数据信息的规范化，使得 $\boldsymbol{A}$ 中包含的信息重新分解到不同的相互垂直的单元上，有助于更精确的解读信息。

三、谱与谱分解

定义 $n \times n$ 矩阵 $\boldsymbol{A}$ 的所有特征值的集合为 $\boldsymbol{A}$ 的谱[16]，记为 $\sigma(\boldsymbol{A})$。称 $\boldsymbol{A}$ 的特征值中，绝对值 $|\lambda|$ 最大的为矩阵 $\boldsymbol{A}$ 的谱半径，记作 $r(\boldsymbol{A})$。设矩阵 $\boldsymbol{A}$ 为 $n \times n$ 对称正定矩阵，与各个特征值 $\lambda_i\ (i=1,2,\cdots,n)$ 对应的经过施密特正交化的特征向量为 $\boldsymbol{l}_i (i=1,2,\cdots,n)$，则

$$\boldsymbol{A} = \lambda_1 \boldsymbol{l}_1 \boldsymbol{l}_1' + \lambda_2 \boldsymbol{l}_2 \boldsymbol{l}_2' + \cdots + \lambda_n \boldsymbol{l}_n \boldsymbol{l}_n' \tag{2-31}$$

为矩阵 $\boldsymbol{A}$ 的谱分解。

利用谱分解，可以更加直观地帮助我们理解多元数据特征[4]，若把 $\boldsymbol{x}' = (x_1, x_2, \cdots, x_n)$ 看作 $\boldsymbol{R}^n$ 中的点，则与谱分解相关联的正定二次型 $\boldsymbol{x}'\boldsymbol{A}\boldsymbol{x}$，可看作到多维原点的距离平方，$\boldsymbol{x}$ 到固定点 $\boldsymbol{\mu}' = (\mu_1, \mu_2, \cdots, \mu_n)$ 的距离平方，则可记作 $(\boldsymbol{x}-\boldsymbol{\mu})'\boldsymbol{A}(\boldsymbol{x}-\boldsymbol{\mu})$。在后续章节的数据分析中，常常会遇到讨论距离的问题，比如判别分析、聚类分析等，这种表示方法显然具有很大的优势。

谱分解实际上是矩阵分解的一种，所谓矩阵的分解，就是通过线性变换，将某个给定或已知的矩阵分解为两个或 3 个矩阵标准型的乘积[17]（个别情况下分解为两个矩阵标准型之和）。在本课程中，主要涉及特征值分解，但为了求解，有时候在 MATLAB 编程实现时，偶尔会用到对角化分解和奇异值分解（SVD）。

四、向量、矩阵求导法则

在高级生物统计学中，后续的因子分析、对应分析、典型相关分析等章节，都会遇到优化问题、极值问题，其中涉及矩阵的一些计算，如矩阵导数等都是十分重要的基础知识。为此，我们对这些计算加以简单的介绍，更详细的请参看矩阵分析方面的教材。

设 $\boldsymbol{A}, \boldsymbol{B}$ 是常数矩阵，设 $\boldsymbol{U}, \boldsymbol{V}, \boldsymbol{W}, \boldsymbol{X}, \boldsymbol{Y}, \boldsymbol{Z}$ 为矩阵函数，则矩阵微分的一些法则如下。

（1）常数矩阵的微分等于零矩阵，这和常数的导数等于 0 相一致。

$$\mathrm{d}\boldsymbol{A} = \boldsymbol{0} \tag{2-32}$$

（2）常数与矩阵函数乘积的微分，等于常数与矩阵函数微分的乘积，即

$$\mathrm{d}(\alpha \boldsymbol{U}) = \alpha(\mathrm{d}\boldsymbol{U}) \tag{2-33}$$

（3）矩阵转置的微分等于原矩阵微分后转置，即

$$\mathrm{d}(\boldsymbol{U}') = (\mathrm{d}\boldsymbol{U})' \tag{2-34}$$

（4）两个矩阵函数和差的微分，等于微分的和差，即

$$\mathrm{d}(\boldsymbol{U} \pm \boldsymbol{V}) = \mathrm{d}\boldsymbol{U} \pm \mathrm{d}\boldsymbol{V} \tag{2-35}$$

（5）常数矩阵 $\boldsymbol{A}, \boldsymbol{B}$ 与矩阵函数乘积（左乘 $\boldsymbol{A}$ 右乘 $\boldsymbol{B}$）的微分，等于矩阵函数微分前后

乘以原常数矩阵，即

$$d(\boldsymbol{AXB}) = \boldsymbol{A}(d\boldsymbol{X})\boldsymbol{B} \tag{2-36}$$

（6）矩阵函数乘积的微分，等于矩阵函数各自微分乘以其余项后加和，即

$$d(\boldsymbol{UV}) = (d\boldsymbol{U})\boldsymbol{V} + \boldsymbol{U}(d\boldsymbol{V}) \tag{2-37}$$

多个的情况如下，

$$d(\boldsymbol{UVW}) = (d\boldsymbol{U})\boldsymbol{VW} + \boldsymbol{U}(d\boldsymbol{V})\boldsymbol{W} + \boldsymbol{UV}d(\boldsymbol{W}) \tag{2-38}$$

若其中含常数矩阵

$$\begin{aligned} d(\boldsymbol{XAX}') &= (d\boldsymbol{X})\boldsymbol{AX}' + \boldsymbol{X}(d\boldsymbol{A})\boldsymbol{X}' + \boldsymbol{XA}(d\boldsymbol{X}') \\ &= (d\boldsymbol{X})\boldsymbol{AX}' + \boldsymbol{0} + \boldsymbol{XA}(d\boldsymbol{X})' \\ &= (d\boldsymbol{X})\boldsymbol{AX}' + \boldsymbol{XA}(d\boldsymbol{X})' \end{aligned} \tag{2-39}$$

$$\begin{aligned} d(\boldsymbol{X'AX}) &= (d\boldsymbol{X}')\boldsymbol{AX} + \boldsymbol{X}'(d\boldsymbol{A})\boldsymbol{X} + \boldsymbol{X'A}(d\boldsymbol{X}) \\ &= (d\boldsymbol{X})'\boldsymbol{AX} + \boldsymbol{0} + \boldsymbol{X'A}(d\boldsymbol{X}) \\ &= (d\boldsymbol{X})'\boldsymbol{AX} + \boldsymbol{X'A}(d\boldsymbol{X}) \end{aligned} \tag{2-40}$$

（7）行列式的微分为

$$d|\boldsymbol{X}| = |\boldsymbol{X}|\mathrm{tr}(\boldsymbol{X}^{-1}d\boldsymbol{X}) \tag{2-41}$$

（8）逆阵的微分为

$$d(\boldsymbol{X}^{-1}) = -\boldsymbol{X}^{-1}(d\boldsymbol{X})\boldsymbol{X}^{-1} \tag{2-42}$$

（9）矩阵对数的微分

$$d(\log \boldsymbol{X}) = \boldsymbol{X}^{-1}(d\boldsymbol{X}) \tag{2-43}$$

$$d[\log(\boldsymbol{X'AX})] = (\boldsymbol{X'AX})^{-1}[(d\boldsymbol{X})'\boldsymbol{AX} + \boldsymbol{X'A}(d\boldsymbol{X})] \tag{2-44}$$

第八节 数据读取的 MATLAB 实现

在处理数据时，数据的输入与读取，也是影响处理的一个方面，为了方便 MATLAB 进行数据的读取与输出，笔者对后续章节中经常遇到的数据读写进行了专门编程，现逐一简单介绍。

一、三角形格式的数据读入

在进行分析之前，需要把数据读入到 MATLAB 中，对于符合矩阵形式的格式化数据，直接使用 load 命令即可。但实际中，有时候给出的数据是上三角形或者下三角形格式的，对于这样的数据，在读入内存时，往往不易，针对多维数据分析中常常碰到的只给出数据矩阵一半的情形，我们编写了专门的 ReadTriData 函数，函数的实现代码如下。

```
function [A]=ReadTriData(FileName,type,splitfmt)
% 功能：读取 4 种不同形式的上下三角形输入数据，补足缺省对称部分，形成方阵
% 参数：需要 3 个不同的输入参数，分别介绍如下
```

```
%       1. FileName:文件名称，一般指 txt 数据的文件；
%       2. type: 类型标识符，这里的类型是指三角形数据的布置类型，本程序将数据
%           布置类型划分成 4 种不同的类型，分别如下示意：
%            1,1,1          1,0,0          1,1,1          0,0,1
%            0,1,1          1,1,0          1,1,0          0,1,1
%            0,0,1          1,1,1          1,0,0          1,1,1
%           根据非零数据的具体位置，分别命名为：
%            "右上角"，"左下角"，"左上角"，"右下角"
%           对应的英文单词为：
%              right+upper -> 'ru';    left+down -> 'ld'
%              left+upper -> 'lu';       right+down->'rd'
%           这些参数在使用时不能缺省，必须输入。
%       3. splitfmt: 即 split format，用来指明原始数据的分割形式，比如是采用
%           空格分割数据，还是采用逗号分开数据，运行程序时需要指明。本程序只处理
%           空格和逗号两种分割形式，其他不可。缺省时默认按照空格分割。
%       4. 返回值为已经形成的对称方阵
% 提示：<1>数据文件中不能含有空行;<2>分隔符不允许中文格式,尤其中文逗号。
% 编写：mazhaipu, wdwsjlxx@163.com
% 日期：2015.07.18.
% 示例：
%           fn='triu.txt'
%           t='ru'
%           b=ReadTriData(fn,t)   %  缺省格式
%           b=ReadTriData(fn,t, ' ')
%

% 预处理
if ~strcmp(FileName(end-2:end),'txt')
    error('你输入的文件类型不是 txt 文本文件!');
end


if ischar(type),
    types={'ru','ld','lu','rd'};
    type=internal.stats.getParamVal(type,types,'TYPE');
else
    error('bad data type flags');
end


if nargin<3||isempty(splitfmt)
```

```
        splitfmt=' '; % 默认空格分割数据
    else if ischar(splitfmt),
        splits={' ',','}; % 只提供两种分割方式
        splitfmt=internal.stats.getParamVal(splitfmt,splits,'TYPE');
    else
        error('bad split format flags');
    end

    % 读取原始数据，保持原始布置状态
    fidin=fopen(FileName,'r');                % 打开 txt 文件
    RowCount=0;                               % 行计数器
    while ~feof(fidin)                        % 判断是否为文件末尾
        tmpLine=fgetl(fidin);                 % 从文件读行
        tmpLine = strtrim(tmpLine);           % 去除前后不必要的空格
        if double(tmpLine(1))>=48&&double(tmpLine(1))<=57    % 判断首字符是否是数值
            RowCount=RowCount+1;
            S = regexp(tmpLine,splitfmt,'split');   % 分割成数据
            [~,sCols]=size(S);
            ColCount=0; % 列计数器
            for jc=1:sCols
                tmpD=str2double(S{jc});
                if ~isnan(tmpD)
                    ColCount=ColCount+1;
                    A(RowCount,ColCount)=tmpD;
                end
            end
            if strcmpi(type,'ru')   % 右上型
                A(RowCount,:)=rightShift(A(RowCount,:),RowCount-1);
            end
        else
            continue    % 如果是非数字继续下一次循环
        end
    end

    % 补足对称缺失部分
    [aRows,aCols]=size(A);
    switch type
        case {'lu','LU','Lu','lU'}   % 左上型
            for ir=aRows:-1:2
```

```
                for jc=aCols:-1:2
                    A(ir,jc)=A(aCols-jc+1,aRows-ir+1);
                end
            end
        case {'ru','RU','Ru','rU'}   % 右上型
            for ir=1:aRows
                for jc=1:aCols
                    A(jc,ir)=A(ir,jc);
                end
            end
        case {'ld','LD','Ld','lD'}   % 左下型
            for ir=1:aRows-1
                for jc=2:aCols
                    A(ir,jc)=A(jc,ir);
                end
            end
        case {'rd','RD','Rd','rD'}   % 右下型
            for ir=1:aRows
                A(ir,:)=rightShift(A(ir,:),aCols-ir);
            end
            for ir=1:aRows-1
                for jc=1:aCols-ir
                    A(ir,jc)=A(aRows-ir+1,aCols-jc+1);
                end
            end
    end

    function [X]=rightShift(X,p)
    % 给出行向量 X，向右移 p 位,左侧补零。
    nCols=size(X,2);
    T=zeros(1,nCols);
    T(1,p+1:nCols)=X(1,1:nCols-p);
    X=T;
```

二、计算表达式的智能输出

在分析结果时，有时候需要将原始变量写成某种表达式，如因子分析和主成分分析中就常常遇到综合表达式的输出问题。为此，笔者编写了输出变量表达式的函数 OutVarExpr，专门处理这类问题，在后续章节中，对此可直接调用，稍加改写，还可拓展功能。原始代码如下。

```
function OutVarExpr(A,VarIn,VarOut,Const)
% 功能：输出原始变量的公共因子表达形式，形成可供阅读的数学表达式
% 参数：
%  (1) A--系数矩阵，不可省略
%  (2) VarIn--被输出的变量名列表,缺省时默认以 Y 作为变量名称，用户自己准备变量
%         名称时，则按照用户给定的名称输出。需要指出，当用户只输入一个变量名
%         称时，则按照该变量名称，以数字作为角标形成输入变量名称列表。
%  (3) VarOut--欲输出使用的变量名列表,缺省时默认以 X 作为变量名称，用户自备
%         变量名称时，则按照用户给定的名称输出。需要指出，当用户只输入一个变量名
称时，
%         则按照该变量名称，以数字作为角标形成输出变量名称列表。
%         变量全部默认时，输出格式如下：
%         Y01 =    0.7804*X1 + 0.2203*X2 + 0.8842*X3 + ...
%         有完整准备变量名称时，则按完备名称输出：
%         Ya =    0.8383*Xa + 0.2076*Xb + 0.8051*Xc + ....
%  (4)Const--常数量值，默认输出。
% 编制：2013.5.5. 修订：2015.05.15.
% 样例：
%                A=rand(5,5);
%                In={'Ya','Yb','Yc','Yd','Ye'};
%                In={'F'}
%                Out={'Fa','Fb','Fc','Fd','Fe'};
%                Out={'S'};
%                B=A(:,end);
%                OutVarExpr(A);%格式 1
%                OutVarExpr(A,In);%格式 2
%                OutVarExpr(A,In,Out);%格式 3
%                OutVarExpr(A,In,Out,B);%格式 4

[nRows,nCols]=size(A);
% 被表达变量名称
if nargin<2||isempty(VarIn)
    Var='Y';
    for ir=1:nRows;
        if nRows>9 && nRows<=99,   %控制整齐对齐
            VarIn{ir}=sprintf('%s%d',Var,ir);
        else
            VarIn{ir}=sprintf('%s%d',Var,ir);
        end
```

```
        end
    else
        varLong=length(VarIn); %测输入的长度
        if varLong==1      % 只输入一个时扩充
            Var=VarIn{1};
            for ir=1:nRows;
                if nRows>9 && nRows<=99,    % 控制整齐对齐
                    VarIn{ir}=sprintf('%s%d',Var,ir);
                    % VarIn=[VarIn;tmpStr]; % 扩充
                else
                  VarIn{ir}=sprintf('%s%d',Var,ir);
                    % VarIn=[VarIn;tmpStr]; % 扩充
                end
            end
        elseif varLong~=nRows
            fprintf('输出变量  n = %d，矩阵行数：row = %d,不匹配！\n',...
                varLong,nRows);
            error('检查数据与变量名称个数！');
        end
    end
    % 要使用的变量名称
    if nargin<3||isempty(VarOut)
        Var='X';
        for jc=1:nCols;
            if nCols>9 && nCols<=99,    % 控制整齐对齐
                VarOut{jc}=sprintf('%s%d',Var,jc);
            else
                VarOut{jc}=sprintf('%s%d',Var,jc);
            end
        end
    else
        varLong=length(VarOut);
        if varLong==1
            Var=VarOut{1};
            for jc=1:nCols;
                if nCols>9 && nCols<=99,    %控制整齐对齐
                    VarOut{jc}=sprintf('%s%d',Var,jc);
                else
                    VarOut{jc}=sprintf('%s%d',Var,jc);
```

```
            end
        end
    elseif varLong~=nCols
        fprintf('变量系数  n = %d  个.\n',nCols);
        error('变量名称个数与系数个数不匹配！');
    end
end
%  常数项
if nargin<4||isempty(Const)
    Const=zeros(nRows,1);
    iFlag=0;
else
    iFlag=1;
    if(nRows~=size(Const,1)),
        error('常数项：维数不匹配!');
    end
end

%  输出准备
for ir=1:nRows
    fprintf('%s=',VarIn{ir});
    sg=sign(A(ir,:));
    for jc=1:nCols
        switch sg(jc)
            case 1
                if (1==jc)
                    fprintf(blanks(1));
                else
                    fprintf('+');
                end
                fprintf('%.4f%s',A(ir,jc),VarOut{jc});
            case -1
                fprintf('-');
                fprintf('%.4f%s',abs(A(ir,jc)),VarOut{jc});
        end
    end
    if iFlag
        fprintf('+%.4f',Const(ir));
    end
```

```
    fprintf(';\n');
end
```

三、处理文字下标

在因子分析、主成分分析和典型相关分析中，我们有时候会碰到处理诸如下式

$$Y_1=0.7804X_1+0.2203X_2+0.8842X_3+\cdots$$

的情况，当表达式较多，而每个表达式中又含有较多的变量时，要处理成标准 word 文档，众多的下标处理起来也非常麻烦，为此，笔者应用 VBA 语言（注：不是 MATLAB 语言），特意为 Word 编写了处理脚标的宏代码，将该宏加入菜单，可一键实现脚标转换，极大地减少重复，将处理结果直接拷贝进入公式编辑器，即可实现完整输入。图 2-7 是笔者编写的该专用小工具截图，下面是其原始代码。

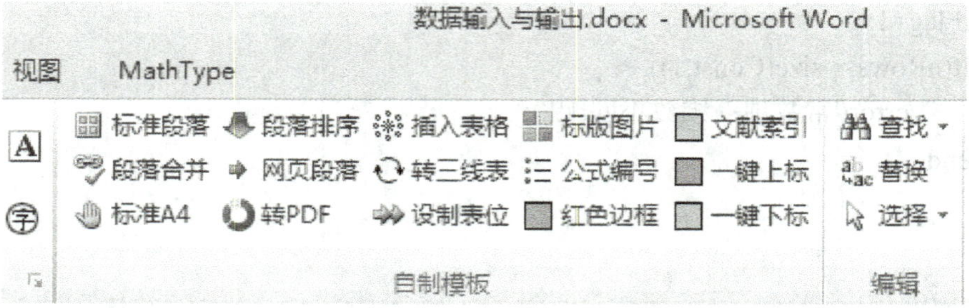

图 2-7　下标转换小工具

附：批量转下标的 VBA 代码

```
Sub ToSubscript()
' 功能:批量转为下标
' 编写:MAZHAIPU, wdwsjlxx@163.com
' 日期:2015.04.06.
'1, 执行之前，清除格式
    Selection.Find.ClearFormatting
    Selection.Find.Replacement.ClearFormatting
'2,设置搜索格式限定条件
    With Selection.Find.Replacement.Font
        .Bold = False
        .Color = wdColorRed
        .Superscript = False
        .Subscript = True
    End With
'3,执行替换
    With Selection.Find
        .Text = "[a-zA-Z]([0-9]{1,})"
```

```
            .Replacement.Text = ""
            .Forward = True
            .Wrap = wdFindContinue
            .Format = True
            .MatchCase = False
            .MatchWholeWord = False
            .MatchByte = False
            .MatchAllWordForms = False
            .MatchSoundsLike = False
            .MatchWildcards = True
        End With
        Selection.Find.Execute Replace:=wdReplaceAll   '执行替换
    '4，设置新的搜索限定格式
        Selection.Find.ClearFormatting
        With Selection.Find.Font
            .Superscript = False
            .Subscript = True        '是下脚标
        End With
    '5，设置新的目标格式
        Selection.Find.Replacement.ClearFormatting
        With Selection.Find.Replacement.Font
            .Bold = False
            .Color = wdColorBlack
            .Superscript = False
            .Subscript = False           '不再是下脚标
            .Italic = True
      End With
    '6,具体实施替换
        With Selection.Find
            .Text = "[a-zA-Z]"
            .Replacement.Text = ""
            .Forward = True
            .Wrap = wdFindContinue
            .Format = True
            .MatchCase = False
            .MatchWholeWord = False
            .MatchByte = False
            .MatchAllWordForms = False
            .MatchSoundsLike = False
```

```
            .MatchWildcards = True
        End With
        Selection.Find.Execute Replace:=wdReplaceAll
End Sub
```

四、格式化输出函数

在运行程序时，有时候需要输出必要的中间过程数据，以进行检验或者进行适当的说明，这时候就需要输出带有说明的数据，MATLAB 自带的输出形式，这时候就不适合输出到文档中，另外，MATLAB 输出数据默认 4 位小数，有时候需要适当改变才满足需要。因此，为了实现数据形式化输出，笔者编写了格式化输出函数 OutFmtData，该函数在第六章主成分分析和第九章典型相关分析中被调用。

```
function OutFmtData(array,prec,para)
% 功能：实现数据形式化输出,参数个数,即列数最好不大于 100 列
% 调用：例如 OutFmtData(a,3,para)
% 参数：array：要输出的数据矩阵
%           prec：设置输出小数位数,缺省时默认为 2 位
%           para：变量名称标签,缺省时默认设置成 Par23,Par24 之类
% 编制：2015.04.14.
%
[nRows,nCols]=size(array);
% 小数位数,默认 2 位
if nargin<2||isempty(prec)
    prec=2;
end
% 变量标签
if nargin<3||isempty(para)
    para=cell(1,nCols);
    for jc=1:nCols
        para{jc}=sprintf('X%2.2d',jc);
    end
else
    varLong=length(para); %测输入的长度
    if varLong==1     % 只输入一个时扩充
        Var=para{1};
        for jc=1:nCols;
            if nCols>9 && nCols<=99,    %控制整齐对齐
                para{jc}=sprintf('%s%.2d',Var,jc);
            else
```

```
                    para{jc}=sprintf('%s%d',Var,jc);
                end
            end
        else
            pCols=size(para,2);
            if pCols<nCols
                error('Not match!');
            end
        end
    end
% 形成灵巧格式
biggest=max(max(abs(array),[],1),[],2); % 找到最大的数
tmpStr=int2str(ceil(biggest)); % 将数转成字符串
bigLen=length(tmpStr); % 测定串长度
signSum=sum(sum(sign(array),2),1); % 查看有没有负数
if (signSum<nRows*nCols)   % 有负数时
    TotalLen=bigLen+prec+2;
else
    TotalLen=bigLen+prec+1;
end
dataFmt=sprintf('%%%d.%df,',TotalLen,prec);% 数据格式
strFmt=sprintf('%%%ds%s',TotalLen,blanks(1)); % 标签格式,以空格隔开
% 实现自动居中对齐标题
for ir=1:nCols
    tmpStr=para{ir};
    tsl=length(tmpStr);
    if tsl>TotalLen   % 超过格式长度部分被截去
        if nCols<=9
            tmpa =tmpStr(1:bigLen);% cut
            tmpb=tmpStr(end:end);
            tmpStr=sprintf('%s%s',tmpa,tmpb);
        elseif (nCols>9)&&(nCols<=99)
            tmpa =tmpStr(1:bigLen);% cut
            tmpb=tmpStr(end-1:end);
            tmpStr=sprintf('%s%s',tmpa,tmpb);
        end
    else   % 否则,前后补空格
        addBlanks=TotalLen-tsl;% 计算需补空格数
        if mod(addBlanks,2)==0 % 需补空格数为偶数时,串前串后均分
```

```
            before=addBlanks/2;
            after=before;
        else % 需补空格数为奇数时,串前多补 1 个,串后少 1 个
            before=(addBlanks+1)/2;
            after=(addBlanks-1)/2;
        end
        tmpStr=sprintf('%s%s%s',blanks(before),tmpStr,blanks(after));% 补上空格
    end
    fprintf(strFmt,tmpStr);
end
fprintf('\n');
% 输出数据
for ir=1:nRows
    fprintf(dataFmt,array(ir,:));
    fprintf('\b;\n');
end
```

习　　题

1. 某医药公司 8 月和 9 月收到的订单分别记为 X 和 Y, 根据以往的销售累积资料, 可以知道 X 和 Y 的联合分布律（表 X2-1）。

表 X2-1　某公司 8 月和 9 月收到的订单概率分布

Y	X				
	51	52	53	54	55
51	0.06	0.05	0.05	0.01	0.01
52	0.07	0.05	0.01	0.01	0.01
53	0.05	0.01	0.01	0.05	0.05
54	0.05	0.02	0.01	0.01	0.03
55	0.05	0.06	0.05	0.01	0.03

①求边缘分布律。②求 8 月定单数为 51 时，9 月订单数的条件分布概率。

2. 进行打靶训练，设着弹点 T（X, Y）的坐标 X 和 Y 相互独立，都服从 N（0, 1）分布，若规定

点 T 落在区域 $D_1=\{(x,y)\,|\,x^2+y^2\leqslant 1\}$ 得 2 分;

点 T 落在区域 $D_2=\{(x,y)\,|\,1<x^2+y^2\leqslant 4\}$ 得 1 分;

点 T 落在区域 $D_3=\{(x,y)\,|\,x^2+y^2>4\}$ 得 0 分;

以 Z 记打靶的得分，写出 X, Y 的联合概率密度，求 Z 的分布律。

3. 设样本 $X_1,X_2,\cdots,X_6$ 来自总体 $N(0,1)$ ，$Y=(X_1+X_2+X_3)^2+(X_4+X_5+X_6)^2$ ，试确定

常数 C 使得 CY 服从 χ^2 分布。

4. 设样本 $X_1, X_2, \cdots, X_5$ 来自总体 $N(0,1)$，$Y = \dfrac{C(X_1 + X_2)^2}{(X_3^2 + X_4^2 + X_5^2)^{1/2}}$，试确定常数 C 使得 Y 服从 t 分布。

5. 求对称矩阵

$$\boldsymbol{A} = \begin{pmatrix} 13 & -4 & 2 \\ -4 & 13 & -2 \\ 2 & -2 & 10 \end{pmatrix}$$

的特征值和特征向量，并表达成谱分解的形式。

6. 在 MATLAB 命令窗口下，运行如下代码，将结果拷贝到 word 文档，验证 ToSubscript 一键下标工具。

```
a=rand（10，8）;
OutVarExpr（a）
```

第三章 假设检验

第一节 引 言

假设检验是高级生物统计学中的一项基本内容，对于 p 元正态总体 $N_p(\boldsymbol{\mu},\boldsymbol{\Sigma})$，其均值参数向量和协方差参数矩阵的检验过程，和一元正态总体中均值、方差检验过程一样，只不过和后者的参数检验相比，这里推广到了参数向量和参数矩阵的形式。

在一元统计中，用于检验均值 μ 和方差 σ^2 的抽样分布包括 t 分布、χ^2 分布和 F 分布，它们都针对源于总体 $N(\mu,\ \sigma^2)$ 的随机样本特征数，因此，在使用这些统计量时，有严格的限制性条件。将这些统计量推广到多元正态总体中，则有了对应的新名字，即 χ^2～WISHART，t～HOTELLING，F～WILKS。

我们知道，假设检验的基本思想是基于小概率事件在正常情况下不可能发生，一旦发生了，则说明进行检验的前提假设基础有问题，从而否定原假设。但因为否定的依据就是概率，而概率本质上表达的是或然，也就是可能性，所以总会有特殊性的情况不能完全避开，因此在检验中，就有两类错误的出现，即第一类弃真错误和第二类取伪错误。归纳起来，假设检验的步骤包括以下几个步骤。

（1）检查统计量使用的条件是不是存在，比如正态性的要求、样本是不是来自正态总体等，条件不满足时，要进行数据的变换后再考虑使用。

（2）提出待检验的零假设 H_0 和备择假设 H_1。它们的提出要考虑以往的经验、某种理论或模型、预先的某种规定、所关心的或者担心的值等。

（3）确定显著性水平。显著性水平的确定要根据实验条件或实验的可控性、风险大小综合考虑，难以控制或易于出现较大误差时，水平值取的大一些，如生化试验的水平值，可放宽到 $\alpha=0.10$；风险大的，取值小一些，如毒理试验时，可取 $\alpha=0.01$ 甚至 $\alpha=0.001$。

（4）确定检验方法和统计量。选定统计方法和统计量，本质就是选择一个计算方法，在前边的假设下，可通过该计算方法（或者说计算公式）计算事件发生的概率。这里我们已经知道了，在高级生物统计学中，常用的统计量有 WISHART，HOTELLING，WILKS。

（5）确定拒绝域，确定两类错误更不能容忍哪一类错误的出现，检查计算得到的概率是不是在拒绝域以内，从而做出接受或者拒绝的判断。

（6）解释。无论是拒绝还是接受，都要对结论进行合理的解释。

我们在生物统计学中曾经学习过上述的这些基本内容，本章中的检验计算，也是按照这样的流程进行。在一元正态分布的假设检验中，我们涉及的内容包括均值和方差的检验，对此做一个归纳，以便于后续做对照（表 3-1）。

表 3-1 一元正态总体的假设检验

项目	总体子项	检验子项	前提条件	检验方法
	单正态总体	均值 μ 的检验	当 σ 已知时	U 检验（Z 检验）
			当 σ 未知时	t 检验

续表

项目	总体子项	检验子项	前提条件	检验方法
假设检验	两个正态总体	标准差 σ 的检验		χ^2 检验
		标准差 σ_1、σ_2 大小的检验		F 检验
		均值 μ_1、μ_2 的检验	当 σ_i 已知时	U 检验
			当 σ_i 未知但相等	成组 t 检验
			当 σ_i 未知且不相等	Aspin-Welch 检验（修订型 t 检验）
	多个正态性总体	多个均值 μ_i 的检验		单因素方差分析
		多个标准差 σ_i 的检验		Bartlett 检验

第二节　均值向量的检验

在对多元正态总体进行均值向量检验时，可以参考一元正态总体的情形，回顾表 3-1 可知，对于均值的检验，根据总体中涉及的个数不同，有 3 种不同的情形，分别是单一总体、两个总体和多个总体，本节按照这个情形，逐一加以介绍。

在第二章，我们学习过了 HOTELLING 分布的定义，已经知道非中心 $T^2 \sim T^2(p,n,\boldsymbol{\mu})$ 分布对应着统计量 $T^2 = n\boldsymbol{X}'\boldsymbol{S}^{-1}\boldsymbol{X}$，它就是我们进行均值检验的工具。因为单变量中存在把 t 分布转化为 F 分布的方法：$t \sim t(n-1) \to t^2 \sim F(1,n-1)$，所以在处理多元正态数据时，也可以根据性质做出类似的处理。下面给出均值向量检验时使用的定理，其证明过程我们这里不予以讨论。

若 $\boldsymbol{X} \sim N_p(\boldsymbol{O},\boldsymbol{\Sigma}), \boldsymbol{S} \sim W_p(n,\boldsymbol{\Sigma})$，且 $\boldsymbol{X}$ 与 $\boldsymbol{S}$ 相互独立，令 $T^2 = n\boldsymbol{X}'\boldsymbol{S}^{-1}\boldsymbol{X}$，则

$$\frac{n-p+1}{np}T^2 \sim F(p,n-p+1) \tag{3-1}$$

这一定理会常常使用。

一、一个正态总体均值向量的检验

设有来自 p 元正态总体 $N_p(\boldsymbol{\mu},\boldsymbol{\Sigma})$ 的样本 $\boldsymbol{X}_1,\boldsymbol{X}_2,\cdots,\boldsymbol{X}_n$，样本均值为 $\bar{\boldsymbol{X}} = \dfrac{\boldsymbol{X}_1+\boldsymbol{X}_2+\cdots+\boldsymbol{X}_n}{n}$，样本方差为 $\boldsymbol{S} = \sum_{i=1}^{n}(\boldsymbol{X}_i-\bar{\boldsymbol{X}})(\boldsymbol{X}_i-\bar{\boldsymbol{X}})'$。

（1）当协方差矩阵 $\boldsymbol{\Sigma}$ 已知时，要检验

$$H_0:\boldsymbol{\mu}=\boldsymbol{\mu}_0; \quad H_1:\boldsymbol{\mu}\neq\boldsymbol{\mu}_0$$

可使用统计量为

$$T_0^2 = n(\bar{\boldsymbol{X}}-\boldsymbol{\mu}_0)'\boldsymbol{\Sigma}^{-1}(\bar{\boldsymbol{X}}-\boldsymbol{\mu}_0) \tag{3-2}$$

该统计量 $T_0^2 \sim \chi^2(p)$。

（2）当协方差矩阵 $\boldsymbol{\Sigma}$ 未知时，要检验

$$H_0:\boldsymbol{\mu}=\boldsymbol{\mu}_0; \quad H_1:\boldsymbol{\mu}\neq\boldsymbol{\mu}_0$$

可使用统计量为

$$\frac{(n-1)-p+1}{(n-1)p}T^2 \sim F(p,n-p) \tag{3-3}$$

式中，$T^2=(n-1)(\sqrt{n}(\bar{\boldsymbol{X}}-\boldsymbol{\mu}_0)'\boldsymbol{S}^{-1}\sqrt{n}(\bar{\boldsymbol{X}}-\boldsymbol{\mu}_0))$。

通过上边的式（3-2）和式（3-3），我们可以对协方差矩阵知否两种情况进行检验分析，但和表 3-1 中的方法进行比较，发现这里的统计量并不和表 3-1 中 U 检验、t 检验相对应，而分别是 $\chi^2(p)$ 和 $F(p,n-p)$，这是因为这里使用的是 T^2 形式，它和 t 不一样，我们这里不做详细的推导，感兴趣的可以参考文献[13]中关于随机变量函数分布的计算一节。

二、两个正态总体均值向量的检验

对于两个正态总体均值的检验，当属于一元正态总体时，从表 3-1 可知有 3 种情况。对于 p 维情形，本质上和一元的类似，我们介绍两种情形。

1. 当协方差矩阵 $\boldsymbol{\Sigma}$ 相等时

设第一组样本 $\boldsymbol{X}_a=(X_{a1},X_{a2},\cdots,X_{ap})'$ 来自 p 元正态总体 $N_p(\boldsymbol{\mu}_1,\boldsymbol{\Sigma})$ $(a=1,2,\cdots,n)$，样本含量为 n；设第二组样本 $\boldsymbol{Y}_b=(Y_{b1},Y_{b2},\cdots,Y_{bp})'$ 来自 p 元正态总体 $N_p(\boldsymbol{\mu}_2,\boldsymbol{\Sigma})$ $(b=1,2,\cdots,m)$，样本含量为 m；假设两组样本相互独立，且 $n>p,m>p$，$\bar{\boldsymbol{X}}=\frac{1}{n}\sum_{a=1}^{n}\boldsymbol{X}_a$，$\bar{\boldsymbol{Y}}=\frac{1}{m}\sum_{b=1}^{m}\boldsymbol{Y}_b$。

（1）当协方差矩阵已知时，要检验

$$H_0:\boldsymbol{\mu}_1=\boldsymbol{\mu}_2;\quad H_1:\boldsymbol{\mu}_1\neq\boldsymbol{\mu}_2$$

可使用统计量为

$$T_0^2=\frac{mn}{m+n}(\bar{\boldsymbol{X}}-\bar{\boldsymbol{Y}})'\boldsymbol{\Sigma}^{-1}(\bar{\boldsymbol{X}}-\bar{\boldsymbol{Y}})\sim\chi^2(p) \tag{3-4}$$

（2）当协方差矩阵未知时，要检验

$$H_0:\boldsymbol{\mu}_1=\boldsymbol{\mu}_2;\quad H_1:\boldsymbol{\mu}_1\neq\boldsymbol{\mu}_2$$

可使用统计量为

$$F=\frac{(n+m-2)-p+1}{(n+m-2)p}T^2\sim F(p,n+m-p-1) \tag{3-5}$$

其中，

$$T^2=(m+n-2)\left(\sqrt{\frac{mn}{m+n}}(\bar{\boldsymbol{X}}-\bar{\boldsymbol{Y}})\right)'\boldsymbol{S}^{-1}\left(\sqrt{\frac{mn}{m+n}}(\bar{\boldsymbol{X}}-\bar{\boldsymbol{Y}})\right)$$

$$\boldsymbol{S}=\boldsymbol{S}_x+\boldsymbol{S}_y$$

$$\boldsymbol{S}_x=\sum_{a=1}^{n}(\boldsymbol{X}_a-\bar{\boldsymbol{X}})(\boldsymbol{X}_a-\bar{\boldsymbol{X}})'$$

$$\bar{\boldsymbol{X}}=(\bar{\boldsymbol{X}}_1,\bar{\boldsymbol{X}}_2,\cdots,\bar{\boldsymbol{X}}_p)'$$

$$\boldsymbol{S}_y=\sum_{b=1}^{m}(\boldsymbol{Y}_b-\bar{\boldsymbol{Y}})(\boldsymbol{Y}_b-\bar{\boldsymbol{Y}})'$$

$$\bar{\boldsymbol{Y}}=(\bar{\boldsymbol{Y}}_1,\bar{\boldsymbol{Y}}_2,\cdots,\bar{\boldsymbol{Y}}_p)'$$

2. 当协方差矩阵$\boldsymbol{\Sigma}$不相等时

设第一组样本$\boldsymbol{X}_a=(X_{a1},X_{a2},\cdots,X_{ap})'$来自$p$元正态总体$N_p(\boldsymbol{\mu}_1,\boldsymbol{\Sigma}_1)$ $(a=1,2,\cdots,n)$，样本含量为n；设第二组样本$\boldsymbol{Y}_b=(Y_{b1},Y_{b2},\cdots,Y_{bp})'$来自$p$元正态总体$N_p(\boldsymbol{\mu}_2,\boldsymbol{\Sigma}_2)$ $(b=1,2,\cdots,m)$，样本含量为m；假设两组样本相互独立，且$n>p,m>p$，$\boldsymbol{\Sigma}_1>\boldsymbol{O},\boldsymbol{\Sigma}_2>\boldsymbol{O}$。

（1）当$m=n$时，要检验

$$H_0:\boldsymbol{\mu}_1=\boldsymbol{\mu}_2;\quad H_1:\boldsymbol{\mu}_1\neq\boldsymbol{\mu}_2$$

可使用统计量为

$$F=\frac{(n-p)n}{p}\bar{\boldsymbol{Z}}'\boldsymbol{S}^{-1}\bar{\boldsymbol{Z}}\sim F(p,n-p) \tag{3-6}$$

其中，

$$\boldsymbol{Z}_i=\boldsymbol{X}_i-\boldsymbol{Y}_i,\ i=1,2,\cdots,n$$

$$\bar{\boldsymbol{Z}}=\bar{\boldsymbol{X}}-\bar{\boldsymbol{Y}}$$

$$\boldsymbol{S}=\sum_{i=1}^{n}(\boldsymbol{Z}_i-\bar{\boldsymbol{Z}})(\boldsymbol{Z}_i-\bar{\boldsymbol{Z}})'$$

（2）当$m\neq n$时，不妨设$m>n$，要检验

$$H_0:\boldsymbol{\mu}_1=\boldsymbol{\mu}_2;\quad H_1:\boldsymbol{\mu}_1\neq\boldsymbol{\mu}_2$$

可使用统计量为

$$F=\frac{(n-p)n}{p}\bar{\boldsymbol{Z}}'\boldsymbol{S}^{-1}\bar{\boldsymbol{Z}}\sim F(p,n-p) \tag{3-7}$$

只是其中的参数计算方法稍有改变，为

$$\boldsymbol{Z}_i=\boldsymbol{X}_i-\sqrt{\frac{n}{m}}\boldsymbol{Y}_i+\frac{1}{\sqrt{mn}}\sum_{j=1}^{n}\boldsymbol{Y}_j-\frac{1}{m}\sum_{j=1}^{m}\boldsymbol{Y}_j,\ i=1,2,\cdots,n$$

$$\bar{\boldsymbol{Z}}=\bar{\boldsymbol{X}}-\bar{\boldsymbol{Y}}$$

$$\begin{aligned}\boldsymbol{S}&=\sum_{i=1}^{n}(\boldsymbol{Z}_i-\bar{\boldsymbol{Z}})(\boldsymbol{Z}_i-\bar{\boldsymbol{Z}})'\\&=\sum_{i=1}^{n}\left((\boldsymbol{X}_i-\bar{\boldsymbol{X}})-\sqrt{\frac{n}{m}}\left(\boldsymbol{Y}_i-\frac{1}{n}\sum_{j=1}^{n}\boldsymbol{Y}_j\right)\right)\left((\boldsymbol{X}_i-\bar{\boldsymbol{X}})-\sqrt{\frac{n}{m}}\left(\boldsymbol{Y}_i-\frac{1}{n}\sum_{j=1}^{n}\boldsymbol{Y}_j\right)\right)'\end{aligned}$$

三、多个正态总体均值向量的检验

对于多个总体均值的检验，可以使用方差分析的思想来解决问题，我们知道，方差分析的本质是通过分析方差的构成来对均值的差异进行评判。方差分析认为：一般实验数据的波动变化幅度，可看作是由两部分组成的，一部分是组内数据的变化幅度，这部分可看作由随机误差产生的；另一部分是组间数据的变化幅度，这部分可看作由于各总体均值不同而产生的。当组间变化幅度和组内变化幅度相差不大时，此时组间的变化就和组内变化是同一个级别，我们就不再把组间的变化看作由各总体均值不同而产生的，而更应该看作由于随机误差造成的，反之则认为随机误差不可能产生如此大的变化幅度，肯定是由于各总体均值不同而产生的。

了解了这一点，那么对于多个正态总体均值向量的检验，也可参照这个思想进行。设有

k 个 p 元正态总体 $N_p(\boldsymbol{\mu}_1,\boldsymbol{\Sigma}), N_p(\boldsymbol{\mu}_2,\boldsymbol{\Sigma})$，$N_p(\boldsymbol{\mu}_k,\boldsymbol{\Sigma})$，分别从每个总体中抽取 $n_1,n_2,\cdots,n_k$ 个样本，记 $n=n_1+n_2+\cdots+n_k$，每个样品观测 p 次，则数据如表 3-2 排列，其中的脚标含义如图 3-1 所示。

表 3-2　多总体数据采集布置表

总体	样本	指标					
		1	2	…	j	…	p
	S_1	$X_{1,1}^{(1)}$	$X_{1,2}^{(1)}$	…	$X_{1,j}^{(1)}$	…	$X_{1,p}^{(1)}$
总体 1	S_2	$X_{2,1}^{(1)}$	$X_{2,2}^{(1)}$	…	$X_{2,j}^{(1)}$	…	$X_{2,p}^{(1)}$
	…	…	…	…	…	…	…
	S_{n1}	$X_{n1,1}^{(1)}$	$X_{n1,2}^{(1)}$	…	$X_{n1,j}^{(1)}$	…	$X_{n1,p}^{(1)}$
	S_1	$X_{1,1}^{(2)}$	$X_{1,2}^{(2)}$	…	$X_{1,j}^{(2)}$	…	$X_{1,p}^{(2)}$
总体 2	S_2	$X_{2,1}^{(2)}$	$X_{2,2}^{(2)}$	…	$X_{2,j}^{(2)}$	…	$X_{2,p}^{(2)}$
	…	…	…	…	…	…	…
	S_{n2}	$X_{n2,1}^{(2)}$	$X_{n2,2}^{(2)}$	…	$X_{n2,j}^{(2)}$	…	$X_{n2,p}^{(2)}$
…	…	…	…	…	…	…	…
总体 i	S_{ni}	$X_{ni,1}^{(i)}$	$X_{ni,2}^{(i)}$	…	$X_{ni,j}^{(i)}$	…	$X_{ni,p}^{(i)}$
…	…	…	…	…	…	…	…
	S_1	$X_{1,1}^{(k)}$	$X_{1,2}^{(k)}$	…	$X_{1,j}^{(k)}$	…	$X_{1,p}^{(k)}$
总体 k	S_2	$X_{2,1}^{(k)}$	$X_{2,2}^{(k)}$	…	$X_{2,j}^{(k)}$	…	$X_{2,p}^{(k)}$
	…	…	…	…	…	…	…
	S_{nk}	$X_{nk,1}^{(k)}$	$X_{nk,2}^{(k)}$	…	$X_{nk,j}^{(k)}$	…	$X_{nk,p}^{(k)}$

和单因素方差分析类似，计算方差分析时的各个中间变量，有

（1）全体样本数据的总均值向量：

$$\bar{\boldsymbol{X}}_{1\times p}=\frac{1}{n}\sum_{r=1}^{k}\sum_{i=1}^{n_r}\boldsymbol{X}_i^{(r)}=(\bar{X}_1,\bar{X}_2,\cdots,\bar{X}_p)'$$

（2）各个总体样品均值向量：

$$\bar{\boldsymbol{X}}_{1\times p}^{(r)}=\frac{1}{n}\sum_{i=1}^{n_r}\boldsymbol{X}_i^{(r)}$$

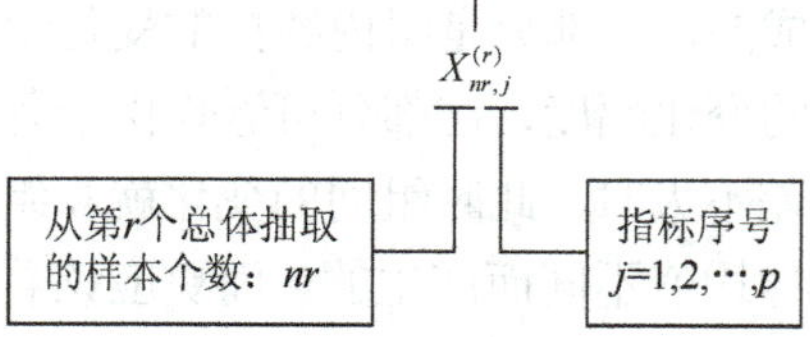

图 3-1　多元数据脚标示意图

（3）组间离差阵：

$$\boldsymbol{A}=\sum_{r=1}^{k}n_r(\bar{\boldsymbol{X}}^{(r)}-\bar{\boldsymbol{X}})(\bar{\boldsymbol{X}}^{(r)}-\bar{\boldsymbol{X}})'$$

（4）组内离差阵：

$$\boldsymbol{E}=\sum_{r=1}^{k}\sum_{i=1}^{n_r}(\boldsymbol{X}_i^{(r)}-\bar{\boldsymbol{X}}^{(r)})(\boldsymbol{X}_i^{(r)}-\bar{\boldsymbol{X}}^{(r)})'$$

（5）总离差矩阵：

$$T=\sum_{r=1}^{k}\sum_{i=1}^{n_r}(\bar{\boldsymbol{X}}_i^{(r)}-\bar{\boldsymbol{X}})(\bar{\boldsymbol{X}}_i^{(r)}-\bar{\boldsymbol{X}})'$$

则根据方差分析，可知假设为

$$H_0:\boldsymbol{\mu}_1=\boldsymbol{\mu}_2=\cdots=\boldsymbol{\mu}_k$$

H_1:至少存在一组均值向量不相等，即 $\boldsymbol{\mu}_i\neq\boldsymbol{\mu}_j$（$i\neq j$）。
对于此，可使用如下的 Λ 统计量进行检验，

$$\Lambda=\frac{|\boldsymbol{E}|}{|\boldsymbol{A}+\boldsymbol{E}|}\sim\Lambda(p,n-k,k-1) \tag{3-8}$$

关于 Λ 的查表计算，可近似使用 χ^2 分布或者 F 分布，对此 Bartlett 和 Rao 给出了具体的计算公式，在 MATLAB 中，我们可直接计算其概率，这里不再讨论查表的近似。

第三节　协方差矩阵的检验

在本章第二节中，我们集中讨论了均值的检验，和一元正态总体中标准差检验类似，对于多元正态总体，其协方差的检验，有助于我们了解各总体的波动变化幅度是否一致，或者说是否具有协方差齐性。在这一节，我们讨论协方差矩阵的检验。

在表 3-1 中，涉及标准差检验的有卡方检验 χ^2（单正态总体）、F 检验（两个正态总体）和 Bartlett 检验（多个正态性总体）。对于来自 p 元正态总体 $N_p(\boldsymbol{\mu},\boldsymbol{\Sigma})$ 的样本，考虑以下情况。

一、单个正态总体协方差矩阵的检验

设 $\boldsymbol{X}_a=(X_{a1},X_{a2},\cdots,X_{ap})'$ 是来自 p 元正态总体 $N_p(\boldsymbol{\mu},\boldsymbol{\Sigma})$ 的样本，其中 $a=1,2,\cdots,n$，$\boldsymbol{\Sigma}>0$ 未知，则先考虑检验

$$H_0:\boldsymbol{\Sigma}=\boldsymbol{I}_p;\quad H_1:\boldsymbol{\Sigma}\neq\boldsymbol{I}_p$$

对此，可以使用统计量

$$\lambda_1=\exp\left(-\frac{1}{2}\mathrm{tr}(\boldsymbol{S})\right)|\boldsymbol{S}|^{\frac{n}{2}}\left(\frac{\mathrm{e}}{n}\right)^{\frac{np}{2}} \tag{3-9}$$

其中，

$$\boldsymbol{S}=\sum_{a=1}^{n}(\boldsymbol{X}_a-\bar{\boldsymbol{X}})(\boldsymbol{X}_a-\bar{\boldsymbol{X}})'$$

当n很大，且H_0成立时，$\xi=-2\ln(\lambda_1)$近似分布为$\chi^2\left(\frac{p(p+1)}{2}\right)$，故此可以使用$\xi$来构造检验方法，查取$\chi^2$分布表求解。

若现在已经知道$\boldsymbol{\Sigma}\neq\boldsymbol{I}_p$，我们考虑检验

$$H_0:\boldsymbol{\Sigma}=\boldsymbol{\Sigma}_0;\quad H_1:\boldsymbol{\Sigma}\neq\boldsymbol{\Sigma}_0$$

因为$\boldsymbol{\Sigma}_0>0$，所以存在非退化矩阵$\boldsymbol{D}_{p\times p}$（$|\mathbf{D}|\neq 0$），使得$\boldsymbol{D\Sigma}_0\boldsymbol{D}'=\boldsymbol{I}_p$，令

$$\boldsymbol{Y}_a=\boldsymbol{DX}_a\quad(a=1,2,\cdots,n)$$

则

$$\boldsymbol{Y}_a \sim N_p(\boldsymbol{D\mu},\boldsymbol{D\Sigma}_0\boldsymbol{D}')=N_p(\boldsymbol{\mu}^*,\boldsymbol{\Sigma}^*)$$

则检验转化为

$$H_0:\boldsymbol{\Sigma}=\boldsymbol{\Sigma}_0\Leftrightarrow H_0:\boldsymbol{\Sigma}^*=\boldsymbol{I}_p$$

从原理上讲，我们仍然可以使用式（3-9）作为检验统计量，只不过由于$\boldsymbol{Y}_a=\boldsymbol{DX}_a$的影响，需要稍微修订一下，如下。

$$\lambda_2=\exp\left(-\frac{1}{2}\mathrm{tr}(\boldsymbol{S}^*)\right)|\boldsymbol{S}^*|^{\frac{n}{2}}\left(\frac{\mathrm{e}}{n}\right)^{\frac{np}{2}}\tag{3-10}$$

其中

$$\boldsymbol{S}^*=\sum_{a=1}^{n}(\boldsymbol{Y}_a-\bar{\boldsymbol{Y}})(\boldsymbol{Y}_a-\bar{\boldsymbol{Y}})'=\boldsymbol{DSD}'$$

当n很大且H_0成立时，$-2\ln(\lambda_2)$近似分布为$\chi^2\left(\frac{p(p+1)}{2}\right)$，故仍然可以考虑使用$\xi$来构造检验方法，查取$\chi^2$分布表求解。

二、多总体协方差矩阵的相等检验

设有k个正态总体$N_p(\boldsymbol{\mu}_1,\boldsymbol{\Sigma}_1),N_p(\boldsymbol{\mu}_2,\boldsymbol{\Sigma}_2),\cdots,N_p(\boldsymbol{\mu}_k,\boldsymbol{\Sigma}_k)$，$\boldsymbol{X}_{(a)}^{(t)}(t=1,2,\cdots,k;a=1,2,\cdots,n_t)$是取自这些总体中的样本，设从每个总体中取$n_t$个样本，则样本总容量为$n=\sum_{t=1}^{k}n_t$，现在，考虑如下的检验：

$$H_0:\boldsymbol{\Sigma}_1=\boldsymbol{\Sigma}_2=\cdots=\boldsymbol{\Sigma}_k=\boldsymbol{\Sigma},$$
$$H_1:\boldsymbol{\Sigma}_1,\boldsymbol{\Sigma}_2,\cdots,\boldsymbol{\Sigma}_k\text{不全相等}$$

对此，可使用统计量

$$\lambda=\frac{\left|\frac{\boldsymbol{S}}{n}\right|^{-n/2}}{\prod_{t=1}^{k}\left|\frac{\boldsymbol{S}_t}{n_t}\right|^{-n_t/2}}\tag{3-11}$$

其中，

$$S = \sum_{t=1}^{k} S_t$$

$$S_t = \sum_{a=1}^{n_t} (X_{(a)}^{(t)} - \bar{X}^{(t)})(X_{(a)}^{(t)} - \bar{X}^{(t)})'$$

$$\bar{X}^{(t)} = \frac{1}{n_t} \sum_{a=1}^{n_t} X_{(a)}^{(t)}$$

根据无偏性的要求，可将 n_t 替换为 $n_t - 1$，n 替换为 $n-k$，再取对数，得到 $-2\ln(\lambda^*)$，即有

$$M = -2\ln(\lambda^*) = (n-k)\ln\left|\frac{S}{n-k}\right| - \sum_{t=1}^{k}(n_t - 1)\ln\left|\frac{S_t}{n_t - 1}\right|$$

当 n 很大且 H_0 成立时，M 存在以下分布

$$(1-d)M = -2(1-d)\ln(\lambda^*) \sim \chi^2(f)$$

其中，

$$f = \frac{p(p+1)(k-1)}{2}$$

当 n_i 不全等时，

$$d = \frac{2p^2 + 3p - 1}{6(p+1)(k-1)}\left(\sum_{i=1}^{k}\frac{1}{n_i - 1} - \frac{1}{n-k}\right)$$

当 n_i 全等时，

$$d = \frac{(2p^2 + 3p - 1)(k+1)}{6(p+1)(n-k)}$$

第四节　实例计算

在前边我们集中介绍了假设检验的基本方法，本节我们具体给出几个实例，以阐明细节，加深理解。

应用实例 1　人的出汗多少与人体内钠和钾的含量有一定的关系，试验测了 20 名健康成年女性的出汗量（X_1）、钠的含量（X_2）和钾的含量（X_3），其数据列于表 3-3，假定 $X = (X_1, X_2, X_3)'$ 服从三元正态分布。试在显著性水平 $\alpha = 0.05$ 条件下，检验 $H_0: \mu = \mu_0 = (4, 50, 10)'$，$H_1: \mu \neq \mu_0$。

表 3-3　出汗量、体内钠和钾的含量[7]

序号	X_1	X_2	X_3
1	3.7	48.5	9.3
2	5.7	65.1	8.0
3	3.8	47.2	10.9
4	3.2	53.2	12.0
5	3.1	55.5	9.7
6	4.6	36.1	7.9

续表

序号	X_1	X_2	X_3
7	2.4	24.8	14.0
8	7.2	33.1	7.6
9	6.7	47.4	8.5
10	5.4	54.1	11.3
11	3.9	36.9	12.7
12	4.5	58.8	12.3
13	3.5	27.8	9.8
14	4.5	40.2	8.4
15	1.5	13.5	10.1
16	8.5	56.4	7.1
17	4.5	71.6	8.2
18	6.5	52.8	10.9
19	4.1	44.1	11.2
20	5.5	40.9	9.4

注：数据摘自文献[7]第 68 页，原文献数据序号 2 的 4.7 有误，这里改正为 5.7

解 （1）题中已经指明，随机向量 $\boldsymbol{X}=(X_1,X_2,X_3)'$ 服从三元正态分布，满足假设检验的基础要求。

（2）零假设和备择假设，$H_0:\mu=\mu_0=(4,50,10)'$，$H_1:\mu\neq\mu_0$。

（3）显著性水平：根据题目要求，$\alpha=0.05$。

（4）选取统计量。本例中，无法知道协方差矩阵 $\boldsymbol{\Sigma}$，故选取式（3-3）作为统计量。

（5）具体计算。其过程参见本章第二节中协方差未知时，单一正态总体均值向量的检验。

（6）结论：接受 H_0。

应用实例 2 为了研究某疾病，对一批人进行 4 个指标的测定，包括 β 脂蛋白 X_1、甘油三酯 X_2、α 脂蛋白 X_3、前 β 脂蛋白 X_4。按照年龄、性别分为 3 组，数据见表 3-4，试问 3 组的各个指标的协方差矩阵是否相等？给定检验水平 $\alpha=0.10$。

表 3-4 身体指标化验数据[7]

第一组				第二组				第三组			
X_1	X_2	X_3	X_4	X_1	X_2	X_3	X_4	X_1	X_2	X_3	X_4
260	75	40	18	310	122	30	21	320	64	39	17
200	72	34	17	310	60	35	18	260	59	37	11
240	87	45	18	190	40	27	15	360	88	28	26
170	65	39	17	225	65	34	16	295	100	36	12
270	110	39	24	170	65	37	16	270	65	32	21
205	130	34	23	210	82	31	17	380	114	36	21
190	69	27	15	280	67	37	18	240	55	42	10
200	46	45	15	210	38	36	17	260	55	34	20

续表

第一组				第二组				第三组			
X_1	X_2	X_3	X_4	X_1	X_2	X_3	X_4	X_1	X_2	X_3	X_4
250	117	21	20	280	65	30	23	260	110	29	20
200	107	28	20	200	76	40	17	295	73	33	21
225	130	36	11	200	76	39	20	240	114	38	18
210	125	26	17	280	94	26	11	310	103	32	18
170	64	31	14	190	60	33	17	330	112	21	11
270	76	33	13	295	55	30	16	345	127	24	20
190	60	34	16	270	125	24	21	250	62	22	16
280	81	20	18	280	120	32	18	260	59	21	19
310	119	25	15	240	62	32	20	225	100	34	30
270	57	31	8	280	69	29	20	345	120	36	18
250	67	31	14	370	70	30	20	360	107	25	23
260	135	39	29	280	40	37	17	250	117	36	16

解 具体的求解过程如图 3-2 所示。

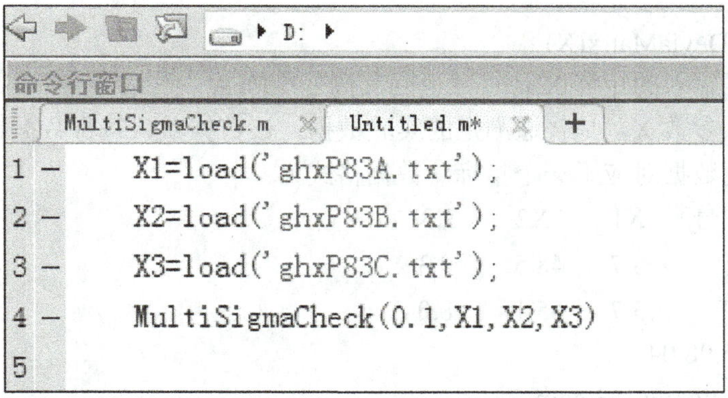

图 3-2 求解代码图

下面输出结果是各总体的离差矩阵，这里只给出其中一个，其余略去，如下。

NO.1:

30 530.000	6 298.000	−1 078.000	198.000
6 298.000	15 736.800	−796.800	1 387.800
−1 078.000	−796.800	955.800	90.200
198.000	1 387.800	90.200	413.800

组内总离差

123 485.000	24 484.500	−3 759.500	1 640.000
24 484.500	39 710.908	−2 057.645	2 234.005
−3 759.500	−2 057.645	2 063.487	−16.163
1 640.000	2 234.005	−16.163	1 018.337

图 3-3 是运行结果。

```
统计量 M = 22.8873
卡方的自由度 df = 20
(1)样本含量相等吗？答：No! (2)参数 d = 0.0027.
检验统计量kSai服从卡方ChiSq(20)分布
kSai = 22.8245; xCutOff = 28.4120
检验内容：
    H0: Sigma1=Sigma2=Sigma3=...; H1:各Sigma,至少一对不相等
经检验,kSai<xCutOff,接受H0.
```

图 3-3　运行结果截图

其他检验不再一一举例，本章第五节各程序有详细说明。

第五节　假设检验的 MATLAB 实现

为了方便使用，我们按照前述讲解的内容，应用 MATLAB 实现了一些假设检验的具体计算，对于多总体的情况，常常用到求样本离差矩阵，为了统一，这里给出通用计算离差矩阵的代码，后续程序中直接调用时，不再另附。考虑这些程序针对性强，下面给出小节标题作为程序适用条件，当然，这些代码略有重复，其目的是为了教学，实际应用中，这些程序可以更好地合为一个，感兴趣的可自行实现。

附：样本离差矩阵求算程序

```
function [A]=DeviaMatrx(X)
%功能：根据输入的矩阵 X,计算并返回其离差矩阵 A
%参数：输入参数 X，是普通测定的实验数据，该数据默认每行数据算是一个观测值
%          每列数据对应于一个指标。数据格式为：
%          序号   X1    X2    X3
%           1    3.7   48.5   9.3
%           2    5.7   65.1   8.0
%日期：2015.08.04
%联系：wdwsjlxx@163.com
%样例：
%       X=[3.7,48.5,9.3;5.7,65.1,8.0;3.8,47.2,10.9;3.2,53.2,12.0];
%       DeviaMatrx(X)
%

%去除数据中的 NAN 数据:一行中有 NAN 数据,则该观测无效,要去除。
nSign=isnan(X);
[r,~]=find(nSign==1);
X(r,:)=[];
% 使用余下的数据计算
[nRows,nCols]=size(X);
xMean=mean(X,1);
A=zeros(nCols);
```

```
for ir=1:nRows
    A=A+(X(ir,:)'-xMean')*(X(ir,:)'-xMean')';
end
return;
```

一、协方差未知时，单一正态总体均值向量的检验

当进行单一正态总体均值向量检验时，需首先准备好数据文件，本程序只接受“*.txt”文件。例如，某数据存放在“ghxP67eg321.txt”，则设定好参数 $\boldsymbol{\mu}_0$（代码中为 miu0）和检验水平 α（代码中为 alpha）后，参考程序说明中的样例调用格式，直接调用 OneNormMeanCheck 函数即可。

附代码

```
function    OneNormMeanCheck(X,miu0,alpha)
% 用途：协方差未知时，单一正态总体均值向量检验
% 参数：程序需要 3 个参数,数据 X,零假设值 miu0,检验水平 alpha
%       1：数据 X 为矩阵形式,每一行看作一个观测值,每一列看作一个指标值。
%       2：零假设 miu0 必须提供,这是进行检验的必需数据。
%       3：检验水平可缺省,默认为 0.05。
% 参考：高惠璇. 应用多元统计分析[M].北京：北京大学出版社，2005：68-69.
% 日期：2015.08.04.
% 联系：wdwsjlxx@163.com
% 样例：
%       X=[...
%         3.7,  48.5,   9.3;  5.7,  65.1,   8.0;
%         3.8,  47.2,  10.9;  3.2,  53.2,  12.0;
%         3.1,  55.5,   9.7;  4.6,  36.1,   7.9;
%         2.4,  24.8,  14.0;  7.2,  33.1,   7.6;
%         6.7,  47.4,   8.5;  5.4,  54.1,  11.3;
%         3.9,  36.9,  12.7;  4.5,  58.8,  12.3;
%         3.5,  27.8,   9.8;  4.5,  40.2,   8.4;
%         1.5,  13.5,  10.1;  8.5,  56.4,   7.1;
%         4.5,  71.6,   8.2;  6.5,  52.8,  10.9;
%         4.1,  44.1,  11.2;  5.5,  40.9,   9.4;
%       ];
%       miu0=[4,50,10];
%       alpha=0.05;
%       OneNormMeanCheck(X,miu0,alpha)
%
```

```
% 参数检测
if nargin<2, error('输入参数不能少于 2 个！');end
if nargin<3||isempty(alpha)
    alpha=0.05;
else
    alphas=[0.001,0.005,0.01,0.05,0.1];
    tmp=alphas-alpha;
    pos=find(tmp==0);
    if length(pos)~=1
        error('你输入的检验水平值不符合常规习惯！');
    else
        alpha=alphas(pos);
    end
end
% 计算数据的基本特征值
[nRows,nCols]=size(X);
xMean=mean(X,1); % 指标均值
% 计算样本离差阵 A 及其逆
A= DeviaMatrx(X);
invA=inv(A);
% 计算 T^2
T2=nRows*(nRows-1)*(xMean-miu0)*invA*(xMean-miu0)';
% 计算 F
F=(nRows-nCols)/((nRows-1)*nCols)*T2;
% 查表值
df1=nCols;df2=nRows-nCols;
pCutOff =finv(1-alpha,df1,df2);
% 结论
if F< pCutOff,
    disp('经检验，接受 H0.');
else
    disp('经检验，拒绝 H0，接受 H1.')
end
```

二、两正态总体均值向量的检验

当进行两正态总体均值向量检验时，除了需首先准备好数据文件（只接受“*.txt”）外，还要注意区分两种情况，一种是协方差矩阵相等的情形，在这种情形下，虽然 $\boldsymbol{\Sigma}$ 已知时理论

上可计算，但现实中 $\boldsymbol{\Sigma}$ 是不易得到的，因此，我们没有针对这种情况编写程序，而只针对 $\boldsymbol{\Sigma}$ 未知时编写了代码，在设定好参数矩阵 X、Y 及检验水平 α（代码中为 alpha）后，直接调用 TwoNormMeanCheck 函数即可。

（一）协方差矩阵未知但相等时，两正态总体均值向量的检验

附代码

```
function    TwoNormMeanCheck(X,Y,alpha)
% 用途：两正态总体均值向量的检验,适用于协方差矩阵未知但相等的情况。
% 参数：程序需要 3 个参数,数据矩阵 X、Y；检验水平 alpha
%      1：数据 X 和 Y 为矩阵形式,每一行看作一个观测值,每一列看作一个指标值。
%      2: 检验水平,可缺省,默认为 0.05。
% 日期：2015.08.04.
% 联系：wdwsjlxx@163.com
% 样例：
%          X=load('eg331Xp78.txt');
%          Y=load('eg331Yp78.txt');
%          alpha=0.01;
%          TwoNormMeanCheck(X,Y,alpha)
% 参考：高惠璇.应用多元统计分析[M]. 北京：北京大学出版社，2005：76-80.
% 数据检测
if nargin<2, error('输入参数不能少于 2 个！');end
[nRows,nCols]=size(X);
[mRows,mCols]=size(Y);
if(mCols~=nCols),
    error('两正态总体指标数不匹配(数据列数不匹配)');
end
% 检验水平
if nargin<3||isempty(alpha)
    alpha=0.05;
else
    alphas=[0.001,0.005,0.01,0.05,0.1];
    tmp=alphas-alpha;
    pos=find(tmp==0);
    if length(pos)~=1
        error('你输入的检验水平值不符合常规习惯！');
    else
        alpha=alphas(pos);
    end
```

```
end
% 离差矩阵
Ax= DeviaMatrx(X);
Ay= DeviaMatrx(Y);
% 计算 D^2 与 T^2
xMean=mean(X,1);
yMean=mean(Y,1);
D2=(nRows+mRows-2)*(xMean-yMean)*inv(Ax+Ay)*(xMean-yMean)';
T2=nRows*mRows/(nRows+mRows)*D2;
% 计算 F,求查表值
F=(nRows+mRows-nCols-1)/(nRows+mRows-2)/nCols*T2;
df1=nCols;df2=nRows+mRows-nCols-1;
pCutOff =finv(1-alpha,df1,df2);
% 结论
if F< pCutOff,
    disp('经检验，接受 H0.');
else
    disp('经检验，拒绝 H0，接受 H1.')
end
```

（二）协方差矩阵未知但不相等时，两正态总体均值向量的检验

对两正态总体均值向量检验，另外一种情形是两总体的协方差矩阵不相等，在这种情况下，我们给出了 TwoNormMeanCheckUnequ 函数，其调用格式和上述类似，阅读说明即可学会使用。

附代码

```
function  TwoNormMeanCheckUnequ(X,Y,alpha)
% 用途：两正态总体均值向量的检验,适用于协方差矩阵未知但“不相等”的情况。
% 参数：程序需要 3 个参数,数据矩阵 X、Y；检验水平 alpha
%     1：数据 X 和 Y 为矩阵形式,每一行看作一个观测值,每一列看作一个指标值。
%     2：检验水平，可缺省，默认为 0.05。
% 日期：2015.08.04.
% 联系：wdwsjlxx@163.com
% 样例：
%         X=load('eg331Xp78.txt');
%         Y=load('eg331Yp78.txt');
%         alpha=0.05;
%         TwoNormMeanCheckUnequ(X,Y,alpha)
% 参考：朱建平.应用多元统计分析[M].北京：科学出版社,2006:33-34.
```

```
%

% 数据检测
if nargin<2, error('输入参数不能少于 2 个！');end
[nRows,nCols]=size(X);
[mRows,mCols]=size(Y);
if(mCols~=nCols),
    error('两正态总体指标数不匹配(数据列数不匹配)');
end
% 检验水平
if nargin<3||isempty(alpha)
    alpha=0.05;
else
    alphas=[0.001,0.005,0.01,0.05,0.1];
    tmp=alphas-alpha;
    pos=find(tmp==0);
    if length(pos)~=1
        error('你输入的检验水平值不符合常规习惯！');
    else
        alpha=alphas(pos);
    end
end
% 计算 Z
if (mRows==nRows)   % 针对 m=n 的情形
    Z=X-Y;
elseif (nRows~=mRows)% 针对 m~=n 的情形
    ComnRows=min([nRows,mRows],[],2);
    Z=zeros(ComnRows,nCols);
    p3=1/sqrt(nRows*mRows)*sum(Y(1:ComnRows,:),1);
    p4=1/mRows*sum(Y(1:mRows,:),1);
    for ir=1:ComnRows
        Z(ir,:)=X(ir,:)-sqrt(nRows/mRows)*Y(ir,:)+p3-p4;
    end
end
S= DeviaMatrx(Z);
zMean=mean(Z,1);
F=(nRows-nCols)*nRows/nCols*zMean*inv(S)*zMean';
df1=nCols;df2=nRows-nCols;
pCutOff=finv(1-alpha,df1,df2);
```

```
% 结论
if F< pCutOff,
    disp('经检验，接受 H0.');
else
    disp('经检验，拒绝 H0，接受 H1.')
end
```

三、多元方差分析

对于多个正态总体均值向量的检验，采用方差分析的思路即可，为了教学目的及应用，我们自己编写了新的代码，供教学参考，如下。

附代码

```
function MultVariAnal(varargin)
% 功能：多元方差分析，实现多个正态总体均值向量的检验
% 参数：varargin 中包含输入的各个总体数据矩阵
% 日期：2015.08.05.
% 联系：wdwsjlxx@163.com
% 样例：样例数据参考：高惠璇. 应用多元统计分析[M].北京：北京大学出版社，2005：83.
%           X1=load('ghxP83A.txt');
%           X2=load('ghxP83B.txt');
%           X3=load('ghxP83C.txt');
%           MultVariAnal(X1,X2,X3)
%

ArrNums = nargin;
disp(['输入数据矩阵个数 = ' num2str(ArrNums)]);
for iv=1:numel(varargin)
    disp(['输入的数据类型：第{' num2str(iv) '}个类型是 ' class(varargin{iv})]);
    disp('数据如下:');disp(varargin{iv});
end

% 各总体指标均值
[~,nCols]=size(varargin{1});
tmpMean=zeros(ArrNums,nCols);
for iv=1:ArrNums
    tmpMean(iv,:)=mean(varargin{iv},1);
    disp(['第' num2str(iv) '个总体，其各指标的均值如下:']);
```

```
    disp(tmpMean(iv,:))
end
disp('全部总体各指标的总均值如下:');
xMean=mean(tmpMean,1);disp(xMean);

% 各总体的离差阵
tmpDevia = zeros(ArrNums,nCols,nCols);
for iv=1:ArrNums
    tmpDevia(iv,:,:)=DeviaMatrx(varargin{iv});
    disp(['第' num2str(iv) '个总体的离差阵如下:']);
    for ir=1:nCols
        fprintf('%12.3f, ',tmpDevia(iv,ir,:));
        fprintf('\n');
    end
end
%组内总离差阵 E
E=zeros(nCols,nCols);
for iv=1:ArrNums
    for ir=1:nCols
        for jc=1:nCols
            E(ir,jc)=E(ir,jc)+tmpDevia(iv,ir,jc);
        end
    end
end
disp('组内总离差阵 E 如下');
for ir=1:nCols
    fprintf('%12.3f, ',E(ir,:));
    fprintf('\n');
end

% 总离差矩阵 T 以及组间离差阵 A
tmpX=[];
for iv=1:ArrNums   % 所有数据汇成 X
    tmpX=[tmpX;varargin{iv}];
end
T=DeviaMatrx(tmpX); % 包含组内和组间
A=T-E; % 组间离差阵 A
disp('总离差矩阵 T 以及组间离差阵 A 如下');
disp('T=');disp(T);
```

```
disp('A=');disp(A);

% 计算统计量
wilks=det(E)/det(T);
sampNum=zeros(1,ArrNums);
for iv=1:ArrNums
    sampNum(1,iv)=size(varargin{iv},1);
end
Obsv=sum(sampNum,2); % 样本总含量
df1=Obsv-ArrNums;
df2=ArrNums-1;
p=nCols;
disp('wilks 值,样本总含量,df1,df2 和 p 值如下:');
fprintf('%12.f,%4d,%4d,%4d,%4d\n',wilks,Obsv,df1,df2,p);

% 计算分位数和实际临界值
[pCutOff,F]=wlks2Fdstr(wilks,p,df1,df2);
disp(['pCutOff = ',num2str(pCutOff),'    F = ',num2str(F)]);

% 结论
if F<pCutOff,
    disp('经检验，接受 H0.');
else
    disp('经检验，拒绝 H0，接受 H1.')
end
```

在实际应用中，经常把 Λ 统计量转化为 T^2 统计量，并进一步转化为 F 分布的统计量，再利用 F 统计量查表，来解决多元统计的检验问题，这里给出 5 种常用的形式，当 $\Lambda\sim\Lambda(p,n,m)$ 时，有表 3-5。

表 3-5　Λ 与 F 分布的统计量转换关系式

p	n	m	F 统计量及分布
任意值	任意值	1	$\frac{n-p+1}{p}\cdot\frac{1-\Lambda(p,n,1)}{\Lambda(p,n,1)}\sim F(p,n-p+1)$
任意值	任意值	2	$\frac{n-p}{p}\cdot\frac{1-\sqrt{\Lambda(p,n,2)}}{\sqrt{\Lambda(p,n,2)}}\sim F(2p,2n-2p)$
1	任意值	任意值	$\frac{n}{m}\cdot\frac{1-\Lambda(1,n,m)}{\Lambda(1,n,m)}\sim F(m,n)$

续表

p	n	m	F 统计量及分布
2	任意值	任意值	$\frac{n-1}{m}\cdot\frac{1-\sqrt{\Lambda(2,n,m)}}{\sqrt{\Lambda(2,n,m)}}\sim F(2m,2n-2)$
>2	任意值	>2	$\frac{1-\Lambda(p,n,m)^{1/L}}{\Lambda(p,n,m)^{1/L}}\cdot\frac{tL-2\lambda}{pm}\sim F(pm,tL-2\lambda)$ 其中，$t=n+m-\frac{p+m+1}{2}$，$L=\sqrt{\frac{p^2m^2-4}{p^2+m^2-5}}$，$\lambda=\frac{pm-2}{4}$

下面给出上述 5 种转换的 MATLAB 实现。

```
function [pCutOff,F]=wlks2Fdstr(wVal,p,n1,n2,alpha)
% 功能：将多元统计中的 wilks 分布转为 F 分布，以方便计算查表。
% 说明：在实际应用中，经常把 wilks 统计量转化为 T^2 统计量，并进一步转化为
%         F 分布的统计量，再利用 F 统计量查表，来解决多元统计的检验问题。
%         本程序即实现了该项功能。
% 参数：输入参数中，wilks --> 服从 wilks(p,n1,n2) 分布
%  (1): wVal-- wilks 分布统计量的具体计算值，即 wilks 的行列式比值|E|/|T|;
%  (2): p -- 正态总体中包含的测定指标个数;
%  (3): n1 -- wilks 分布的第 1 自由度，即分子项 E 的自由度;
%  (4): n2 -- wilks 分布的第 2 自由度，即分母项 T 的自由度;
%  (5): alpha -- 检验水平，可省略，默认 0.05;
% 输出参数中，
%  (6): pCutOff -- 对应于检验水平的 F 分布的截断值，分位数。
%  (7): F -- 实际计算的截断值。
% 参考：关于 wilks 分布转化为 F 分布的内容，参阅有关的教材
% 日期：2015.08.05.
% 联系：wdwsjlxx@163.com
% 样例：
%          n=n1+n2+n3;
%          k=3; p=4;
%         [pCutOff,F]=wlks2Fdstr(wilks,p,n-k,k-1,0.05)

% 检验水平，可省略，默认 0.05;
if nargin<5||isempty(alpha)
    alpha=0.05;
else
    alphas=[0.001,0.005,0.01,0.05,0.1];
    tmp=alphas-alpha;
```

```
        pos=find(tmp==0);
        if length(pos)~=1
            error('你输入的检验水平值不符合常规习惯!');
        else
            alpha=alphas(pos);
        end
end

% 情形 1：p 任意, n1 任意, n2=1
if (n2==1)&& (n1>p),
    F=(n1-p+1)/p*(1-wVal)/wVal;
    df1=p;
    df2=n1-p+1;
end
% 情形 2：p 任意，n1 任意,n2=2
if (n2==2)&& (n1>p),
    F=(n1-p+1)/p*(1-sqrt(wVal))/sqrt(wVal);
    df1=2*p;
    df2=2*(n1-p+1);
end
% 情形 3：p=1，n1 任意,n2 任意
if (p==1),
    F=n1/n2*(1-wVal)/wVal;
    df1=n2;
    df2=n1;
end
% 情形 4：p=2，n1 任意,n2 任意
if (p==2),
    F=(n1-1)/n2*(1-sqrt(wVal))/sqrt(wVal);
    df1=2*n2;
    df2=2*(n1-1);
end
% 情形 5：p>2,n1 任意,n2>2
if (p>2&&n2>2),
    t=n1+n2-(p+n2+1)/2;
    L=sqrt((p^2*n2^2-4)/(p^2+n2^2-5));
    lamda=(p*n2-2)/4;
    F=(1-wVal^(1/L))/wVal^(1/L)*(t*L-2*lamda)/(p*n2);
    df1=p*n2;
```

```
        df2=round(t*L-2*lamda);
    end
    pCutOff=finv(1-alpha,df1,df2);
    return;
```

四、协方差矩阵检验

多组协方差矩阵的检验，也是日常遇到的检验之一，为理解检验的具体过程，编写如下代码，实现多总体协方差矩阵的检验。附代码如下。

```
function MultiSigmaCheck(alpha,varargin)
% 功能：实现多总体协方差矩阵的检验
% 参数：alpha--检验水平值，一般是 0.05
%       varargin--可变数据矩阵参数
% 说明：程序中变量含义简介
%  (1): ArrNums--输入数据矩阵的个数
%  (2): SaplSize--各个矩阵的行数，也是各总体样本观测数，样本含量
%  (3): ttSaplSize--样本总含量，总观测数，等于各个 SaplSize 之和
%  (4): DevMats--用来保存各个总体样本的离差
%  (5): tdMtrx--各总体的组内离差和，等于 DevMats 中各个离差和
%  (6): M--计算统计量
%  (7): kSai--满足卡方分布的统计量:kSai=(1-d)*M
%  (8): d--计算 kSai 的中间参数
%  (9): VarSize--变量的个数
% 日期：2015.08.06.
% 联系：wdwsjlxx@163.com
% 样例：
%        X1=load('ghxP83A.txt');
%        X2=load('ghxP83B.txt');
%        X3=load('ghxP83C.txt');
%        alpha=0.05;
%        MultiSigmaCheck(alpha,X1,X2,X3)
%        X4=X3+2.3;   % 数据仅为演示程序使用，不具其他意义
%        X5=X1*1.02;   % 数据仅为演示程序使用，不具其他意义
%        MultiSigmaCheck(alpha,X1,X2,X3,X4,X5)
%

% 总体矩阵的个数
ArrNums=nargin-1;
```

```
%各总体样本含量,变量个数
SaplSize=zeros(1,ArrNums);
for iv=1:ArrNums
      SaplSize(iv)=size(varargin{iv},1);
end
disp('各总体样本含量：');disp(SaplSize);
ttSaplSize=sum(SaplSize,2);
disp(['全部总体样本含量 =', num2str(ttSaplSize)]);
VarSize=size(varargin{1},2);
disp(['总体中变量个数 =', num2str(VarSize)]);

% 各总体的离差矩阵
DevMats=zeros(ArrNums,VarSize,VarSize);
for iv=1:ArrNums
      tmpA=DeviaMatrx(varargin{iv});
      DevMats(iv,1:VarSize,1:VarSize)=tmpA;
end
disp('各总体的离差矩阵如下：')
for iv=1:ArrNums
      fprintf('NO.%d:\n',iv);
      for ir=1:VarSize
            fprintf('%12.3f,',DevMats(iv,ir,:));
            fprintf('\n');
      end
end

% 组内总离差 Total Deviation Matrix => tdMtrx
tdMtrx=zeros(VarSize,VarSize);
for iv=1:ArrNums
      for ir=1:VarSize
            for jc=1:VarSize
                  tdMtrx(ir,jc)=tdMtrx(ir,jc)+DevMats(iv,ir,jc);
            end
      end
end
disp('组内总离差');
for ir=1:VarSize
      fprintf('%12.3f,',tdMtrx(ir,:)); fprintf('\n');
```

```
end

% 统计量 M
M1=(ttSaplSize-ArrNums)*log(det(tdMtrx/(ttSaplSize-ArrNums)));
M2=0;
for it=1:ArrNums
    tmpEt=zeros(VarSize,VarSize);
    for ir=1:VarSize
        tmpEt(ir,:)=DevMats(it,ir,:);
    end
    M2=M2+(SaplSize(1,it)-1)*log(det(tmpEt/(SaplSize(1,it)-1)));
end
M=M1-M2; disp(['统计量 M = ', num2str(M)]);

% 统计量 f,即卡方的自由度
f=1/2*VarSize*(VarSize+1)*(ArrNums-1);
disp(['卡方的自由度 df = ', num2str(f)]);

% 参数 d
d=0; % 初始化
if all(~(diff(SaplSize))),%  样本含量相等时
    EqOrNot='Yes';
    d=(2*VarSize^2+3*VarSize-1)*(ArrNums+1)/...
        (6*(VarSize+1)*(ttSaplSize-ArrNums));
else % 样本含量不等时
    EqOrNot='No';
    d1=(2*VarSize^2+3*VarSize-1)/(6*(VarSize+1)*(ttSaplSize-ArrNums));
    d2=0;
    for ir=1:ArrNums
        d2=d2+(1/(SaplSize(1,ir)-1)-1/(ttSaplSize-ArrNums));
    end
    d=d1*d2;
end
fprintf('(1)样本含量相等吗？答：%s！(2)参数 d = %.4f.\n',EqOrNot,d);

% 使用检验统计量 kSai 进行卡方检验
kSai=(1-d)*M;
fprintf('检验统计量 kSai 服从卡方 ChiSq(%d)分布\n',f);
xCutOff=chi2inv(1-alpha,f);
```

```
fprintf('kSai = %.4f; xCutOff = %.4f\n',kSai,xCutOff);
fprintf('检验内容:\n\tH0: Sigma1=Sigma2=Sigma3=...;  ');
disp('H1:各 Sigma,至少一对不相等');
if kSai<xCutOff,
    disp('经检验,kSai<xCutOff,接受 H0.');
else
    disp('经检验,kSai>xCutOff,拒绝 H0,接受 H1.')
end
```

出于理解假设检验的基本思想和过程，我们编写上述程序，其实 MATLAB 自身带有一些函数，熟悉一下，也是可以实现诸如方差分析等任务的，如 anova，manova1 等，这里不再详细介绍。

习　　题

1. 为了考察细菌多样性的生长环境因子，董梦荟[18]在 2013 年分 3 次调查了石家庄市汪洋沟部分区域的环境因子数据（表 X3-1 ~ 表 X3-3），给定检验水平 α=0.05，试分析这 3 次采样数据中各指标之间的差异显著性。

表 X3-1　4 月各采样点水环境因子

编号	采集地点	pH	DO/（mg/L）	SD/cm	温度/℃	氨氮/（mg/L）	总磷/（mg/L）	总氮/（mg/L）
1	南席村东	7.69	7.06	27	24.2	14.28	1.89	15.87
2	豪雪面粉厂	7.61	2.83	21	24.4	19.08	3.41	19.34
3	落生桥	7.49	2.76	19	24.7	17.20	9.23	18.12
4	东柏舍	7.79	1.12	24	26.5	20.60	6.21	23.20
5	宁晋法院	7.66	2.20	21	27.9	38.98	19.34	39.12
6	东曹庄村北	7.20	0.91	15	23.5	36.52	18.21	38.56

表 X3-2　7 月各采样点水环境因子

编号	采集地点	pH	DO/（mg/L）	SD/cm	温度/℃	氨氮/（mg/L）	总磷/（mg/L）	总氮/（mg/L）
1	南席村东	7.33	4.81	72	28.1	11.86	1.72	13.28
2	豪雪面粉厂	7.59	0.64	40	29.5	15.00	3.55	15.77
3	落生桥	7.49	0.13	10	28.1	21.93	8.61	26.49
4	东柏舍	7.56	0.18	16	27.7	25.49	9.60	27.54
5	宁晋法院	7.09	0.12	22	28.2	34.78	6.68	36.25
6	东曹庄村北	6.96	0.16	18	29.2	38.55	7.93	40.13

表 X3-3　12 月各采样点水环境因子

编号	采集地点	pH	DO/（mg/L）	SD/cm	温度/℃	氨氮/（mg/L）	总磷/（mg/L）	总氮/（mg/L）
1	南席村东	7.89	4.89	61	18.2	14.36	5.27	19.13
2	豪雪面粉厂	7.56	2.33	12	15.3	25.49	12.38	26.96
3	落生桥	8.23	1.91	18	16.6	29.48	11.33	32.09

续表

编号	采集地点	pH	DO/（mg/L）	SD/cm	温度/℃	氨氮/（mg/L）	总磷/（mg/L）	总氮/（mg/L）
4	东柏舍	7.85	1.70	20	15.7	29.22	8.30	29.99
5	宁晋法院	7.62	0.65	8	16.2	35.99	10.32	37.28
6	东曹庄村北	7.12	1.23	11	15.8	39.13	12.65	40.95

2. TNT生产废水呈深红色，具有碱性，毒性大，COD和色度高等特点，不加处理排放到环境中，会对水生生物产生一定的毒害作用。付兴亮[19]实验研究了TNT生产废水对斑马鱼的毒害情况，表X3-4是不同浓度的废水对斑马鱼鳃部、肝脏组织中Na^{+}-K^{+}-ATP酶活性的影响，试分析对该酶活性影响的差异显著性。

表X3-4 TNT废水暴露对斑马鱼鳃与肝脏组织的Na^{+}-K^{+}-ATP酶活性的影响

暴露时间/h	鳃组织					肝脏组织				
	对照组	0.125ml/L	0.250ml/L	0.500ml/L	1.000ml/L	对照组	0.125ml/L	0.250ml/L	0.500ml/L	1.000ml/L
24	47.5754	46.5552	37.7703	24.8293	13.8106	33.5846	29.3346	24.1101	13.1349	9.9928
48	47.8074	46.6412	35.7449	22.4360	11.1982	34.3615	27.4022	23.5688	11.7679	7.3440
72	48.9848	47.8273	33.3944	21.2613	8.1384	33.8218	27.1089	21.6214	11.2531	7.4259
96	47.2502	46.2235	31.3544	19.4430	6.9926	33.9269	26.6587	17.9737	10.8015	6.0517

3. 海陆蛙是可生存于红树林半咸水环境中的两栖动物，其体内组织中丙二醛含量可作为生境质量优劣的评价指标。为揭示重金属的毒物效应和确定反映环境胁迫的指示特征，李春瑜[20]系统研究了镉、铜对海陆蛙蝌蚪的毒性影响（表X3-5和表X3-6）。试分析不同龄期影响的差异显著性。

表X3-5 镉对不同龄期蝌蚪的毒性数据

27～28期累计死亡蝌蚪数						38～39期累计死亡蝌蚪数					
质量浓度/(mg/L)	24h	48h	72h	96h	蝌蚪总数	质量浓度/(mg/L)	24h	48h	72h	96h	蝌蚪总数
0	0	0	0	0	30	0	0	2	2	2	20
6.59	0	0	0	1	30	13.20	0	0	1	1	20
10.00	0	0	0	3	30	17.38	0	1	2	4	20
15.17	2	4	6	9	30	22.90	1	2	3	7	20
23.01	9	14	22	26	30	30.20	2	4	5	13	20
34.91	20	27	30	30	30	39.80	5	9	12	17	20

表X3-6 铜对不同龄期蝌蚪的毒性数据

27～28期累计死亡蝌蚪数						38～39期累计死亡蝌蚪数					
质量浓度/(mg/L)	24h	48h	72h	96h	蝌蚪总数	质量浓度/(mg/L)	24h	48h	72h	96h	蝌蚪总数
0	0	0	0	0	30	0	0	0	0	0	20
0.69	1	3	5	9	30	0.40	0	2	5	5	20
1.00	2	4	7	11	30	0.67	1	3	8	8	20
1.44	5	8	11	16	30	1.10	3	4	9	12	20
2.08	10	17	22	28	30	1.82	3	5	9	12	20
3.00	17	24	30	30	30	3.00	6	11	15	17	20

4. 养殖水体中饵料营养结构配比失调可能会改变中华绒螯蟹的能量利用方式，使能量分配偏向于性腺的发育，最终可导致其性早熟。为此，周宏轩[21]研究了水中 Ca^{2+} 和饵料脂肪对中华绒螯蟹能量代谢和性腺发育的影响，所测数据如表 X3-7～表 X3-16 所示，试分析 Ca^{2+} 和饵料脂肪产生各种影响的差异显著性。

表 X3-7　水中不同浓度 Ca^{2+} 对中华绒螯蟹摄食量、特定增长率、表观消化率和饵料转化率的影响

Ca^{2+}浓度/（mg/L）	摄食量/[mg/(g·d)]	特定增长率	表观消化率	饵料转化率
18	4.00	0.056	62.96	13.82
40	3.90	0.096	61.31	23.58
80	4.60	0.082	64.65	19.05
120	4.40	0.079	64.79	17.51
160	4.40	0.075	58.28	17.29

表 X3-8　不同脂肪含量饵料对中华绒螯蟹摄食量、特定增长率、表观消化率和饲料转化率的影响

脂肪含量/%	摄食量/[g/(d·g)]	特定增长率	表观消化率	饵料转化率
3	10.00	0.20	0.96	19.50
6	10.00	0.21	0.88	19.54
9	8.00	0.49	0.94	58.51
12	10.00	0.23	0.96	23.46

表 X3-9　水中不同浓度 Ca^{2+} 对中华绒螯蟹能量收支的影响

Ca^{2+}浓度/（mg/L）	C/%	G/%	F/%	U/%	R/%
18	100	3.08	22.11	2.29	72.52
40	100	7.18	24.51	1.79	64.58
80	100	4.24	21.49	3.09	71.18
120	100	3.98	20.78	3.92	71.32
160	100	3.90	24.15	3.85	68.09

注：“C”代表摄食吸收的能量；“G”代表生长能；“F”代表排粪能；“U”代表排泄能；“R”代表代谢能。下同

表 X3-10　不同脂肪含量饵料对中华绒螯蟹能量收支的影响

脂肪含量/%	C/%	G/%	F/%	U/%	R/%
3	100	4.82	2.37	0.67	92.14
6	100	5.80	7.01	0.47	86.71
9	100	13.66	3.44	0.51	82.39
12	100	5.44	2.26	0.48	91.81

表 X3-11　水中不同浓度 Ca^{2+} 对中华绒螯蟹肝胰腺、性腺指数的影响

Ca^{2+}浓度/（mg/L）	肝胰腺指数/%	性腺指数/%
18	7.09	0.23
40	6.37	0.24
80	6.34	0.25
120	6.05	0.30
160	5.38	0.33

表 X3-12 不同脂肪含量饵料对中华绒螯蟹肝胰腺、性腺指数的影响

脂肪含量/%	肝胰腺指数/%	性腺指数/%
3	9.10	0.25
6	8.33	0.31
9	7.94	0.31
12	6.71	0.42

表 X3-13 水中不同浓度 Ca^{2+}对中华绒螯蟹肝胰腺和性腺碱性磷酸酶比活力的影响

Ca^{2+}浓度/（mg/L）	肝胰腺/（μ/mg）	性腺/（μ/mg）
18	0.42	0.15
40	0.41	0.17
80	0.39	0.21
120	0.39	0.24
160	0.37	0.27

表 X3-14 不同脂肪含量饵料对中华绒螯蟹肝胰腺和性腺碱性磷酸酶比活力的影响

脂肪含量/%	肝胰腺 AKP/（μ/mg）	性腺 AKP/（μ/mg）
3	0.37	0.18
6	0.37	0.21
9	0.38	0.21
12	0.39	0.24

表 X3-15 水中不同浓度 Ca^{2+}对中华绒螯蟹肝胰腺能荷的影响

Ca^{2+}浓度/（mg/L）	能荷值
18	0.68
40	0.78
80	0.72
120	0.68
160	0.68

表 X3-16 不同脂肪含量饵料对中华绒螯蟹肝胰腺能荷的影响

脂肪含量/%	能荷值
3	0.54
6	0.68
9	0.72
12	0.65

第四章 判别分析

第一节 引　　言

判别分析是生命科学研究中常常遇到的问题，如昆虫或者植物等的分类研究中，通过对已有特征进行归纳、分类后，对新采集的物种样本进行判断分析，以判断是属于哪一种属。例如，通过测定秀丽白虾的腹部宽/体长等 10 个形态学比例参数[22]，可对鄱阳湖、洞庭湖、太湖、巢湖和洪泽湖 5 个地理种群的秀丽白虾进行形态差异的判别。类似的还有中国螯虾科虾类（克氏原螯虾和东北螯虾）形态差异判别分析[23]和南海鸢乌贼地理群体形态差异的判别分析[24]等。

这些研究，归纳其本质，就是根据已划分好类别的资料，按照某种规则（如最优原则），确定一种判断方法，来对新的样本资料进行划分，以确定其属类。这种方法现在已经推广到类型判别的各个方面，最普通的例子是医院的医生，根据以往的病例，总结出一定的评判标准，对新的患者病情做出合理的诊断。

归纳这类问题的共同特点，并使用数学语言加以描述，我们就可以得到判别分析的基本要求：设有 n 个样本，每个样本测定 p 个指标，已知每个样本属于 k 个类别中的某一类，则通过已知的这 k 个类别 $G_1, G_2, \cdots, G_k$，利用已知的这些数据，找出一种评判标准，要求这种标准具有某种最优的性质，且能利用该标准对属于不同类别的样本数据进行判别。

判别分析的方法很多，按照不同的标准，可分为不同的方法，比如按照分类总体的多寡，可分为两个总体和多个总体的判别；按照判别时看待问题的角度及所依赖的原则，可分为距离最小判别方法、平均损失最小判别方法和最大似然概率等方法，对于生物科研人员，我们不强调数学的推导过程，更强调对方法的理解与应用。

第二节 距离判别法

在日常生活中，我们常常说“A 和 B 两人走得很近，B 和 C 两人脾气不投缘，关系比较远”。从这句对 A、B、C 三人关系的描述中，我们可以了解到，在确定 B 与其他二人关系时，最重要的关键词就是“远”和“近”，对这句话加以提炼，可知表达事物关系的亲疏，是可以使用“远近”这类词语来描述的。在这里我们不去探讨造成事物关系亲疏的原因，只考虑描述所研究事物关系的这个关键词，“远近”本质上就是某种距离的度量，因此，要判断事物间某种关系，距离是一个最直接的指标。

提到距离，许多人常常想到两地之间的空间距离，将这个空间距离加以拓展，并使用数学语言表达出来，就可以用来判断事物之间的某种关系上是否“离得远”，或者“走得近”。距离判别法，就是这种概念的推广。我们先学习所谓的距离如何表达出来。

一、距离

设三维空间 R^3 中有两点，分别为 P_1 和 P_2，其空间坐标表达为 $P_1 = (x_1, y_1, z_1)$ 和 $P_2 = (x_2,$

y_2,z_2)，则两点间的距离可以按照如下计算。

$$d(P_1,P_2)=\sqrt{(x_1-x_2)^2+(y_1-y_2)^2+(z_1-z_2)^2} \tag{4-1}$$

把这个概念推广到一般的情形，则可以知道，对于 p 维欧氏空间 R^p 中有两点，分别为 $\boldsymbol{P}_1=(x_{11},x_{12},\cdots,x_{1p})'$ 和 $\boldsymbol{P}_2=(x_{21},x_{22},\cdots,x_{2p})'$，则两点之间的欧氏距离，可以表达为

$$d^2(\boldsymbol{P}_1,\boldsymbol{P}_2)=(x_{11}-x_{21})^2+(x_{12}-x_{22})^2+\cdots+(x_{1p}-x_{2p})^2 \tag{4-2}$$

考察式（4-1）或者式（4-2），我们发现，在描述各点的坐标中，各个坐标都是等尺度的，也就是说每个坐标对计算欧氏距离所起的作用相等，这一点在解决实际问题时，尤其是多元数据分析时，往往并不合适。这种不合适，可以从以下几个方面加以说明。

首先，在计算距离时，取用的是等权重的各点坐标，将式（4-2）改写，得到如下的形式。

$$d^2(\boldsymbol{P}_1,\boldsymbol{P}_2)=w_1(x_{11}-x_{21})^2+w_2(x_{12}-x_{22})^2+\cdots+w_p(x_{1p}-x_{2p})^2$$

式中，$w_i(i=1,2,\cdots,p)$ 为各个坐标的权重，由此可知，在式（4-2）中实际上是默认各个权重均等于 1，对于多元统计数据，实际上是不一定存在这种均等权重的。

再以图 4-1 所示的数据为例，假设有两个变量的 n 个样本测量点，做成散点图，图中两个变量分别是 x_1,x_2，假设两个变量相互独立，且假设 x_1 的展开变化幅度大于 x_2 的变化幅度。

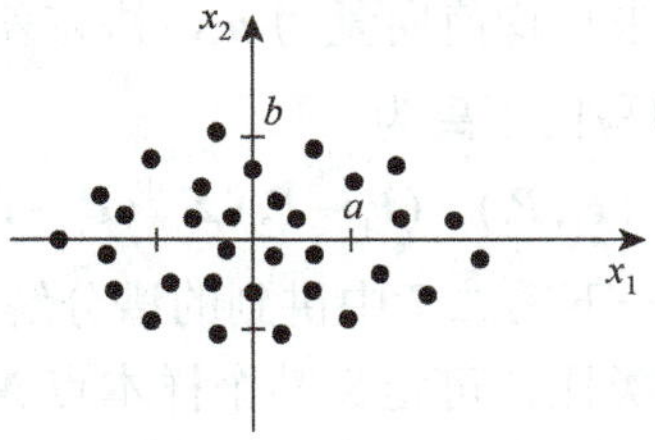

图 4-1 不同变量的变化幅度

在图 4-1 中，数据在 x_1 方向上的变化幅度要大于 x_2 方向上的变化幅度，可知在 x_1 方向上“变化性”较大，在 x_2 方向上“变化性”较小。在考察距离的影响时，在两轴上与原点距离相同的两点，如图 4-1 中 x_1 轴上的 a 点和 x_2 轴上的 b 点，虽然到原点的距离都是 1 个单位长度，但在两个方向上的影响大小显然并不一致，因为沿着 x_1 轴方向，1 个单位尺度约等于 x_1 正向变幅的 1/2，而同样的 1 个单位尺度，约等于 x_2 正向总体变化幅度。因此，当考察数据点到原点距离的影响时，同等幅度的距离量值，就不应该一致对待，而应该有所区分，影响较大的应该有较大的权重，反之亦然。具体处理时，我们可以将各自的变化考虑进来，这样，以变化幅度作为各自的参比对象，则上述计算公式改为

$$d^2(\boldsymbol{P}_1,\boldsymbol{P}_2)=\left(\frac{x_{11}-x_{21}}{\sigma_1}\right)^2+\left(\frac{x_{12}-x_{22}}{\sigma_2}\right)^2+\cdots+\left(\frac{x_{1p}-x_{2p}}{\sigma_p}\right)^2 \tag{4-3}$$

式中，σ_i 为各变量的变化幅度的量值，当考虑概率时，可看作各变量的标准差。

我们也可以从概率的角度来观察，如图 4-2 所示，对于两个相近的正态总体 G_1 和 G_2，为准确说明问题，这里给出具体的数据，假设总体 G_1 的标准差 $\sigma_1=2.5$，均值 $\mu_1=5$，即 $G_1 \sim N(5,2.5^2)$；总体 G_2 的标准差 $\sigma_2=5$，均值 $\mu_2=20$，即 $G_2 \sim N(20,5^2)$，有一个点 A，它距离 G_1 均值约为 3 倍的标准差 σ_1，距离 G_2 均值约为 1.5 倍的标准差 σ_2，虽然从测量距离上

看，$L_1 = L_2$，但按照概率来讲，A 点还是应该归结到总体 G_2，因为，按照标准正态分布的“3σ”原则，A 属于 G_1 的概率只有 0.04%，属于小概率事件，而属于 G_1 的概率则高达 6.6%，它与 G_2 更接近。因此，只考虑线性距离相等，在这种数据总体的分类上就不合适，而相反，使用“概率距离”[4]更合适一些。

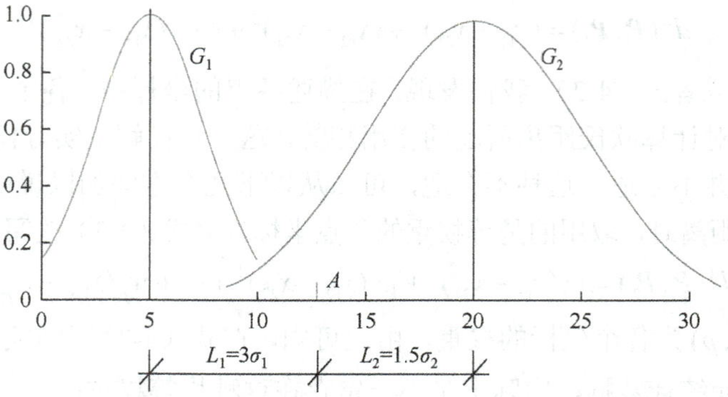

图 4-2　概率距离示意图

为了更好地解决使用距离时出现的这些问题，印度学者 Mahlanobis 提出了一种“马氏距离”，其概念如下：设 $\boldsymbol{P}_1, \boldsymbol{P}_2$ 是来自均值向量为 $\boldsymbol{\mu}$，协方差为 $\boldsymbol{\Sigma}$ ($\boldsymbol{\Sigma} > 0$) 的总体 G 中的 p 维样本，则在 G 内，这两点之间的马氏距离为

$$d^2(\boldsymbol{P}_1, \boldsymbol{P}_2) = (\boldsymbol{P}_1 - \boldsymbol{P}_2)'\boldsymbol{\Sigma}^{-1}(\boldsymbol{P}_1 - \boldsymbol{P}_2) \tag{4-4}$$

看到式（4-4），我们再回顾一下第二章中讲到的谱分解，在那里我们认为这种形式表达了距离，请仔细体会一下。以此类比，可定义某个样本点 $\boldsymbol{X}$ 到总体 G 的马氏距离为

$$d^2(\boldsymbol{X}, G) = (\boldsymbol{X} - \boldsymbol{\mu})'\boldsymbol{\Sigma}^{-1}(\boldsymbol{X} - \boldsymbol{\mu}) \tag{4-5}$$

除了马氏距离外，还有其他的不同种类的距离定义，在聚类分析的章节里，将展开介绍。

二、思想与方法

要将一系列的事物判别归类，则涉及归为两类和多类的问题，当只有两种类别时，最为简单，非此即彼，当类别大于两种时，略显复杂，但它们在原理上是一致的。为了阐明判别分析的思想与方法，我们首先讨论两个总体的判别分析，之后再将它们推广到多个总体的判别分析上。

（一）两总体距离判别

设有两个总体 G_1 和 G_2，假设它们的协方差矩阵相等，都等于 $\boldsymbol{\Sigma}$，两个总体的均值分别为 $\boldsymbol{\mu}_1$ 和 $\boldsymbol{\mu}_2$，对于新的测定数据 $\boldsymbol{X}$，怎么判断它属于哪个总体呢？

前边已经讨论过，最直观的想法就是计算该样本点到两个总体之间的马氏距离 $d^2(\boldsymbol{X}, G_1)$ 和 $d^2(\boldsymbol{X}, G_2)$，比较一下，看样本点离哪个总体距离小，自然就更趋近于或者说应该归类到哪个总体。按照这种思路，以数学语言表达，则有：如果 $d^2(\boldsymbol{X}, G_1) \leqslant d^2(\boldsymbol{X}, G_2)$，则 $\boldsymbol{X}$ 归类到 G_1，即 $\boldsymbol{X} \in G_1$；反之，如果 $d^2(\boldsymbol{X}, G_1) > d^2(\boldsymbol{X}, G_2)$，则 $\boldsymbol{X}$ 归类到 G_2，即 $\boldsymbol{X} \in G_2$。

为了更加方便地使用该判别规则，可以将上述判别式子进行改写，即计算样本点 $\boldsymbol{X}$ 到 G_1 和 G_2 的距离平方差 Δd^2，以该差值作为评判依据，具体地说，当差值小于 0 时，$\boldsymbol{X}$ 属于 G_1，反之属于 G_2。在本书中，我们不追求数学推导的严密逻辑性，对于生物科研工作者，以理解与会用为主。对于 Δd^2，其值正负与总体 G_1,G_2 所处位置关系如图 4-3 所示。我们看到，$\Delta d^2<0$，$\Delta d^2=0$ 和 $\Delta d^2>0$ 分别对应着属于 G_1，位于临界线，属于 G_2 这 3 种情况，Δd^2 小于 0，等于 0 和大于 0，与笛卡儿坐标轴的左负右正习惯相一致，很容易记忆。

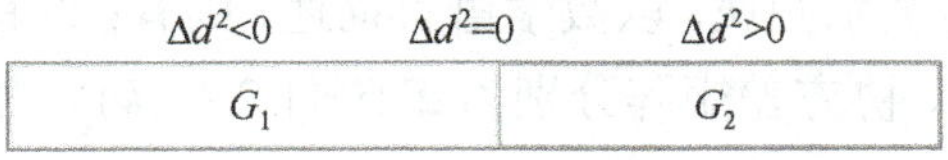

图 4-3　判别计算归类示意图

距离平方差 Δd^2 的计算如下。

$$\begin{aligned}\Delta d^2 &= d^2(\boldsymbol{X},G_1)-d^2(\boldsymbol{X},G_2)\\ &=-2\left(\boldsymbol{X}-\frac{\boldsymbol{\mu}_1+\boldsymbol{\mu}_2}{2}\right)'\boldsymbol{\Sigma}^{-1}(\boldsymbol{\mu}_1-\boldsymbol{\mu}_2)\\ &=-2(\boldsymbol{X}-\bar{\boldsymbol{\mu}})'\boldsymbol{\alpha}=-2\boldsymbol{\alpha}'(\boldsymbol{X}-\bar{\boldsymbol{\mu}})\end{aligned} \tag{4-6}$$

式中，$\bar{\boldsymbol{\mu}}=\dfrac{\boldsymbol{\mu}_1+\boldsymbol{\mu}_2}{2}$，$\boldsymbol{\alpha}=\boldsymbol{\Sigma}^{-1}(\boldsymbol{\mu}_1-\boldsymbol{\mu}_2)$。

有些作者认为，令 $W(\boldsymbol{X})=\boldsymbol{\alpha}'(\boldsymbol{X}-\bar{\boldsymbol{\mu}})$，则上述规则表达为：当 $W(\boldsymbol{X})\geqslant 0$，X 属于 G_1，反之属于 G_2。称 $W(\boldsymbol{X})$ 为两总体距离判别函数，称 $\boldsymbol{\alpha}$ 为判别系数。我们认为，考虑到认知习惯，将 $W(\boldsymbol{X})$ 定义成包含负号的表达式更合理一些，这样可以与 Δd^2 图所示意的一致，即 $W(\boldsymbol{X})=-2\boldsymbol{\alpha}'(\boldsymbol{X}-\bar{\boldsymbol{\mu}})$，且仍然称之为判别函数。

从理论上讲，进行线性判别的基本思想就是这样，但是在实际应用中，我们并不知道总体 G_1 和 G_2 的均值，也不能确定两个总体间的协方差矩阵，因此，上述判别方法并不能直接应用。要具体应用，就必须对上述参数进行估计，一般的，可通过样本数据对总体均值和协方差矩阵进行估计。

在进行参数估计时，可以采用概率论与数理统计教程中学习过的矩估计方法与最大似然法，这里直接给出估计结果。设有两个样本，分别取自 G_1 和 G_2，样本含量分别为 n_1,n_2，则两个总体均值的无偏估计量分别为

$$\hat{\mu}_1=\frac{1}{n_1}\sum_{i=1}^{n_1}X_{1,i} \tag{4-7}$$

$$\hat{\mu}_2=\frac{1}{n_2}\sum_{i=1}^{n_2}X_{2,i} \tag{4-8}$$

协方差矩阵的无偏估计为

$$\hat{\boldsymbol{\Sigma}}=\frac{1}{n_1+n_2-2}(\boldsymbol{S}_1+\boldsymbol{S}_2) \tag{4-9}$$

其中 $\boldsymbol{S}_1,\boldsymbol{S}_2$ 是两样本的方差矩阵，其计算如下。

$$\boldsymbol{S}=\sum_{i=1}^{n}(\boldsymbol{X}_i-\hat{\boldsymbol{\mu}})(\boldsymbol{X}_i-\hat{\boldsymbol{\mu}})' \tag{4-10}$$

需要指出的是，上述判别函数方法的推求，是在协方差矩阵相等且都等于$\boldsymbol{\Sigma}$的基础上进行的，当协方差矩阵$\boldsymbol{\Sigma}_1 \neq \boldsymbol{\Sigma}_2$时，我们就只能使用最基本的判别方法了，即直接计算样本点到各个总体的距离，然后比较距离的大小，近者即为所求。

（二）多个总体的距离判别

多个总体的距离判别与两个总体的情况类似，也是比较新测定的样本点到各总体均值的马氏距离，距离最小者确定类别归属。以数学语言描述，则有：设有k个总体$G_i(i=1,2,\cdots,k)$，各自均值为$\boldsymbol{\mu}_i(i=1,2,\cdots,k)$，协方差矩阵分别为$\boldsymbol{\Sigma}_i(i=1,2,\cdots,k)$，则样本点$\boldsymbol{P}$到任意一个总体$G$的距离可按照式（4-11）计算。

$$\begin{aligned} d^2(\boldsymbol{P},G_i) &= (\boldsymbol{P}-\boldsymbol{\mu}_i)'\boldsymbol{\Sigma}_i^{-1}(\boldsymbol{P}-\boldsymbol{\mu}_i) \\ &= \boldsymbol{P}'\boldsymbol{\Sigma}_i^{-1}\boldsymbol{P} - 2\boldsymbol{\mu}_i'\boldsymbol{\Sigma}_i^{-1}\boldsymbol{P} + \boldsymbol{\mu}_i'\boldsymbol{\Sigma}_i^{-1}\boldsymbol{\mu}_i \end{aligned} \tag{4-11}$$

在这里，我们并没有做更多的假设，由此，式（4-11）就是多个总体的判别分析函数。当各个总体的协方差相等时，也就是存在着$\boldsymbol{\Sigma}_1=\boldsymbol{\Sigma}_2=\cdots=\boldsymbol{\Sigma}_k$时，则式（4-11）中$\boldsymbol{P}'\boldsymbol{\Sigma}_i^{-1}\boldsymbol{P}$是常数，可只考虑$-2\boldsymbol{\mu}_i'\boldsymbol{\Sigma}_i^{-1}\boldsymbol{P}+\boldsymbol{\mu}_i'\boldsymbol{\Sigma}_i^{-1}\boldsymbol{\mu}_i$部分，以这部分作为基础，构建评判函数。但实际上，目前多数都是以电脑作为数据处理的基本工具，计算量很小，也可以直接计算式（4-11）整体。

在具体实施过程中，要计算样本点到各个总体的距离，就需要知道各总体的协方差矩阵及各自的均值，很显然，这和两总体的判别分析一样，也是不知道的，也需要对这些参数进行估计。我们仍然直接给出估计计算方法，对其推导过程，不做细究。

当均值$\boldsymbol{\mu}_i$和协方差阵$\boldsymbol{\Sigma}$未知时，设有样本数据$\boldsymbol{X}_{i,1},\boldsymbol{X}_{i,2},\cdots,\boldsymbol{X}_{i,n}$，则总体$G_i$的均值按照式（4-12）计算，各总体共同的协方差矩阵$\boldsymbol{\Sigma}$按照式（4-13）计算。

$$\hat{\boldsymbol{\mu}}_i = \frac{\boldsymbol{X}_{i,1}+\boldsymbol{X}_{i,2}+\cdots+\boldsymbol{X}_{i,n}}{n},\quad i=1,2,\cdots,k \tag{4-12}$$

$$\hat{\boldsymbol{\Sigma}} = \frac{\boldsymbol{S}_1+\boldsymbol{S}_2+\cdots+\boldsymbol{S}_k}{(n_1-1)+(n_2-1)+\cdots+(n_k-1)} = \frac{\sum\limits_i \boldsymbol{S}_i}{\sum\limits_i n_i - k} \tag{4-13}$$

式中，$\boldsymbol{S}_i=\sum\limits_{j=1}^{n_i}(\boldsymbol{X}_{i,j}-\hat{\boldsymbol{\mu}}_i)(\boldsymbol{X}_{i,j}-\hat{\boldsymbol{\mu}}_i)'$。

当均值$\boldsymbol{\mu}_i$和各协方差阵$\boldsymbol{\Sigma}_i$各不相同且未知时，同样可采用参数估计的方法来确定，此时，$\boldsymbol{\Sigma}_i$的估计稍有不同，按照式（4-14）估算。

$$\hat{\boldsymbol{\Sigma}}_i = \frac{\boldsymbol{S}_i}{n_i-1} \tag{4-14}$$

当进行具体的判别时，为了更直观地看出样本点与各个总体的距离远近，借助可视化技术，可将这些距离表达成柱状图等，也可以借助类似于饼图的形式加以展现，具体的做法是：计算样本点到各个总体的距离，然后将各个距离求和，作为总距离，再以总距离除以各个距离，作为绘制饼图的数据，这样，在饼图上，份额最大的总体就是要被归类的，清楚明白。

三、再论判别分析

那么如何理解判别分析呢？前边已经讲过，所谓的判别分析，就是根据一定的评判标准对新取得的样本数据进行归类处理，这里就包含两层意思，一是要归类，就必须有可以归属的类，即已经分好的各个总体；二是如何归类，也就是根据什么规则进行判别归类，且归类的效果按照某个原则评判时最优。

从第一个层面来讲，那就是既有资料的分类，对于既有的总数据，在分割成各个不同的总体时，可以有不同的分割方法，但无论怎样分，总的原则就是尽可能把属于不同类别的样本点区分开。这犹如平日里的切西瓜，可以有不同的切法，但如果加上一条要求，比如尽可能把西瓜分成两类切块，一类含有较多的瓜子（假如西瓜有籽粒，不讨论无籽西瓜），一类含有较少的瓜子，显然有个切法的问题，如何切最好？这个切割规则的确定，就是按照什么去分割成不同总体的问题。

从第二个层面来讲，那就是如何将新样本点归结到不同的类中，前边的距离法，简单明了，易于操作，但没有考虑代价问题，若将新测定样本点归类的时候，把本质上属于 A 类的事物却归属到 B 类，就会造成一定的错误，并带来一些损失，新的问题是：能不能尽量减少这种损失？如何减少这种损失？

对于上述两个层面的问题，使用数学来表达，就是引入“划分”的概念，在概率论中有这个概念的定义，即设 $B_1,B_2,\cdots,B_k$ 是 p 维空间 R^p 中的 k 个子集，如果它们两两互不相容，且它们的和集为 R^p，则称 $B_1,B_2,\cdots,B_k$ 是 R^p 的一个划分。对于这个概念，中文的“划分”不易理解，其实质应该是“划分后的状态”，在中文语境下，“划分”多作为动词使用，这里的数学概念，本意上体现地更多的是一种分割后呈现出来的状态。以切西瓜来比喻，R^p 就相当于整个西瓜，而 $B_1,B_2,\cdots,B_k$ 就是一种切成不同形状西瓜块的切法，假设切瓜过程中没有损失，则各个西瓜块儿凑在一起，就构成了整个西瓜，这就对应上述的“和集为 R^p”。显然，每一种切法，实际上就是上述概念的一种“划分”状态。

借助“划分”这个概念，我们可以发现，不同的“划分”状态各有优劣，但我们更关心的是，找一种按照某种规则来评判是最优的“划分”，以使得判别分析最合理。

第三节　Bayes 判别法

前边已经讨论过，距离法判别时，主要是依据新测定的样本点距离各个总体的远近，它主要解决的问题主要是针对第二个层面的问题，即如何进行判别的问题。对于第一个层面的问题，比如如何划分成各个不同总体，各总体出现可能性大小，都没有考虑，并且也没有考虑如果出现判别错误，怎样尽可能地减少误判造成的平均损失。针对这些问题，我们学习一种新的称为 Bayes 的判别方法。

一、基本思想

先回顾一下上边我们提到的切西瓜情形，假如含有较多瓜肉、较少瓜子的西瓜块儿称为 A 类瓜块儿，另一类含有较多的瓜子及较少的瓜肉，称为 B 类瓜块儿，如果把本应该属于

B类瓜块儿的瓜子，由于切割原因，分到了属于A类的西瓜块儿里，我们就说造成了一些损失。

我们知道，不同的切割方法会得到瓜子含量不同的西瓜块儿，但无论如何，至少有一种切法，使得分成的西瓜块儿，满足我们的要求，即一类瓜块儿是尽可能地不含瓜子，一类是尽可能地含有瓜子。显然，这不同的分割西瓜的“切法”，就可以看作将原始数据分成不同总体的一种“划分”方案，不同的方案对应着不同的结果，但总有一种方案，使得造成的损失达到最小。

把上述分割西瓜的切法及要求转化成数学语言，用于判别分类，就是Bayes判别的基本思想。具体地，设有k个总体$G_1,G_2,\cdots,G_k$，各总体的概率密度互不相同，分别设为$f_1(\boldsymbol{x}),f_2(\boldsymbol{x}),\cdots,f_k(\boldsymbol{x})$，设各总体出现的先验概率为$p_1,p_2,\cdots,p_k$，$p_i\geqslant 0$，$\sum_{i=1}^{k}p_i=1$，设把本属于$G_i$总体的样本点归属到$G_j$所产生的损失用$L(j|i)(i,j=1,2,\cdots,k)$表示，则这样的判别问题就属于Bayes判别的范畴，这也是Bayes判别的一般思想。

二、实现

理解了Bayes判别的基本思想后，我们再探讨一下如何把这些思想表达成可具体实现的数学方法。首先来说“划分”方案问题，也就是分成k个总体$G_1,G_2,\cdots,G_k$，这k个总体可以看作一种分割方法，把这种分割方法记作S_1方案。

然后具体讨论如何计算S_1方案下误判产生的损失，对于一个已经确定下来的划分方案，我们考虑更多的是这个方案的总体损失。当我们把本属于总体G_i的样本点，划分到G_j的范围中时，就会把样本点归结为G_j类，在S_1方案下，这种误判的概率，可由总体G_i的概率密度函数$f_i(\boldsymbol{x})$在G_j的范围内积分计算出来，即

$$P(j|i)=\int_{G_j}f_i(\boldsymbol{x})\,\mathrm{d}x,\quad i,j=1,2,\cdots,k,i\neq j \tag{4-15}$$

像式（4-15）这种计算，其本质就是根据密度函数和密度之间的积分微分关系写出来的。将总体G_i的样本点划分到G_j产生的损失，则由$L(j|i)$描述。

遍历各个循环指标j，则属于G_i的样本被归类到$G_1,\cdots,G_{i-1},G_{i+1},\cdots,G_k$所产的损失，分别为$L(1|i),\cdots,L(i-1|i),L(i+1|i),\cdots,L(k|i)$。显然，在$S_1$分割方案下，对于总体$G_i$，其样本点由于误判而产生的损失，可依照数学期望的定义加以描述，即平均损失为

$$L(i,S_1)=\sum_{j=1}^{k}L(j|i)P(j|i),\quad i=1,2,\cdots,k \tag{4-16}$$

当本属于G_i的样本点划分到自身类别中时，没有损失，也就是在式(4-16)中，对于$j=i$时，存在$L(i|i)=0$。

上边具体讨论了当本属于G_i的样本点归类到其他类别中时具体损失的计算，那么对于已经划分好的$G_1,G_2,\cdots,G_k$而言，也就是S_1这个分割方案的损失如何计算呢？我们稍微详细地写一下，已知G_i的平均损失为$L(i,S_1)$，具体地，就是$G_1,G_2,\cdots,G_k$的损失分别为

$$G_1=>L(1,S_1),\ G_2=>L(2,S_1),\cdots,\ G_k=>L(\mathrm{k},S_1) \tag{4-17}$$

前述已经知道，各个总体出现的概率各不相同，分别是$p_1,p_2,\cdots,p_k$，那么，S_1这个分

割方案产生的平均损失，我们同样可以按照数学期望的本质含义，写出具体的计算，即

$$L(S_1)=\sum_{i=1}^{k}L(i,S_1)p_i \tag{4-18}$$

这样，我们就具体表达出了分割方案 S_1 的损失。

至此，我们已经把某个分割方案 S_1 的平均损失具体表达出来了。可以推测，如果有另一些分割方案 $S_2,S_3,\cdots,S_m$，则存在着与它们相对应的各个损失，表达为

$$L(S_j)=\sum_{i=1}^{k}L(i,S_j)p_i,\quad j=1,2,\cdots,m \tag{4-19}$$

本节中，所谓的 Bayes 判别思想，就是在各个不同的分割方案 $S_i(i=1,2,\cdots,m)$ 中，找到损失最小的那个方案，并认为在该方案下判别达到最好。由此，对式（4-19）进行展开，可得

$$\begin{aligned}L(S_j)&=\sum_{i=1}^{k}L(i,S_j)p_i=\sum_{i=1}^{k}p_i\sum_{j=1}^{k}L(j\,|\,i)P(j\,|\,i)\\&=\sum_{i=1}^{k}p_i\sum_{j=1}^{k}L(j\,|\,i)\int_{G_j}f_i(\boldsymbol{x})\mathrm{d}x=\sum_{i=1}^{k}\int_{G_j}\sum_{j=1}^{k}p_iL(j\,|\,i)f_i(\boldsymbol{x})\mathrm{d}x\end{aligned} \tag{4-20}$$

在式（4-20）中，我们把 $\sum_{j=1}^{k}p_iL(j\,|\,i)f_i(\boldsymbol{x})$ 看作计算分割方案的积分核，且记作 $K_j(\boldsymbol{x})$，即

$$K_j(\boldsymbol{x})=\sum_{j=1}^{k}p_iL(j\,|\,i)f_i(\boldsymbol{x}) \tag{4-21}$$

则式（4-20）改写为

$$L(S_j)=\sum_{i=1}^{k}\int_{G_j}K_j(\boldsymbol{x})\mathrm{d}x \tag{4-22}$$

要求得最小损失的分割方案，可以直接计算各自分割方案下的损失，也可以通过比较来判断不同分割方案下的损失大小。例如，对两种不同的分割方案 S_1,S_2，可以通过计算它们产生的损失差来判断，即

$$L(S_1)=\sum_{i=1}^{k}\int_{G_1}K_1(\boldsymbol{x})\mathrm{d}x \tag{4-23}$$

$$L(S_2)=\sum_{i=1}^{k}\int_{G_2}K_2(\boldsymbol{x})\mathrm{d}x \tag{4-24}$$

则

$$\begin{aligned}\Delta L_{1,2}&=L(S_1)-L(S_2)\\&=\sum_{i=1}^{k}\int_{G_1}K_1(\boldsymbol{x})\mathrm{d}x-\sum_{i=1}^{k}\int_{G_2}K_2(\boldsymbol{x})\mathrm{d}x\\&=\sum_{i=1}^{k}\sum_{j=1}^{k}\int_{G_1\cap G_2}[K_1(\boldsymbol{x})-K_2(\boldsymbol{x})]\mathrm{d}x\end{aligned} \tag{4-25}$$

若分割方案 S_1 是 Bayes 方案，那么计算得到的损失差 $\Delta L_{1,2}\leqslant 0$，由此，可确定最佳分割方案及判别结果。

第四节　Fisher 判别法

一、基本思想

Fisher 判别法是 1936 年提出来的，它的基本思想和我们的一句古诗所包含的哲理有点类似，宋代著名诗人苏轼在《题西林壁》中有两句著名的诗句："横看成岭侧成峰，远近高低各不同"。同一座山，之所以即可看成山岭，又可以看成山峰，或高或低，就是由于观看者站的角度不同。看的视角不同，自然就有不同的景色，我们把这个哲理展开体会一下，就会发现不同的观察角度实际上就是数学上不同的投影。假如坐飞机围绕山峰转一圈（360°），每隔 1°拍摄一张照片，就会发现，在拍照时有最好的摄影角度，也有最差的摄影角度，有能够把不同山峰明确区分开的角度，也有把众多山峰叠加在一起的摄影角度。Fisher 判别法的主要思想也是如此，就是通过将多维数据投影到某个方向上，将总体与总体之间尽可能地分开，然后再选择合适的判别规则，将新的样品进行分类判别。

了解了 Fisher 判别法的基本思想后，我们具体看如何通过数学来表达这种想法。当我们围绕山峰拍摄每一张图片时，不论从哪个角度拍摄，都是将组成山峰的不同要素（如树木、花草、石头等）拍摄下来，并且只拍摄了可看见的部分。由此，可以这样理解：照片本质上是构成山峰各要素的部分和，照片的形成可看作取出每种要素的一部分有序叠加起来。

这样，把总体比喻作照片，把投影比作不同的摄影角度，那么，Fisher 判别思想就可以这样进行数学描述：假设从 k 个总体中抽取具有 p 个指标的样品观测数据，则线性判别函数

$$U(\boldsymbol{X}) = u_1X_1 + u_2X_2 + \cdots + u_pX_p = \boldsymbol{u}'\boldsymbol{X} \tag{4-26}$$

可看作其中的一个摄影，它从组成总体的各个 $X_i(i=1,2,\cdots,p)$ 中各取出一部分，构成了对总体的一次"拍摄"。我们知道，这里的 $\boldsymbol{u}=(u_1,u_2,\cdots,u_p)'$ 实际上就是摘取各部分的权重值，按照判别法的要求，它应该使得总体之间区别最大，而使每个总体内部的离差最小。

在具体确定了线性判别函数后，对于一个新的样品，将它的 p 个指标值代入线性判别函数式（4-26）中求出 $U(\boldsymbol{X})$ 值，然后根据判别规则，就可以判别新的样品属于哪个总体。

二、判别函数

（一）两个总体

对于两个总体的情形，我们可以将两个总体想象成两座山峰，则判别问题转化为从哪个角度拍摄才能既使两个山峰尽量分开，又尽可能使两个山峰各自体系特征明显，并确定新要素的归属问题。细体会，这里实际上涉及的 3 个问题，一是两个事物要尽可能分开，二是要尽可能使每个事物体系特征相对整齐明显，三是新要素的归属原则。

对于第一个问题，具体到数据判别上，通常采用总体均值来表达总体本身，因为期望本身就是数据信息的中心，计算其期望值作为总体的代表，比较适合。具体到"两个总体的尽可能分开"，就是两个总体投影的期望差异尽可能大。假设有两个总体 G_1,G_2，其均值分别为 $\boldsymbol{\mu}_1$ 和 $\boldsymbol{\mu}_2$，分别求出投影的期望，则有当 $\boldsymbol{X}\in G_i$ 时，

$$E(\boldsymbol{u}'\boldsymbol{X}) = E(\boldsymbol{u}'\boldsymbol{X} \mid G_i) = \boldsymbol{u}'E(\boldsymbol{X} \mid G_i) = \boldsymbol{u}'\boldsymbol{\mu}_i, \quad i = 1,2 \tag{4-27}$$

则期望差尽可能大，表述为

$$\max\{\boldsymbol{u}'\boldsymbol{\mu}_1 - \boldsymbol{u}'\boldsymbol{\mu}_2\}$$

对于第二个问题，要使得两总体自身的体系特征相对整齐明显，就需要考虑如何表达这样的要求。我们知道，在统计学上，数据方差本质上就是样本点偏离数据中心平均程度的一个度量，方差越小，则数据越集中，体系特征越整齐明显。由此，对于两个总体 G_1,G_2，若假定其协方差矩阵为 $\boldsymbol{\Sigma}_1$ 和 $\boldsymbol{\Sigma}_2$，则当 $\boldsymbol{X} \in G_i$ 时，投影的方差为

$$D(\boldsymbol{u}'\boldsymbol{X}) = D(\boldsymbol{u}'\boldsymbol{X} \mid G_i) = \boldsymbol{u}'D(\boldsymbol{X} \mid G_i)\boldsymbol{u} = \boldsymbol{u}'\boldsymbol{\Sigma}_i\boldsymbol{u}, \quad i = 1,2 \tag{4-28}$$

各总体的方差尽可能得小，即 $\boldsymbol{u}'\boldsymbol{\Sigma}_i\boldsymbol{u}$ 尽可能小，与各总体方差之和最小具有相同的含义，则可以表达为

$$\min\left\{\sum \boldsymbol{u}'\boldsymbol{\Sigma}_i\boldsymbol{u}\right\}$$

判别问题上述的两个方面，两总体“尽可能分开”与“自身尽可能整齐集中”，具体转化为了“期望差尽可能大”与“方差尽可能小”。这一大一小，属于对立统一的问题，很显然可以从对立统一的角度来考虑解决，将二者统一起来，则有

$$f(\boldsymbol{u}) = \frac{\max\{\boldsymbol{u}'\boldsymbol{\mu}_1 - \boldsymbol{u}'\boldsymbol{\mu}_2\}}{\min\left\{\sum \boldsymbol{u}'\Sigma_i\boldsymbol{u}\right\}} \tag{4-29}$$

对于式（4-29），分子变大则 $f(\boldsymbol{u})$ 变大，分母变小，$f(\boldsymbol{u})$ 也变大，由此可见，$f(\boldsymbol{u})$ 的增大，能反映出分子分母的变化。这样，我们就将问题转化为，寻找 $\boldsymbol{u}$ 使得目标函数 $f(\boldsymbol{u})$ 达到最大，从而可以构造出所要求的线性判别函数。

讲到这里，我们多说两句，像式（4-29）这样，将两个对立的要求统合在一起的方法，即是哲学上“对立统一”的具体实现，对于科研中在碰到类似事务的处理，是可以考虑以这种“除法”形式来实现“对立统一”的。

（二）多个总体

通过两个总体的判别，我们知道了如何构建判别函数，现在讨论多个总体的情形，设有 k 个总体 $G_1,G_2,\cdots,G_k$，其均值和协方差矩阵分别为 $\boldsymbol{\mu}_i$ 和 $\boldsymbol{\Sigma}_i$（$i=1,2,\cdots,k$）。和两个总体一样，我们考虑线性判别函数 $\boldsymbol{u}'\boldsymbol{X}$，在 $\boldsymbol{X} \in G_i$ 的条件下，分别计算投影的期望和方差，则有

$$E(\boldsymbol{u}'\boldsymbol{X}) = \boldsymbol{u}'\boldsymbol{\mu}_i, \quad i = 1,2,\cdots,k \tag{4-30}$$

$$D(\boldsymbol{u}'\boldsymbol{X}) = \boldsymbol{u}'\boldsymbol{\Sigma}_i\boldsymbol{u}, \quad i = 1,2,\cdots,k \tag{4-31}$$

在计算出上述特征参数后，如何实现将多个总体区分开，又将各自总体保持相对整齐明显呢？这里，我们借助方差分析的思想来实现多个总体的区分问题。

按照方差分析，我们把各总体均值看作样本点，把各总体均值的总均值看作数据的中心，则各均值应该分布在总均值的周围，其偏离总均值的幅度，可以使用方差来表达，当这种平均偏离达到一定的程度时，我们就可以区分开各总体。在这个过程中，需要计算组间误差平方和与组内误差平方和，应用这些概念则有

$$\mathrm{SS}_A = \sum_{i=1}^{k}(\boldsymbol{u}'\boldsymbol{\mu}_i - \boldsymbol{u}'\overline{\boldsymbol{\mu}})^2 \tag{4-32}$$

$$SS_E = \sum_{i=1}^{k} \boldsymbol{u}'\boldsymbol{\Sigma}_i\boldsymbol{u} = \boldsymbol{u}'\left(\sum_{i=1}^{k}\boldsymbol{\Sigma}_i\right)\boldsymbol{u} = \boldsymbol{u}'\boldsymbol{E}\boldsymbol{u} \tag{4-33}$$

式中，$\bar{\boldsymbol{\mu}} = \frac{1}{k}\sum_{i=1}^{k}\boldsymbol{\mu}_i$；$\boldsymbol{E} = \sum_{i=1}^{k}\boldsymbol{\Sigma}_i$；$SS_A$ 为组间误差平方和；SS_E 为组内误差平方和。

依照方差分析，选择 $\boldsymbol{u}$ 使得目标函数

$$f(\boldsymbol{u}) = \frac{SS_A}{SS_E} \tag{4-34}$$

达到极大，据此若得到线性判别函数 $\boldsymbol{u}'\boldsymbol{X}$，则对于新样品 $\boldsymbol{X}$，如果

$$|\boldsymbol{u}'\boldsymbol{X} - \boldsymbol{u}'\boldsymbol{\mu}_j| = \min_{1\leqslant i\leqslant k}|\boldsymbol{u}'\boldsymbol{X} - \boldsymbol{u}'\boldsymbol{\mu}_i| \tag{4-35}$$

成立，则可判定 $\boldsymbol{X}$ 来自总体 G_j。

要使目标函数（3-34）达到极大并有唯一的解，对于多个总体的情况，常常采用求约束极值的方法来确定。设 $\boldsymbol{X}$ 为 p 维空间的样品，设其总均值为 $\bar{\boldsymbol{\mu}} = \frac{1}{k}\sum_{i=1}^{k}\boldsymbol{\mu}_i$，则 SS_A 可改写成

$$SS_A = \boldsymbol{u}'\boldsymbol{B}\boldsymbol{u} \tag{4-36}$$

其中 $\boldsymbol{B} = \boldsymbol{M}'\left(\boldsymbol{I} - \frac{1}{k}\boldsymbol{J}\right)\boldsymbol{M}$，$\boldsymbol{I}_{p\times p}$ 为单位阵，

$$\boldsymbol{J} = \begin{pmatrix} 1 & \cdots & 1 \\ & \ddots & \\ 1 & \cdots & 1 \end{pmatrix},\quad \boldsymbol{M} = \begin{pmatrix} \mu_{11} & \mu_{21} & \cdots & \mu_{p1} \\ \mu_{12} & \mu_{22} & \cdots & \mu_{p1} \\ \cdots & \cdots & \cdots & \cdots \\ \mu_{1k} & \mu_{2k} & \cdots & \mu_{pk} \end{pmatrix}$$

则判别函数改写成

$$f(\boldsymbol{u}) = \frac{\boldsymbol{u}'\boldsymbol{B}\boldsymbol{u}}{\boldsymbol{u}'\boldsymbol{E}\boldsymbol{u}} \tag{4-37}$$

为了满足唯一性的要求，约束 $\boldsymbol{u}'\boldsymbol{E}\boldsymbol{u} = 1$，这样原问题可化为在约束条件下 $\boldsymbol{u}'\boldsymbol{B}\boldsymbol{u}$ 的极值问题，则目标函数可写为

$$\phi(\boldsymbol{u}) = \boldsymbol{u}'\boldsymbol{B}\boldsymbol{u} - \lambda(\boldsymbol{u}'\boldsymbol{E}\boldsymbol{u} - 1) \tag{4-38}$$

对式（4-38）求导建立联立方程组，有

$$\begin{cases} \dfrac{\partial\varphi}{\partial\boldsymbol{u}} = 2(\boldsymbol{B} - \lambda\boldsymbol{E})\boldsymbol{u} = 0 \\ \dfrac{\partial\varphi}{\partial\lambda} = \boldsymbol{u}'\boldsymbol{E}\boldsymbol{u} - 1 = 0 \end{cases} \tag{4-39}$$

解该方程组，得到 λ 及 $\boldsymbol{u}$，λ 为 $\boldsymbol{E}^{-1}\boldsymbol{B}$ 特征值，$\boldsymbol{u}$ 为 $\boldsymbol{E}^{-1}\boldsymbol{B}$ 的对应 λ 的特征向量，最大特征值 λ 所对应的特征向量 $\boldsymbol{u} = (u_1, u_2, \cdots, u_p)'$ 为所求。

这里，从理论上讲述了如何确定投影函数的问题，但在实际应用中，当总体参数未知，需要通过样本来估计。

第五节　判别分析的 MATLAB 实现

在 MATLAB 软件中，已有编好的 classify 函数，它可以直接进行判别分析。该函数

的调用格式为

[outclass，err，posterior，logp，coeffs]=classify（sample，training，group，type，prior）

可以看出，该函数最多可以有 5 个输入参数，输出参数最多也是 5 个，下面我们对各个参数的含义加以说明。

一、输入参数

输入参数中，sample 是一个输入矩阵，包含要被判别分类的样本数据。training 是训练矩阵，该矩阵中包含已经被分好类的多个数据。group 是分组类别向量，它为训练矩阵 training 中的每个数据具体指定了类别号。在全部 5 个输入参数中，这 3 个参数是必须准备的，不可缺省，且要求它们相互匹配。

另外两个参数 type 和 prior 属于可选参数，可缺省设置，也可以自行设置。其中 type 用来指定判别函数的类型，在 MATLAB 中，可选的类别包括‘linear’，‘quadratic’，‘diaglinear’，‘diagquadratic’或‘mahalanobis’。这几种分类方法中，‘linear’是线性分类，缺省情况下，默认类型是线性判别‘linear’；‘quadratic’适用于多变量正态密度及协方差估计的情况；‘diaglinear’为对角线性分类方法，类似于‘linear’，但它要计算对角协方差矩阵；‘diagquadratic’类似于‘quadratic’，也要估算对角协方差矩阵；‘mahalanobis’则使用马氏距离及协方差估计。需要注意的是，最新版的代码中，‘quadratic’与‘mahalanobis’采取了几乎同样的处理方法，只是在计算距离 D 时有些不同，这可以从原始代码看出来，如图 4-4 所示。

```
case {'quadratic' 'mahalanobis'}
    if any(gsize == 1)
        error(message('stats:classify:BadTraining'));
    end
    isquadratic = true;
    logDetSigma = zeros(ngroups,1,class(training));

      ..................................................................

        A = bsxfun(@minus, sample, gmeans(k,:)) /Rk;
        switch type
            case 'quadratic'
                % MVN relative log posterior density, by group, for each sample
                D(:,k) = log(prior(k)) - .5*(sum(A .* A, 2) + logDetSigma(k));
            case 'mahalanobis'
                % Negative squared Mahalanobis distance, by group, for each
                % sample.   Prior probabilities are not used
                D(:,k) = -sum(A .* A, 2);
        end
        if nargout >=5 && ~isempty(Rk)
            R(:,:,k) = inv(Rk);
        end
    end
```

图 4-4 参数 quadratic 与 mahalanobis 实际计算代码

参数 prior 用来设定先验概率，这也是一个可缺省的参数，默认情况是将所有类别按等概率出现对待。

二、输出参数

在 classify 的 5 个返回参数中，最有用的就是 class 参数，它给出了每个新样本点的判别类别，也是判别分析中最关注的分类结果。在 classify 的返回参数中，除分类结果 class 外，其他的几个参数 err，posterior，logp，coeffs 均可以省略。

返回参数 err 则给出了基于训练数据进行判别时出现的误判情况，它以百分数形式给出。参数 posterior 给出后验概率矩阵，即第 j 个训练组数据是第 i 个样本观测点的前提条件概率。需要特别注意的是，当使用 mahalanobis 类型作为判别输入参数时，函数 classify 不计算后验概率。例如，我们按照默认 3 个输入参数计算，则后验概率为：posterior=[1.0000，0.0000；1.0000，0.0000；0.0000，1.0000；0.0000，1.0000；]；其他两个输出参数，不再介绍，可利用 MATLAB 的 help classify 来阅读帮助或使用 type classify 来阅读源代码，以了解更详细的信息。

三、样例

应用实例 1 为了考察大气污染情况，某次测定工作，共收集了 6 种不同气体的数据，分别是氯、硫化氢、二氧化硫、碳 4、环氧氯丙烷和环己烷，并对该数据进行了分类，见表 4-1。新调查的 4 个样本点数据（表 4-2）尚未进行判别分类，要求对新样本进行归类。

表 4-1 6 种不同气体指标含量测定

气体名称	氯	硫化氢	二氧化硫	碳 4	环氧氯丙烷	环己烷	分类
样本 01	0.0560	0.0840	0.0310	0.0380	0.0081	0.0220	1
样本 02	0.0400	0.0550	0.1000	0.1100	0.0220	0.0073	1
样本 03	0.0500	0.0740	0.0410	0.0480	0.0071	0.0200	1
样本 04	0.0450	0.0500	0.1100	0.1000	0.0250	0.0063	1
样本 05	0.0380	0.1300	0.0790	0.1700	0.0580	0.0430	2
样本 06	0.0300	0.1100	0.0700	0.1600	0.0500	0.0460	2
样本 07	0.0340	0.0950	0.0580	0.1600	0.2000	0.0290	1
样本 08	0.0300	0.0900	0.0680	0.1800	0.2200	0.0390	1
样本 09	0.0840	0.0660	0.0290	0.3200	0.0120	0.0410	2
样本 10	0.0850	0.0760	0.0190	0.3000	0.0100	0.0400	2
样本 11	0.0640	0.0720	0.0200	0.2500	0.0280	0.0380	2
样本 12	0.0540	0.0650	0.0220	0.2800	0.0210	0.0400	2
样本 13	0.0480	0.0890	0.0620	0.2600	0.0380	0.0360	2
样本 14	0.0450	0.0920	0.0720	0.2000	0.0350	0.0320	2
样本 15	0.0690	0.0870	0.0270	0.0500	0.0890	0.0210	1

表 4-2 新测定的 6 种不同气体指标

气体名称	氯	硫化氢	二氧化硫	碳 4	环氧氯丙烷	环己烷	分类
新测定 1	0.0520	0.0840	0.0210	0.0370	0.0071	0.0220	?
新测定 2	0.0410	0.0550	0.1100	0.1100	0.0210	0.0073	?
新测定 3	0.0300	0.1120	0.0720	0.1600	0.0560	0.0210	?
新测定 4	0.0740	0.0830	0.1050	0.1900	0.0200	1.0000	?

下边是一段为 classify 函数准备输入数据的代码，具体准备了 3 个主要参数。训练集

training 共有 15 个，每个数据有 6 列，因此，training 矩阵是一个14×6 的矩阵。为了防止空格分隔数据发生不必要的错误，在这里，每行数据内部各数据之间均以逗号隔开，行与行之间以分号隔开，如下。

training=[…
0.0560，0.0840，0.0310，0.0380，0.0081，0.0220；
0.0400，0.0550，0.1000，0.1100，0.0220，0.0073；
0.0500，0.0740，0.0410，0.0480，0.0071，0.0200；
0.0450，0.0500，0.1100，0.1000，0.0250，0.0063；
0.0380，0.1300，0.0790，0.1700，0.0580，0.0430；
0.0300，0.1100，0.0700，0.1600，0.0500，0.0460；
0.0340，0.0950，0.0580，0.1600，0.2000，0.0290；
0.0300，0.0900，0.0680，0.1800，0.2200，0.0390；
0.0840，0.0660，0.0290，0.3200，0.0120，0.0410；
0.0850，0.0760，0.0190，0.3000，0.0100，0.0400；
0.0640，0.0720，0.0200，0.2500，0.0280，0.0380；
0.0540，0.0650，0.0220，0.2800，0.0210，0.0400；
0.0480，0.0890，0.0620，0.2600，0.0380，0.0360；
0.0450，0.0920，0.0720，0.2000，0.0350，0.0320；
0.0690，0.0870，0.0270，0.0500，0.0890，0.0210；]；

新得到的样本数据，列数必须和 training 数据一致，行内数据以逗号分隔，行间数据以分号隔开，具体如下示意。

sample=[…
0.0520，0.0840，0.0210，0.0370，0.0071，0.0220；
0.0410，0.0550，0.1100，0.1100，0.0210，0.0073；
0.0300，0.1120，0.0720，0.1600，0.0560，0.0210；
0.0740，0.0830，0.1050，0.1900，0.0200，1.0000；]；

分组数据是一个列向量数据，这里具体的分类，如表 4-1 最右一列，列于此处。

group=[1，1，1，1，2，2，1，1，2，2，2，2，2，2，1]'；

准备好数据后，则默认其他两个参数的调用形式为

[class，err]=classify（sample，training，group）

需要注意的是，上述数据准备不是唯一的格式，函数 classify 还支持其他类型的数据，比如分类数据 group 中不一定是数字显示的分类，也可以是字符串形式的指明类别的形式。

当我们使用指定形式的判别函数时，参数 type 可以自行指定 classify 允许的几种类型，例如，按照马氏距离进行判别，则有这样的调用形式：

[class，err]=classify（sample，training，group，'mahalanobis'）

当我们计划使用先验概率 prior 参数时，也可以指定其先验概率，比如对已知的两类预先给出其概率，则调用格式为

[class，err]=classify（sample，training，group，'mahalanobis'，[0.51，0.49]）

计算过程与结果如图 4-5 和图 4-6 所示。

```
命令行窗口
Untitled.m*
training=[...
    0.0560, 0.0840, 0.0310, 0.0380, 0.0081, 0.0220;
    0.0400, 0.0550, 0.1000, 0.1100, 0.0220, 0.0073;
    0.0500, 0.0740, 0.0410, 0.0480, 0.0071, 0.0200;
    0.0450, 0.0500, 0.1100, 0.1000, 0.0250, 0.0063;
    0.0380, 0.1300, 0.0790, 0.1700, 0.0580, 0.0430;
    0.0300, 0.1100, 0.0700, 0.1600, 0.0500, 0.0460;
    0.0340, 0.0950, 0.0580, 0.1600, 0.2000, 0.0290;
    0.0300, 0.0900, 0.0680, 0.1800, 0.2200, 0.0390;
    0.0840, 0.0660, 0.0290, 0.3200, 0.0120, 0.0410;
    0.0850, 0.0760, 0.0190, 0.3000, 0.0100, 0.0400;
    0.0640, 0.0720, 0.0200, 0.2500, 0.0280, 0.0380;
    0.0540, 0.0650, 0.0220, 0.2800, 0.0210, 0.0400;
    0.0480, 0.0890, 0.0620, 0.2600, 0.0380, 0.0360;
    0.0450, 0.0920, 0.0720, 0.2000, 0.0350, 0.0320;
    0.0690, 0.0870, 0.0270, 0.0500, 0.0890, 0.0210;];
sample=[...
    0.0520, 0.0840, 0.0210, 0.0370, 0.0071, 0.0220;
    0.0410, 0.0550, 0.1100, 0.1100, 0.0210, 0.0073;
    0.0300, 0.1120, 0.0720, 0.1600, 0.0560, 0.0210;
    0.0740, 0.0830, 0.1050, 0.1900, 0.0200, 1.0000;];
group=[1, 1, 1, 1, 2, 2, 1, 1, 2, 2, 2, 2, 2, 2, 1]';
[class, err]=classify(sample, training, group);
```

图 4-5　应用 MATLAB 判别分析实例图

```
>> Untitled

class =

     1
     1
     2
     2


err =

     0
```

图 4-6　判别结果截图

应用实例 2　为了全面了解我国各地农民家庭的收支情况，我们从地区、食品、衣着、燃料、住房、生活用品、文化生活等表现农民收支情况的 6 个方面，摘取了国家统计局提供的 25 个省市地区的样本资料，并预先将其分成了 3 类，分别是第 1、2、3 组，待判定的地区为北京、上海、广州 3 个地区，要分析的基础数据集见表 4-3。

表 4-3　全国农民收支情况

序号	地区	食品	衣着	燃料	住房	生活用品	文化生活	分类
1	天津	135.20	36.40	10.47	44.16	36.40	3.94	1
2	辽宁	145.68	32.83	17.79	27.29	39.09	3.47	1
3	吉林	159.37	33.38	18.37	11.81	25.29	5.22	1
4	江苏	144.98	29.12	11.67	42.60	27.30	5.74	1
5	浙江	169.92	32.75	12.72	47.12	34.35	5.00	1
6	山东	115.84	30.76	12.20	33.61	33.77	3.85	1
7	黑龙江	116.22	29.57	13.24	13.76	21.75	6.04	2
8	安徽	153.11	23.09	15.62	23.54	18.18	6.39	2
9	福建	144.92	21.26	16.96	19.52	21.75	6.73	2
10	江西	140.54	21.59	17.64	19.19	15.97	4.94	2
11	湖北	140.64	28.26	12.35	18.53	20.95	6.23	2
12	湖南	164.02	24.74	13.63	22.20	18.06	6.04	2
13	广西	139.08	18.47	14.68	13.41	20.66	3.85	2
14	四川	137.80	20.74	11.07	17.74	16.49	4.39	2
15	贵州	121.67	21.53	12.58	14.49	12.18	4.57	2
16	新疆	123.24	38.00	13.72	4.64	17.77	5.75	2
17	河北	95.21	22.83	9.30	22.44	22.81	2.80	2
18	山西	104.78	25.11	6.46	9.89	18.17	3.25	3
19	内蒙古	128.41	27.63	8.94	12.58	23.99	3.27	3
20	河南	101.18	23.26	8.46	20.20	20.50	4.30	3
21	云南	124.27	19.81	8.89	14.22	15.53	3.03	3
22	陕西	106.02	20.56	10.94	10.11	18.00	3.29	3
23	甘肃	95.65	16.82	5.70	6.03	12.36	4.49	3
24	青海	107.12	16.45	8.98	5.40	8.78	5.93	3
25	宁夏	113.74	24.11	6.46	9.61	22.92	2.53	3
26	北京	190.33	43.77	9.73	60.54	49.01	9.04	?
27	上海	221.11	38.64	12.53	115.65	50.82	5.89	?
28	广州	182.55	20.52	18.32	42.40	36.97	11.68	?

要进行分析，我们同样可编写完整的包含数据本身的代码，直接运行即可（如下）。但有时候，我们常常把数据保存在文本文件中，此时，只需要调入内存，即可运行。

```
t=[...
135.20,   36.40,   10.47,   44.16,   36.40,   3.94;
145.68,   32.83,   17.79,   27.29,   39.09,   3.47;
............................................................................
113.74,   24.11,    6.46,    9.61,   22.92,   2.53;
];
s=[...
190.33,   43.77,    9.73,   60.54,    49.01,   9.04,
```

```
221.11,  38.64,  12.53,  115.65,  50.82,  5.89,
182.55,  20.52,  18.32,  42.40,   36.97,  11.68,
];
g=[1,1,1,1,1,1,2,2,2,2,2,2,2,2,2,2,2,3,3,3,3,3,3,3,3];
[class, err]=classify(s, t, g);
```

输出结果（为节省篇幅进行了改写）：

```
class = 1，1，1
err = 0.0556
```

可知，北京、上海、广州的居民消费类型属于 1 类，本次计算的误差为 0.0556。

如果将数据保存在文本文件，则可以按照如下代码运行，更加简便，见图 4-7 和图 4-8。

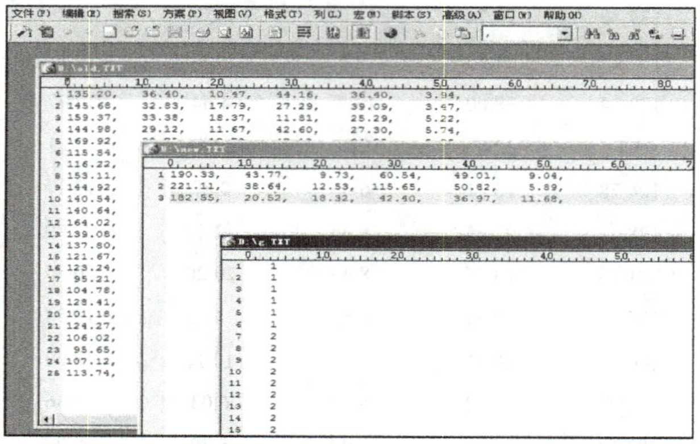

图 4-7　既有分类数据文件与待分类数据文件

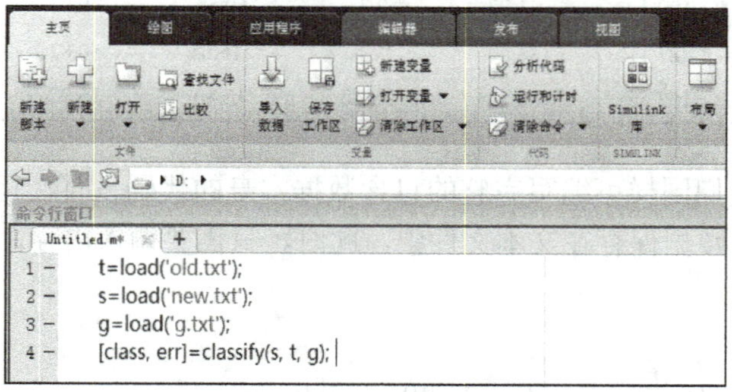

图 4-8　调用代码

习　题

1. 表 X4-1[25]是来自新疆油田公司的样本数据，每个样本有 5 个特征，包括地层电阻率、有效孔隙度、含油饱和度、声波时差和泥质含量，试据此建立判别函数，并对原样本进行回判。

表 X4-1 新疆油田公司的测井数据

井号	地层电阻率/ Ωm	有效孔隙度/%	含油饱和度/%	声波时差/(μs/ft)	泥质含量	试油结论
B1	18.61	6.25	30.67	69.25	17.26	油层
C43	28.05	16.17	53.07	77.88	7.39	油层
C43	32.10	13.12	46.18	71.05	4.18	油层
C508	39.76	17.84	61.30	71.50	0.00	油层
C509	32.95	17.06	55.82	74.47	0.00	油层
C507	24.41	13.60	32.13	74.80	5.92	油层
C511.1	22.51	18.28	59.31	77.26	0.00	油层
0504	21.24	14.75	38.66	75.61	6.10	油层
C16	8.60	13.30	22.30	76.45	26.20	油层
B1.1	20.89	5.85	3.33	66.23	4.11	水层
B1.1.1	10.39	8.08	20.94	67.05	13.95	水层
C511.2	17.17	12.27	31.65	76.65	0.24	水层
C401	18.28	16.40	54.19	75.92	7.63	水层
C31	14.35	15.82	35.52	74.56	9.31	水层
C002.1	10.70	14.82	16.69	80.60	0.28	水层
C002.2	14.70	15.25	35.38	78.50	0.29	水层
C512	17.09	14.67	41.97	72.09	4.87	干层
C18	22.32	15.74	25.05	71.84	12.58	水层

2. 表 X4-2[26]是国内 17 个典型的煤与瓦斯突出矿井的 4 个指标实测数据，试对待定的样本作判别分析，其中，①X_1=煤层瓦斯压力；②X_2=瓦斯放散初速度；③X_3=煤的破坏类型；④X_4=煤的坚固性系数。

表 X4-2 典型煤矿的 4 个指标实测数据

样本号	煤层瓦斯压力	瓦斯放散初速度	煤的破坏类型	煤的坚固性系数	实际发生的动力现象
1	1.85	18.0	3	0.30	突出
2	1.20	18.0	3	0.16	突出
3	2.98	14.0	3	0.24	突出
4	1.04	7.0	1	0.48	无突
5	1.19	5.0	1	0.61	无突
6	0.40	4.0	3	0.58	无突
7	2.95	14.0	3	0.22	突出
8	0.97	4.8	2	0.60	无突
9	2.75	19.0	3	0.31	突出
10	3.95	14.0	3	0.24	突出
11	1.20	18.0	3	0.16	突出
12	1.17	5.0	1	0.61	无突
13	2..00	7.0	1	0.48	无突
14	3.95	14.0	3	0.22	突出
15	1.40	4.0	3	0.58	无突

续表

样本号	煤层瓦斯压力	瓦斯放散初速度	煤的破坏类型	煤的坚固性系数	实际发生的动力现象
16	2.16	14.0	4	0.34	突出
17	1.05	4.8	2	0.60	无突
18	1.40	3.0	3	0.51	?
19	2.16	14.0	4	0.58	?
20	3.95	6.0	5	0.54	?
21	1.65	4.0	2	0.53	?

3. 表 X4-3[27]是某膨胀土壤指标的测定数据，基于这些数据，建立判别函数并分析。

表 X4-3　膨胀土壤 6 个指标的测定数据

土样编号	蒙脱石含量/%	自由膨胀率 Fs/%	液限 WL/%	塑性指数 Ip	标准吸湿含水率 Wa/%	<0.002mm 胶粒含量 C/%	膨胀潜势
1	5.97	25	36.8	16.5	2.8	25.0	非
2	6.10	24	38.9	18.9	4.3	30.0	非
3	6.47	31	38.1	17.3	3.2	29.0	非
4	9.35	31	46.9	26.3	4.3	30.0	弱
5	10.08	38	44.1	22.6	4.0	29.5	弱
6	11.00	27	46.7	26.4	4.3	30.0	弱
7	11.68	40	45.3	23.4	4.0	40.0	弱
8	14.01	48	53.1	28.6	4.9	38.0	弱
9	15.25	44	53.2	29.6	4.5	37.5	弱
10	16.93	48	55.4	32.7	5.3	35.0	弱
11	17.14	46	59.6	35.5	5.4	38.0	中
12	18.81	54	54.6	31.1	6.2	34.0	中
13	19.67	55	69.0	42.6	6.0	45.0	中
14	20.65	64	62.7	39.0	8.5	46.0	中
15	—	71	74.8	48.9	9.5	49.0	强
16	—	69	74.2	48.3	7.6	51.0	强
17	—	60	79.9	53.3	7.0	48.0	强

4. 从胃癌患者、萎缩性胃炎患者和非胃炎患者中分别抽取 5 名患者，进行 4 项生理生化指标测定：①X_1=血清铜蛋白；②X_2=蓝色反应；③X_3=尿吲哚乙酸；④X_4=中性硫化物，数据见表 X4-4，试用距离法建立判别函数，并进行回判。

表 X4-4　胃病患者 4 项生理生化指标[8]

序号	血清铜蛋白	蓝色反应	尿吲哚乙酸	中性硫化物	类别
1	228	134	20	11	胃癌患者
2	245	134	10	40	胃癌患者
3	200	167	12	27	胃癌患者

续表

序号	血清铜蛋白	蓝色反应	尿吲哚乙酸	中性硫化物	类别
4	170	150	7	8	胃癌患者
5	100	167	20	14	胃癌患者
6	225	125	7	14	萎缩性胃炎患者
7	130	100	6	12	萎缩性胃炎患者
8	150	117	7	6	萎缩性胃炎患者
9	120	133	10	26	萎缩性胃炎患者
10	160	100	5	10	萎缩性胃炎患者
11	185	115	5	19	非胃炎患者
12	170	125	6	4	非胃炎患者
13	165	142	5	3	非胃炎患者
14	135	108	2	12	非胃炎患者
15	100	117	7	2	非胃炎患者

5. 表 X4-5[4]中是 3 种鸢尾花的 4 个不同指标的观测值，试对此建立判别方程。

表 X4-5 3 种鸢尾花的萼片和花瓣的观测值

类型 A				类型 B				类型 C			
萼片长度 X_1	萼片宽度 X_2	花瓣长度 X_3	花瓣宽度 X_4	萼片长度 X_1	萼片宽度 X_2	花瓣长度 X_3	花瓣宽度 X_4	萼片长度 X_1	萼片宽度 X_2	花瓣长度 X_3	花瓣宽度 X_4
5.1	3.5	1.4	0.2	7.0	3.2	4.7	1.4	6.3	3.3	6.0	2.5
4.9	3.0	1.4	0.2	6.4	3.2	4.5	1.5	5.8	2.7	5.1	1.9
4.7	3.2	1.3	0.2	6.9	3.1	4.9	1.5	7.1	3.0	5.9	2.1
4.6	3.1	1.5	0.2	5.5	2.3	4.0	1.3	6.3	2.9	5.6	1.8
5.0	3.6	1.4	0.2	6.5	2.8	4.5	1.5	6.5	3.0	5.8	2.2
5.4	3.9	1.7	0.4	5.7	2.8	4.5	1.3	7.6	3.0	6.6	2.1
4.6	3.4	1.4	0.3	6.3	3.3	4.7	1.6	4.9	2.5	4.5	1.7
5.0	3.4	1.5	0.2	4.9	2.4	3.3	1.0	7.3	2.9	6.3	1.8
4.4	2.9	1.4	0.2	6.6	2.9	4.6	1.3	6.7	2.5	5.8	1.8
4.9	3.1	1.5	0.1	5.2	2.7	3.9	1.4	7.2	3.6	6.1	2.5
5.4	3.7	1.5	0.2	5.0	2.0	3.5	1.0	6.5	3.2	5.1	2.0
4.8	3.4	1.6	0.2	5.9	3.0	4.2	1.5	6.4	2.7	5.3	1.9
4.8	3.0	1.4	0.1	6.0	2.2	4.0	1.0	6.8	3.0	5.5	2.1
4.3	3.0	1.1	0.1	6.1	2.9	4.7	1.4	5.7	2.5	5.0	2.0
5.8	4.0	1.2	0.2	5.6	2.9	3.6	1.3	5.8	2.8	5.1	2.4
5.7	4.4	1.5	0.4	6.7	3.1	4.4	1.4	6.4	3.2	5.3	2.3
5.4	3.9	1.3	0.4	5.6	3.0	4.5	1.5	6.5	3.0	5.5	1.8
5.1	3.5	1.4	0.3	5.8	2.7	4.1	1.0	7.7	3.8	6.7	2.2
5.7	3.8	1.7	0.3	6.2	2.2	4.5	1.5	7.7	2.6	6.9	2.3
5.1	3.8	1.5	0.3	5.6	2.5	3.9	1.1	6.0	2.2	5.0	1.5

续表

类型A				类型B				类型C			
萼片长度X_1	萼片宽度X_2	花瓣长度X_3	花瓣宽度X_4	萼片长度X_1	萼片宽度X_2	花瓣长度X_3	花瓣宽度X_4	萼片长度X_1	萼片宽度X_2	花瓣长度X_3	花瓣宽度X_4
5.4	3.4	1.7	0.2	5.9	3.2	4.8	1.8	6.9	3.2	5.7	2.3
5.1	3.7	1.5	0.4	6.1	2.8	4.0	1.3	5.6	2.8	4.9	2.0
4.6	3.6	1.0	0.2	6.3	2.5	4.9	1.5	7.7	2.8	6.7	2.0
5.1	3.3	1.7	0.5	6.1	2.8	4.7	1.2	6.3	2.7	4.9	1.8
4.8	3.4	1.9	0.2	6.4	2.9	4.3	1.3	6.7	3.3	5.7	2.1
5.0	3.0	1.6	0.2	6.6	3.0	4.4	1.4	7.2	3.2	6.0	1.8
5.0	3.4	1.6	0.4	6.8	2.8	4.8	1.4	6.2	2.8	4.8	1.8
5.2	3.5	1.5	0.2	6.7	3.0	5.0	1.7	6.1	3.0	4.9	1.8
5.2	3.4	1.4	0.2	6.0	2.9	4.5	1.5	6.4	2.8	5.6	2.1
4.7	3.2	1.6	0.2	5.7	2.6	3.5	1.0	7.2	3.0	5.8	1.6
4.8	3.1	1.6	0.2	5.5	2.4	3.8	1.1	7.4	2.8	6.1	1.9
5.4	3.4	1.5	0.4	5.5	2.4	3.7	1.0	7.9	3.8	6.4	2.0
5.2	4.1	1.5	0.1	5.8	2.7	3.9	1.2	6.4	2.8	5.6	2.2
5.5	4.2	1.4	0.2	6.0	2.7	5.1	1.6	6.3	2.8	5.1	1.5
4.9	3.1	1.5	0.2	5.4	3.0	4.5	1.5	6.1	2.6	5.6	1.4
5.0	3.2	1.2	0.2	6.0	3.4	4.5	1.6	7.7	3.0	6.1	2.3
5.5	3.5	1.3	0.2	6.7	3.1	4.7	1.5	6.3	3.4	5.6	2.4
4.9	3.6	1.4	0.1	6.3	2.3	4.4	1.3	6.4	3.1	5.5	1.8
4.4	3.0	1.3	0.2	5.6	3.0	4.1	1.3	6.0	3.0	4.8	1.8
5.1	3.4	1.5	0.2	5.5	2.5	4.0	1.3	6.9	3.1	5.4	2.1
5.0	3.5	1.3	0.3	5.5	2.6	4.4	1.2	6.7	3.1	5.6	2.4
4.5	2.3	1.3	0.3	6.1	3.0	4.6	1.4	6.9	3.1	5.1	2.3
4.4	3.2	1.3	0.2	5.8	2.6	4.0	1.2	5.8	2.7	5.1	1.9
5.0	3.5	1.6	0.6	5.0	2.3	3.3	1.0	6.8	3.2	5.9	2.3
5.1	3.8	1.9	0.4	5.6	2.7	4.2	1.3	6.7	3.3	5.7	2.5
4.8	3.0	1.4	0.3	5.7	3.0	4.2	1.2	6.7	3.0	5.2	2.3
5.1	3.8	1.6	0.2	5.7	2.9	4.2	1.3	6.3	2.5	5.0	1.9
4.6	3.2	1.4	0.2	6.2	2.9	4.3	1.3	6.5	3.0	5.2	2.0
5.3	3.7	1.5	0.2	5.1	2.5	3.0	1.1	6.2	3.4	5.4	2.3
5.0	3.3	1.4	0.2	5.7	2.8	4.1	1.3	5.9	3.0	5.1	1.8

资料来源：文献[4]，PP512-514

第五章 聚类分析

第一节 引　　言

聚类分析是高级生物统计学中的一项基本数据处理功能，其思想源于我们常说的“物以类聚，人以群分”，也是对事物进行科学归类，进而加深客观认识的基础。

聚类分析方法已广泛应用在多个学科间，如生物实验中，大量实验数据的出现，都涉及聚类分析，如利用大豆凝集素（SBA）对大豆进行分类[28]、利用玉米自交品系优化育种[29]、通过氨基酸的相似性考察蛋白质的相似问题[30]等。除此之外，在经济发展[31]、房价地产[32]、地理与气象[33]、社会学[34]、计算机[35]等方面也广泛应用，甚至在文学研究中，也可以使用聚类分析。例如，对红楼梦成书的研究中，就利用聚类分析对作者的可信度问题[36]进行了分析研究，在数据挖掘[37]中，其也是常用的方法之一。

像这类需要直接进行归类的问题，就属于聚类分析方法的常规应用范畴，随着技术的发展与计算机应用的普及，先前许多不能直接进行聚类的问题，也逐渐发展起来。例如，数值分类学就是以表型特征为基础，利用有机体形态学的、细胞学的和生物化学等的各种性状、数据，对有机体进行定量比较，并客观反映分类群之间的关系。

聚类分析按照对处理对象的不同，可以分为两类，当以样本为对象进行分类处理时，称为 Q 型聚类，当以变量为对象进行分类处理时，则称为 R 型聚类，一般生物科研中，常常需要进行 Q 型聚类分析。

第二节 相　似　性

在进行聚类分析之前，首先要明确各测定样本之间具有相似性。我们分析“相似性”这 3 个字，这其中，最主要的就是“似”。因此，要进行聚类分析，把“似”表达出来至关重要。在日常语言中，“似”和“像”是同义词，说 A 事物和 B 事物类似，很像，则说明两事物之间在某些特征上“很近”或者“差不多”。通过这些词句，我们可以知道，要表达“似”的概念，是可以考虑“近”、“差不多”这些词的本质含义的，也就是用“远近”或“差别不大”来实现“似”的表达。由此，表达“似”可以分为以下几个方面的不同表述。

一、利用距离来表达事物的相似

在判别分析中，我们曾经讲过，使用距离表达事物之间关系的远近亲疏是非常好的一种数学表示方法，这里，同样可以用距离表达“相似”这种特征关系上的“远近”。前人经过研究，归纳了几种不同定义距离的方法，不论这些距离的具体表达形式如何，都是为了更科学合理地描述事物特征的相似关系，我们了解一下这些距离的定义与使用。

为了叙述方便，先给出一些基本的说明，设有 n 个样本点，每个样本点都测定了 K 个不同指标，则这 K 个指标可看作一个 K 维向量，而 n 个样本点可看作是 K 维空间中的点。在我们的记忆中，最普遍的距离是欧氏距离，其表达式见式（5-1）。

$$d_{ij}=\sqrt{\sum_{k=1}^{K}\left|x_{i,k}-x_{j,k}\right|^2} \tag{5-1}$$

其实这种距离是闵可夫斯基距离的一种特例，闵可夫斯基距离的基本表达形式见式(5-2)，当式（5-2）中的参数 $q=2$ 时，就转变成式（5-1）。

$$d_{ij}(q)=\left(\sum_{k=1}^{K}\left|x_{i,k}-x_{j,k}\right|^q\right)^{1/q} \tag{5-2}$$

除了 $q=2$ 之外，随着参数 q 的变化，闵可夫斯基距离会转变成不同的形式，比如 $q=1$ 时就变成了绝对距离，当 $q=\infty$ 就变成了切比雪夫距离。这种种变化，总体来讲并没有消除以这种方式定义距离所带来的“缺陷”，如没考虑各指标的权重等，这一点在第四章的距离一节已做过讨论。

为了避免欧氏距离带来的问题，可以使用所谓的“马氏距离”，马氏距离的表达式如下。

$$d_{ij}=\left(\sum_{k,l=1}^{n}m_{kl}(x_{i,k}-x_{j,k})(x_{i,l}-x_{j,l})\right) \tag{5-3}$$

式中，$m_{kl}(k,l=1,2,\cdots,n)$ 为参数，表达成向量与矩阵形式，设有

$$X_i-X_j=\begin{pmatrix}x_{i,1}-x_{j,1}\\x_{i,2}-x_{j,2}\\\vdots\\x_{i,n}-x_{j,n}\end{pmatrix}$$

则

$$(X_i-X_j)'=(x_{i,1}-x_{j,1}\quad x_{i,2}-x_{j,2}\quad \cdots x_{i,n}-x_{j,n})$$

则式（5-3）改写为

$$d_{ij}=(X_i-X_j)'\boldsymbol{M}(X_i-X_j) \tag{5-4}$$

式中，$\boldsymbol{M}=[m_{kl}]_{n\times n}$，为常数矩阵。

马氏距离又称为广义欧氏距离，这种定义方式考虑了观测变量之间的相关性，对于标准化后的数据，马氏距离用各观测指标标准差的倒数作为权数。但这种距离由于使用各样本数据自己的标准差，而不是同一类样本点使用相同的标准差，其效果也不是很好。

为了减少马氏距离中变量间相关性的影响，可以考虑使用斜交空间距离，斜交空间距离考虑了使用正交空间距离计算时产生的形变，能防止具有相关性的各个变量之间的谱系结构发生形变。其定义式如下，在 m 维空间中，有

$$d_{i,j}=\sqrt{\frac{1}{m^2}\sum_{k=1}^{m}\sum_{l=1}^{m}(x_{i,k}-x_{j,k})(x_{i,k}-x_{j,k})r_{k,l}},\quad i,j=1,2,\cdots,n \tag{5-5}$$

式中，$r_{k,l}$ 为变量 X_k,X_l 之间的相关系数。

有时候我们测得的数据分散性大，偏倚性高，奇异值时常存在，在这种情况下，需要考虑使用兰氏距离。兰氏距离是一种无量纲的量，它要求所有测定数据均为正数，这种定义克服了指标量纲的影响，但没有考虑变量间的相关性。其定义为，设 $x_{i,j}>0$，则

$$d_{i,j}=\frac{1}{m}\sum_{t=1}^{m}\frac{|x_{i,t}-x_{j,t}|}{x_{i,t}+x_{j,t}},\quad i,j=1,2,\cdots,n \tag{5-6}$$

在进行聚类分析选用距离时，一般说来，同一批数据采用不同的距离公式，会得到不同的聚类结果，因此应特别注意不同距离公式的侧重点和实际意义。通常地，选择距离公式应注意遵循这几个基本原则：一是要考虑各距离公式在实际中明确对应的含义，如欧氏距离具有明确的空间距离含义，而马氏距离有消除量纲影响的作用。二是要综合考虑样本观测数据的预处理方法与将要采用的聚类分析方法的匹配性，若在聚类分析之前已经进行了标准化处理，则通常就可采用欧氏距离。三是要考虑研究对象的特点，若无法确定选择哪种距离公式，可参考已有文献中类似问题的选择方案，并结合自己的数据做出合理选择。

二、利用相关系数来表达

相关系数本是用来度量变量间关联程度的一种指标，假设有两个变量 X_i,X_j，则它们的相关系数定义为

$$r_{i,j}=\frac{\sum_{k=1}^{p}(X_{i,k}-\bar{X}_i)(X_{j,k}-\bar{X}_j)}{\sqrt{\sum_{k=1}^{p}(X_{i,k}-\bar{X}_i)^2\sum_{k=1}^{p}(X_{j,k}-\bar{X}_j)^2}} \tag{5-7}$$

对于相关系数 $r_{i,j}$，存在 $|r_{i,j}|\leqslant 1$。这里的相关系数，更明确的含义是两个变量 X_i,X_j 之间的线性关联程度，这个参数对非线性关联情况没有定义。在生物科研中，许多科研人员常常忘记了这一点，经常认为相关系数包含了非线性关系。关于这一点的详细阐述，概率论教材中有一个极其明确的例子[13]，当变量 Y 与变量 X 具有明确的 $Y=X^2$ 函数关系时，计算它们的相关系数，却可以得到相关性为 $r=0$ 的结果，更详细的讨论可参阅该文献以帮助理解。

三、利用夹角余弦来表达

夹角余弦，也称为余弦距离，是用两向量夹角的余弦值来衡量两个体间差异的大小，如果两个向量的方向一致，即夹角接近零，那么这两个向量就相近。

要理解夹角余弦表达两者之间的亲疏远近，实际上可以参看日常钟表的指针，将分针和时针看作两个向量，会发现它们或重叠，或形成一个夹角，且夹角越小（只考虑 $0\sim\pi$），它们越趋向于重叠。由此可考虑使用夹角来表达，在 $0\sim\pi$，cos 单调，且 cos 可以表达成两条邻边的函数，使用夹角余弦表达相似性，十分贴切。

要计算夹角余弦，自然会考虑余弦定理，余弦定理描述了三角形中 3 个内角和 3 个边的关系。假定三角形的 3 条边为 a,b 和 c，对应的三个角为 A,B 和 C，那么角 A 的余弦为

$$\cos A=\frac{b^2+c^2-a^2}{2bc} \tag{5-8}$$

如果将三角形的两边 b 和 c 看成是两个向量，则上述公式等价于

$$\cos A=\frac{<\boldsymbol{b},\boldsymbol{c}>}{|\boldsymbol{b}||\boldsymbol{c}|} \tag{5-9}$$

或者写成

$$\cos\theta = \frac{\vec{x}\cdot\vec{y}}{|x|\cdot|y|} \tag{5-10}$$

式中，分母为两个向量 **b** 和 **c** 的长度；分子为两个向量的内积。

举例来说，六味木香袋泡剂是一种中药，药物的浸出率、粒度大小、浸泡时间、要求水温等都是重要的指标，假设有 x 和 y 两个向量，分别对应着两种泡剂（表 5-1），则两种泡剂之间的余弦距离为

$$\cos\theta = \frac{x_1y_1 + x_2y_2 + \cdots + x_ky_k}{\sqrt{x_1^2 + x_2^2 + \cdots + x_k^2}\sqrt{y_1^2 + y_2^2 + \cdots + y_k^2}},\quad k=4 \tag{5-11}$$

表 5-1　测量指标向量构成

浸出率	粒度大小	浸泡时间	要求水温
x_1	x_2	X_3	x_4
y_1	y_2	Y_3	y_4

当两种泡剂的向量夹角余弦接近于 1 时，这两种泡剂差别不大。夹角余弦越小，两种泡剂越相似，见图 5-1a，反之则说明两种泡剂差别较大，见图 5-1b。

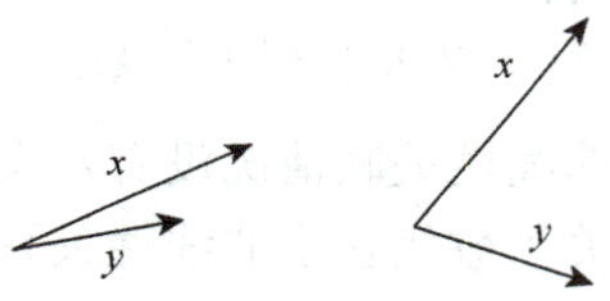

图 5-1　余弦夹角表达相似

无论是夹角余弦还是相关系数，它们的绝对值都小于 1，当用作近似性度量工具时，一般都记作 c_{ij}，根据它们的本质含义，则变量 x_i 和 y_j 的关系有：当 $c_{ij}=1$ 时，说明 $x_i=y_j$，二者完全相同；当 $0<|c_{ij}|<1$ 时，则二者有一些相似，介于相同与相异之间；当 $|c_{ij}|=0$ 时，说明二者相互垂直 $(x_i\perp y_j)$，它们包含的信息不存在交叉冗余，完全不一样，差别极大。在实际聚类过程中，令

$$d_{ij}=1-|c_{ij}| \tag{5-12}$$

或者

$$d_{ij}^2=1-c_{ij}^2 \tag{5-13}$$

用 d_{ij} 表示变量间的距离远近，然后进行聚类。

在前边我们学习了 3 种不同表达相似概念的方法，这些都是针对数值型数据的方法，针对非数值型，或者说定性表达的数据，则需要将数据进行数量编码。例如，不同种类的猪，其耳朵大小不一，多数定性描述为小、中、大、巨大、超大。要对这些定性数据进行聚类，就需要对这些数据进行合理的编码。编码是一种数据预处理方法，高惠璇介绍了定性变量样品[7]的编码。关于生物数据的编码，徐克学[38]按照数值性状、二元性状、有序多态及无序多态等进行了较详细的论述。

除了这些方法外，还有一些表达近似的方法，如指数相似系数、连列系数、连关系数等，这些概念与计算式的具体表达，张尧庭和方开泰[15]有详细论述。

第三节 系统聚类法

系统聚类法是当前使用最多的一类方法，也是生物科研工作者必须掌握的一种方法。为了叙述方便，我们假设有这样的测定数据，即考虑 n 个样本点的聚类问题，对每个样本点，测定了 m 个指标，则准备的数据见表 5-2。

表 5-2 观测数据及其特征量

样本	变量					
	X_1	X_2	…	X_j	…	X_m
1	X_{11}	X_{12}	…	X_{1j}	…	X_{1m}
2	X_{21}	X_{22}	…	X_{2j}	…	X_{2m}
…	…	…	…	…	…	…
i	X_{i1}	X_{i2}	…	X_{ij}	…	X_{im}
…	…	…	…	…	…	…
n	X_{n1}	X_{n2}	…	X_{nj}	…	X_{nm}
均值	$\bar{X}_1$	$\bar{X}_2$	…	$\bar{X}_j$	…	$\bar{X}_m$
标准差	s_1	s_2	…	s_j	…	s_m

一、基本思想

对于已经测定的 n 个数据，根据已经确定的距离计算方法，求解出两两样本点之间的距离，形成距离矩阵。对这 n 个样本点，首先看作 n 个不同的类别，也就是每个类别只有一个样本点。按照归类思想，距离相近的两个样本点先归为一类，这样，原来的 n 个样本点初步设定的 n 类，就会随着归类合并而减少 1 个，变成 $n-1$ 类，比如 $n=10$，其中 2 和 6 距离最近，归为一类，则原来的 10 个类别，现在变成了 9 个类。然后再计算这个新归并的类与其他既有类的距离，形成新的距离矩阵。之后再找出其中距离最小的两类归并成一个新类，一直重复这样的步骤，直到全部样本点都归并成一个类。

下面具体以一个例子来说明运算步骤，已知 6 种植被两两之间的距离矩阵已经得到，如表 5-3 所示。

表 5-3 不同种类之间的距离矩阵

种类	G_1	G_2	G_3	G_4	G_5	G_6
G_1	0.0	1.6	2.1	3.1	5.1	5.8
G_2	1.6	0.0	3.3	3.6	5.2	6.1
G_3	2.1	3.3	0.0	2.4	5.2	6.0
G_4	3.1	3.6	2.4	0.0	4.8	5.0
G_5	5.1	5.2	5.2	4.8	0.0	3.5
G_6	5.8	6.1	6.0	5.0	3.5	0.0

观察该距离矩阵，可知矩阵是对称矩阵，我们只考虑计算下三角矩阵即可。根据聚类的基本思想，首先把各个样本点当作一个单独的类，查找该距离矩阵，找出最小值对应的行列。在这里，自身到自身种类之间的距离为 0，不予考虑，只考虑不同类之间的最小距离。在表 5-4 中，最小的距离为 1.6，查看该值对应的行列号所标种类，可知该最小距离是指 G_1 和 G_2 之间的，见表 5-4，即 $d_{1,2}=1.6$。这样把 G_1 和 G_2 合并成一类，按序号排为 G_7，简记为 $G_7=\{G_1，G_2\}$。

表 5-4　聚类分析第 1 步最小距离

种类	G_1	G_2	G_3	G_4	G_5	G_6
G_1	0.0					
G_2	1.6	0.0				
G_3	2.1	3.3	0.0			
G_4	3.1	3.6	2.4	0.0		
G_5	5.1	5.2	5.2	4.8	0.0	
G_6	5.8	6.1	6.0	5.0	3.5	0.0

重新计算距离矩阵，因为除了 G_1 和 G_2 合并成 G_7 外，其他各类之间的距离未变，故新的距离矩阵中，只需要考虑 G_7 与原有的 G_3～G_6 的距离。在计算距离时，可能会有不同计算方法，这里先以最小距离为具体方法，着重说明如何归类。计算可知，

$$d_{7,3}=\min\{d_{1,3},d_{2,3}\}=\min\{2.1,3.3\}=2.1$$

$$d_{7,4}=\min\{d_{1,4},d_{2,4}\}=\min\{3.1,3.6\}=3.1$$

$$d_{7,5}=\min\{d_{1,5},d_{2,5}\}=\min\{5.1,5.2\}=5.1$$

$$d_{7,6}=\min\{d_{1,6},d_{2,6}\}=\min\{5.8,6.1\}=5.8$$

删除已经合并的类 G_1 和 G_2，增添新出现的类 G_7，则新的距离矩阵为表 5-5。

表 5-5　聚类分析第 2 步最小距离

种类	G_3	G_4	G_5	G_6	G_7
G_3	0.0				
G_4	2.4	0.0			
G_5	5.2	4.8	0.0		
G_6	6.0	5.0	3.5	0.0	
G_7	2.1	3.1	5.1	5.8	0.0

继续按照相近的归为一类，可知在表 5-5 中，最小的数据为 $d_{7,3}=2.1$，则把 G_3 与 G_7 合并成新的 G_8，则有 $G_8=\{G_3，G_7\}$，重新计算 G_8 到 G_4～G_6 的距离，得到

$$d_{8,4}=\min\{\mathrm{G}_{7,4},\mathrm{G}_{3,4}\}=\min\{3.1,2.4\}=2.4$$

$$d_{8,5}=\min\{\mathrm{G}_{7,5},\mathrm{G}_{3,5}\}=\min\{5.1,5.2\}=5.1$$

$$d_{8,6}=\min\{\mathrm{G}_{7,6},\mathrm{G}_{3,6}\}=\min\{5.8,6.0\}=5.8$$

删除已经合并的类 G_3 和 G_7，增添新出现的类 G_8，则新的距离矩阵为表 5-6。

表 5-6　聚类分析第 3 步最小距离

种类	G_4	G_5	G_6	G_8
G_4	0.0			
G_5	4.8	0.0		
G_6	5.0	3.5	0.0	
G_8	2.4	5.1	5.8	0.0

再次循环做法，得到最小的数据为 $d_{8,4}=2.4$，则把 G_4 与 G_8 合并成新的 G_9，则有 $G_9=\{G_4, G_8\}$，重新计算 G_9 到 G_5～G_6 的距离，得到

$$d_{9,5}=\min\{G_{4,5},G_{8,5}\}=\min\{4.8,5.1\}=4.8$$

$$d_{9,6}=\min\{G_{4,6},G_{8,6}\}=\min\{5.0,5.8\}=5.0$$

删除已经合并的类 G_4 和 G_8，增添新出现的类 G_9，则新的距离矩阵为表 5-7。

表 5-7　聚类分析第 4 步最小距离

种类	G_5	G_6	G_9
G_5	0.0		
G_6	3.5	0.0	
G_9	4.8	5.0	0.0

再次循环，得到最小的数据为 $d_{5,6}=3.5$，则把 G_5 与 G_6 合并成新的 G_{10}，则有 $G_{10}=\{G_5, G_6\}$，重新计算 G_{10} 到 G_9 的距离，得到

$$d_{10,9}=\min\{G_{5,9},G_{6,9}\}=\min\{4.8,5.0\}=4.8$$

删除已经合并的类 G_5 和 G_6，增添新出现的类 G_{10}，则新的距离矩阵为表 5-8。

表 5-8　聚类分析第 5 步最小距离

种类	G_9	G_{10}
G_9	0.0	
G_{10}	4.8	0.0

最后将二者合并，得到整个归类，其谱系图如图 5-2 所示。

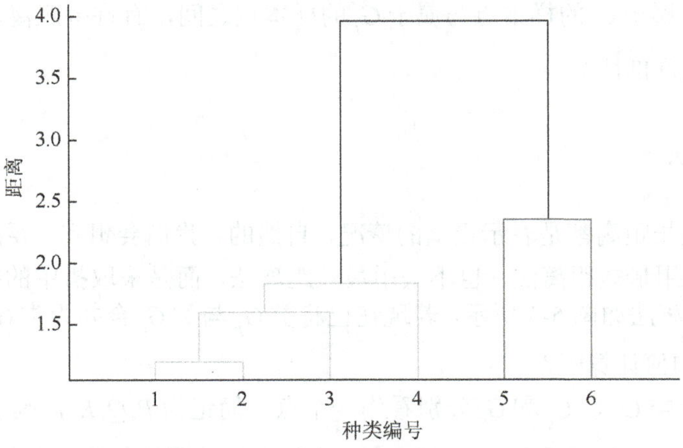

图 5-2　谱系分析图

二、计算两类之间的距离

在前边，我们通过一个具体的计算实例，了解了聚类分析的步骤，在聚类分析的过程中，如何确定两类之间的距离，可以有不同的确定原则。以两类样本点之间的最小距离作为类间距离，是一种常用的距离计算方法。但类的本质属性不同，确定最小距离的方法也应各不相同。

例如，对于地面上的两点，若两点之间没有任何障碍，则两点之间的直线距离就可以作为它们的最短距离。若把超市看作一个类，居民区看作一个类，那么在确定两类之间的距离时，地图上的直线距离，显然不如沿着街道行走的折线距离更合理，这样，以绝对距离最小定义折线距离，再以折线距离进行聚类分析，显然更合理些。

在确定类与类之间的距离时，前人根据不同情况，总结了 8 种不同的距离，在具体选定时，应根据实际情况具体选择合适的距离。

（一）最短距离法

设 d_{ij} 表示样本点 i, j 之间的距离，则定义类 G_i 和 G_j 之间的距离为两类最近样本点之间的距离，用数学表达为

$$D_{ij} = \min d_{ij}, i \in G_i, j \in G_j \quad (5\text{-}14)$$

更通俗地说，属于 G_i 的样本点与属于 G_j 的样本点之间，有许多距离，其中最小的那个距离，作为两类之间的距离。

（二）最长距离法

和最短距离法相对应的，则是最长距离法，它定义类间距离等于两类样本点间距离的最大值，其表达为

$$D_{ij} = \max d_{ij}, i \in G_i, j \in G_j \quad (5\text{-}15)$$

更通俗地说，属于 G_i 的样本点与属于 G_j 的样本点之间，有许多距离，其中最大的那个距离，作为两类之间的距离。

（三）中间距离法

最短距离和最长距离都是表示极端的情况，自然的，我们会想到，要是在定义两类之间的距离时，既不采用最短距离法，也不采用最长距离法，而是采取折中的办法，那么就有中间距离法。中间距离法如图 5-3 所示，若现在已将类 G_p 与类 G_q 合并为类 G_r，则任意类 G_k 到合并类 G_r 的距离如何计算呢？

我们先把 3 个类 G_p， G_q 和 G_k 分别看作一个点，简记为 P, Q, K，则 3 点确定一个三角形，三角形的 3 个边长分别是 D_{kp}, D_{kq} 和 D_{pq}，它们之间的距离如图 5-3 所示。

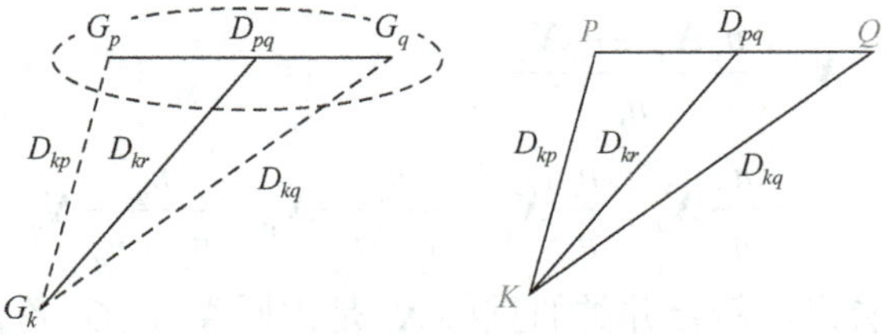

图 5-3　中间距离法计算说明

对于距离 D_{kq} 和 D_{kp}，设 $D_{kq}>D_{kp}$，按照最短距离法，则类 G_k 到已经合并完成的类 G_r 之间的距离为 $D_{kr}=D_{kp}$；如果采用最长距离法，则 $D_{kr}=D_{kq}$；若取 PQ 边的中线作为类 G_k 到类 G_r 之间的距离，则可根据初等几何，得到计算中线长度的公式，以此作为中间距离法的公式，即有

$$D_{kr}^2=\frac{1}{2}D_{kp}^2+\frac{1}{2}D_{kq}^2-\frac{1}{4}D_{pq}^2 \tag{5-16}$$

很显然，这个式子只适用于中线，若不是 PQ 边的中线，而是 PQ 边上的其他点的连线时，则将式（5-16）扩展到更一般的情况，即将 $\frac{1}{4}$ 用 β 进行了替换，得到

$$D_{kr}^2=\frac{1}{2}D_{kp}^2+\frac{1}{2}D_{kq}^2+\beta D_{pq}^2，\quad -\frac{1}{4}\leqslant\beta\leqslant 0 \tag{5-17}$$

这便是一般情况下的中间距离法计算公式。

（四）可变法

在中间距离法中，我们为了把计算中线长度的式子推广到一般的情形，进行了 β 替换，但是这种替换只是针对 D_{pq} 项，如果将前两项的系数也与 β 关联，那么在将 G_p 和 G_q 合并为新类 G_r 后，类 G_k 与新并类 G_r 的距离公式为

$$D_{kr}^2=\frac{1-\beta}{2}(D_{kp}^2+D_{kq}^2)+\beta D_{pq}^2 \tag{5-18}$$

式中，β 可变，且 $\beta<1$，可变法的分类效果与 β 的选择关系很大，参照中间距离法来源，在实际应用中 β 常取负值。

（五）重心法

重心法来源于物理上的重心这个概念，从物理的角度来看，物体重心是物体各部分所受重力之合力的作用点，借助这个“各部分合力作用点”，推广到聚类分析，一个类的重心，就是该类样本点的均值，因此，在计算类与类之间的距离时，用类的重心来代表类，类重心之间的距离代表类之间的距离，就比较合理。

要利用类重心之间的距离表达类之间的距离，这需要解决前述两个问题，一是重心的求得，二是重心之间距离的计算。

设有类 G_p,G_q，它们的重心分别是 $\bar{\boldsymbol{X}}_p$ 和 $\bar{\boldsymbol{X}}_q$，设两类中各有样本点 n_p,n_q，则合并 G_p,G_q 为 G_r 后，G_r 的样本点共 $n_r=n_p+n_q$ 个，其重心为 $\bar{\boldsymbol{X}}_r$，有

$$\begin{aligned}\bar{X}_r &= \frac{n_p\bar{X}_p + n_q\bar{X}_q}{n_r} \\ &= \frac{n_p}{n_r}\bar{X}_p + \frac{n_q}{n_r}\bar{X}_q = \frac{n_p}{n_p+n_q}\bar{X}_p + \frac{n_q}{n_p+n_q}\bar{X}_q\end{aligned} \tag{5-19}$$

从式（5-19）可以看出，新合并类的重心 $\bar{X}_r$ 是由原类 G_p,G_q 各自的重心 $\bar{X}_p,\bar{X}_q$，按照本类样本含量的占比 $\frac{n_p}{n_p+n_q}$ 和 $\frac{n_q}{n_p+n_q}$ 合并而成。

设有某一类 G_k，其重心为 $\bar{X}_k$，则按照重心法的思想，类 G_k 与类 G_p,G_q 的合并类 G_r 之间的距离，由 $\bar{X}_k$ 与 $\bar{X}_r$ 之间的距离确定。在这里，我们弄明白了重心法确定距离的基本思想后，不刻意追求距离公式的推导过程，直接给出其结果，则类之间的距离 D_{kr}^2 如下。

$$\begin{aligned}D_{kr}^2 &= d_{\bar{X}_k,\bar{X}_r}^2 \\ &= (\bar{X}_k - \bar{X}_r)'(\bar{X}_k - \bar{X}_r) \\ &= \frac{n_p}{n_r}D_{kp}^2 + \frac{n_q}{n_r}D_{kq}^2 - \frac{n_p n_q}{n_r^2}D_{pq}^2\end{aligned} \tag{5-20}$$

这便是重心法计算距离时的递推公式。

重心法虽然有很好的代表性，但它并没有充分利用各个样本点的信息，于是有人考虑两类中各样本点之间距离的贡献，提出了新的计算类间距的方法，也就是类平均法。

（六）类平均法

类平均法的提出，一是弥补重心法中各样本点信息利用不足，二是将两类所有样本点之间的距离都充分加以利用。其计算方法是：两类之间距离的平方等于这两类元素两两之间距离平方的平均值。即

$$D_{pq}^2 = \frac{1}{n_p n_q}\sum_{\substack{i\in G_p \\ j\in G_q}} d_{ij}^2 \tag{5-21}$$

设聚类过程中，某一步将 G_p 和 G_q 合并为 G_r，则任一类 G_k 与 G_r 的距离为

$$D_{kr}^2 = \frac{n_p}{n_r}D_{kp}^2 + \frac{n_q}{n_r}D_{kq}^2 \tag{5-22}$$

关于类平均法，有人认为类平均法是系统聚类法中比较好的方法之一。

（七）可变类平均法

前边的类平均法虽然考虑了两个类中各个样本点之间距离的贡献，但没有体现已经合并成一个新类 G_r 的两个旧类 G_p 和 G_q 之间的距离 D_{pq} 的影响，有人建议将类平均法进一步推广，引入松弛因子 β，得到新的距离公式为

$$D_{kr}^2 = (1-\beta)\left(\frac{n_p}{n_r}D_{kp}^2 + \frac{n_q}{n_r}D_{kq}^2\right) + \beta D_{pq}^2 \tag{5-23}$$

式中，β 可变，且 $\beta<1$，这种系统聚类法称为可变类平均法。

在这里简单解释一下关于松弛因子β的应用，它常常用于构建新事物，尤其新事物是由两部分加权构成的时候，这种形如$A=(1-\beta)B+\beta B,\ 0\leqslant\beta\leqslant 1$的构成方法有很多地方使用，比如在概率论与数理统计中，陈希孺[39]就非常详细地介绍了它在贝叶斯估计中的应用，而在数值分析的高斯[40]迭代中，也有这样的式子存在，这种用法能够在许多学科里找到实例，在这里的可变类平均法及前边刚刚学过的可变法，本质上也是属于这种按权重构造新事物的思路。

（八）Ward 法

Ward 方法又称离差平方和法，这种方法的基本思想是方差分析，在方差分析时，我们将离差进行分割，一部分是组间差异，另一部分是组内差异。组间差异反映了不同总体（或类别）数据之间的差异性，总体（或类别）之间的误差平方和越大，差别越明显；组内差异反映了同一总体（或类别）内数据的离散性，其离散性越小，数据越整齐、越类似。把这个“组间越大越明显，组内越小越相同”的思想用于处理聚类分析，则有：如果分类正确，同类样本点的离差平方和应当较小，而类与类之间的离差平方和应当较大。

具体进行聚类分析时，则是首先将n个样本点各自成一类，然后每次缩小一类，每缩小一类，离差平方和就要增大，选择使方差增加最小的两类合并，直到所有的样品归为一类为止。这种做法，本质上是一种局部最优的解法，因为要是将n个样本点分成k类，分类的方法将会很多（相当于组合），从全部分类方案中找到最优的结果很不容易。当n和k很大时，这种分类组合会是天文数字般，选择将n个样本点各自成一类，算是其中的一种组合方式。

对于上述思想，具体实施时，设将n个样本分成k类$G_1,G_2,\cdots,G_k$，用$\boldsymbol{X}_{it}$表示G_t中的第i个样品，n_t表示G_t中样品的个数，$\bar{\boldsymbol{X}}_t$是G_t的重心，则G_t的样品离差平方和可表示为

$$S_t=\sum_{t=1}^{n_t}(\boldsymbol{X}_{it}-\bar{\boldsymbol{X}}_t)'(\boldsymbol{X}_{it}-\bar{\boldsymbol{X}}_t) \tag{5-24}$$

按照这种格式，则类G_p和G_q的离差平方和分别为

$$S_p=\sum_{i=1}^{n_p}(\boldsymbol{X}_{ip}-\bar{\boldsymbol{X}}_p)'(\boldsymbol{X}_{ip}-\bar{\boldsymbol{X}}_p) \tag{5-25}$$

$$S_q=\sum_{i=1}^{n_q}(\boldsymbol{X}_{iq}-\bar{\boldsymbol{X}}_q)'(\boldsymbol{X}_{iq}-\bar{\boldsymbol{X}}_q) \tag{5-26}$$

将G_p和G_q合并为新类G_r，则G_r的离差平方和也可以表达为

$$S_r=\sum_{i=1}^{n_r}(\boldsymbol{X}_{ir}-\bar{\boldsymbol{X}}_r)'(\boldsymbol{X}_{ir}-\bar{\boldsymbol{X}}_r) \tag{5-27}$$

按照前述，如果G_p和G_q这两类相距较近，从本质上就是一类，则合并后所增加的离散平方和$S_r-S_p-S_q$应较小；反之，如果G_p和G_q这两类相距较远，从本质上就不是一类，即使按照规则进行合并计算，合并后所增加的离散平方和$S_r-S_p-S_q$也会较大。据此，定义G_p和G_q之间的平方距离为

$$D_{pq}^2=S_r-S_p-S_q \tag{5-28}$$

可以证明[8, 15]，类间距离的递推公式为

$$D_{kr}^2 = \frac{n_k + n_p}{n_r + n_k} D_{kp}^2 + \frac{n_k + n_q}{n_r + n_k} D_{kq}^2 - \frac{n_k}{n_r + n_k} D_{pq}^2 \tag{5-29}$$

三、类间距离的统一

应用系统聚类法进行聚类分析时，聚类的原则和步骤都是固定的，只是在计算类间距离时，前边给出的 8 种计算方法，源于计算思想不同而稍微有所差别，尤其是递推公式上的区别更大一些。但前人经过努力，已经将这 8 种计算类间距离的递推公式统一起来，为编程计算提供了很好的便利条件。

统一的递推公式形如

$$D_{kr}^2 = \alpha_p D_{kp}^2 + \alpha_q D_{kq}^2 + \beta D_{pq}^2 + \gamma \left| D_{kp}^2 - D_{kq}^2 \right| \tag{5-30}$$

式中，系数 $\alpha_p, \alpha_q, \beta, \gamma$ 对不同的计算方法有不同的取值，其表 5-9 如下。

表 5-9　系统聚类法参数

方法	α_p	α_q	β	γ
最短距离法	$\frac{1}{2}$	$\frac{1}{2}$	0	$-\frac{1}{2}$
最长距离法	$\frac{1}{2}$	$\frac{1}{2}$	0	$\frac{1}{2}$
中间距离法	$\frac{1}{2}$	$\frac{1}{2}$	$-\frac{1}{4} \leqslant \beta \leqslant 0$	0
可变法	$\frac{1-\beta}{2}$	$\frac{1-\beta}{2}$	<1	0
重心法	$\frac{n_p}{n_r}$	$\frac{n_q}{n_r}$	$-\alpha_p \alpha_q$	0
类平均法	$\frac{n_p}{n_r}$	$\frac{n_q}{n_r}$	0	0
可变类平均法	$(1-\beta)\frac{n_p}{n_r}$	$(1-\beta)\frac{n_q}{n_r}$	<1	0
离差平方和法	$\frac{n_p + n_k}{n_r + n_k}$	$\frac{n_q + n_k}{n_r + n_k}$	$-\frac{n_k}{n_k + n_r}$	0

需要说明的是，即使是同一批样本点数据，聚类时由于计算类间距离方法不同，聚类的结果也有可能完全一样，张尧庭[15]等对这一点进行了示例计算，可参阅。关于具体选择何种距离计算方法，应该根据实际研究问题，做出合理的选择。

第四节　系统聚类分析 MATLAB 实现

为了实施聚类分析，MATLAB 内建了一系列函数，在这里首先熟悉一些常用的函数，然后利用它们编制出通用的聚类分析代码，并给出实施样例。

一、聚类分析函数

这些函数主要包括以下 7 种。

（一）clusterdata 函数

该函数可以直接用来进行聚类分析，其调用格式为

T=clusterdata（X，cutoff）；

T=clusterdata（X，Name，Value）；

例如，c=clusterdata（meas，'linkage'，'ward'，'maxclust'，4）。

在这两种调用格式中，第一种调用格式中 cutoff 是截断阈值，当 0 < cutoff < 2 时，在非连续数据值大于 cutoff 时形成聚类；当 cutoff 是大于等于 2 的整数时，cutoff 被解释为由 cluster 函数生成分层树的最大数。

利用 clusterdata 函数可以对样本数据进行一次聚类，使用时，用户无需了解聚类的原理和过程，相对简单，但该函数可供用户选择的面较窄，不能更改距离的计算方法，使聚类效果有些受限制。

（二）pdist 函数

pdist 函数用来计算观测量两两之间的距离，其常用的调用格式为

Y=pdist（X，'metric'）

式中，X 为一个 $m \times n$ 矩阵，它是由 m 个对象组成的数据集，每个对象的大小为 n。参数 metric 用来具体指定使用何种方法计算 X 数据矩阵中对象之间的距离。metric 支持的取值形式如下。

euclidean：欧氏距离，也是默认值。

seuclidean：标准化欧氏距离，相比单纯的欧氏距离，标准欧氏距离有效解决了属性不同产生的差别问题与量纲问题产生的“大数吃小数”缺点。

mahalanobis：马氏距离，其计算建立在总体样本的基础上，计算是不稳定的，它要求总体样本数大于样本维数，另外它的协方差矩阵的逆矩阵可能不存在。

cityblock：城市区块距离，布洛克距离。

minkowski：闵可夫斯基距离，它是欧氏距离的推广，缺点与欧氏距离大致相同。

cosine：夹角余弦距离，cosine 距离不仅忽略 0-0 匹配，而且能够处理非二元向量，即考虑到变量值的大小。

correlation：相关距离，要明确指的是线性相关。

hamming：汉明距离，含义为两个向量不同的变量个数所占变量总数的百分比。

jaccard：杰卡德距离，这种距离常用来处理仅包含非对称的二元（0-1）属性的对象。

chebychev：切比雪夫距离，是闵可夫斯基距离的特例。

（三）squareform 函数

函数 squareform 主要用来将距离行向量转换为原距离方阵，或者将距离方阵转为向量，其互逆变换因参数不同而不同，调用格式分两个方向：

Z=squareform(Y, 'tovector')

Y=squareform(Z, 'tomatrix')

式中，参数的含义非常明确，tovector 即 to vector，转换到向量；tomatrix 即 to matrix，转换到方阵。在方阵中，位置 (i, j) 的数值就是 X 中第 i 和第 j 点之间的距离，该方阵主对角线为0。阅读该函数的原始代码（图 5-4），可知其将距离矩阵的下三角矩阵拉直成向量。

```
case 'tovector'
    if m~=n || ~all(diag(Y)==0)
        error(message('stats:squareform:BadInputMatrix'));
    end
    Z = Y(tril(true(n),-1));
    Z = Z(:)';                    % force to a row vector, even if empty
```

图 5-4　转换代码

（四）linkage 函数

函数 linkage 用来创建系统聚类树，它结合 cluster（）函数对其结果进行分类，其调用格式有

Z=linkage（X）

Z=linkage（X，method）

Z=linkage（X，method，metric）

Z=linkage（X，method，pdist_inputs）

Z=linkage（X，method，metric，'savememory'，value）

Z=linkage（Y）

Z=linkage（Y，method）

式中，参数 method 具体指定以何种算法计算系统聚类树，其可取值如下：single 为最短距离法（默认）；complete 为最长距离法；average 为未加权平均距离法；weighted 为加权平均法；centroid 为重心距离法；median 为加权重心距离法；ward 为最小方差算法。后边的两种格式中，参数 Y 是 pdist 函数返回的距离向量；返回值 Z 为一个包含聚类树信息的（m–1）×3的矩阵。

（五）dendrogram 函数

dendrogram 函数用来生成指定数量节点个数的冰柱图（谱系图/系统树图），在使用时，常用的调用格式包括以下几种。

1）dendrogram（tree）

这是常用的默认形式，系统树图包含由许多 U 型线连接数据点而形成的层次树，每个 U 型线的高度代表着它连接的两个数据点之间的距离。如果原始数据集中的数据点少于 30 个，则每片叶子在系统树图上都对应着一个数据点。如果原始数据集中的数据点多于 30 个，在绘图时，该函数会隐藏（折叠）较小的分支，只输出 30 个叶节点。这样看来，一些叶子有可能会对应于一个以上的数据点。

2）dendrogram（tree，Name，Value）

这种调用格式使用一对或者多对数据来限定系统图的输出，例如在

dendrogram（tree，'Reorder'，leafOrder）

中，就对树叶的顺序进行了适当的调整。

3）dendrogram（tree，*P*）

这种调用格式使用参数 *P* 来明确指出系统树图中最多允许出现的叶片数，当原始数据点数超过 *P* 值时，在绘图时，多余的分支会被隐藏，而至多只输出 *P* 个叶节点。

4）dendrogram（tree，*P*，Name，Value）

这种调用格式是前述几种的混合，其中的参数含义相同，不再一一说明。

5）*H*=dendrogram（___）

这种调用格式带有返回参数 *H*，*H* 是绘图后返回的句柄向量，利用句柄可以设置绘图中的线型等属性，如

H=dendrogram（tree，'Orientation'，'left'，'ColorThreshold'，'default'）；
set（H，'LineWidth'，2）

6）[*H*，T，outperm]=dendrogram（___）

这种调用格式带有多个返回参数，一般用于原始节点数较多的情形，比如原始节点超过 100 个，而绘图时，由于隐藏只给出了 30 个节点的情况下，需要确定某节点分支中实际含有的原始节点时，可多用几个参数。*H* 是绘图后返回的句柄向量，*T* 是列向量，保存树叶节点数。例如，要找到第 7 个分支节点中含有的原始树叶节点，则可以这样使用：

[～，*T*]=dendrogram（tree，25）；
find（*T*==7）

参数 outperm 是一个行向量，保存着叶节点的标签。对于水平系统树图，outperm 给出了从左到右的顺序，对于垂直系统树图，则给出了从下到上的顺序。如果在系统树图有 *P* 个叶节点，则 outperm 按照向量 1：*P* 排列。

（六）cophenet 函数

在进行聚类分析后要有统计检验其合理性，cophenet 函数用来计算相关系数，常用的调用格式为

c=cophenetic（*Z*，*Y*）

式中，参数 *Y* 由 pdist 函数生成，参数 *Z* 由 linkage 函数生成。

（七）cluster 函数

cluster 函数根据 linkage 函数的输出 *Z* 创建分类，其调用格式包含如下几种。

（1）*T*=cluster（*Z*，'cutoff'，*c*）；

（2）*T*=cluster（*Z*，'cutoff'，*c*，'depth'，*d*）；

（3）*T*=cluster（*Z*，'cutoff'，*c*，'criterion'，criterion）；

（4）*T*=cluster（*Z*，'maxclust'，*n*）。

式中，参数 *Z* 不可缺省，*Z* 是一个 $(m-1)\times 3$ 的矩阵，这里的 *m* 是原始数据的观测个数。参数 *C* 是聚类时的截断阈值，对于某个节点及其子节点而言，当叶节点值小于该阈值时，则被分组到一个分支中。参数 depth 指定了向下层查阅不连续量的层深，默认值为 2。参数 criterion

指定了绘制聚类的标准，其值只有两个，即只能取字符串“inconsistent”和“distance”中的一个，缺省的默认值是“inconsistent”。当使用参数 maxclust 时，和参数 n 匹配着使用，这将会按照“distance”标准构建一个最大为 n 的聚类。

返回值 T 是大小为 m 的向量，保存每个观测值的聚类配置情况。

二、实施聚类分析的代码

前边我们学习了聚类的基本原理，又了解了需要的 MATLAB 函数，则进行层次聚类时，用 pdist 函数计算变量之间的距离，用 linkage 函数定义变量之间的连接，用 cophenet 函数评价聚类信息，用 cluster 函数创建聚类。下面给出通用的层次聚类代码。

```
function    PheneticClassify(myData,transformMethod,withinGroupMethod,...
    betweenGroupMethod)
%
% 程序用途：读入数据，并进行聚类判别。
% function :PheneticClassify(myData,transformMethod,distWithinGroup,...
%                   distBetweenGroups)
% 参数说明：
% 1，myData：原始数据矩阵；
% 2，transformMethod :原始数据进行标准化的方法，包括：中心化变换,标准化变换,
%     极差标准化变换,极差正规化变换,对数变换，以及 matlab 自带的 zscore 命令。选项
%     名称为：'centralized','standard','rangeStandard','rangeRegularized',
%     'logarithm','zscore'
% 3，withinGroupMethod：样品相似性度量类型，包括以下几种形式：欧氏距离，标
%      准化欧氏距离，马氏距离， 布洛克距离，闵可夫斯基距离等，选项名称为：
%      'chebychev','cityblock','correlation','cosine','euclidean','hamming',
%      'jaccard','mahalanobis','minkowski','seuclidean','spearman'
% 4，betweenGroupMethod：类间距离计算方法，包括以下几种形式：最短距离法,最长
%      距离法，平均距离法,重心距离法,平方和递增法。选项名称为：'weighted','ward',
%     'average','centroid','complete', 'median','single'
% 5，当原始节点数超过 30 时，有可能出现折叠隐藏，本代码设定超过 50 个后显示
% 细节。
% 作     者：wdwsjlxx@163.com
% 创建日期：2004，07，20
% 修改日期：2015，04，10
%
%% 检查输入参数,设置默认类型
if nargin>4
    error('输入参数个数太多!');
```

```
end
%% 设置数据标准化参数
if nargin<2||isempty(transformMethod)
    transformMethod= 'zscore';
elseif ischar(transformMethod)
    transformNames={'centralized',...      % 中心化变换
        'standard',...                      % 标准化变换
        'rangeStandard',...                 % 极差标准化变换
        'rangeRegularized',...              % 极差正规化变换
        'logarithm',...                     % 对数变换
        'zscore'};                          % matlab 自带，类似于 standard
    transformMethod=internal.stats.getParamVal(transformMethod,...
        transformNames,'TYPE');
else
    error('数据标准化方法：参数输入错误！')
end
%% 设置样本点之间的距离参数
if nargin<3||isempty(withinGroupMethod)
    withinGroupMethod='euclidean';
elseif ischar(withinGroupMethod)
    InternalTypes={'chebychev','cityblock','correlation','cosine',...
        'euclidean','hamming','jaccard','mahalanobis',...
        'minkowski','seuclidean','spearman'};
    withinGroupMethod=internal.stats.getParamVal(withinGroupMethod,...
        InternalTypes,'TYPE');
else
    error('计算样本之间距离参数输入错误！')
end
%% 设置类间距离参数
if nargin<4||isempty(betweenGroupMethod)
    betweenGroupMethod='single';
elseif ischar(betweenGroupMethod)
    BetweenGroupsTypes={'average','centroid','complete',...
        'median','single','ward','weighted'};
    betweenGroupMethod=internal.stats.getParamVal(betweenGroupMethod,...
        BetweenGroupsTypes,'TYPE');
else
    error('计算两类之间距离参数输入错误！')
end
```

```
%% 去除原始数据的 NaN 数据
[nRs,~]=find(isnan(myData)==1);
if ~isempty(nRs)
    myData(nRs,:)=[];
end
%% 数据标准化,关于数据标准化,
[nRows,nCols]=size(myData);
columnAverages=mean(myData,1);          % 列的均值
switch transformMethod
    case 'centralized'
        for jc=1:nCols
            myData(:,jc)=myData(:,jc)-columnAverages(jc);
        end
    case 'standard'
        columnSigmas=std(myData,0,1); % 列的标准差
        for jc=1:nCols
            myData(:,jc)=(myData(:,jc)-columnAverages(jc))/columnSigmas(jc);
        end
    case 'rangeStandard'
        columnRanges=range(myData,1);% 列的极差
        for jc=1:nCols
            myData(:,jc)=(myData(:,jc)-columnAverages(jc))/columnRanges(jc);
        end
    case 'rangeRegularized'
        columnMinimun=min(myData,[],1);   % 列的极小
        for jc=1:nCols
            myData(:,jc)=(myData(:,jc)-columnAverages(jc))/columnMinimun(jc);
        end
    case 'logarithm'
        [nRs,~]=find(myData<0);
        if ~isempty(nRs)
            error('负数不能使用对数变换！');
        else
            myData=arrayfun(@log,myData);
        end
    case 'zscore'
        myData=zscore(myData);
end
%% 计算距离函数
```

```
Y=pdist(myData,withinGroupMethod);
S=squareform(Y);
%fprintf('\n 计算得到 %s 距离\n',withinGroupMethod);
%disp(S);

%% 创建系统聚类树
Z=linkage(Y,betweenGroupMethod);
%fprintf('\n');
%disp('系统聚类树,数据值如下');
%disp(Z);fprintf('\n');
%% 绘制冰柱图
% disp('系统聚类树,绘制冰柱图如下:');
[H,T]=dendrogram(Z,0,'Orientation','top','ColorThreshold','default');
set(gcf,'color',[1,1,1]);
set(H,'LineWidth',1.5);
set(gca,'fontsize',12,'linewidth',2);
fprintf('\n');
%% 输出信息
if nRows>=50
    disp('系统聚类树图中包含的节点如下：');
    M=input('你想查看哪一节点的原始数据？ M = ');
    Re=find(T==M);
    fprintf('%s %d %s','节点',M,'的原始数据包含: ')
    disp(Re');fprintf('\n');
end
%% 检验
C=cophenet(Z,Y);
fprintf('本次计算中:\n\t%s%s\n\t%s%s\n\t%s%s\n\t%s%7.4f',...
    '数据标准化方法：',transformMethod,...
    '样本间距离类型:',withinGroupMethod,...
    '聚类间距离方法:',betweenGroupMethod,...
    '协相关系数: C =',C);
fprintf('\n');
```

三、实例计算

某研究[41]中，对金银花根围 AM 真菌和土壤因子的数据进行了测定，数据见表 5-10，试对该数据进行聚类分析。

表 5-10　金银花根围 AM 真菌和土壤因子

全氮 /（g/kg）	有机碳 /（g/kg）	pH	孢子密度 /（g^{-1}）	丛枝定殖率/%	泡囊定殖率/%	外生菌丝定殖率/%	内生菌丝定殖率/%	总定殖率/%
0.90	35.50	8.22	52.00	0.00	0.07	0.87	0.97	0.99
0.81	31.75	8.39	43.45	0.00	0.03	0.83	0.88	0.91
0.69	29.00	8.52	27.45	0.00	0.03	0.77	0.90	0.90
0.85	33.50	8.52	51.80	0.00	0.12	0.66	0.97	0.99
0.73	30.75	8.55	42.65	0.00	0.12	0.62	0.96	0.97
0.64	30.50	8.55	29.90	0.00	0.06	0.66	0.93	0.95
0.99	36.00	8.32	69.20	0.00	0.10	0.66	0.83	0.86
0.89	33.25	8.29	66.20	0.01	0.08	0.76	0.83	0.85
0.69	29.50	8.30	41.65	0.01	0.04	0.59	0.77	0.80
0.92	31.25	8.33	39.15	0.02	0.27	0.24	0.58	0.62
0.73	32.50	8.36	21.95	0.02	0.24	0.30	0.73	0.74
0.65	29.75	8.53	17.85	0.00	0.14	0.18	0.71	0.72
0.69	29.00	8.18	38.85	0.02	0.28	0.44	0.66	0.69
0.60	26.00	8.23	29.15	0.02	0.20	0.46	0.64	0.65
0.42	23.25	8.22	14.65	0.03	0.26	0.30	0.68	0.70
0.65	27.57	8.24	41.75	0.02	0.32	0.41	0.66	0.69
0.44	25.25	8.36	29.65	0.02	0.35	0.28	0.73	0.74
0.40	24.50	8.38	14.54	0.00	0.33	0.20	0.65	0.67
0.67	28.50	8.13	44.20	0.00	0.31	0.21	0.27	0.54
0.49	27.25	8.15	38.20	0.00	0.29	0.32	0.31	0.56
0.39	25.00	8.17	32.20	0.00	0.19	0.09	0.29	0.39
0.67	32.50	8.22	56.00	0.00	0.29	0.44	0.63	0.81
0.58	28.75	8.38	37.20	0.00	0.29	0.32	0.42	0.66
0.45	26.50	8.57	29.80	0.02	0.19	0.23	0.75	0.83
0.71	33.25	8.19	70.80	0.00	0.16	0.38	0.69	0.76
0.64	30.00	8.41	45.40	0.01	0.29	0.15	0.57	0.64
0.42	27.00	8.52	21.40	0.00	0.20	0.26	0.67	0.77
0.58	35.50	8.19	80.40	0.15	0.16	0.33	0.79	0.86
0.51	32.00	8.28	44.00	0.10	0.21	0.32	0.77	0.86
0.42	32.00	8.29	30.60	0.11	0.17	0.27	0.76	0.81
0.61	40.50	8.15	34.60	0.00	0.21	0.18	0.64	0.74
0.55	39.00	8.19	29.60	0.07	0.13	0.33	0.70	0.85
0.43	33.50	8.20	20.60	0.03	0.10	0.24	0.55	0.66
0.68	36.50	8.29	58.00	0.00	0.02	0.42	0.40	0.64
0.62	34.00	8.44	30.20	0.00	0.06	0.31	0.30	0.57
0.45	31.00	8.47	20.20	0.00	0.04	0.49	0.25	0.63

运行

```
FileName='Am.txt';
A=load（FileName，'ascii'）;
PheneticClassify（A，'zscore'，'correlation'，'complete'）;
```

结果如图 5-5 所示。

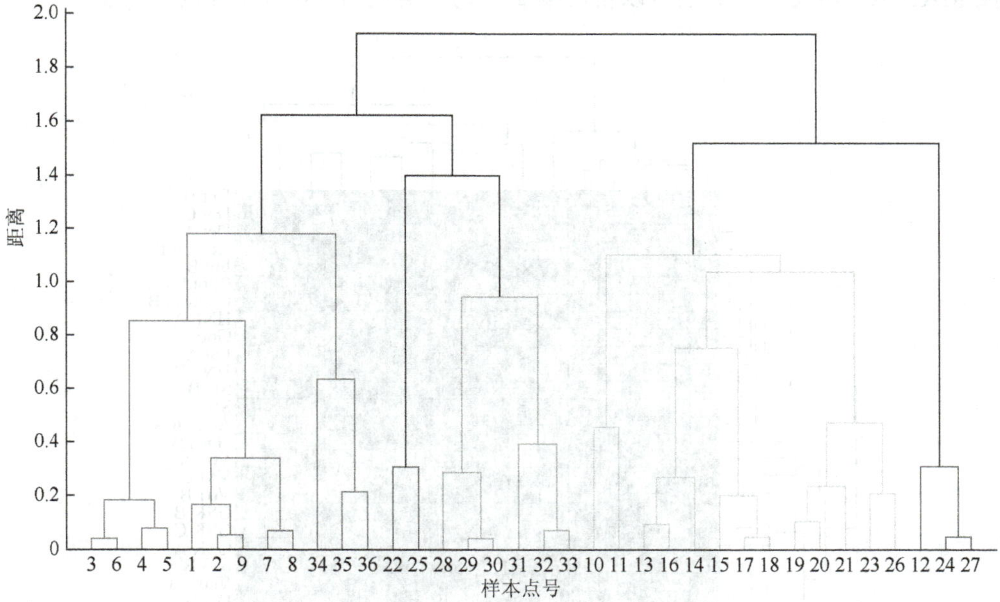

图 5-5 聚类分析结果

第五节 热图与聚类

热图，英文称 heat map，是一种新的用来表示二维空间数据的方法，它通过颜色的变化将二维平面上的数据表达出来，不同的颜色代表着不同的值。如图 5-6 所示，对于生态环境恶化程度的表达，非常直观。

热图图示化了离散数据（事件或事物）的分布及其相互关系，以一张具备显著颜色差异图片的方式呈现最终结果，亮色一般代表事件发生频率较高或事物分布密度较大，暗色反之，如图 5-7 所示。

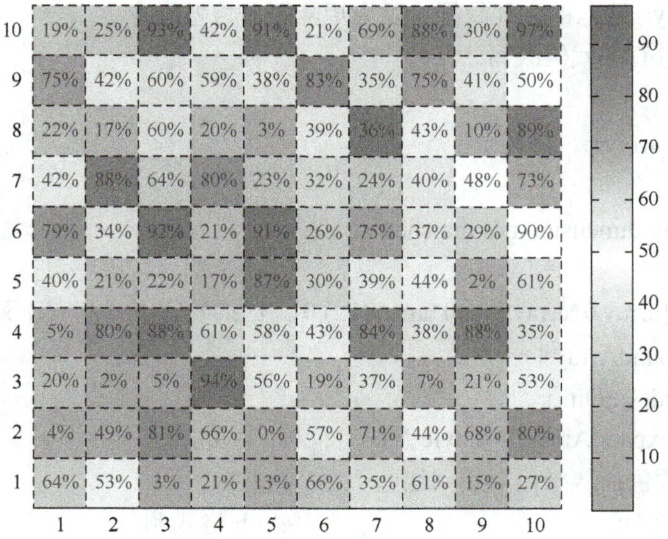

图 5-6 生态环境恶化程度

MATLAB 专门提供了绘制热图的命令，该命令为 heatmap 函数，更为详细的函数说明，请查阅 MATLAB 帮助。我们也可以自己编制代码，实现图 5-6 所示样例。

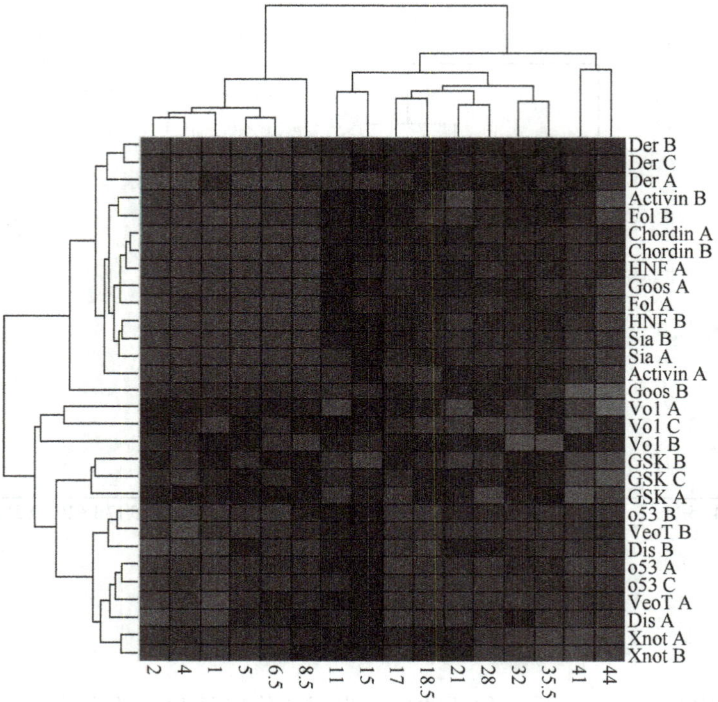

图 5-7　双向聚类热图

参考有关资料，给出代码如下。

```
function drawHeatMap(array)
% 功能：绘制热图，并标记各色对应的值
% 参数：array: 输入的方阵数据，距离矩阵等多为方阵
% 说明：参考有关代码改写。
%
[row,col]=size(array);
if row~=col
    error('array dimension not matched!')
end
expandArray=[array,0*array(:,1);0*array(1,:),0]; % 扩展底 1 行和右 1 列
nDim=size(expandArray,1);
[m,n]=meshgrid(1:nDim);
surf(m,n,0*m,expandArray,'linestyle',':');          % 生成框图
% 设定渐变颜色：从绿色渐变到红色
maps=ones(199,3);                                   % rgb 格式颜色
```

```
clrGrad=linspace(0,1)';                          % 颜色渐变梯度
maps(1:100,[1,3])=[clrGrad,clrGrad];
maps(199:-1:100,[2,3])=[clrGrad,clrGrad];
colormap(maps);colorbar;
%绘图设置
view(2);axis ij;% 方格
axis([1,nDim,1,nDim])                            % 默认格的绘图单位是 1
xTkPos=1.5:nDim-0.5;
yTkPos=1.5:nDim-0.5;
xTkLabels={1:nDim-1};
yTkLabels={nDim-1:-1:1};
set(gca,'xtick',xTkPos,'xticklabel',xTkLabels,...
          'ytick',yTkPos,'yticklabel',yTkLabels);
%显示数据
[m,n]=meshgrid(xTkPos,yTkPos);
text(m(:),n(:), cellfun(@(x) num2str(x),...
     num2cell(array(:)),'UniformOutput',false),...
     'HorizontalAlignment','center','color','b');
set(gcf,'color',[1,1,1]);
```

对于图 5-7 形式的热图，则把聚类分析结合进去，实施了双向聚类分析。在 MATLAB 中，没有现成的函数来直接实现这种绘图，对此，我们给出代码，其实现效果如下实例。设在某次生物实验中，有 6 个因素的 10 次测量数据（注：按照实验设计，如正交试验等，样本点数远不满足要求，这里只为了说明应用程序，暂不考虑数据多少的合理性）。其测定数据见表 5-11，则绘制的热图如图 5-8 所示。

表 5-11 双向聚类热图绘制数据

	因素 1	因素 2	因素 3	因素 4	因素 5	因素 6
样本 1	0.8147	0.7060	0.7513	0.0759	0.1067	0.4173
样本 2	0.9058	0.0318	0.2551	0.0540	0.9619	0.0497
样本 3	0.1270	0.2769	0.5060	0.5308	0.0046	0.9027
样本 4	0.9134	0.0462	0.6991	0.7792	0.7749	0.9448
样本 5	0.6324	0.0971	0.8909	0.9340	0.8173	0.4909
样本 6	0.0975	0.8235	0.9593	0.1299	0.8687	0.4893
样本 7	0.2785	0.6948	0.5472	0.5688	0.0844	0.3377
样本 8	0.5469	0.3171	0.1386	0.4694	0.3998	0.9001
样本 9	0.9575	0.9502	0.1493	0.0119	0.2599	0.3692
样本 10	0.9649	0.0344	0.2575	0.3371	0.8001	0.1112

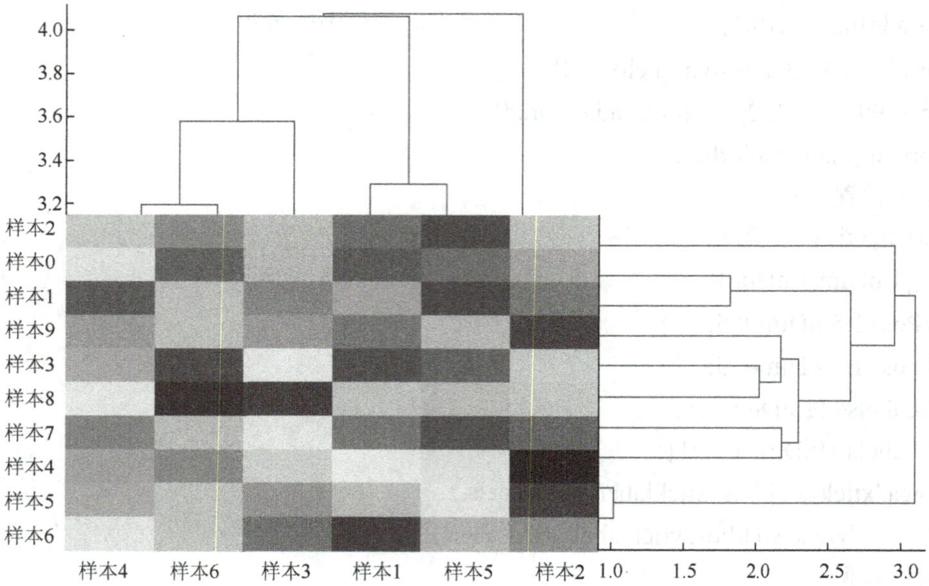

图 5-8　双向聚类热图

附实现代码

```
function DrawTwoDimenCluster(FileName,PosKey,varName,sampName,...
    transformMethod,withinGroupMethod,betweenGroupMethod)
% 用途：本程序用来输出热图季聚类分析的结果，以供分析数据使用。
% 调用：DrawTwoDimenCluster('s1.txt')
% 说明：本程序包括如下 5 个子程序,各自程序以 Sub 开头命名。
% (1), 数据读取部分，子程序为：SubReadData.m,调用格式为：
%      [VariNames,SampNames,Array]=SubReadData(DataFileName,...
%            VarFileNames,SampFileName)
%      该函数读取原始数据文件等，主要包括 3 个参数，其中 DataFileName 是原始数据
%      文件名称，必不可少，其他两个参数可默认省略。这部分将格式化数据读取到
内存。
% (2), 聚类分析部分，子程序名称为: SubCluster.m，调用格式为：
%      [NewA,NewNotes,Z]= SubCluster(SideLabels, Array,...
%                transformMethod,withinGroupMethod, betweenGroupMethod,...
%                Orient, OutputFileName)
%      这部分对数据进行聚类分析，按照给定的方式进行数据标准化，计算样本间
距离，
%      类间距离，使用的参数较多。
%      transformMethod--原始数据的标准化方法
%      withinGroupMethod--计算样本之间的距离的具体方法
%      betweenGroupMethod--计算类型之间的距离的具体方法
%      Orient --聚类图绘制方向，包括 4 种设置，分别为'top','right'等，参数
```

```
%           如下：
%                 'top'          -- top to bottom (default)
%                 'bottom'       -- bottom to top
%                 'left'         -- left to right
%                 'right'        -- right to left
%       聚类树图的位置只有 4 种情况，以位置开关
%             RC -- RightAndCeil          % 右上绘制树图
%             RB -- RightAndBottom        % 右下绘制树图
%             LC -- LeftAndCeil           % 左上绘制树图
%             LB -- LeftAndBottom         % 左下绘制树图
%            lc-左上；lb-左下；rc-右上；rb-右下；
%         OutputFileName——文件名，将经过聚类的数据输出到该文件备份；
%   (3), 数据输出程序为：SubOutput.m,调用格式为：
%           SubOutput(FileName,myData,SideLabels,ParamNames)
%        该函数将经过聚类分析的最终数据输出到文件。
%   (4), 热图绘制，子程序为：SubDrawHeatMap.m,调用格式为：
%         SubDrawHeatMap(SideLabels,BottomLabels,Array,LeftRight,CeilFloor)
%         包含的参数：LeftNote,BottomNote,Array,LeftRight,CeilFloor
%         其中 LeftRight,CeilFloor 指左右上下，分别是：L,R,C,F
%   (5), 内部子程序 SubReadString 读取字符串数据，调用格式为：
%           [names]=SubReadString(FileName)
%         它只适用于.txt 文本文件，要求字符串之间以逗号隔开。
%
% 编程：2010.07.19
% 修订：2015.04.14

% FileName='s1.txt';
%% 参数设置，主要包括聚类与绘图
% 聚类图方位
if nargin<2||isempty(PosKey)
    PosKey='';  % 默认右上
end
% 变量名称控制
if nargin<3||isempty(varName)
    varName='';
end
% 样本点名称参数
if nargin<4||isempty(sampName)
    sampName='';
```

```
end
% 数据标准化方法
if nargin<5||isempty(transformMethod)
    transformMethod='';
end
% 样本点之间计算距离方法
if nargin<6||isempty(withinGroupMethod)
    withinGroupMethod='';
end
% 类间距离方法
if nargin<7||isempty(betweenGroupMethod)
    betweenGroupMethod='';
end

%% 图像配置
FigX0 = 0.05;                     % 整图坐标起点 x0
FigY0 = 0.05;                     % 整图坐标起点 y0
FigWidth = 0.80;                  % 整图图幅宽度
FigHeight = 0.80;                 % 整图图幅高度
% 中间热图区位置
CentralAxesX0 = 0.2;              % 中间热图区坐标起点
CentralAxesY0 = 0.2;              % 中间热图区坐标起点
CentralAxesWidth = 0.4;           % 中间热图区图幅宽度
CentralAxesHeight = 0.4;          % 中间热图区图幅高度
% 将图面分成 5 部分,设置其属性，为绘图准备
FigPos = [FigX0,FigY0,FigWidth,FigHeight];
figure('Units','normalized','Position',FigPos,...
    'Color',[1,1,1],'Name','HeatMap',...
    'NumberTitle','on');axis ij;axis off;
% HC:中间图区
CentralPos = [CentralAxesX0,CentralAxesY0,...
    CentralAxesWidth,CentralAxesHeight];
HC=axes('Position',CentralPos, 'Box', 'on');axis off;
% HU:顶部区域
UpPos =[CentralAxesX0,CentralAxesY0+CentralAxesHeight,...
    CentralAxesWidth,FigY0+FigHeight-CentralAxesY0-CentralAxesHeight];
HU=axes('Position',UpPos , 'Box', 'on'); axis off;
% HR:右部区域
RightPos =[CentralAxesX0 + CentralAxesWidth,CentralAxesY0,...
```

```
        FigX0 + FigWidth - CentralAxesX0 - CentralAxesWidth,...
        CentralAxesHeight];
    HR=axes('Position',RightPos, 'Box', 'on'); axis off;
    % HL:左侧区域
    LeftPos =[FigX0,CentralAxesY0,...
        CentralAxesX0 - FigX0,CentralAxesHeight];
    HL=axes('Position',LeftPos,'Box', 'off'); axis off;
    % HB:底部区域
    BottomPos =[CentralAxesX0,FigY0,...
        CentralAxesWidth,CentralAxesY0-FigY0];
    HB=axes('Position',BottomPos,'Box', 'off'); axis off;
    set([HC,HR,HL,HB,HU], 'Color',[1,1,1],'FontName','times ',...
        'FontAngle','italic',...
        'FontSize',10)

    %% 把数据读入内存中
    [VariNotes,SampleNotes,Array]=SubReadData(FileName,varName,sampName); % 原始数
据存放
    OUTA = [FileName(1:end-4),'_final_head_notes'];
    OUTB = [FileName(1:end-4),'_final_left_notes'];

    %% 绘制聚类图
    switch PosKey
        case {'RC','rc','CR','cr',''}        % 聚类图绘制于热图的右侧和上侧,也是默认
            disp(' 聚类图绘制于热图的右侧和上侧.');
            Orient = 'right';
            %处理第 1 次聚类分析,按行指标处理数据之间的聚类
            [NewA,FinalLeftNotes,Z]= SubCluster(SampleNotes, Array,...
                transformMethod,withinGroupMethod, betweenGroupMethod,...
                Orient, OUTA);
            axes(HR);
            dendrogram(Z,0,'ORIENTATION',Orient);hold on;
            %   处理第 2 次聚类分析处理
            Array=NewA';
            Orient = 'top';
            [NewA,FinalHeaderNotes,Z] = SubCluster(VariNotes,Array,...
                transformMethod,withinGroupMethod, betweenGroupMethod,...
                Orient,OUTB);
            axes(HU);dendrogram(Z,0,'ORIENTATION',Orient);
```

```
        tText=[FileName(1:end-4),'聚类分析图'];
        title(tText);hold on;
        axes(HC);           % Heat Map and Notes
        SubDrawHeatMap(FinalLeftNotes,FinalHeaderNotes,NewA','L','F');
        axis off; hold on;
    case {'LC','lc','CL','cl'}%  聚类图绘制于热图的左侧和上侧
        disp(' 聚类图绘制于热图的左侧和上侧.');
        Orient = 'left';
        %处理第 1 次聚类分析,按行指标处理数据之间的聚类
        [NewA,FinalLeftNotes,Z] = SubCluster(SampleNotes,Array,...
            transformMethod,withinGroupMethod, betweenGroupMethod,...
            Orient,OUTA);
        axes(HL); dendrogram(Z,0,'ORIENTATION',Orient);hold on;
        %  处理第 2 次聚类分析处理
        Array=NewA';
        Orient = 'top';
        [NewA,FinalHeaderNotes,Z] = SubCluster(VariNotes,Array,...
            transformMethod,withinGroupMethod, betweenGroupMethod,...
            Orient,OUTB);
        axes(HU);dendrogram(Z,0,'ORIENTATION',Orient);
        tText=[FileName(1:end-4),'聚类分析图'];
        title(tText);hold on;
        axes(HC);           % Heat Map and Notes
        SubDrawHeatMap(FinalLeftNotes,FinalHeaderNotes,NewA','R','F');
        axis off;hold on;
    case {'RB','rb','BR','br'} % 聚类图绘制于热图的右侧和下侧.
        disp(' 聚类图绘制于热图的右侧和下侧.');
        Orient = 'right';
        %处理第 1 次聚类分析,按行指标处理数据之间的聚类
        [NewA,FinalLeftNotes,Z] = SubCluster(SampleNotes,Array,...
            transformMethod,withinGroupMethod, betweenGroupMethod,...
            Orient,OUTA);
        axes(HR);dendrogram(Z,0,'ORIENTATION',Orient); hold on;
        %  处理第 2 次聚类分析处理
        Array=NewA'; Orient = 'bottom';
        [NewA,FinalHeaderNotes,Z] = SubCluster(VariNotes,Array,...
            transformMethod,withinGroupMethod, betweenGroupMethod,...
            Orient,OUTB);
        axes(HB); dendrogram(Z,0,'ORIENTATION',Orient);
```

```
        tText=[FileName(1:end-4),'聚类分析图'];
        title(tText);hold on;
        axes(HC);              % Heat Map and Notes
        SubDrawHeatMap(FinalLeftNotes,FinalHeaderNotes,NewA','L','C');
        axis off;hold on;
    case {'LB','lb','BL','bl'} % 聚类图绘制于热图的左侧和下侧
        disp(' 聚类图绘制于热图的左侧和下侧.');
        Orient = 'left';
        %处理第 1 次聚类分析,按行指标处理数据之间的聚类
        [NewA,FinalLeftNotes,Z] = SubCluster(SampleNotes,Array,...
            transformMethod,withinGroupMethod, betweenGroupMethod,...
            Orient,OUTA);
        axes(HL);dendrogram(Z,0,'ORIENTATION',Orient);hold on;
        %   处理第 2 次聚类分析处理
        Array=NewA';Orient = 'bottom';
        [NewA,FinalHeaderNotes,Z] = SubCluster(VariNotes,Array,...
            transformMethod,withinGroupMethod, betweenGroupMethod,...
            Orient,OUTB);
        axes(HB);dendrogram(Z,0,'ORIENTATION',Orient);
        tText=[FileName(1:end-4),'聚类分析图'];
        title(tText);hold on;
        axes(HC);              % Heat Map and Notes
        SubDrawHeatMap(FinalLeftNotes,FinalHeaderNotes,NewA','R','C');
        axis off; hold on;
    otherwise
         error('input error!: where do you want to locate the dendrogram!');
end

%% 输出结果
% 数据输出到文件
NewA=NewA';
OUTC = [FileName(1:end-4),'_final_format_data'];
SubOutput(OUTC,NewA,FinalLeftNotes,FinalHeaderNotes);
% 图形输出到文件
FigureFormat = '-dmeta';
FigureResolution ='-r100';
FigureName = sprintf('%s.jpg',FileName(1:end-4));
print(FigureFormat,FigureResolution,FigureName);
```

```
function  [VariNames,SampNames,Array]=SubReadData(DataFileName,...
VarFileNames,SampFileName)
% 功能：读取原始数据文件等
% 参数：DataFileName--原始数据文件，必不可少，按照行列排好的数据表。
%        VarFileNames--变量名称文件名，该文件中存放变量的名称。
%        SampFileName--样本点名称文件，该文件中存放样本点的具体名称。
% 判断输入参数
if nargin<1||nargin>3
    error('Input files: error!');
end
% 读取原始数据文件
Array=load(DataFileName,'-ascii');
[nRows,nCols]=size(Array);
% 设定默认变量名称
if nargin<2||isempty(VarFileNames)
    VariNames=cell(1,nCols);
    for jc=1:nCols
        VariNames{jc}=sprintf('Variable_%d',jc);
    end
else
    VariNames=SubReadString(VarFileNames);
    vCol=size(VariNames,2);
    if vCol~=nCols
        error('variable name does not match data columns!');
    end
end
% 设定默认样本点名称
if nargin<3||isempty(SampFileName)
    SampNames=cell(1,nRows);
    for ir=1:nRows
        SampNames{ir}=sprintf('Sample_%d',ir);
    end
else
    SampNames=SubReadString(SampFileName);
    sRow=size(SampNames,2);
    if sRow~=nRows
        error('sample name and data rows not matched!');
    end
end
```

```
disp(VariNames)
disp(SampNames)


function [NewA,NewNotes,Z]= SubCluster(SideLabels, Array,...
      transformMethod,withinGroupMethod, betweenGroupMethod,...
      Orient, OutputFileName )
% 功能：聚类
% 说明：  因为 SubCluster 程序只是单向按行处理数据之间的聚类，如果按列处理数据
%         之间的聚类,就需要把矩阵转置后带入程序，同时参数名称也要改变顺序.
% 参数：
%    (1), SideLabels -- 标注使用的标签
%    (2), Array --数据矩阵
%    (3), transformMethod--原始数据的标准化方法
%    (4), withinGroupMethod--计算样本之间的距离的具体方法
%    (5), betweenGroupMethod--计算类型之间的距离的具体方法
%    (6), Orient --绘图朝向
%    (7), FileName --输出文件名
% 日期：  2010.04.15
% 修订：  2015.04.14.

% 设置数据标准化参数
if isempty(transformMethod)
     transformMethod= 'zscore';
elseif ischar(transformMethod)
     transformNames={'centralized',...    % 中心化变换
          'standard',...                  % 标准化变换
          'rangeStandard',...             % 极差标准化变换
          'rangeRegularized',...          % 极差正规化变换
          'logarithm',...                 % 对数变换
          'zscore'};                      % matlab 自带，类似于 standard
     transformMethod=internal.stats.getParamVal(transformMethod,...
          transformNames,'TYPE');
else
     error('数据标准化方法：参数输入错误！')
end

% 设置样本点之间的距离参数
if isempty(withinGroupMethod)
```

```
    withinGroupMethod='euclidean';
elseif ischar(withinGroupMethod)
    InternalTypes={'chebychev','cityblock','correlation','cosine',...
            'euclidean','hamming','jaccard','mahalanobis',...
            'minkowski','seuclidean','spearman'};
    withinGroupMethod=internal.stats.getParamVal(withinGroupMethod,...
        InternalTypes,'TYPE');
else
    error('计算样本之间距离参数输入错误！')
end

% 设置类间距离参数
if isempty(betweenGroupMethod)
    betweenGroupMethod='single';
elseif ischar(betweenGroupMethod)
    BetweenGroupsTypes={'average','centroid','complete',...
        'median','single','ward','weighted'};
    betweenGroupMethod=internal.stats.getParamVal(betweenGroupMethod,...
        BetweenGroupsTypes,'TYPE');
else
    error('计算两类之间距离参数输入错误！')
end

% 数据标准化,关于数据标准化，
[nRows,nCols]=size(Array);
columnAverages=mean(Array,1);  % 列的均值
switch transformMethod
    case 'centralized'
        for jc=1:nCols
            Array(:,jc)=Array(:,jc)-columnAverages(jc);
        end
    case 'standard'
        columnSigmas=std(Array,0,1);      % 列的标准差
        for jc=1:nCols
            Array(:,jc)=(Array(:,jc)-columnAverages(jc))/columnSigmas(jc);
        end
    case 'rangeStandard'
        columnRanges=range(Array,1);              % 列的极差
        for jc=1:nCols
```

```
            Array(:,jc)=(Array(:,jc)-columnAverages(jc))/columnRanges(jc);
        end
    case 'rangeRegularized'
        columnMinimun=min(Array,[],1);              % 列的极小
        for jc=1:nCols
            Array(:,jc)=(Array(:,jc)-columnAverages(jc))/columnMinimun(jc);
        end
    case 'logarithm'
        [nRs,~]=find(Array<0);
        if ~isempty(nRs)
            error('负数不能使用对数变换！');
        else
            Array=arrayfun(@log,Array);
        end
    case 'zscore'
        Array=zscore(Array);
end
%
Y=pdist(Array,withinGroupMethod);S=squareform(Y);
Z=linkage(Y,betweenGroupMethod);Temp=figure();
[~,~,Perm] = dendrogram(Z,0,'ORIENTATION',Orient);
close(Temp);
%
NewA = zeros(nRows,nCols);        % 存放调整后的新排序数据
NewNotes = {zeros(nRows,1)};        % 存放调整后的新种类属性
% 根据聚类调整数据顺序，以及数据名称顺序，注意生成方向
for i = 1:nRows
    NewA(i,:) = Array(Perm(i),:);
    NewNotes{i} = SideLabels{Perm(i)};
end
% 输出更改顺序后的参数、变量名称表
OutputFileName = [OutputFileName,'.txt'];
Fid = fopen (OutputFileName,'w');
for i=1:nRows
    fprintf(Fid,'%s,\n',NewNotes{i});
end
fclose(Fid);
return;
```

```
function SubDrawHeatMap(SideLabels,BottomLabels,Array,LeftRight,CeilFloor)
% 用途：读入数据，并进行热图绘制。
% 参数：LeftNote,BottomNote,Array,LeftRight,CeilFloor
% 日期：2010，07，15
%
[nRows,nCols] = size(Array);        % 数据的大小
imagesc(Array);    axis off;
% 标注文字
fz=10; % 字体大小
rtat=45; % 字体倾斜角
% 左边,右边参数名称
if   (LeftRight == 'R'|| LeftRight == 'r')
     for i = 1:nRows;
          text(nCols + 1,i,SideLabels{i},...
               'FontSize',fz,'FontName','Times New Roman' ,...
               'horizontalAlignment','left');
     end
elseif (LeftRight == 'L'|| LeftRight == 'l')
     for i=1:nRows;
          text(0,i,SideLabels{i},...
               'FontSize',fz,'FontName','Times New Roman' ,...
               'horizontalAlignment','right');
     end
else
     disp('参数设置有误，按默认输出到文件.');
     for i=1:nRows;
          text(0,i,SideLabels{i},...
               'FontSize',fz,'FontName','Times New Roman' ,...
               'horizontalAlignment','right');
     end
end
hold on;

%下边,上边参数名称
if (CeilFloor == 'C' || CeilFloor == 'c');
     for i=1:nCols;
          text(i,0,BottomLabels{i},...
               'FontSize',fz,'FontName','Times New Roman' ,...
               'horizontalAlignment','left',...
```

```
                'rotation',rtat);
        end
    elseif (CeilFloor == 'F' || CeilFloor == 'f');
        for i=1:nCols;
            text(i,nRows+1,BottomLabels{i},...
                'FontSize',fz,'FontName','Times New Roman' ,...
                'horizontalAlignment','right',...
                'rotation',rtat);
        end
    else
        disp('参数设置有误，按默认输出到文件.');
        for i=1:nCols;
            text(i,nRows+1,BottomLabels{i},...
                'FontSize',fz,'FontName','Times New Roman' ,...
                'horizontalAlignment','right',...
                'rotation',rtat);
        end
    end
    hold on;

function SubOutput(FileName,myData,SideLabels,ParamNames)
    % output the result of data
    %   2010.04.15
    FileName = [FileName,'.txt'];
    Notes={
        '% 说明：这是原始数据的汇总，原始数据应该这样准备，以方便程序读取及处理。';
        '% 1，变量名称文本文件，如溶菌酶，SOD，G6P 等名称，名称使用英文拼写，';
        '%      若没有准备，也可以使用缺省默认值。具体示例如下：';
        '%      Param01, Param02, Param03, Param04, Param05';
        '% 2，数据样本名称或编号文件，如果没有，可不准备，使用缺省默认值，若准备，';
        '%      具体示例和变量名文件格式一致。';
        '% 3，数据文件具体示例如下：';
        '%    0.00000    1.65416    1.61251    1.45689    1.56883    2.57774 '
        '%    1.65416    0.00000    1.12205    2.43116    1.10492    2.57972 '
        '%    1.61251    1.12205    0.00000    2.30609    0.88241    2.76092 '
        '%    |                                                                  |'
        '%    |__________________________________   _________________________________|'
```

```
        '%                                      V'
        '%                                      数据区'
        '%';
        };
    % 输出注释部分
    Fid = fopen(FileName,'w');
    nRows = size(Notes,1);
    for i=1:nRows
        fprintf(Fid,'%s\n',Notes{i});
    end

    % 准备输出数据
    [DataRows,DataCols] = size(myData);

    % 找出最长参数名（左侧）
    Lpsz = zeros(DataRows,1);
    for i=1:DataRows;
        Lpsz(i) = length(SideLabels{i});
    end
    sLongest = max(Lpsz,[],1);
    % 找出最长参数名
    Bpsz = zeros(DataCols,1);
    for i=1:DataCols;
        Bpsz(i) = length(ParamNames{i});
    end
    bLongest = max(Bpsz,[],1);
    %  格式化输出数据,参数名称长度下限为 8 位长度
    if bLongest<=5;
        bLongest=8;
    end
    % 输出第一行前边的空白
    Space=' ';
    for i=1:sLongest;
        fprintf(Fid,'%s',Space);
    end
    fprintf(Fid,'%s','Samp\Vari');
    % 输出第一行的参数名称
    BottomOutputFormat = ['%',num2str(bLongest + 2),'s'];
    for i = 1:DataCols;
```

```
        fprintf(Fid,BottomOutputFormat,ParamNames{i});
    end
    fprintf(Fid,'\n');
    % 输出左侧名称和数据本身
    DataFormat = sprintf('%c%d%c%d%c','%',bLongest + 2,'.',4,'f');
    LeftParamFormat = ['%',num2str(sLongest + 2),'s'];
    for i = 1:DataRows;
        fprintf(Fid,'%3.3d ',i);
        fprintf(Fid,LeftParamFormat,SideLabels{i});
        fprintf(Fid,DataFormat,myData(i,:));
        fprintf(Fid,'\n');
    end
    fclose(Fid);
    return;


    function [names]=SubReadString(FileName)
    % 功能：读取字符串数据
    % 要求：1) 只适用于.txt 文本文件。2) 字符串之间以逗号隔开
    % 修订： 2015.04.14.
    %
    Fid=fopen(FileName,'r');
    names=cell(0);
    while ~feof(Fid)                % 判断是否为文件末尾
        tline=fgetl(Fid);           % 从文件读行
        tline(isspace(tline))=[];       % 去除行内空白
        tempa=strtrim(tline);           % 去除空白行
       % tline=deblank(tline)
        if ~strncmpi(tempa,'%',1)&&~strcmp(tempa,'')   % 跳过注释行,空行
            temp=regexp(tempa, ',', 'split'); % 正则表达式，逗号分隔
            for jc=1:length(temp)
                if ~strcmp(temp(jc),'')
                    names=[names,temp(jc)];
                end
            end
        end
    end
    fclose(Fid);
    return;
```

第六节 其他聚类方法

除了前边学习过的系统聚类法外，工作中还有其他多种聚类方法，聚类方法也是数据挖掘的主要工具，在这里，我们简单介绍其他几种，如有必要，读者可参阅文献[15]获得更深程度的阅读。

一、*K* 均值聚类法

(一) 原理

K 均值聚类法是一种较简单的聚类方法，因其简洁、快速，应用也比较多。*K* 均值聚类和前边所讲的系统聚类相比，它们的相同点都是以距离的远近作为聚类的标准；不同点是，系统聚类计算各类的聚类结果，*K* 均值则只是针对设定的 *K* 类进行聚类，其大致步骤如下。

第一步：根据经验或者根据已有的一些分类结果，将数据人为地分成 *K* 类，并根据这些分类数据，计算数据的中心。

第二步：计算某一类中各个样本点数据到 *K* 个数据中心的距离，并将各点归并到距离最近的类中。

第三步：重复执行第二步，将样本点归并完毕，重新检查，以确定是否继续分类。

之所以提出 *K* 均值聚类，一是源于计算量相对较小，二是简便易用，但在目前的计算机等软件性能提升后，这种计算差别已经不大。另外，这种方法预先把样本点确定分为 *K* 类，每一类中数据的分配也会影响后续的计算，带有一定的主观性。

(二) *K* 均值的 MATLAB 实现

与 *K* 均值聚类有关的 MATLAB 函数包括 kmeans 和 silhouette 两个函数，它们分别完成聚类与绘图。

1. kmeans 函数

该函数用来完成 *K* 均值聚类，通过动态地计算每个点到类中心的距离，以最小值为选择标准，缺省参数时，计算距离采用欧氏距离。其调用格式有 5 种情况，分别如下。

1）IDX=kmeans（*X*，*k*）

这种调用格式最为简单，输入参数 *X* 是要进行 *K* 均值聚类的数据，以 $n \times p$ 的矩阵形式准备，其中 n 个样本点，每个占据矩阵 *X* 的一行，p 个变量按列排列，共同组成数据矩阵 *X*。返回参数 IDX 是英文 indices of *X* 的缩写，即索引值，它是一个 $n \times 1$ 的列向量，包含每个样本点已归并到的类号。

2）[IDX，*C*]=kmeans（*X*，*k*）

这种调用格式和第一种格式相比，输入参数不变，但增加了一个返回值 *C*，查阅 MATLAB 关于该参数的说明可知，*C* 是一个 $k \times p$ 的矩阵，保存着聚类后各类的中心坐标，当 $p \leqslant 3$ 时，我们可以绘制出三维中心点，但 $p>3$ 时，只能抽象地看作 p 维空间中的中心点。

3）[IDX，*C*，sumd]=kmeans（*X*，*k*）

这里，返回参数 sumd，是英文 sums of point-to-centroid distances，即类中各样本点到类中心的距离和，因为只有 *K* 个类，所以该参数是一个 $1\times k$ 的向量，某个元素值为该类的类内距离和。

4）[IDX，*C*，sumd，*D*]=kmeans（*X*，*k*）

这种调用方式中，*D* 为距离矩阵，包含着样本点与各类中心之间的距离，*n* 个样本点，*k* 个中心，故距离矩阵的结构为 $n\times k$，其中元素 (i,j) 即第 i 个样本点与第 j 个中心的距离。

5）[...]=kmeans（...，param1，val1，param2，val2，...）

这种调用格式最为灵活，允许我们采用“参数/值”对来设置输入，包括计算距离时使用的方法，如欧氏距离、区块距离、夹角余弦等。也包括如何处置空类值，比如是去除空类，还是把它当作错误等。对这类参数，MATLAB 以列表形式给出了更详细的说明，如有必要，可阅读 MATLAB 中函数的 doc 帮助。

这里给出 MATLAB 自带的样例，读者可参考使用。

```
rng（'default'）      % 为再现结果，设定可重现随机值
X=[randn（100，2）+ones（100，2）；...
       randn（100，2）-ones（100，2）]；
opts=statset（'Display'，'final'）；
[idx，ctrs]=kmeans（X，2，'Distance'，'city'，...
                  'Replicates'，5，'Options'，opts）；
```

结果如下：

```
Replicate 1，   4 iterations，   total sum of distances=310.651.
Replicate 2，   9 iterations，   total sum of distances=310.651.
Replicate 3，   5 iterations，   total sum of distances=310.651.
Replicate 4，   6 iterations，   total sum of distances=310.651.
Replicate 5，   9 iterations，   total sum of distances=310.651.
Best total sum of distances=310.651.
```

2. silhouette 函数

silhouette 函数用来绘制轮廓图，它处理的聚类结果，可来源于 cluster，clusterdata 及 kmeans 等。通过绘图，可以检查分类的效果，并能查找出不合理的分类点。该函数包括以下几种调用格式。

1）silhouette（*X*，clust）

这种调用格式中，参数 *X* 是保存样本点的 $n\times p$ 维数据矩阵，和 kmeans 中的数据一样，行代表样本点，列代表变量。参数 clust 是聚类结果，该结果来源不一，既可以是观测样本点的类序号组成的数值向量，也可以是类名称字符矩阵或字符串 cell 数组。对于数据中的 NaN 数据或者空字符串，则不予考虑，缺省参数时，采用平方欧氏距离计算。

2）*s*=silhouette（*X*，clust）

返回参数 *s* 是一个 $n\times 1$ 向量，其中保存着各点的轮廓值。

3）[*s*，*h*]=silhouette（*X*，clust）

返回值 *h* 是图形句柄。

4）[...]=silhouette（*X*，clust，metric）

这种调用格式中，参数 metric 用来指定计算距离矩阵的方法，既可以是字符串，用来说明方法，也可以是距离矩阵。对于 metric 的具体参数：①'Euclidean'{'sqEuclidean'}；②'cityblock'；③'cosine'；④'correlation'；⑤'Hamming'；⑥'Jaccard'；⑦'vector'。对于这些参数的含义，不再一一细解。

5）[...]=silhouette（X，clust，distfun，p1，p2，...）

这种调用格式中，distfun 是句柄，指定自定义的距离计算方法。

举例：下面的代码摘自 MATLAB 的帮助文件，其运行结果如图 5-9 所示。

```
rng('default') % For reproducibility
X = [randn(100,2)+ones(100,2);. randn(100,2)-ones(100,2)];
opts = statset('Display','final');
cidx = kmeans(X,2);          % Cluster the data in X using kmeans.
silhouette(X,idx);           % Create a silhouette plot from the clustered data.
set(gcf,'color',[1,1,1]);
```

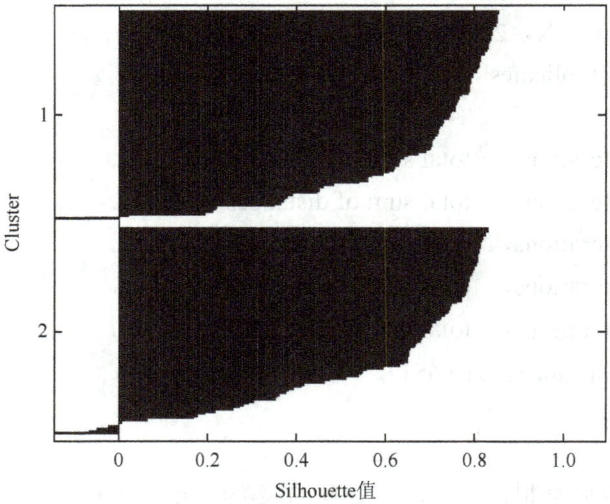

图 5-9　Silhouette 代码运行结果的 silhouette 值图

二、有序样本点的聚类

（一）原理

前边我们学习过的系统聚类与 *K* 均值聚类，各样本点都是相互独立的，没有次序性，但在实际的生物学研究中，有些样本点是有次序的。例如，在考察植物生长方面，植物的寿命是有序测定的一些数据，从小到大、成熟、收获等，这些数据是不能改变顺序的，要想对这类数据进行聚类分析，就得保证数据的顺序不变，否则就没什么实际意义。像这类问题的解决，就需要按照有序样品进行分类。

假设有n个有序样本点，要分成k类，则按照排列组合，应该有C_{n-1}^{k-1}种。这种分类方法，相当于在n个样本点之间的$n-1$个空位上，可以任意地插入“$k-1$”个分割标志。当n和k确定后，则这种分类的结果是有限的。在这些分类结果中，有好有坏，但怎样才能得到按照某种标准考察是最优的结果呢？

对此，Fisher 提出了一种考虑损失的最优解法，其基本思想和聚类分析中的 ward 法类似，它也要求分类后产生的离差平方和增加最少，并由此定义了损失函数。Fisher 方法的基本步骤如下。

第一步：计算某一类中包含样本的均值与距离，这个距离称为该类的直径。在具体计算时，设有类G，该类中包含$X_i,X_{i+1},\cdots,X_j$，则该类的均值为

$$\bar{X}=\frac{1}{j-i+1}\sum_{k=i}^{j}X_k \tag{5-31}$$

该类的直径，以D表示，则样本点(i,j)的距离为

$$D(i,j)=\sum_{k=i}^{j}(X_k-\bar{X})^2 \tag{5-32}$$

第二步：定义并计算损失函数。假设按照某种分类方法$b(n,k)$，将n个样本点分成了k类，则在这类分法中，各类中含有的样本点为

$$\begin{aligned}&G_1=\{i_1,i_1+1,\cdots,i_2-1\},\\&G_2=\{i_2,i_2+1,\cdots,i_3-1\},\\&\cdots\cdots\cdots\cdots\cdots\cdots\\&G_k=\{i_k,i_k+1,\cdots,n\}.\end{aligned}$$

按照离差平方和最小的思想，定义损失函数L为本次分类中各类的直径和，即

$$L(b)=\sum_{t=1}^{k}D(i_t,i_{t+1}-1) \tag{5-33}$$

式中，$i_{k+1}=n+1$。

很显然，当n和k固定后，损失函数会因分类方法不同而不同，但按照最优的思想，损失越小，该种分法就越优。那么，就需要从种种分类方法中，找出最优的分类方法。

第三步：确定最优方法。确定最优方法是以递推的形式实现的。这种实现是基于如下思想：假如就分成 2 类，且分割点位于j^*，则有$G_1=\{1,2,\cdots,j^*-1\}$，$G_2=\{j^*,\cdots,n\}$，G_1,G_2构成了最佳分类$p(n,2)$。要将n个样本点最佳地分割成k类，则对于任意的样本点$j\ (k\leqslant j\leqslant n)$，应该先将前面$j-1$个样本点最优分割为$k-1$类，否则从$j$到$n$这最后一类就不可能构成$k$类的最优分割，再考虑使损失函数$L(b)$最小的$j^*$，则得到最优分类。据此，递推过程如下。

$$L(p(n,2))=\min_{2\leqslant j\leqslant n}\{D(1,j-1)+D(j,n)\} \tag{5-34}$$

$$L(p(n,k))=\min_{k\leqslant j\leqslant n}\{L(p(j-1,k-1))+D(j,n)\} \tag{5-35}$$

（二）计算有序聚类的 MATLAB 实现

有序样本数据的聚类，其计算主要是涉及以下 4 方面，一是均值的计算，即各类的均值；二是该分类中各类直径的计算；三是损失函数的计算；四是确定不同分类数 k 下，各个类的起始终了位点坐标。参考[42]，我们编写了有序样本聚类分析的 MATLAB 通用程序，以此，给出实例计算。

应用实例 1　某次测试数据有 10 个，见表 5-12。

表 5-12　测试数据

n	1	2	3	4	5	6	7	8	9	10
v	0.0497	0.0760	0.1112	0.1233	0.1839	0.2399	0.2400	0.3377	0.3692	0.4173

则其均值矩阵见表 5-13。

表 5-13　均值矩阵

	1	2	3	4	5	6	7	8	9	10
1	0.0497									
2	0.0629	0.0760								
3	0.0790	0.0936	0.1112							
4	0.0901	0.1035	0.1172	0.1233						
5	0.1088	0.1236	0.1395	0.1536	0.1839					
6	0.1307	0.1469	0.1646	0.1824	0.2119	0.2399				
7	0.1463	0.1624	0.1797	0.1968	0.2213	0.2400	0.2400			
8	0.1702	0.1874	0.2060	0.2250	0.2504	0.2725	0.2889	0.3377		
9	0.1923	0.2101	0.2293	0.2490	0.2741	0.2967	0.3156	0.3534	0.3692	
10	0.2148	0.2332	0.2528	0.2730	0.2980	0.3208	0.3410	0.3747	0.3932	0.4173

计算各个直径见表 5-14。

表 5-14　各个直径

j	i								
	1	2	3	4	5	6	7	8	9
2	0.0003								
3	0.0019	0.0006							
4	0.0034	0.0012	0.0001						
5	0.0104	0.0061	0.0030	0.0018					
6	0.0247	0.0169	0.0106	0.0068	0.0016				
7	0.0350	0.0241	0.0152	0.0093	0.0021	0.0000			
8	0.0670	0.0505	0.0360	0.0252	0.0123	0.0064	0.0048		
9	0.1022	0.0794	0.0588	0.0425	0.0236	0.0134	0.0091	0.0005	
10	0.1478	0.1175	0.0897	0.0668	0.0406	0.0250	0.0168	0.0032	0.0012

计算损失函数，得到矩阵，见表 5-15。

表 5-15 损失函数

L	K							
	2	3	4	5	6	7	8	9
3	0.0003							
4	0.0004	0.0001						
5	0.0034	0.0004	0.0001					
6	0.0049	0.0020	0.0004	0.0001				
7	0.0055	0.0025	0.0004	0.0001	0.0000			
8	0.0156	0.0055	0.0025	0.0004	0.0001	0.0000		
9	0.0238	0.0060	0.0030	0.0009	0.0004	0.0001	0.0000	
10	0.0354	0.0087	0.0057	0.0030	0.0009	0.0004	0.0001	0.0000

绘制分组数与损失之间的关系曲线，如图 5-10 所示。

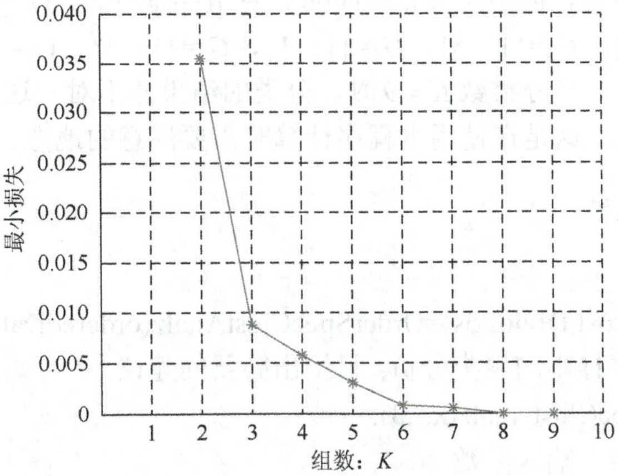

图 5-10 分组数与损失之间的关系曲线

可知，不同分组数的各个分割位点，见表 5-16。

表 5-16 不同分组数的各个分割位点

L	K							
	2	3	4	5	6	7	8	9
3	3							
4	3	3						
5	5	5	5					
6	5	5	6	6				
7	5	5	6	6	6			
8	5	8	8	8	8	8		
9	6	8	8	8	9	9	9	
10	6	8	8	10	10	10	10	10

最后，计算给出的几个分类建议。

（1）当分类数 $K=2$ 时，最小损失 $L=0.035$；各组样本点为：G_2={6～10}，G_1={1～5}。

（2）当分类数 $K=3$ 时，最小损失 $L=0.009$；各组样本点为：G_3={8～10}，G_2={5～7}，G_1={1～4}。

（3）当分类数 $K=4$ 时，最小损失 $L=0.006$；各组样本点为：G_4={8～10}，G_3={5～7}，G_2={3～4}，G_1={1～2}。

（4）当分类数 $K=5$ 时，最小损失 $L=0.003$；各组样本点为：G_5={10～10}，G_4={8～9}，G_3={5～7}，G_2={3～4}，G_1={1～2}。

（5）当分类数 $K=6$ 时，最小损失 $L=0.001$；各组样本点为：G_6={10～10}，G_5={8～9}，G_4={6～7}，G_3={5～5}，G_2={3～4}，G_1={1～2}。

（6）当分类数 $K=7$ 时，最小损失 $L=0.000$；各组样本点为：G_7={10～10}，G_6={9～9}，G_5={8～8}，G_4={6～7}，G_3={5～5}，G_2={3～4}，G_1={1～2}。

（7）当分类数 $K=8$ 时，最小损失 $L=0.000$；各组样本点为：G_8={10～10}，G_7={9～9}，G_6={8～8}，G_5={6～7}，G_4={5～5}，G_3={3～4}，G_2={1～2}，G_1={1～1}。

（8）当分类数 $K=9$ 时，最小损失 $L=0.000$；各组样本点为：G_9={10～10}，G_8={9～9}，G_7={8～8}，G_6={6～7}，G_5={1～5}，G_4={1～1}，G_3={1～1}，G_2={1～1}，G_1={1～1}。

仔细观察，会发现，当分类数 $K=9$ 时，分类的结果并不对，这是因为按照最优分类，是无法分成这么多类的，这是在使用本程序计算时需要注意的地方。

附该算法的通用代码

```
function
[Aver4Group,Diameter,Lost,DividPos]=OrderSpecClustAnalz(orderedData,flag,prec,para)
% 功能：实现有序样本的聚类分析, 只给出必要的建议
% 调用：OrderSpecClustAnalz(x,'',3);
% 参数:              输入参数
%       orderedData ：有序数据，要求是行向量
%       flag ：标志，up-上三角矩阵，down-下三角矩阵, 默认值为下三角 down
%       prec ：设置输出小数位数，默认为 2 位
%       para ：标题行列名称标签,缺省默认数字标号
%                    输出参数
%       Aver4Group ：各组的组均值
%       Diameter ：各组的直径
%       Lost ：最小损失矩阵
%       DividPos ：最优分割位置矩阵
% 编制：2010.04.25.
% 修订：2015.04.19.
% 联系： wdwsjlxx@163.com
% 示例 1:
%           x=rand(1,20);
```

```
%             y=sort(x);   % make it ordered...
%             OrderSpecClustAnalz(y,'',2);
%        2:
%             x=[9.3,1.8,1.9,1.7,1.5,1.3,1.4,2.,1.9,2.3,2.1];
%             OrderSpecClustAnalz(x,'',4);
%
n=size(orderedData,2);
if nargin<2||isempty(flag)
    flag='down';
elseif ischar(flag)
    flags={'up','down'};
    flag=internal.stats.getParamVal(flag,flags,'TYPE');
else
    error('flag: Input wrong!');
end
%小数位数，默认 2 位
if nargin<3||isempty(prec)
    prec=2;
end
% 变量标签
if nargin<4||isempty(para)
    para=cell(1,n);
    for ir=1:n
        para{ir}=sprintf('%.2d',ir);
    end
else
    pCols=size(para,2);
    if pCols<n
        error('Not match!');
    end
end

DividPos=zeros(n);% 存放分割位置
% 计算均值 xg 与直径 dist
Aver4Group=zeros(n,n);   %均值
Diameter= zeros(n,n);% 直径
for jc=1:n   % 起点按列考虑
    for ir=jc:n   % 终点按行处理
        Aver4Group(ir,jc)=sum(orderedData(jc:ir),2)/(ir-jc+1);
```

```
            Diameter(ir,jc)=sum((orderedData(jc:ir)-Aver4Group(ir,jc)).^2,2);
        end
    end
    % 计算最小分类损失
    Lost=zeros(n,n);
    for k=2:n-1% k=2
        for l=k+1:n
            elementNums=l-k+1;
            tmp=zeros(1,elementNums);
            count=1;
            for j=k:l
                if 2==k
                    lsz=Diameter(j-1,1)+Diameter(l,j);
                else
                    lsz=Lost(j-1,k-1)+Diameter(l,j);
                end
                tmp(1,count)=lsz;
                count=count+1;
            end
            [myMin,ind]=min(tmp,[],2);
            Lost(l,k)=myMin; DividPos(l,k)=ind+k-1;
        end
    end
    % 确定分类个数
    y=Lost(end,2:end-1);
    middleDraw(y);
    % 提供分类依据，不做决定
    for k=2:n-1   % 最多分 n-1 类
        divPos=n; %元素个数
        fmt1=length(int2str(n)); % K
        bigLost=round(max(max(Lost,[],2),[],1));
        fmt2=length(int2str(bigLost)); % lost
        fmt=sprintf('当分类数 K=%%%dd 时，最小损失 L=%%%d.3f; 各组样本点为: ',...
            fmt1,fmt2+4);
        fprintf(fmt,k,Lost(n,k));
        for ig=k:-1:1                  % 组号变化
            if 0==DividPos(divPos,ig)
                DividPos(divPos,ig)=1;
            end
```

```
            fprintf('G%d={%d~%d},',ig,DividPos(divPos,ig),divPos);
            divPos= divPos-length(DividPos(divPos,ig):divPos);
            if divPos==0
                divPos=1;
            end
        end
        fprintf('\b.\n');
end
% 输出信息
OutputTriangularMatrix(Aver4Group,flag,prec,para);
OutputTriangularMatrix(Diameter,flag,prec,para);
OutputTriangularMatrix(Lost,flag,prec,para);
%

%% 绘图关系曲线
function middleDraw(y,x)
% 功能：绘制图像，离开 y 轴，占据图中间部分
% 说明：假如有 10 个数据,这里将数据前后补首尾，然后再绘制。
% 参数：y--行向量，要绘制的数据。
%
if nargin<2||isempty(x)
    y=[Y(1),y,y(end)];
    x=1:length(y);
end
n=length(y);
figure('Color',[1,1,1]);    bkColor=get(gcf,'Color');
for i=1:n-1
    if (i==1)
        plot([x(i),x(i)],[y(i),y(i)],'Color',bkColor);
    elseif   (i>1&&i<n-1)
        plot([x(i),x(i+1)],[y(i),y(i+1)],'-','LineWidth',1.2,'Color','k');
        plot([x(i),x(i+1)],[y(i),y(i+1)],'*','Color','r');
    else
        plot([x(i),x(i)],[y(i),y(i)],'Color',bkColor);
    end
    hold on;
end
bigY=max(y,[],2);
smallY=min(y(2:end-1),[],2);
```

```
fz=12;
ytk=linspace(smallY,bigY,10);    % for publication, set the font....
xlabel('groups: K','fontname','Georgia', 'FontAngle','italic','FontSize',fz)
ylabel('minimum losses ','fontname','Georgia', 'FontAngle','italic','FontSize',fz);
set(gca,'xtick',x,'FontSize',fz, 'fontname','Times New Roman');
title('K--Loss','fontsize',fz,'fontname','Georgia', 'FontAngle','italic');
set(gca,'yticklabel',sprintf('%03.2f|',get(gca,'ytick')));
box off;

%% 三角矩阵的输出
function OutputTriangularMatrix(array,flag,prec,para)
% 功能：输出上三角或者下三角矩阵
% 调用：例如 OutputTriangularMatrix(a,3,para)
% 参数：prec：设置输出小数位数，默认为 2 位
%         flag: 标志，up-上三角矩阵，down-下三角矩阵
%         para：标题行列名称标签
% 编制：2015.04.14.
%
[nRows,nCols]=size(array);
% 形成灵巧格式
biggest=max(max(abs(array),[],1),[],2); % 找到最大的数
tmpStr=int2str(ceil(biggest)); % 将数转成字符串
bigLen=length(tmpStr); % 测定串长度
signSum=sum(sum(sign(array),2),1); % 查看有没有负数
if (signSum<nRows*nCols)   % 有负数时
    totalLen=bigLen+prec+2;
else
     totalLen=bigLen+prec+1;
end
dataFmt=sprintf('%%%d.%df,',totalLen,prec);% 数据格式
strFmt=sprintf('%%%ds ',totalLen); % 标签格式
% 实现自动居中对齐标题
for ir=1:nCols
    tmpStr=para{ir};
    tsl=length(tmpStr);
    if tsl>totalLen   % 超过格式长度
        tmpStr =tmpStr(1:totalLen);% cut
    else  % 否则，前后补空格
        dist=totalLen-tsl;% 计算需补空格数
```

```
        if mod(dist,2)==0 %  需补空格数为偶数时，串前串后均分
            before=dist/2;
            after=before;
        else % 需补空格数为奇数时，串前多补 1 个，串后少 1 个
            before=(dist+1)/2;
            after=(dist-1)/2;
        end
        tmpStr=sprintf('%s%s%s',blanks(before),tmpStr,blanks(after));
    end
    fprintf(strFmt,tmpStr);
end
fprintf('\b\n');
if strcmp(flag,'down')%  输出数据,下三角
    for ir=1:nRows
        for jc=1:ir
            fprintf(dataFmt,array(ir,jc));
        end
        fprintf('\b\n');
    end
elseif strcmp(flag,'up')%  输出数据，上三角
    blkFmt=sprintf('%%%ds ',totalLen);%  数据格式
    for ir=1:nRows
        for jc=1:ir-1
            fprintf(blkFmt,blanks(1));
        end
        for jc=ir:nCols
            fprintf(dataFmt,array(ir,jc));
        end
        fprintf('\b\n');
    end
end
fprintf('\n');
```

习　　题

1. 大豆凝集素（SBA）是重要的抗营养因子之一，广泛存在于豆科植物中，表 X5-1[28] 是利用血凝法测定得到的 64 份大豆凝集素含量，试利用聚类分析法对该数据进行分析。

2. 玉米自交系是玉米杂种优势利用的遗传基础，对自交系的研究也越来越受到重视，通过对玉米自交系的聚类分析，可为选育强杂种优势的自交系组配提供一个理论依据。

表 X5-2[29]是对 8 个高油玉米自交品种的 8 种性状参数的测定，分别是：① $X_1 = 铁/O_2 - 1$；② $X_2 = GY_{22} - 2$；③ $X_3 = GY_{201} - 3$；④ $X_4 = GY_{204} - 4$；⑤ $X_5 = GY_{103/O_2} - 5$；⑥ $X_6 = GY_{40} - 6$；⑦ $X_7 = GY_{31} - 7$；⑧ $X_8 = GY_{14} - 8$，试对该组数据进行聚类分析。

表 X5-1　大豆凝集素含量测定值

序号	品种名	SBA 含量/（mg/g）	序号	品种名	SBA 含量/（mg/g）
1	04-53058-1	15.00±0.53	33	OAC-6	30.00±1.06
2	J825CLL	30.00±1.06	34	AC-1	18.75±0.53
3	农大 5808	11.25±0.00	35	SOO-6	26.25±1.40
4	垦丰 5	18.75±0.53	36	Ridg-8	13.13±0.70
5	绥化无腥豆	18.75±0.53	37	Yu-7	6.56±0.35
6	垦鉴 27	13.13±0.70	38	Ridg-7	7.50±0.27
7	中豆 28	7.50±0.27	39	Ridg-5	4.69±0.13
8	Atwood	37.50±1.07	40	Field-1	9.38±0.27
9	北丰 11	7.50±0.27	41	J-兰脐	13.13±0.70
10	北丰 9	9.38±0.27	42	Yu-11	15.00±0.53
11	东农 42	15.00±0.53	43	Field-3	15.00±0.53
12	吉林 20	7.50±0.27	44	Ridg-11	16.88±0.80
13	邵 89-23	9.38±0.27	45	Ridg-3	11.25±0.80
14	吉青 1 号	6.56±0.35	46	Yu-lab	11.25±0.80
15	8004	13.13±0.70	47	太平川黑豆	1.88±0.07
16	哈 91016	15.50±0.27	48	YB 野	4.69±0.13
17	九农 20	15.00±0.53	49	野-9	9.38±0.27
18	8035	13.13±0.70	50	野-12	9.38±0.27
19	中豆 27	4.22±0.20	51	野-72	3.75±0.13
20	黑农 40	6.56±0.36	52	野-91	5.63±0.00
21	合丰 27	6.56±0.36	53	半野生-71	13.13±0.70
22	合丰 33	5.63±0.00	54	红色北疆-70	13.13±0.70
23	合丰 29	18.75±0.53	55	野-51	10.31±0.87
24	早熟扁茎	7.50±0.27	56	铁栅栏-野	11.25±0.80
25	合丰 45	26.25±1.40	57	野-39	5.63±0.00
26	72-806	12.19±0.81	58	野-43	7.50±0.27
27	2140	8.44±0.40	59	N98-9445A	2.34±0.07
28	合丰 42	12.19±0.81	60	青豆 1	7.50±0.27
29	Field-4	13.13±0.70	61	89015	7.50±0.27
30	J-黑脐	13.13±0.70	62	83103	12.19±0.81
31	Ridg-6	19.69±1.82	63	相文 88-8	5.63±0.00
32	OAC-C	15.00±0.53	64	东农 48	7.50±0.27

表 X5-2　高油玉米自交品种的性状参数

品种	穗长	穗粗	轴粗	株高	穗位	茎粗	粒型	百粒重
铁/O_2-1	13.83	4.10	2.60	2.03	105.33	2.13	1.00	18.40
GY_{22}-2	13.06	4.04	2.48	2.42	114.60	2.06	1.00	16.96
GY_{201}-3	9.97	4.47	2.93	1.94	66.67	2.28	3.00	28.33

续表

品种	穗长	穗粗	轴粗	株高	穗位	茎粗	粒型	百粒重
GY_{204}-4	12.50	4.40	2.70	1.82	66.00	2.48	3.00	24.00
GY_{103/O_2}-5	12.00	4.83	2.67	2.28	70.00	2.61	1.00	21.90
GY_{40}-6	11.88	4.13	2.25	1.96	99.25	2.22	3.00	18.20
GY_{31}-7	14.83	5.00	2.50	2.58	106.67	2.47	1.00	23.07
GY_{14}-8	13.25	4.25	2.50	2.35	99.33	2.58	1.00	17.53

3. 在分析不同蛋白质的组成及其性质中，氨基酸残基的相似性对蛋白质的相似性问题有很重要的意义，表 X5-3[30]选用氨基酸分子的相对分子质量、pI 值、疏水性值及保守性值这 4 个参数，预对 20 种氨基酸分子进行分类，以便于研究蛋白质的相似性，试考虑用模糊聚类的方法实施分类。

表 X5-3 氨基酸分子构效关系的 4 个参数

氨基酸	代号	相对分子质量	pI 值	疏水性值	保守性值
丙氨酸	A	71	6.00	1.6	2
半胱氨酸	C	103	5.07	2.0	12
天冬氨酸	D	115	2.77	−9.2	4
谷氨酸	E	129	3.22	−8.2	4
苯丙氨酸	F	147	5.48	3.7	9
甘氨酸	G	57	5.97	1.0	5
组氨酸	H	136	7.59	−3.0	6
异亮氨酸	I	113	6.02	3.1	5
赖氨酸	K	128	9.74	−8.8	5
亮氨酸	L	113	6.04	2.8	6
甲硫氨酸	M	131	5.10	3.4	6
天冬酰胺	N	114	5.41	−4.8	2
脯氨酸	P	97	6.30	−0.2	6
谷氨酰胺	Q	128	5.65	−4.1	4
精氨酸	R	156	10.76	−12.3	6
丝氨酸	S	87	5.68	0.6	2
苏氨酸	T	101	6.53	1.2	3
缬氨酸	V	99	5.97	2.6	4
色氨酸	W	186	5.89	1.9	17
酪氨酸	Y	163	5.66	−0.7	10

4. 城市的发展水平是衡量一个地区经济、文化等综合实力及现代化水平的重要标志，表 X5-4[31]给出了 2004 年辽宁省 14 个城市的 6 个发展指数，分别是：地区生产总值 X_1，第二、三产业的法人单位个数 X_2，地方财政收入 X_3，就业人数 X_4，本科以上学历所占就业人数的比例 X_5 及法人单位实收资本总额 X_6，试根据这些指数综合分析辽宁省 14 个主要城市的城市发展水平。

表 X5-4　辽宁 14 个城市生态系统指标

	X_1	X_2	X_3	X_4	X_5	X_6
沈阳	2 240.0	48 402	978 216	2 581 024	11.32	421.4
大连	2 290.0	48 155	1 173 804	2 325 045	12.39	458.2
鞍山	1 250.0	14 247	365 472	1 020 000	9.14	467.9
抚顺	420.0	13 491	148 704	461 528	10.20	283.0
本溪	343.2	6 689	132 000	384 539	8.40	217.4
丹东	342.0	13 177	79 428	205 300	7.40	203.0
锦州	384.0	11 132	103 404	672 776	9.90	237.8
营口	380.9	10 044	123 816	629 992	7.70	213.4
阜新	150.6	7 036	42 552	292 232	8.80	105.0
辽阳	358.4	6 944	99 624	334 000	9.80	234.1
盘锦	424.6	6 319	218 220	424 800	13.01	416.0
铁岭	223.0	9 729	89 376	343 307	8.40	242.5
朝阳	215.5	8 645	88 104	341 000	9.50	92.2
葫芦岛	331.0	7 479	116 328	364 951	7.40	195.0

5. 表 X5-5[33]是景德镇市 1998～2007 年度的 6 项气象指标，包括①平均气压；②平均气温；③平均相对湿度；④降水量；⑤平均风速；⑥日照时数。试根据这些数据对天气状况进行综合评定。

表 X5-5　景德镇市年度气象指标

年份	平均气压	平均气温	平均相对湿度	降水量	平均风速	日照时数
1998	10 082	186	78	25 773	14	17 018
1999	10 073	180	77	24 691	13	17 535
2000	10 073	181	78	15 700	13	17 056
2001	10 075	182	77	15 484	12	16 250
2002	10 080	184	80	19 660	11	12 615
2003	10 084	186	7	17 288	12	19 048
2004	10 081	187	69	14 806	13	18 810
2005	10 082	184	73	13 053	15	15 764
2006	10 078	184	75	16 627	14	17 096
2007	10 076	189	73	13 306	14	18 485

6. 表 X5-6[43]是芥属植物 5 个种的 9 份材料，分别测量了果实和种子的 12 种形态指标：①X_1=左翅长（cm）；②X_2=左翅宽（cm）；③X_3=左翅长宽比；④X_4=右翅长（cm）；⑤X_5=右翅宽（cm）；⑥X_6=右翅长宽比；⑦X_7=心室长（cm）；⑧X_8=心室宽（cm）；⑨X_9=翅角度（°）；⑩X_{10}=翅宽/心室宽（左翅）；⑪X_{11}=翅宽/心室宽（右翅）；⑫X_{12}=千果重（g）。试据此对它们进行分类。

表 X5-6　芥属植物果实和种子的 12 种形态指标

材料	X_1	X_2	X_3	X_4	X_5	X_6	X_7	X_8	X_9	X_{10}	X_{11}	X_{12}
沙芥 1	2.491	0.540	4.613	2.680	0.479	5.595	1.397	0.779	122.02	0.694	0.616	93.68
沙芥 2	3.443	0.372	9.255	3.356	0.354	9.480	1.458	0.751	116.42	0.495	0.472	121.70
距果沙芥 1	2.911	0.703	4.411	2.585	0.593	4.796	1.189	0.944	180.00	0.744	0.627	90.97
距果沙芥 2	2.127	1.252	1.699	1.804	1.142	1.579	1.193	0.914	180.00	1.782	1.512	146.80
斧形沙芥 1	1.842	0.944	1.951	1.694	0.810	2.074	1.127	0.833	180.00	1.113	0.973	64.89
斧形沙芥 2	1.572	0.522	3.012	1.565	0.510	3.069	0.967	0.571	180.00	0.914	0.894	34.44
宽翅沙芥 3	1.672	1.283	1.303	1.683	1.066	1.579	1.149	0.797	180.00	1.609	1.337	68.98
宽翅沙芥 4	1.882	0.928	2.028	1.572	0.645	2.437	0.994	0.668	180.00	1.389	0.966	93.39
齿冠沙芥 5	1.736	1.007	1.724	1.537	0.785	1.958	1.209	0.769	180.00	1.020	1.310	60.88

7. 表 X5-7[44]是 1949～1993 年广州市人均水生态足迹计算结果，试根据该计算结果对广州市生态足迹变化阶段进行划分。

表 X5-7　广州市人均水生态足迹时间序列

年份	人均水生态足迹/（hm^2/cap）	年份	人均水生态足迹/（hm^2/cap）	年份	人均水生态足迹/（hm^2/cap）	年份	人均水生态足迹/（hm^2/cap）
1949	0.046 048 8	1961	0.048 278	1973	0.059 114	1985	0.141 94
1950	0.045 243 8	1962	0.051 377	1974	0.064 397	1986	0.163 453
1951	0.046 100 8	1963	0.056 017	1975	0.061 036	1987	0.162 302
1952	0.046 695 2	1964	0.049 968	1976	0.061 857	1988	0.170 913
1953	0.043 016 3	1965	0.054 097	1977	0.090 190	1989	0.174 015
1954	0.041 697 8	1966	0.060 929	1978	0.082 295	1990	0.186 855
1955	0.044 898 7	1967	0.063 929	1979	0.065 653	1991	0.195 77
1956	0.048 727 7	1968	0.058 001	1980	0.080 761	1992	0.228 49
1957	0.044 647 2	1969	0.064 760	1981	0.079 066	1993	0.245 515
1958	0.055 972 7	1970	0.062 232	1982	0.095 291		
1959	0.057 563 1	1971	0.066 527	1983	0.108 106		
1960	0.057 359	1972	0.072 588	1984	0.132 796		

第六章　主成分分析

第一节　引　　言

主成分分析是高级生物统计学中非常重要的一个内容，它广泛应用于生物学研究的方方面面，如应用于不同因素对生物多样性[45-51]的影响研究、生物群落的时空特征与分析[52-55]等，每一个研究方向上都会有众多文献在使用该分析方法。从哲学的角度来讲，主成分分析是“抓住主要矛盾”或者“抓住矛盾的主要方面”的具体数学实现，从这个应用意义上讲，凡是数据中涉及主要与次要方面的确定、权重大小的评定等，主成分分析都可适用。

从本质上讲，主成分分析是一种简化数据、降低数据维数的方法。对于多维变量描述的生物实验结果，变量多了，可更加细致周到地描述事物的方方面面；但变量多了，处理起来则更加困难，也增加了分析问题的复杂程度。另外，在实际的应用中，变量之间也不一定完全无关，有很多变量之间甚至存在着明显的关联，在文献[56]中，就此对景观生物学的描述指标进行了精确的计算，探讨了这种关联性。

在描述事物时，若使用的这些变量之间存在关联性，就会出现信息的冗余，也可以说出现了信息重叠。自然的，我们不希望各个变量之间存在相关性，都希望各个变量能独立的“担当”一面；不希望使用那么多的变量，而是希望使用较少的变量，尽可能多地表达原来数据中包含的信息，这实际上是要求，既要变量的个数少，又要变量表达的信息多。

按照前边的说法，既然要尽可能少使用变量，则每一个变量就要尽可能地发挥最大的“包含”能力，应该包含尽可能多的信息。对于一组确定的变量而言，要想使各个变量包含的信息最多，无非就是各个变量之间的信息毫无重复，你中无我，我中无你，用数学来表达的话，就是变量之间要垂直、也可以说正交性。因此，各个变量之间满足垂直/正交，算是一个必需的要求。

此外，对于所研究的事物来说，虽然变量描述了事物的方方面面，并且都进行了测定，但从本质上讲，它们（指各个变量）的身份是不一致的，也可以说，它们的权重是不一样的。虽然我们测定数据时都一视同仁，但在表述事物本质上，它们之间存在差别是正常的，认为它们是一致的实际上是不正常的。之所以这么讲，是想表达，在描述事物的各个变量中，包含的信息量是不一样的，这些变量之间并不完全“身份平等”，而是有“高低贵贱”之别。可以想象，假如有 10 个变量来描述事物，它们表达事物的信息或多或少，若让我们舍去其中的一些，很自然地，我们想舍去那些信息量小的变量，留下那些“含金量”大的变量。主成分分析就像这样，首先找到含信息量最大的那个变量，然后考察这个变量，看它包含多少信息，当它不足以表达数据所含信息时，就接着找下一个变量，然后再考察这两个变量包含的信息表达额度是多少，不够的话，继续找第三个，直到满足表达要求。一般来说，使用较少的新的变量，就可以足够准确地表达数据中所包含的信息，这些新变量的个数少于原来测定时使用的变量，实现了“降低维数”和“简化数据”。

了解了主成分分析的上述思想，我们再谈谈怎么来探测数据中的信息。所谓数据中的信息，实际就是数据本身的一些特征描述了什么本质。例如，数据中的平均数，对于概率论来说，就是数学期望，但不管怎么称呼，就是表达了数据的中心，也就是事物出现在哪儿最多的一个表达。方差的本质就是事物偏离中心大小的一个平均度量，其值越大，说明数据偏离越大，反过来也可以说数据的“经历”范围越大，自然的，它包含的信息也就越多。所以，主成分分析中，标准差/方差既表达了事物的变异，也是信息的代表。

改换成数学语言，则主成分分析的思想，具体的，就可以按照上述来这样表示：设有 p 个变量，构成了测定的初始向量，记作 $\boldsymbol{X}=(X_1,X_2,\cdots,X_p)'$，对 $\boldsymbol{X}$ 做变换，一是要满足正交性，二是要先大后小构造新变量，信息总量不变。则可以设 $\boldsymbol{Y}=\boldsymbol{T}'\boldsymbol{X}$，其中 $\boldsymbol{T}$ 是正交矩阵，$\boldsymbol{Y}$ 矩阵的各个分量满足上述两个要求。

第二节　主成分分析的几何解释与推广

在第四章判别分析的 Fisher 方法中，我们曾经说起过“横看成岭侧成峰”，知道了这其实就是换个角度看问题，同一个事物，换个角度，就会看到不一样的表现。主成分分析法也可以这样来形容，在数学上，它进行的正交变换，就是坐标的旋转，或者换个视角看问题。以二维为例，我们具体探讨一下这种坐标旋转，究竟是怎么看问题的。

设共测量了 n 个样品，每个样品都测量了两个指标 (X_1,X_2)，做出它们的散点图，若绘制一条区域包络线，则该区域的总体现状，虽然外形细节上可能不规则，但总体还是呈现出椭圆形形状。如图 6-1 中虚线所示，我们可认为它们大致分布在一个椭圆内。

一般来说，在二维散点图中，散点分布在一个区域内，这个区域可大可小，但多数都是沿着某一个方向略显扩张，沿着另外一个方向则相对收缩。若将该近似椭圆的区域理想化为椭圆，则椭圆长轴方向可看作一个方向，另一个垂直方向则可看作短轴方向，分别标注为 (y_1,y_2)。

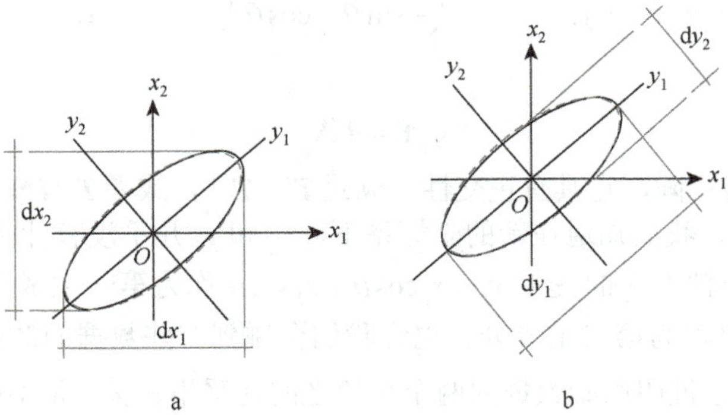

图 6-1　主成分分析的几何示意与信息分解

先以坐标系 x_1Ox_2 为准，我们观察这 n 个点的分布情况，如图 6-1 所示，它们沿着 x_1 方向，其变动范围为 $\mathrm{d}x_1$；沿着 x_2 方向，其变动范围为 $\mathrm{d}x_2$，可知在这两个方向上，都具有较大的离散性。也可以说，在 x_1 和 x_2 两个方向上，每一个变量都包含着很多的信息，若只保留一个变量来描述数据的分布，那么包含在另一分量中的信息将会损失严重，显然直接舍去哪一个变量都不可行，这种直接舍弃两个分量中的任意一个分量不是“降维”的有效办法。

再以坐标系 y_1Oy_2 为准，重新观察这 n 个点的分布情况，可知沿着 y_1 方向，其变动范围为dy_1，沿着y_2方向，其变动范围为dy_2。在y_1方向上具有较大的离散性，说明这个方向的变量包含着很多的信息，与之相对应的y_2方向上则具有较小的离散性，也可以说在y_2方向变量包含的信息量很小。在这种情况下，若只保留y_1方向上的变量来描述数据的分布，则可以看出，保留下来的信息量很多，被丢掉的信息量很少。假如我们计算y_1和y_2方向上的方差总和$\mathrm{Var}(y_1)+\mathrm{Var}(y_2)$，若保留下来的$\mathrm{Var}(y_1)$占比达到很高，比如达到85%，舍去部分$\mathrm{Var}(y_2)$的占比很低，比如小于15%，那么我们就可以认为，舍去y_2方向上的变量，不会造成很大的损失，在这种情况下，保留一个舍去一个，是可以达到降低维数的目的的。

下面我们具体实现坐标的旋转，设坐标系y_1Oy_2是由坐标系x_1Ox_2按照逆时针旋转角度θ形成的，则旋转公式为

$$\begin{cases} y_1 = x_1\cos\theta + x_2\sin\theta \\ y_2 = -x_1\sin\theta + x_2\cos\theta \end{cases} \tag{6-1}$$

这种坐标旋转，很多时候用在《计算机图形学》中，用来对图像进行旋转修改，用到我们这里，其本质也是对图像进行了变换，相当于把坐标系x_1Ox_2中的倾斜椭圆域，变到了坐标系y_1Oy_2中的水平放置，若我们把旧坐标系x_1Ox_2去掉，然后把坐标系y_1Oy_2改为x_1Ox_2系，则我们感觉到只是椭圆域发生了改变。

我们观察到，新变量$y_1 = x_1\cos\theta + x_2\sin\theta$，这相当于新变量$y_1$是由旧的变量$x_1$和$x_2$分别按照权重$\cos\theta,\sin\theta$来合成的。同样的，$y_2$也是类似处理。可见旧变量按照线性组合，造出了新的变量，新旧变量表达为矩阵形式，则有

$$\begin{pmatrix} y_1 \\ y_2 \end{pmatrix} = \begin{pmatrix} \cos\theta & \sin\theta \\ -\sin\theta & \cos\theta \end{pmatrix}\begin{pmatrix} x_1 \\ x_2 \end{pmatrix} \tag{6-2}$$

令

$$\boldsymbol{Y} = \begin{pmatrix} y_1 \\ y_2 \end{pmatrix}, \quad \boldsymbol{T}' = \begin{pmatrix} \cos\theta & \sin\theta \\ -\sin\theta & \cos\theta \end{pmatrix}, \quad \boldsymbol{X} = \begin{pmatrix} x_1 \\ x_2 \end{pmatrix} \tag{6-3}$$

则

$$\boldsymbol{Y} = \boldsymbol{T}'\boldsymbol{X} \tag{6-4}$$

式中，矩阵$\boldsymbol{T}'$为旋转矩阵，它具有正交性，满足$\boldsymbol{T}' = \boldsymbol{T}^{-1}$，或者$\boldsymbol{T}^{-1}\boldsymbol{T} = \boldsymbol{T}'\boldsymbol{T} = \boldsymbol{I}$。

经过这样的处理，我们知道在新的坐标系下，y_1和y_2几乎没有什么关系，它们不相关。我们把对应于椭圆长轴方向的变量$y_1 = x_1\cos\theta + x_2\sin\theta$称为第一主成分，而短轴方向变量$y_2 = -x_1\sin\theta + x_2\cos\theta$称为第二主成分。也许我们会碰到有些数据的散点图更近似于圆形，这种情况确实存在，它说明原始数据的两个变量之间几乎不相关，是不能只使用一个变量来综合表达的，这实际上告诉我们，主成分分析有时候也会失效，也不是万能的。

现在，我们将上述的内容再回顾一下，我们把两个变量看作直角坐标系中的两个轴：x_1和x_2轴，然后绘制出散点图，查看散点图的分布状况，之后采用旋转坐标轴的方法，将坐标轴对应到数据分布椭圆域的长短轴上，判断可否省去一些变量，实现以少数维数来表达数据本质的目的。

若将上述二维中的数据旋转推广到三维情况，同样可以实现，只不过这时候3个变量变成了坐标系的3个轴，散点分布域变成了三维的，外包络线由椭圆域变成了椭圆球等。继续增加变量的个数，我们可以做类似的处理，则构成了一般主成分分析问题。

第三节 数学原理与主要性质

一、基本原理

设有k个变量$x_1,x_2,\cdots,x_k$，它们构成随机变量$X=(x_1,x_2,\cdots,x_k)'$，假设它存在方差与协方差，计算其期望与协方差矩阵，得到

$$\boldsymbol{\mu}=E(X) \tag{6-5}$$

$$\boldsymbol{\Sigma}=D(X) \tag{6-6}$$

和二维的坐标旋转一样，对于新旧坐标体系之间的线性变换

$$\begin{cases} y_1=a_{11}x_1+a_{12}x_2+\cdots+a_{1k}x_k \\ y_2=a_{21}x_1+a_{22}x_2+\cdots+a_{2k}x_k \\ \cdots \\ y_k=a_{k1}x_1+a_{k2}x_2+\cdots+a_{kk}x_k \end{cases} \tag{6-7}$$

表达成矩阵形式，则有

$$\begin{pmatrix} y_1 \\ y_2 \\ \vdots \\ y_k \end{pmatrix}=\begin{pmatrix} a_{11} & a_{12} & \dots & a_{1k} \\ a_{21} & a_{22} & \dots & a_{2k} \\ \vdots & \cdots & \ddots & \vdots \\ a_{k1} & a_{k2} & \dots & a_{kk} \end{pmatrix}\begin{pmatrix} x_1 \\ x_2 \\ \vdots \\ x_k \end{pmatrix} \tag{6-8}$$

令

$$\boldsymbol{y}=(y_1,y_2,\cdots,y_k)' \tag{6-9}$$

$$\boldsymbol{x}=(x_1,x_2,\cdots,x_k)' \tag{6-10}$$

$$\boldsymbol{A}=\begin{pmatrix} a_{11} & a_{12} & \dots & a_{1k} \\ a_{21} & a_{22} & \dots & a_{2k} \\ \vdots & \cdots & \ddots & \vdots \\ a_{k1} & a_{k2} & \dots & a_{kk} \end{pmatrix}=\begin{pmatrix} \boldsymbol{a}_1 \\ \boldsymbol{a}_2 \\ \vdots \\ \boldsymbol{a}_k \end{pmatrix} \tag{6-11}$$

则

$$\boldsymbol{y}=\boldsymbol{A}\boldsymbol{x} \tag{6-12}$$

正如前边所讨论的，我们希望寻找一组新的变量$y_1,y_2,\cdots,y_m$，满足这样的条件：①$m\leqslant k$；②能充分表达原始变量$x_1,x_2,\cdots,x_k$所包含的信息；③能相互独立。

对新的变量$y_1,y_2,\cdots,y_m$，我们先考察它们可能保存信息的能力，和前边一样，因为方差、协方差表达了变量围绕均值的变化幅度，是表达信息的一种方法。由此，先计算它们的方差和协方差，得到

$$D(y_i)=D(\boldsymbol{a}_i\boldsymbol{x})=\boldsymbol{a}_iD(\boldsymbol{x})\boldsymbol{a}_i'=\boldsymbol{a}_i\boldsymbol{\Sigma}\boldsymbol{a}_i',\quad i=1,2,\cdots,m \tag{6-13}$$

$$\mathrm{Cov}(y_i,y_k)=\mathrm{Cov}(\boldsymbol{a}_i\boldsymbol{x},\boldsymbol{a}_k\boldsymbol{x})=\boldsymbol{a}_i\mathrm{Cov}(\boldsymbol{x},\boldsymbol{x})\boldsymbol{a}_k'=\boldsymbol{a}_i\boldsymbol{\Sigma}\boldsymbol{a}_k',\quad i,k=1,2,\cdots,m \tag{6-14}$$

现在，我们可这样表述问题：在新变量$y_1,y_2,\cdots,y_m$相互独立的条件下，求转换矩阵$\boldsymbol{a}_i$，使得到的各个新变量的信息含量达到最大，即使得$\max\{D(y_i)\}=\max\{\boldsymbol{a}_i\boldsymbol{\Sigma}\boldsymbol{a}_i'\}$，$i=1,2,\cdots,m$。

对于求$D(y_i)$极值的问题，从式（6-13）可以看到，它受到$\boldsymbol{a}_i$的影响，为了标准化统一，

消除不确定性，需加入限制性条件，即假设 $\boldsymbol{a}_i$ 满足 $\boldsymbol{a}_i\boldsymbol{a}_i'=1$ 或者 $|\boldsymbol{a}_i|=1$，这样，主成分的确定就可以按照如下进行。

当满足 $\boldsymbol{a}_i\boldsymbol{a}_i'=1$，使得 $D(y_i)=\boldsymbol{a}_i\boldsymbol{\Sigma}\boldsymbol{a}_i'$ 达到最大时，我们得到 $y_1=\boldsymbol{a}_1\boldsymbol{x}$，因为它含有的信息量最大，因此看作第一主成分，如果它包含的信息量满足占比条件，就此停止，如果不满足占比条件，就继续寻找下一个主成分。

在寻找第二个主成分的时候，除了前边的这些限制条件外，还要增加一条，即第二主成分要垂直于第一主成分，这是满足前边要求的各主成分之间相互独立条件，所含有的信息不能有重复冗余。以此类推，每一个后续的主成分除了要有极值限制外，还要有信息的冗余限制，由此可求出第三主成分，第四主成分…，我们把这个过程写出来就是

第一：$\{\boldsymbol{a}_1\boldsymbol{a}_1'=1$，max（$D(y_1)$）$\}=>y_1=\boldsymbol{a}_1\boldsymbol{x}$

第二：$\{\boldsymbol{a}_2\boldsymbol{a}_2'=1$，$\mathrm{Cov}(y_2,y_1)=0$，$\max(D(y_2))\}=>y_2=\boldsymbol{a}_2\boldsymbol{x}$

…

第 K：$\{\boldsymbol{a}_k\boldsymbol{a}_k'=1$，$\mathrm{Cov}(y_k,y_i)=\mathrm{Cov}(\boldsymbol{a}_k\boldsymbol{x},\boldsymbol{a}_i\boldsymbol{x})=0$，$i<k$，max（$D(y_k)$）$\}=>y_k=\boldsymbol{a}_k\boldsymbol{x}$

下面，按照极值求第一主成分，构造目标函数，有

$$\varphi_1(\boldsymbol{a}_1,\lambda)=\boldsymbol{a}_1\boldsymbol{\Sigma}\boldsymbol{a}_1'-\lambda(\boldsymbol{a}_1\boldsymbol{a}_1'-1) \tag{6-15}$$

对 $\varphi_1(\boldsymbol{a}_1,\lambda)$ 求导数，有

$$\frac{\partial\varphi_1}{\partial\boldsymbol{a}_1}=2\boldsymbol{\Sigma}\boldsymbol{a}_1'-2\lambda\boldsymbol{a}_1'=0 \tag{6-16}$$

整理得到

$$(\boldsymbol{\Sigma}-\lambda\boldsymbol{I})\boldsymbol{a}_1'=0 \tag{6-17}$$

需要说明的是，关于涉及诸如式（6-17）这类方程的求解，往往并不直接解出，多数采用等式等号两侧，左乘或者右乘某个相关矩阵的形式，最终转化为求解矩阵的特征值和对应的特征向量问题。因为对于一个矩阵，求解其特征值和特征向量，已有许多经典可靠的方法，比如 SVD 等，在后边的典型相关分析一章中，我们也会采用这种求解方法，以避免求解高阶方程。讲到这里，我们需要记住，但凡涉及矩阵求解的问题，转化为求解矩阵的特征值和对应的特征向量这个思路，是值得掌握的。

对式（6-17）进行观察，我们发现其中有 $\boldsymbol{\Sigma}\boldsymbol{a}'$ 这样的乘积项，考虑式（6-13），我们可以猜得到，要“凑”成有意义的乘积项，在两边进行左乘 $\boldsymbol{a}_1$ 应该是值得考虑的，于是得到

$$\boldsymbol{a}_1\boldsymbol{\Sigma}\boldsymbol{a}_1'=\lambda \tag{6-18}$$

因为 $\boldsymbol{X}$ 的协差阵 $\boldsymbol{\Sigma}$ 非负定，且特征方程（6-17）的根均大于零，排序各根值，可得到降序排列

$$\lambda_1\geqslant\lambda_2\geqslant\cdots\geqslant\lambda_p\geqslant 0$$

从式（6-18）可知，y_1 的最大方差值为 λ_1，其相应的单位化特征向量为 $\boldsymbol{a}_1'$。

求第二主成分的思路和前边一样，但需要补充额外的垂直条件，即在构建极值目标函数时，需要考虑和第一主成分的互不相关，这样就得到

$$\varphi_2(\boldsymbol{a}_2,\lambda,\rho)=\boldsymbol{a}_2\boldsymbol{\Sigma}\boldsymbol{a}_2'-\lambda(\boldsymbol{a}_2\boldsymbol{a}_2'-1)-2\rho(\boldsymbol{a}_1\boldsymbol{a}_2') \tag{6-19}$$

对 $\varphi_2(\boldsymbol{a}_2,\lambda,\rho)$ 求导数，得到

$$\frac{\partial\varphi_2}{\partial\boldsymbol{a}_2}=2\boldsymbol{\Sigma}\boldsymbol{a}_2'-2\lambda\boldsymbol{a}_2'-2\rho\boldsymbol{a}_1'=0 \tag{6-20}$$

用$\boldsymbol{a}_1$左乘式（6-20），得到

$$\boldsymbol{a}_1\boldsymbol{\Sigma}\boldsymbol{a}_2' - \lambda\boldsymbol{a}_1\boldsymbol{a}_2' - \rho\boldsymbol{a}_1\boldsymbol{a}_1' = 0$$

根据式（6-14），存在$\boldsymbol{a}_1\boldsymbol{\Sigma}\boldsymbol{a}_2' = 0$，根据垂直得到$\boldsymbol{a}_1\boldsymbol{a}_2' = 0$，则式（6-20）中$\rho\boldsymbol{a}_1\boldsymbol{a}_1' = 0$，即有$\rho = 0$，从而式（6-20）转化为

$$(\boldsymbol{\Sigma} - \lambda\boldsymbol{I})\boldsymbol{a}_2 = 0 \tag{6-21}$$

且

$$\boldsymbol{a}_2\boldsymbol{\Sigma}\boldsymbol{a}_2' = \lambda \tag{6-22}$$

这说明和求第一主成分类似，若$\boldsymbol{X}$的协差阵$\boldsymbol{\Sigma}$的特征根为$\lambda_1 \geqslant \lambda_2 \geqslant \cdots \geqslant \lambda_p \geqslant 0$，则$y_2$的最大方差值就是第二大特征根$\lambda_2$，其对应的标准化特征向量为$\boldsymbol{a}_2'$。

由上述的求解第二主成分的过程，实际上是可以归纳出一般情形下求其余主成分的基本过程。首先要考虑所求主成分的不确定性约束条件，对于第k主成分要求存在$\boldsymbol{a}_k\boldsymbol{a}_k' = 1$；其次是与已经得到的主成分要相互垂直，没有信息冗余，这可以通过$\boldsymbol{a}_k\boldsymbol{a}_i' = 0 (k \neq i)$或（$i < k$）等来表达；再者就是要求其极大化的包含所要存储的信息，即需要$D(y_k) = \boldsymbol{a}_k\boldsymbol{\Sigma}\boldsymbol{a}_k'$达到最大。有了这几个条件，我们就可以仍然按照求极值的思路，构造目标函数如下。

$$\varphi_k(\mathbf{a}_k, \lambda, \rho_i) = \boldsymbol{a}_k\boldsymbol{\Sigma}\boldsymbol{a}_k' - \lambda(\boldsymbol{a}_k\boldsymbol{a}_k' - 1) - 2\sum_{i=1}^{k-1}\rho_i(\boldsymbol{a}_k\boldsymbol{a}_i') \tag{6-23}$$

对于式（6-23），要进行方程的变换，可以想象，这里有$(k-1)$项是关于相互垂直的，涉及$(k-1)$个系数ρ，要想让$\rho_i = 0\ [i = 1,2,\cdots,(k-1)]$，则式（6-23）必须在求导后，连续左乘各个$\boldsymbol{a}_i$，借助协方差为 0 和垂直的要求，确定$\rho_i = 0$，最后只剩下$\boldsymbol{a}_k\boldsymbol{\Sigma}\boldsymbol{a}_k' = \lambda$，由此，$y_k$的最大方差值为第$k$大特征根$\lambda_k$，对应的标准化特征向量为$\boldsymbol{a}_k'$。对于这个推导过程，我们不再给出具体的步骤，感兴趣的读者可自行推导，或者参看文献[8]。

总的来讲，若$\boldsymbol{X} = (X_1,\cdots,X_p)'$的协差阵为$\boldsymbol{\Sigma}$，其特征根为$\lambda_1 \geqslant \lambda_2 \geqslant \cdots \geqslant \lambda_p \geqslant 0$，各特征根对应的标准化特征向量$\boldsymbol{a}_1',\boldsymbol{a}_2',\cdots,\boldsymbol{a}_p'$。那么，各主成分为$y_1 = \boldsymbol{a}_1\boldsymbol{x}, y_2 = \boldsymbol{a}_2\boldsymbol{x},\cdots, y_p = \boldsymbol{a}_p\boldsymbol{x}$，它们的方差分别对应$\boldsymbol{\Sigma}$的各特征根，也是各主成分包含的信息量的度量。

二、主成分的性质

对于已经得到的主成分，一般具有如下的性质，这里只做必要的解释，不做详细的证明。

性质 1：设$\boldsymbol{y}$是$\boldsymbol{x}$的主成分，它的协方差阵为$\boldsymbol{\Sigma}$，则$\boldsymbol{\Sigma}$是对角阵，且对角元素分别为其特征根，即

$$\boldsymbol{\Lambda} = \begin{pmatrix} \lambda_1 & & 0 \\ & \ddots & \\ 0 & & \lambda_p \end{pmatrix} \tag{6-24}$$

性质 2：主成分$\boldsymbol{y}$的总方差等于原始变量的总方差，即保持信息总量不变。

$$\sum_{i=1}^{p} D(y_i) = \sum_{i=1}^{p} D(x_i) \tag{6-25}$$

性质 3：主成分y_k与原始变量x_i的相关系数表达了因子承载的信息量，表达为

$$\rho(y_k,x_i)=\frac{\sqrt{\lambda_k}}{\sqrt{\sigma_{ii}}}a_{ki} \tag{6-26}$$

它又称为因子负荷量。

第四节　主成分应用举例

在前边我们讨论了主成分的性质，已经知道这样几点：①主成分是相互独立的几个变量；②主成分能够全部保留原始信息；③主成分把原始信息划分成了几个互相独立的部分；④主成分有大有小，或者说有主有次。根据这几点，我们就可以充分应用主成分分析，实现许多研究。

先说主成分的方差贡献率，主成分分析把 p 个原始变量 $x_1,x_2,\cdots,x_p$ 的总方差 $\sum_{i=1}^{p}D(x_i)$ 分解成了 p 个相互独立变量 $y_1,y_2,\cdots,y_p$ 的方差之和 $\sum_{i=1}^{p}D(y_i)$，虽然从式（6-25）的形式上看，等号左右没有什么特别，但本质上还是有很大的不同，未进行主成分分析之前，总方差 $\sum_{i=1}^{p}D(x_i)$ 所代表的总信息，是交互缠绕在一起的信息，进行分析之后，$\sum_{i=1}^{p}D(y_i)$ 代表的是经过梳理后的信息的和，这些信息经过梳理，已经互相独立，各自代表着不同的方面。自然的，这些不同方面的重要性各不相同，就可以根据轻重进行适度的舍取。主成分分析的目的是减少变量的个数，一般不会再使用和原始变量同样多的变量个数，所以 p 个主成分中，信息量较小的主成分将被忽略，但这种忽略由于考虑了信息量丢失不多，不会影响总体研究，所以常常用来简化事物的研究。

在这里，计算

$$\varphi_k=\frac{\lambda_k}{\sum_{k=1}^{p}\lambda_k} \tag{6-27}$$

将它看作第 k 个主成分 y_k 的贡献率，则根据特征值的大小排序，也可推知第一主成分的贡献率最大，第二主成分次之，第三主成分更加次之，随着主成分排序的降低，其保存着的信息量也在降低，显然，若只取 $m(<p)$ 个主成分，则称

$$\psi_m=\frac{\sum_{k=1}^{m}\lambda_k}{\sum_{k=1}^{p}\lambda_k} \tag{6-28}$$

为主成分 y_1～y_m 的累积贡献率。累积贡献率表明 y_1～y_m 能够表达 $x_1,x_2,\cdots,x_p$ 中包含信息的大小。

对于 m 的取值，有两种确定标准，一种是按照累积贡献率达到一定的程度，比如70%或者80%以上来确定 m；另一种是先计算 p 个特征值的均值 $\bar{\lambda}$，取大于 $\bar{\lambda}$ 的特征值的个数 m。大量研究表明，若变量个数 $p<20$，则按照累积贡献率来确定 m 时，常常取出过多的主成分[7]，而按照第二种方式确定 m，又往往取得过少，故最好结合两个方面统一考虑，来确定 m 值。

一、在城市生态学中的具体应用

在城市生态系统中，信息流是其中重要的一个方面，但文献中很少具体表述信息流，为此，可应用主成分分析方法，确立信息流的各项主要指标。

信息是指自然信息及人类文化的总和。城市生态系统的信息包括物理信息、化学信息、行为信息等一般生态系统的信息，也包括语言及文字信息和科学技术信息等城市生态系统所特有的信息。信息是由复合生态系统的生产、生活功能所产生的。通过信息反馈、调节和引导生态系统向一个持续稳定的方向发展，并将其各组成要素紧密联系起来。信息在复合生态系统中的传递与整合过程形成信息流，信息流健全的反馈渠道与恰当的反馈强度可引导和维持复合生态系统的动态平衡，并实现复合生态系统的自我调节能力。

针对城市自身发展状况，可知信息流主要指与城市生态系统发展有紧密联系的城市自身特有的信息流（语言、文字和科学技术）。鉴于信息流可参考文献及资料有限，信息流具体指标不确定，依据各类文献对信息流的描述，参阅各类年鉴，李静[57]初步筛选出信息流指标，并用主成分分析法进一步筛选出代表性指标。

对指标的初选主要是依据文献对信息流的描述，从 2007 年的年鉴初选出代表信息流的指标，其中一级指标 1 个，二级指标 9 个，三级指标 32 个。由于初选指标有交叉重复，为了精简指标，去除信息冗余，对初选指标进行了预处理。最终得到 3 级指标共 28 个（表 6-1）。

表 6-1　城市复合生态系统信息流指标初选结果

二级指标	三级指标
电信主要通信能力	①长途电话交换机容量（路端），②局用交换机容量（万门），③移动电话交换机容量（万户），④长途光缆线路长度（公里），⑤互联网宽带接入端口（万个）
课本/万册	⑥儿童读物，⑦课本
图书、期刊和报纸出版情况	⑧图书期刊报纸量
文化，文物单位数/个	⑨艺术表演团体，⑩艺术表演场馆，⑪文化馆和群众艺术馆，⑫公共图书馆，⑬博物馆
教育情况/人	⑭成人毕业生数
邮电业务量	⑮移动电话年末用户（万户），⑯固定电话年末用户（万户），⑰公用电话年末用户（万户），⑱互联网上网人数（人）
邮政局及邮递线路	⑲营业网点（处），⑳信筒信箱（个），㉑邮路总长度（公里）
专利申请受理与授权数/件	㉒专利申请受理数合计，㉓专利授权数合计
观测业务	㉔测绘地形图（张），㉕地面观测业务（个），㉖自动气象站（个），㉗农业气象观测业务（个），㉘卫星云图接收业务（个）

选定指标采用中国各地区数据，含 4 个直辖市，23 个省份与 4 个自治区（内蒙古自治区数据缺失较多，予以剔除）。表 6-2 给出了进行主成分分析的数据组织结构示意（数据过大，略去），涉及 30 个地区，28 个指标。

表 6-2　选定指标原始数据组织结构表（部分）

地区（30 个）	移动电话年末用户/万户	固定电话年末用户/万户	公用电话年末用户/万户	互联网上网人数/万人	
北京	1598.3	914.6	78.7	737	…
天津	738.3	398.0	25.6	287	…
河北	2814.8	1526.7	89.5	762	…
…	…	…	…	…	

使用主成分分析法对初选指标进行排序筛选，从中选出具有代表性的指标评价信息流。根据计算结果，选取了具有较大权重的前 4 个主成分（表 6-3），其累积贡献率达 81.75%。表 6-4 给出了第一主成分中权重较高的各指标。

表 6-3　特征根和累积贡献率

主成分	特征根	累积贡献率/%
1	15.2065	54.31
2	4.5784	70.66
3	1.6409	76.52
4	1.4639	81.75

表 6-4　第一主成分中各指标的得分

指标号	16	2	17	15	3	18	8	5	1
得分	0.2484	0.2483	0.2478	0.2452	0.2436	0.2412	0.2389	0.2345	0.2241

由第一主成分可知，指标⑯、②、⑰、⑮、③、⑱、⑧、⑤和①在第一主成分中占比例较大。这几个指标依次为：固定电话年末用户，局用交换机容量，公用电话年末用户，移动电话年末用户，移动电话交换机容量，互联网上网人数，图书期刊报纸量，互联网宽带接入端口，长途电话交换机容量（路端）。这一特征向量主要与电话、互联网、图书报纸联系较紧密，称这一主成分为通信因素。

由第二主成分可知，指标㉓、㉒得分最高，得分分别为 0.2302、0.2297，这两个指标依次为：专利授权数合计，专利申请受理数合计，这一特征向量主要与科技发展相关，称这一主成分为科技因素。

由第三主成分看出，指标⑭得分为 0.6195，远远大于其他指标得分，因此这一主成分称作教育因素。

从第四主成分看出，指标㉘和指标㉗得分分别为 0.3329、0.3033，居于前两位且均与生产应用相关，称这一主成分为生产应用因素。

为了让前面的分析更一目了然，图 6-2 给出了信息流指标体系构成，共计 4 个二级指标，14 个三级指标。

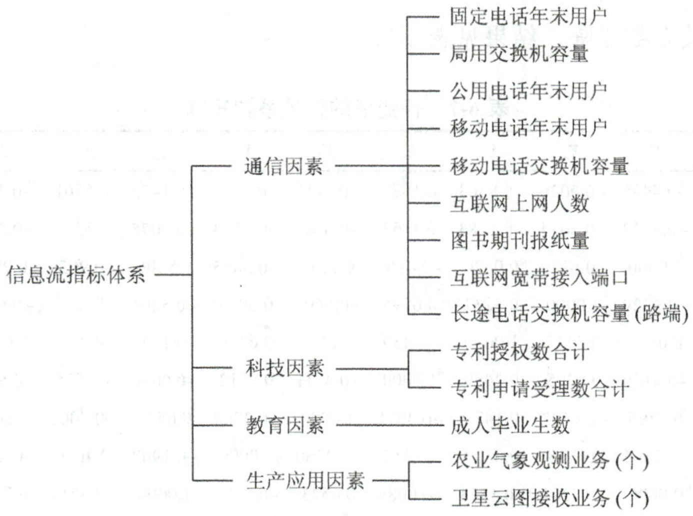

图 6-2　信息流指标体系构成

二、植物分布特征随海拔变化的探究

观察人参属植物得到的分类数据见表 6-5，实验共测定了 13 项性状指标，表 6-5 中各性状分别为：①X_1=根状茎节距；②X_2=节距标准差；③X_3=圆锥肉质根；④X_4=株高；⑤X_5=中央小叶长；⑥X_6=小叶长宽比；⑦X_7=叶缘齿宽；⑧X_8=柱头数；⑨X_9=花柱合生；⑩X_{10}=成熟果实具黑点；⑪X_{11}=种子宽度；⑫X_{12}=分布海拔；⑬X_{13}=人参醇含量，试进行主成分分析。

表 6-5　人参属植物分类数据[38]

	X_1	X_2	X_3	X_4	X_5	X_6	X_7	X_8	X_9	X_{10}	X_{11}	X_{12}	X_{13}
人参	3.97	1.86	1	571.30	102.80	1.99	17.69	2.00	0	0	4.56	1000	4
西洋参	3.23	1.44	1	301.80	86.83	1.61	20.43	2.00	0	0	4.79	1100	4
三七	8.88	3.35	2	314.50	77.63	2.55	23.12	2.00	1	0	5.80	1200	4
竹节参	6.77	2.58	0	497.17	86.76	2.30	20.00	2.29	0	1	3.10	1339	2
羽叶三七	39.71	30.83	0	442.80	51.00	2.66	13.93	1.88	0	1	2.87	2636	2
狭叶竹节参	7.35	2.90	0	695.00	109.63	4.17	14.78	3.63	0	1	2.63	1828	2
珠子参	23.79	17.89	0	543.94	75.88	2.68	13.50	2.06	0	1	2.67	2706	2

根据表 6-5，我们进行详细计算，并展示每一步的计算细节，以帮助理解掌握，表 6-6 是原始数据的标准化结果。

表 6-6　人参属植物分类数据的标准化结果

X_1	X_2	X_3	X_4	X_5	X_6	X_7	X_8	X_9	X_{10}	X_{11}	X_{12}	X_{13}
−0.6975	−0.6018	0.5447	0.6404	0.9585	0.7130	0.0146	−0.4325	−0.3780	−1.0690	0.6227	−0.9506	1.0690
−0.7523	−0.6388	0.544h7	−1.2695	0.1283	−1.1837	0.7537	−0.4325	−0.3780	−1.0690	0.8049	−0.8122	1.0690
−0.3338	−0.4706	1.8157	−1.1795	−0.3499	−0.0195	1.4793	−0.4325	2.2678	−1.0690	1.6053	−0.6739	1.0690
−0.4901	−0.5384	−0.7263	0.1151	0.1247	−0.3291	0.6377	0.0395	−0.3780	0.8018	−0.5344	−0.4815	−0.8018
1.9499	1.9498	−0.7263	−0.2702	−1.7342	0.1168	−0.9995	−0.6278	−0.3780	0.8018	−0.7166	1.3132	−0.8018
−0.4471	−0.5102	−0.7263	1.5171	1.3135	1.9870	−0.7703	2.2206	−0.3780	0.8018	−0.9068	0.1951	−0.8018
0.7707	0.8101	−0.7263	0.4465	−0.4409	0.1415	−1.1155	−0.3348	−0.3780	0.8018	−0.8751	1.4100	−0.8018

求解它们的关系数矩阵，结果见表 6-7。

表 6-7　各变量的相关系数矩阵

	X_1	X_2	X_3	X_4	X_5	X_6	X_7	X_8	X_9	X_{10}	X_{11}	X_{12}	X_{13}
X_1	1.0000	0.9959	−0.4485	−0.0026	−0.8363	0.1673	−0.6413	−0.2872	−0.1472	0.5561	−0.4967	0.8825	−0.5561
X_2	0.9959	1.0000	−0.4622	−0.0034	−0.8283	0.1167	−0.6649	−0.3183	−0.2075	0.5336	−0.5000	0.8784	−0.5336
X_3	−0.4485	−0.4622	1.0000	−0.6329	0.0820	−0.4100	0.7895	−0.3665	0.8006	−0.9058	0.9825	−0.6589	0.9058
X_4	−0.0026	−0.0034	−0.6329	1.0000	0.5237	0.6795	−0.6692	0.6959	−0.5201	0.5639	−0.6918	0.2887	−0.5639
X_5	−0.8363	−0.8283	0.0820	0.5237	1.0000	0.2459	0.1477	0.6399	−0.1543	−0.2298	0.0849	−0.5804	0.2298
X_6	0.1673	0.1167	−0.4100	0.6795	0.2459	1.0000	−0.4911	0.8512	−0.0086	0.5975	−0.5436	0.4252	−0.5975
X_7	−0.6413	−0.6649	0.7895	−0.6692	0.1477	−0.4911	1.0000	−0.2760	0.6523	−0.7008	0.8401	−0.8276	0.7008
X_8	−0.2872	−0.3183	−0.3665	0.6959	0.6399	0.8512	−0.2760	1.0000	−0.1907	0.4046	−0.4339	0.0286	−0.4046
X_9	−0.1472	−0.2075	0.8006	−0.5201	−0.1543	−0.0086	0.6523	−0.1907	1.0000	−0.4714	0.7079	−0.2972	0.4714
X_{10}	0.5561	0.5336	−0.9058	0.5639	−0.2298	0.5975	−0.7008	0.4046	−0.4714	1.0000	−0.9457	0.7598	−1.0000
X_{11}	−0.4967	−0.5000	0.9825	−0.6918	0.0849	−0.5436	0.8401	−0.4339	0.7079	−0.9457	1.0000	−0.7370	0.9457
X_{12}	0.8825	0.8784	−0.6589	0.2887	−0.5804	0.4252	−0.8276	0.0286	−0.2972	0.7598	−0.7370	1.0000	−0.7598
X_{13}	−0.5561	−0.5336	0.9058	−0.5639	0.2298	−0.5975	0.7008	−0.4046	0.4714	−1.0000	0.9457	−0.7598	1.0000

对相关系数矩阵实施计算，求解它们的特征值并按照有效值降序排列，其结果见表 6-8（只列出有效值）。从这里可以看出，由于只有 6 个数据，比变量个数少，因此，特征值计算收敛快，很快趋于 0，右侧是各个特征值对应的累积贡献率。

表 6-8　特征值与对应的累积贡献率

特征值	累积贡献率
λ_1=7.2986	ψ_1=56.14%
λ_2=3.5285	ψ_2=83.29%
λ_3=1.2862	ψ_3=93.18%
λ_4=0.6013	ψ_4=97.80%
λ_5=0.1960	ψ_5=99.31%
λ_6=0.0895	ψ_6=100.00%

与上述特征值相对应的特征向量见表 6-9，表 6-9 中共含有 13 个向量，其中前 6 个向量对应的有效特征值列于表 6-8，未列出的特征值对应于特征向量 $\boldsymbol{l}_7$～$\boldsymbol{l}_{13}$。

表 6-9　与特征值对应的特征向量

l_1	l_2	l_3	l_4	l_5	l_6	l_7	l_8	l_9	l_{10}	l_{11}	l_{12}	l_{13}
0.2485	0.3748	0.1344	0.1756	0.0392	0.3608	0.1601	0.2651	0.0506	0.6068	0.3473	0.0556	0.1636
0.2477	0.3791	0.0653	0.2225	0.0808	0.3106	−0.1690	−0.5697	−0.4692	−0.2432	−0.0127	−0.0207	−0.0717
−0.3416	0.0770	0.2648	0.2444	−0.0639	−0.0571	0.0408	−0.1775	0.1135	0.0942	−0.1316	−0.7180	0.3905
0.2348	−0.3516	−0.0289	0.3499	−0.6345	0.2962	0.2055	0.0577	−0.0530	0.0672	−0.3528	−0.0380	−0.1700
−0.0903	−0.5041	−0.1091	0.1933	−0.1113	−0.2060	−0.0889	−0.2122	−0.3995	0.2046	0.5784	0.0566	0.2037
0.2180	−0.2591	0.5574	0.1169	0.1849	0.1364	−0.1763	0.4517	−0.0957	−0.4105	0.2253	−0.1924	−0.0864

续表

l_1	l_2	l_3	l_4	l_5	l_6	l_7	l_8	l_9	l_{10}	l_{11}	l_{12}	l_{13}
−0.3340	−0.0033	0.1033	−0.5267	−0.0632	0.2196	0.1115	0.1447	−0.5604	0.2352	−0.0666	−0.2305	−0.2963
0.1343	−0.4432	0.2980	−0.0356	0.5497	0.1070	0.2071	−0.3306	0.0663	0.3213	−0.3229	0.1331	−0.0020
−0.2208	0.1177	0.6588	−0.0814	−0.3997	−0.1446	−0.2230	−0.2316	0.1651	0.1239	0.0480	0.3901	−0.1252
0.3468	−0.0301	0.0761	−0.4173	−0.1886	−0.0183	0.4821	−0.3274	0.2570	−0.1776	0.3895	−0.2576	−0.0881
−0.3585	0.0844	0.1261	0.1607	0.0342	0.0868	0.6585	0.0851	−0.1831	−0.3507	0.0181	0.3654	0.2876
0.3194	0.2140	0.1522	0.1643	0.0215	−0.7297	0.2580	0.1275	−0.3249	0.1389	−0.1661	−0.0724	−0.1690
−0.3468	0.0301	−0.0761	0.4173	0.1886	0.0183	0.1590	−0.0816	0.2048	0.0343	0.2480	−0.1058	−0.7178

从这里可以看出，主成分的贡献非常明显，第一个主成分的贡献达到 56.14%，当取 2 个主成分时，累积贡献率达到 83.29%，因此，取 2 个主成分基本满足要求，若取 3 个，则数据信息保存率达到 93.18%。前三个主成分表达式的具体表达式如下。

$$Y_1 = 0.2485X_1 + 0.2477X_2 - 0.3416X_3 + 0.2348X_4 - 0.0903X_5 + 0.2180X_6 - 0.3340X_7 + 0.1343X_8 - 0.2208X_9 + 0.3468X_{10} - 0.3585X_{11} + 0.3194X_{12} - 0.3468X_{13}$$

$$Y_2 = 0.3748X_1 + 0.3791X_2 + 0.0770X_3 - 0.3516X_4 - 0.5041X_5 - 0.2591X_6 - 0.0033X_7 - 0.4432X_8 + 0.1177X_9 - 0.0301X_{10} + 0.0844X_{11} + 0.2140X_{12} + 0.0301X_{13}$$

$$Y_3 = 0.1344X_1 + 0.0653X_2 + 0.2648X_3 - 0.0289X_4 - 0.1091X_5 + 0.5574X_6 + 0.1033X_7 + 0.2980X_8 + 0.6588X_9 + 0.0761X_{10} + 0.1261X_{11} + 0.1522X_{12} - 0.0761X_{13}$$

我们对此进行细致的分析，第一主成分的贡献率达到 56.14%，说明它在全部性状中居至关重要的地位，也是认识人参属的重要指标。在 Y_1 中，我们将 13 个变量按照绝对值大小排序，则有：X_{11}，−0.3585；X_{10}，0.3468；X_{13}，−0.3468；X_3，−0.3416；X_7，−0.3340；X_{12}，0.3194；X_1，0.2485；X_2，0.2477；X_4，0.2348；X_9，−0.2208；X_6，0.2180；X_8，0.1343；X_5，−0.0903。

在这些指标中，成熟果实具黑点 X_{10}、分布海拔 X_{12}、根状茎节距 X_1 和节距标准差 X_2 等几个形状之间具有较大的相关性，这些性状之间的相关系数见表 6-10，且它们的第一主成分向量分量呈现出较大的正值，把它们称作第一组分量。

表 6-10　性状 1，2，10，12 之间的相关系数

	X_1	X_2	X_{10}	X_{12}
X_1	1.0000	**0.9959**	**0.5561**	**0.8825**
X_2	0.9959	1.0000	**0.5336**	**0.8784**
X_{10}	0.5561	0.5336	1.0000	**0.7598**
X_{12}	0.8825	0.8784	0.7598	1.0000

此外，种子宽度 X_{11}、人参醇含量 X_{13}、圆锥肉质根 X_3 和叶缘齿宽 X_7 4 项性状指标都具有较大的系数（绝对值），且系数为负值。观察它们之间的相关性（表 6-11），可知它们自身之间呈现较大的正相关，但和 X_1、X_2、X_{10}、X_{12} 相关联，呈现出明显的负相关（表 6-12），它们的第一主成分向量分量呈现出明显的负值，称这几个组为第二组分量。

表 6-11　性状 3，7，11，13 之间的相关系数

	X_3	X_7	X_{11}	X_{13}
X_3	1.0000	**0.7895**	**0.9825**	**0.9058**
X_7	0.7895	1.0000	**0.8401**	**0.7008**
X_{11}	0.9825	0.8401	1.0000	**0.9457**
X_{13}	0.9058	0.7008	0.9457	1.0000

表 6-12　与性状 3，7，11，13 具负相关的性状

	X_1	X_2	X_3	X_7	X_{10}	X_{11}	X_{12}	X_{13}
X_1	1.0000	0.9959	–0.4485	–0.6413	0.5561	–0.4967	0.8825	–0.5561
X_2	0.9959	1.0000	–0.4622	–0.6649	0.5336	–0.5000	0.8784	–0.5336
X_3	–0.4485	–0.4622	1.0000	0.7895	–0.9058	0.9825	–0.6589	0.9058
X_7	–0.6413	–0.6649	0.7895	1.0000	–0.7008	0.8401	–0.8276	0.7008
X_{10}	0.5561	0.5336	–0.9058	–0.7008	1.0000	–0.9457	0.7598	–1.0000
X_{11}	–0.4967	–0.5000	0.9825	0.8401	–0.9457	1.0000	–0.7370	0.9457
X_{12}	0.8825	0.8784	–0.6589	–0.8276	0.7598	–0.7370	1.0000	–0.7598
X_{13}	–0.5561	–0.5336	0.9058	0.7008	–1.0000	0.9457	–0.7598	1.0000

对这些分量绝对值较大的性状进行分析比较，可以看出整个人参属性状的变化表现为两个不同的倾向性。一个方向表现为根状茎节距 X_1 长、节距标准差 X_2 大、不具有显著肉质根 X_3、叶缘锯齿 X_7 细密、成熟果实具黑点 X_{10}、种子宽度 X_{11} 较小、分布于 1500m 以上海拔 X_{12}、人参醇含量 X_{13} 低。它包括羽叶三七、珠子参、竹节参和狭叶竹节参。另一个方向表现为根状茎节距 X_1 短、节距标准差 X_2 小、具有肥厚的肉质根 X_3、叶缘锯齿 X_7 疏、成熟果实没有黑点 X_{10}、种子 X_{11} 宽大、多生长在 2000m 海拔 X_{12} 以下、人参醇含量 X_{13} 较高。这一类包括西洋参、人参和三七。

通过分析第一主成分中的性状，它们把整个人参属划分成两个对立方向上的类群，一类是分布于高海拔、人参醇含量低、药用价值较小的类群，另一类是具有肥厚肉质根、人参醇含量高、药用价值高的类群。这是第一主成分所体现的实际生物学意义。

通过上边的分析，我们可以知道，在实际中，各种问题比较复杂，体现的意义不一定是由某一两个性状就能解释清楚，要对第一主成分进行深刻分析，不仅要看第一主成分中各个分量的系数绝对值的大小，还要查看它们的正负符号、它们之间的相关性等，再结合研究对象的本质，做出合理的解释。像上述的第一主成分的贡献率很大，掌握了人参属向这两个方向发展，是认识人参属的关键。

下边我们对第二主成分进行分析，虽然和第一主成分相比，第二主成分要弱得多，贡献率仅为 27.14%，但它体现的生物学意义，是第一主成分所不具有的，也是对第一主成分体现意义的深化补充。我们将第二主成分列在这里，分析方法和前边第一主成分中的类似。

先把第二主成分的分量按照绝对值进行排序，如下（较小的舍去）：中央小叶长（X_5），–0.5041；柱头数（X_8），–0.4432；节距标准差（X_2），0.3791；根状茎节距（X_1），0.3748；株高（X_4），–0.3516；小叶长宽比（X_6），–0.2591；分布海拔（X_{12}），0.2140。

在这些指标中，X_5、X_8、X_4、X_6 具有较大的分量值，且符号相同，查看它们的相关性，见表 6-13。

表 6-13 性状 4，5，6，8 之间的相关系数

	X_4	X_5	X_6	X_8
X_4	1.0000	0.5237	0.6795	0.6959
X_5	0.5237	1.0000	0.2459	0.6399
X_6	0.6795	0.2459	1.0000	0.8512
X_8	0.6959	0.6399	0.8512	1.0000

而指标 X_2，X_1 和 X_{12} 符号相同，查看它们的相关性，见表 6-14。

表 6-14 性状 1，2，12 之间的相关系数

	X_1	X_2	X_{12}
X_1	1.0000	0.9959	0.8825
X_2	0.9959	1.0000	0.8784
X_{12}	0.8825	0.8784	1.0000

两组之间的相关性见表 6-15。

表 6-15 性状 4，5，6，8 与性状 1，2，12 之间的相关系数

	X_1	X_2	X_4	X_5	X_6	X_8	X_{12}
X_1	1.0000	0.9959	−0.0026	−0.8363	0.1673	−0.2872	0.8825
X_2	0.9959	1.0000	−0.0034	−0.8283	0.1167	−0.3183	0.8784
X_4	−0.0026	−0.0034	1.0000	0.5237	0.6795	0.6959	0.2887
X_5	−0.8363	−0.8283	0.5237	1.0000	0.2459	0.6399	−0.5804
X_6	0.1673	0.1167	0.6795	0.2459	1.0000	0.8512	0.4252
X_8	−0.2872	−0.3183	0.6959	0.6399	0.8512	1.0000	0.0286
X_{12}	0.8825	0.8784	0.2887	−0.5804	0.4252	0.0286	1.0000

这说明，在第一主成分发生分化的基础上，这里有了新的分化，查看这些性状，可知在株高、叶长和叶宽及花的柱头数上有了分化，一类是株高大，花柱多，叶长窄，生长位置海拔低；另一类是株高矮，小叶短，花柱头数少，图 6-3 给出了性状的分析图。

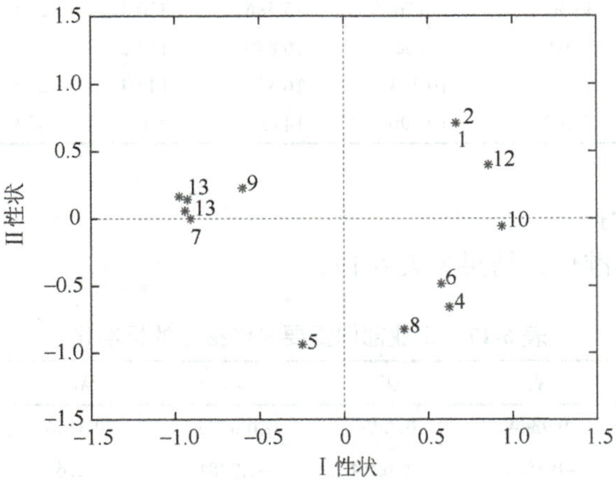

图 6-3 二维性状的 R 分析

三、应用主成分分析进行排序

在实际工作中，对 p 元总体 X 的样本进行主成分分析，往往并不是最终目的，而是为了完成某一更深层次的研究，如经常碰到的多指标系统排序评估问题。如何客观、科学地将一个多指标问题综合为单个指数的形式，主成分分析方法为解决这类问题提供了技术支持。

设 Z_1 是标准化随机变量 $\boldsymbol{X}=(X_1,X_2,\cdots,X_p)'$ 的第一主成分，则根据主成分的性质，可知，Z_1 与原始变量 $X_1,X_2,\cdots,X_p$ 的综合相关程度最强，即

$$\sum_{k=1}^{p}\rho^2(Z_1,X_k)=\lambda_1$$

其中 λ_1 为 X 的相关阵 $\boldsymbol{R}$ 的最大特征值，当只选择一个综合变量来表达原来所有的原始变量时，最佳的选择就是 Z_1，此外，第一主成分损失的信息量最小，由它来构造系统排序的评估指数最合适。

表 6-16 是某市工业部门 13 个行业的 8 项重要经济指标的数，这 8 项经济指标分别是：X_1 年末固定资产净值，单位：万元；X_2 职工人数，单位：人；X_3 工业总产值，单位：万元；X_4 全员劳动生产率，单位：元/人年；X_5 百元固定资产原值实现产值，单位：元；X_6 资金利税率，单位：%；X_7 标准燃料消费量，单位：吨；X_8 能源利用效果，单位：万元/吨。

表 6-16　某市工业部门重要经济指标[8]

	X_1	X_2	X_3	X_4	X_5	X_6	X_7	X_8
冶金	90 342	52 455	101 091	19 272	82.0	16.1	197 435	0.172
电力	4 903	1 973	2 035	10 313	34.2	7.1	592 077	0.003
煤炭	6 735	21 139	3 767	1 780	36.1	8.2	726 396	0.003
化学	49 454	36 241	81 557	22 504	98.1	25.9	348 226	0.985
机器	139 190	203 505	215 898	10 609	93.2	12.6	139 572	0.628
建材	12 215	16 219	10 351	6 382	62.5	8.7	145 818	0.066
森工	2 372	6 572	8 103	12 329	184.4	22.2	20 921	0.152
食品	11 062	23 078	54 935	23 804	370.4	41.0	65 486	0.263
纺织	17 111	23 907	52 108	21 796	221.5	21.5	63 806	0.276
缝纫	1 206	3 930	6 126	15 586	330.4	29.5	1 840	0.437
皮革	2 150	5 704	6 200	10 870	184.2	12.0	8 913	0.274
造纸	5 251	6 155	10 383	16 875	146.4	27.5	78 796	0.151
文教	14 341	13 203	19 396	14 691	94.6	17.8	6 354	1.574

根据表 6-16，进行排序。

对原始数据进行标准化，结果见表 6-17。

表 6-17　工业部门重要经济指标的标准化

X_1	X_2	X_3	X_4	X_5	X_6	X_7	X_8
1.5010	0.3847	0.9344	0.7508	−0.6295	−0.3146	0.0564	−0.4705
−0.5368	−0.5580	−0.6867	−0.6214	−1.0781	−1.2169	1.7483	−0.8466
−0.4931	−0.2001	−0.6584	−1.9283	−1.0603	−1.1066	2.3242	−0.8466

续表

X_1	X_2	X_3	X_4	X_5	X_6	X_7	X_8
0.5258	0.0820	0.6147	1.2458	−0.4784	0.6678	0.7029	1.3390
2.6662	3.2055	2.8133	−0.5761	−0.5244	−0.6655	−0.1917	0.5444
−0.3624	−0.2919	−0.5506	−1.2235	−0.8125	−1.0565	−0.1649	−0.7064
−0.5972	−0.4721	−0.5874	−0.3126	0.3315	0.2969	−0.7004	−0.5150
−0.3899	−0.1639	0.1790	1.4449	2.0771	2.1816	−0.5093	−0.2679
−0.2457	−0.1484	0.1328	1.1374	0.6797	0.2267	−0.5165	−0.2390
−0.6250	−0.5214	−0.6198	0.1862	1.7017	1.0287	−0.7822	0.1193
−0.6025	−0.4883	−0.6186	−0.5361	0.3296	−0.7257	−0.7518	−0.2435
−0.5285	−0.4799	−0.5501	0.3837	−0.0251	0.8282	−0.4522	−0.5172
−0.3117	−0.3483	−0.4026	0.0492	−0.5113	−0.1442	−0.7628	2.6499

计算数据的相关系数矩阵，见表 6-18。

表 6-18　标准化数据的相关系数矩阵

	X_1	X_2	X_3	X_4	X_5	X_6	X_7	X_8
X_1	1.0000	0.9196	0.9620	0.1089	−0.2886	−0.1663	0.0067	0.2140
X_2	0.9196	1.0000	0.9468	−0.0550	−0.1973	−0.1709	−0.0149	0.1855
X_3	0.9620	0.9468	1.0000	0.2329	−0.1036	0.0042	−0.0781	0.2467
X_4	0.1089	−0.0550	0.2329	1.0000	0.5599	0.7809	−0.4497	0.3009
X_5	−0.2886	−0.1973	−0.1036	0.5599	1.0000	0.8266	−0.6088	−0.0295
X_6	−0.1663	−0.1709	0.0042	0.7809	0.8266	1.0000	−0.4922	0.1742
X_7	0.0067	−0.0149	−0.0781	−0.4497	−0.6088	−0.4922	1.0000	−0.2999
X_8	0.2140	0.1855	0.2467	0.3009	−0.0295	0.1742	−0.2999	1.0000

计算数据的特征值，按降序排列，并计算累积贡献率（表 6-19）。

表 6-19　有效特征值与累积贡献率

排序	特征值	累积贡献率/%
1	3.1049	38.81
2	2.8974	75.03
3	0.9302	86.66
4	0.6421	94.68
5	0.3041	98.48
6	0.0866	99.57
7	0.0322	99.97
8	0.0024	100.00

表 6-20 是计算得到的特征向量，每列对应于上面相应的特征值。

表 6-20 与特征值对应的特征向量

l_1	l_2	l_3	l_4	l_5	l_6	l_7	l_8
0.4767	0.2960	0.1042	0.0453	0.1842	0.0659	0.7576	0.2450
0.4728	0.2779	0.1630	−0.1744	−0.3054	0.0485	−0.5184	0.5271
0.4238	0.3780	0.1563	0.0587	−0.0175	−0.0990	−0.1740	−0.7805
−0.2129	0.4514	−0.0085	0.5161	0.5394	−0.2879	−0.2494	0.2201
−0.3885	0.3309	0.3211	−0.1994	−0.4499	−0.5823	0.2330	0.0306
−0.3524	0.4027	0.1451	0.2793	−0.3168	0.7136	0.0564	−0.0424
0.2148	−0.3774	0.1405	0.7582	−0.4182	−0.1936	0.0528	0.0412
0.0550	0.2727	−0.8912	0.0719	−0.3222	−0.1222	0.0671	−0.0033

这是计算得到的 8 个主成分表达式。

$$Y_1=0.4767X_1+0.4728X_2+0.4238X_3-0.2129X_4-0.3885X_5-0.3524X_6+0.2148X_7+0.0550X_8$$
$$Y_2=0.2960X_1+0.2779X_2+0.3780X_3+0.4514X_4+0.3309X_5+0.4027X_6-0.3774X_7+0.2727X_8$$
$$Y_3=0.1042X_1+0.1630X_2+0.1563X_3-0.0085X_4+0.3211X_5+0.1451X_6+0.1405X_7-0.8912X_8$$
$$Y_4=0.0453X_1-0.1744X_2+0.0587X_3+0.5161X_4-0.1994X_5+0.2793X_6+0.7582X_7+0.0719X_8$$
$$Y_5=0.1842X_1-0.3054X_2-0.0175X_3+0.5394X_4-0.4499X_5-0.3168X_6-0.4182X_7-0.3222X_8$$
$$Y_6=0.0659X_1+0.0485X_2-0.0990X_3-0.2879X_4-0.5823X_5+0.7136X_6-0.1936X_7-0.1222X_8$$
$$Y_7=0.7576X_1-0.5184X_2-0.1740X_3-0.2494X_4+0.2330X_5+0.0564X_6+0.0528X_7+0.0671X_8$$
$$Y_8=0.2450X_1+0.5271X_2-0.7805X_3+0.2201X_4+0.0306X_5-0.0424X_6+0.0412X_7-0.0033X_8$$

以特征值为权重，对求得的主成分进行综合加权，可得到其综合评分，设有 k 个主成分，则计算综合评分的公式如下。

$$y=\frac{\lambda_1}{\sum_{i=1}^{k}\lambda_i}y_1+\frac{\lambda_2}{\sum_{i=1}^{k}\lambda_i}y_2+\cdots+\frac{\lambda_k}{\sum_{i=1}^{k}\lambda_i}y_k \tag{6-29}$$

根据式（6-29），得到各行业评分与排序，见表 6-21。

表 6-21 各行业得分及排序

	Y_1	Y_2	Y_3	Y_4	Y_5	Y_6	Y_7	Y_8	评分	排序
冶金	1.4752	0.7586	0.5380	0.4898	1.0586	−0.0026	0.3949	0.0044	0.9910	2
电力	0.4982	−2.5916	0.2283	0.8519	0.1606	−0.2911	−0.1272	0.0669	−0.6479	11
煤炭	1.0564	−3.2255	0.4094	0.5825	−0.9300	0.0594	0.0822	−0.0240	−0.6982	13
化学	0.4599	1.1836	−0.9977	1.5996	0.0114	0.0746	−0.0086	−0.0520	0.6207	3
机器	4.5285	2.2624	0.4676	−0.7581	−0.4963	0.0191	−0.1211	0.0226	2.5514	1
建材	0.3300	−1.7736	0.0311	−0.9380	0.3689	0.2062	−0.0273	−0.0668	−0.5698	10
森工	−1.1025	−0.3179	0.2818	−0.6917	0.0914	0.3033	−0.0051	−0.0350	−0.5591	9
食品	−2.1950	2.2441	1.0992	0.5568	−0.5719	0.0113	−0.0399	−0.0524	0.1116	4
纺织	−0.8412	0.8957	0.3529	0.1285	0.5266	−0.4687	−0.2882	−0.0009	0.0631	5
缝纫	−2.0319	0.8252	0.2311	−0.5141	−0.6475	−0.1786	0.2794	0.0727	−0.5295	8
皮革	−0.7133	−0.7556	−0.1226	−1.1110	0.2343	−0.3822	0.0178	−0.0295	−0.6491	12
造纸	−1.2014	0.0303	0.2870	0.0817	0.3704	0.6423	−0.1693	0.0786	−0.3950	7
文教	−0.2630	0.4643	−2.8063	−0.2779	−0.1766	0.0071	0.0125	0.0154	−0.2891	6

第五节　主成分分析的MATLAB实现

在MATLAB中，与主成分分析有关的函数主要包括princomp，pcacov，pcares和pca，我们首先熟悉这些函数，然后结合自己的理解，形成我们自己的通用代码。

一、函数介绍

（一）princomp函数

princomp函数用来分析样本观测值数据矩阵，查阅MATLAB帮助文件，可知它有以下4种调用格式。

1）[COEFF，SCORE]=princomp（X）

在这种调用格式中，输入参数X是样本的观测值矩阵，具有n行p列，每行对应一个观测点，每列对应一个变量。

输出参数中，COEFF是各个主成分的系数矩阵，当有p个主成分时，它为$p\times p$矩阵，该矩阵中，每一列对应一个主成分的系数向量。SCORE是得分矩阵，更确切地讲，是n个样品的p个主成分得分，也是一个$n\times p$的二维矩阵，该矩阵的行对应着观测，列对应着主成分，元素所在的行数i和列数j则是第i个样品第j个主成分的得分值。

2）[COEFF，SCORE，latent]=princomp（X）

这种调用方式增加了输出参数latent，它是样本协方差矩阵的特征值向量，该向量包含p个按照降序排列的特征值。

3）[COEFF，SCORE，latent，tsquare]=princomp（X）

这种方式的返回参数中，tsquare即t的平方，该参数是一个包含p个元素的列向量，其中每一个元素都对应着各自观察值的HOTELLING T^2统计量，它描绘了元素与数据集中心之间的距离。当$n\leqslant p$时，SCORE矩阵的第n列到第p列元素均为0，latent的第n个到第p个元素均为0。

4）[...]=princomp（X，'econ'）

这种调用格式中，参数“econ”是一个开关，当$n\leqslant p$时，由于样本数据小于变量数据个数，在返回向量latent中，只保存前$(n-1)$个非0元素，不必要的0值被舍去，相应的，COEFF和SCORE中也只返回对应的列。

示例：MATLAB给出的内部数据实现如下，具体结果这里省略。

```
load hald;%载入matlab内部数据
[pc,score,latent,tsquare]= princomp(ingredients);%调用分析函数
ingredients,score,pc,latent,tsquare %显示得到的结果
```

（二）pcacov函数

pcacov函数是主成分分析的特殊形式，它根据协方差矩阵或者相关系数矩阵进行运算，查阅MATLAB帮助，其调用格式差别主要在于返回参数，包括如下3种。

1）COEFF=pcacov（V）

2）[COEFF，latent]=pcacov（V）

3）[COEFF，latent，explained]=pcacov（V）

上述 3 种不同形式中，输入参数 V 是数据的协方差矩阵或者是相关系数矩阵，对于有 p 个变量的数据(整体或者样本)，V 是 $p\times p$ 矩阵。在输出参数中，COEFF 和 latent 在前边的 princomp 中已有介绍，不再重复，输出参数 explained 是贡献率向量，保存着 p 个主成分的贡献率，它以百分比表示。

示例：MATLAB 给出的内部数据实现如下，具体结果这里省略。

```
load hald %载入 matlab 内部数据
covx =Cov(ingredients); %调用分析函数
[COEFF,latent,explained] = pcacov(covx) %显示得到的结果
```

（三）pcares 函数

pcares 的英文解释是 residuals from principal component analysis，意即主成分分析残差，更明确地讲，MATLAB 使用该函数进行数据重建，并计算样本观察数据矩阵中每个样本点的各个分量对应的残差。其调用格式如下。

1）residuals=pcares（X，ndim）

2）[residuals，reconstructed]=pcares（X，ndim）

在输入参数中，X 是样本观测数据矩阵，若有 n 个观测，p 个变量，则数据矩阵 X 为 n 行 p 列。ndim 用来指定主成分的个数，是一个小于等于 p 的正整数。

在输出参数中，residuals 是与 X 同维的矩阵，其元素为对应于 X 的相应元素的残差。reconstructed 是重建数据，它基于前 ndim 个主成分的得分而重建，与 X 近似。

示例：MATLAB 给出的内部数据实现如下，具体结果这里省略。

```
load hald
r1 = pcares(ingredients,1);
r2 = pcares(ingredients,2);
r3 = pcares(ingredients,3);
```

（四）pca 函数

pca 函数是 MATLAB 新版的主成分分析函数，它的功能比前边的几个更加强大，它可以实现原始数据的主成分分析，并返回各种不同的结果。其调用格式如下。

1）coeff=pca（X）

这种调用格式返回数据矩阵 X 的主成分系数，矩阵 X 为 $n\times p$ 结构，X 的行对应于 n 个观测样本点，列对应于 p 个变量。系数矩阵 coeff 是 $p\times p$ 矩阵，其中的每一列包含一个主成分系数，各列依方差降序排列。缺省参数时，要对数据进行中心化，分解矩阵时使用奇异值（SVD）分解算法。

2）coeff=pca（X，Name，Value）

这种调用格式和第一种类似，只是增加了输入选项，以计算和处理的特殊数据类型，这些数据由一个或多个名称/值对参数指定。

在这里，Name 指定操作的名称，Value 则给出对应的值，例如：

'Algorithm'，'eig'，'Centered'，false，'Rows'，'all'，'NumComponents'，3

其中的{'Algorithm'，'eig'}，{'Centered'，false}，{'Rows'，'all'}，{'NumComponents'，3}分别是名称/值对。具体地讲，这里可以使用的名称包括：'Algorithm'，'Centered'，'Economy'，'NumComponents'，'Rows'，'Weight'，'VariableWeights'，'Coeff0'，'Score0'，'Options'。它们的含义及取值见表 6-22。

表 6-22　pca 函数指定操作名称及含义

名称	功能	取值
'Algorithm'	计算主成分算法	'svd'（奇异值分解法，缺省设置）； 'eig'（特征值分解法）； 'als'（交替最小二乘法）
'Centered'	列数据的中心化处理	True（缺省设置）； False
'Economy'	精简输出控制	True（缺省设置）； False
'NumComponents'	指定返回的主成分个数	$0<k\leqslant p$，可缺省
'Rows'	指定处理数据中包含 NaN 的行数	'complete'（缺省）； 'pairwise'； 'all'
'Weight'	设置观测样本的权重	1（缺省时均设为 1，共 n 个）
'VariableWeights'	设置变量的权重	向量，每个变量分别设置； 'variance'，取权重为样本方差的倒数
'Coeff0'	系数矩阵的初始化值，该名值对只适用于当算法'algorithm'设置为'als'时	随机值（缺省）； $p\times k$ 矩阵
'Score0'	得分矩阵的初始值，该名值对只适用于当算法'algorithm'设置为'als'时	随机值（缺省）； $p\times m$ 矩阵
'Options'	迭代选项，该名值对只适用于当算法'algorithm'设置为'als'时	'Display'输出程度，选项包括'off'，'final'和'iter'； 'MaxIter'最大迭代步，缺省时为 100 步。注意这里和优化计算不一样，在优化时，达到最大迭代步一般就认为收敛； 'TolFun'代价函数的容许值，缺省时设为 1e-6； 'TolX'元素相对变化的收敛判断值，缺省时设为 1e-6

下面是 MATLAB 中该函数的源代码设置，可以看到各设置的缺省设置。

```
% Parse arguments and check if parameter/value pairs are valid
paramNames ={'Algorithm','Centered','Economy','NumComponents','Rows',...
'Weights','VariableWeights','Coeff0','Score0','Options'};
defaults ={'svd', true, true, p,'complete',...
ones(1,n) ,ones(1,p),[],[], statset('pca')};
[vAlgorithm, vCentered, vEconomy, vNumComponents, vRows,vWeights,...
vVariableWeights, c0, s0, opts, setFlag]...
= internal.stats.parseArgs(paramNames, defaults, varargin{:});
```

3）[coeff，score，latent]=pca（___）

4）[coeff，score，latent，tsquared]=pca（___）

5）[coeff，score，latent，tsquared，explained，mu]=pca（___）

在这 3 种调用格式中，参数含义参看 princomp 中的对应解释，在调用 5）中，mu 是一个保存估值的行向量，即均值 $\boldsymbol{\mu}$ 。

示例：（结果省略）

```
load hald; %载入 matlab 内部数据
[coeff,score,latent,tsquared,explained,mu]=pca(ingredients)
```

二、PCA 的自主实现

虽然 MATLAB 本身提供了这些计算，但我们为了应用方便并有助于了解主成分分析的细节，根据主成分分析的基本原理，逐步实现了计算，编写了代码，并将主要的每一步结果输出，以作学习检验，和 MATLAB 本身使用的 pca 对比，计算方法不同，得到的结果稍有差异。前述例题的计算结果，均由本代码计算得到，不再额外举例说明。代码调用格式如下。

当准备好的数据是矩阵 ***b*** 时，则可以以'*d*'标志数据矩阵，按照 PrinCompAnalz（'*d*'，***b***）格式调用运算结果。

当准备的数据存放在.txt 文本文件时，则需使用“s”指明调用数据存放在文件，需要按照类似于 PrinCompAnalz（'s'，'ch5.TXT'）这种格式使用。

当准备的数据在 Excel 表格中时，和使用.txt 文本文件类似，也需指明文件，使用 PrinCompAnalz（'S'，'ch5.xlsx'）完成计算，需要注意的是，Excel 格式不支持旧版本的 Excel 表格文件，文件扩展名必须使用“.xlsx”，而不是“.xls”。

附通用代码

```
function PrinCompAnalz(TypeFlag,varName)
% 主成分分析  Principal Component Analysis ==> P C A.
% 用途：读入数据,并进行多元数据主成分分析。
% 参数：TypeFlag--输入参数类型标志。 输入参数类型标志用来说明输入的参数
%          是何种类型,主要包含两种情况,一种是数据矩阵,用'd'表示,意味着 data;
%          另一种是文件名,用's'表示,意味着文件名是字符串 string;
%          当输入的是数据时,Name 是数据矩阵名称；当输入的是字符串时,Name 表示
%          文件名。对于输入的文件,只支持.txt 文本文档或者 Excel 文档(xlsx 类型,
%          旧版本的 Excel 文件不支持)。
%          不论何种情况,准备的数据矩阵必须是每行一个样本点,每列对应着一个变量。
%     Name--数据矩阵名称,或者是文件名称;
% 创建：2004,07,16
% 修改：2013,02,25
% 联系：wdwsjlxx@163.com
% 样例：PrinCompAnalz('s','ch5.TXT');     PrinCompAnalz('d',b)
```

```
%           PrinCompAnalz('s','ch5.xlsx')
%
if nargin~=2
    error('input arguments wrong！ ');
elseif ischar(TypeFlag)
    types={'d','s'};
    TypeFlag=internal.stats.getParamVal(TypeFlag,types,'TYPE');
    if strcmp('d',TypeFlag)||strcmp('D',TypeFlag)   % 数据矩阵
        MyData=varName;
    elseif strcmp('s',TypeFlag)||strcmp('S',TypeFlag) % 字符串
        % 判断.txt 文件类型
        ps1=strfind(varName,'.txt'); ps2=strfind(varName,'.TXT');
        if ~isempty(ps1)||~isempty(ps2)   % txt
            MyData=load(varName,'-ascii');
        end
        % 判断.xlsx 文件类型
        ps3=strfind(varName,'.xlsx'); ps4=strfind(varName,'.XLSX');
        if ~isempty(ps3)||~isempty(ps4)   % xls
            [MyData,~] = xlsread(varName);
        end
    end
else
    error('input type flag wrong!');
end

% 输出原始数据,以备检验
[nRows,nCols]=size(MyData);
disp('0. 这是原始数据,以备检验');
OutFmtData (MyData,2);fprintf('\n');
% 构造随机变量协方差矩阵
StdData =zscore(MyData);   % 进行标准化数据
disp('1. 这是原始数据的标准化结果');
OutFmtData (StdData,4);
Coeff=corrcoef(StdData);          fprintf('\n');
disp('2. 这是原始数据的相关系数矩阵');
OutFmtData (Coeff,4);
% 求特征值和特征向量,修订其正负号符合习惯
[EigenVector,~]=eig(Coeff);
Lamda=dsort(eig(Coeff));
```

```
for ir=1:nCols
    if EigenVector(1,ir)<0
        EigenVector(:,ir)=EigenVector(:,ir)*(-1);
    end
end
Eigen=fliplr(EigenVector); fprintf('\n');
disp('3. 这是原始数据的特征值 (降序排列):');
disp(Lamda');fprintf('\n');
disp('4. 这是原始数据的特征向量,每列为对应于上面相应特征值的向量:');
OutFmtData (Eigen,4); fprintf('\n');
% 判别结果
disp('5. 这是判别结果,依次为: 特征值, 累积贡献率, 主成分表达式');
s=0;digits(4); % 确定主成分 b
for ir=1:nCols
    s=s+Lamda(ir);
    per=s/sum(Lamda)*100;
    fprintf('lambda(%.2d)=%7.4f, CumulativePercentage =%7.2f%%; ',ir,Lamda(ir),per);
    fprintf('Y(%.2d) = ',ir);
    sg=sign(Eigen(:,ir));
    for jc=1:nCols
        switch sg(jc)
            case 1
                if (1==jc)
                    fprintf('');
                else
                    fprintf(' + ');
                end
                fprintf('%6.4fX%d',Eigen(jc,ir),jc);
            case -1
                fprintf(' - ');
                fprintf('%6.4fX%d',abs(Eigen(jc,ir)),jc);
            case 0
                fprintf(';');
        end
end
    fprintf('\n');
end
fprintf('\n');
% 计算综合得分
```

```
CY=zeros(nRows,nCols+2);
for ir=1:nRows
    for j=1:nCols
        CY(ir,j)=Eigen(:,j)'*StdData(ir,:)';
    end
end
% 确定主成分
sums=sum(Lamda);
for ir=1:nRows
    for j=1:nCols
        CY(ir,nCols+1)=CY(ir,nCols+1)+Lamda(j)/sums * CY(ir,j);
    end
end
disp('6. 这是各主成分向量、每个样本的主成分综合计算得分、排序');
[~,I]=sort(CY(:,nCols+1));
j=0;
for ir=nRows:-1:1
    j=j+1;
    CY(I(j),nCols+2)=ir;
end
% output the result
fmts='%10s';fmtd='%10d';fmtf='%10.4f';
TableHead={'SAMPLE','PCA','SCORE','SN'};
fprintf(fmts,TableHead{1,1});
for jc=1:nCols
    txt=[TableHead{2},num2str(jc)];
    fprintf(fmts,txt);
end
fprintf(fmts,TableHead{1,3});
fprintf(fmts,TableHead{1,4});
fprintf('\n');
for ir=1:nRows
    txt=[TableHead{1,1},num2str(ir)];
    fprintf(fmts,txt);
    for jc=1:nCols+2
        if jc==nCols+2
            fprintf(fmtd,CY(ir,jc));
            fprintf('\n');
        else
```

```
                    fprintf(fmtf,CY(ir,jc));
                end
            end
        end
        fprintf('\n');
        %
        disp('7. 下面提供主成分及其对应的相关系数,便于进行分析');
        Lock=1;
        while Lock
        %       Order=input('   要输出到第几主成分？Order = ');
            Order=nCols;
            if Order>nCols
                Lock=true;
                disp('   你输入的数据超过了原来要素的个数,请重新输入！ ');
            else
                Lock=false;
            end
            Vector=zeros(nCols,3);
            for j=1:Order
                fprintf('   第%d 主成分及其对应的相关系数\n',j);
                disp('   性状分量值   正相关     负相关');
                PriCom=Eigen(:,j)';
                Pos=zeros(nCols,1);
                Neg=zeros(nCols,1);
                for ir=1:nCols
                    if Coeff(ir,1)>0
                        Pos(ir)=Coeff(ir,1);
                    else
                        Neg(ir)=Coeff(ir,1);
                    end
                end
                Vector(:,1)=PriCom(:); Vector(:,2)=Pos(:); Vector(:,3)=Neg(:);
                Temp=ElePos(Vector,1);
                disp(Temp);
                fprintf('\n');
            end
        end
        Key=true;
        while Key
```

```
        fprintf('\n');
        FactLoad=input('   请输入因子负载数 (参看 5 的结果): Factor Loading = ');
        if FactLoad>nCols
            Key=true;
            fprintf('   输入因子负载数不能高于 %d, 请重新输入!\n',nCols);
        else
            Key=false;
        end
    end
    Point=zeros(nCols,FactLoad);
    for jc=1:nCols      % point order
        for jf=1:FactLoad    %
            Point(jc,jf)=Eigen(jc,jf)*sqrt(Lamda(jf));
        end
    end
    switch FactLoad
        case 2
            figure('Color',[1,1,1]);
            X=Point(:,1);      Y=Point(:,2);
            xWidth=max(abs(X))+0.5;
            yWidth=max(abs(Y))+0.5;
            plot(0,-xWidth:0.01:xWidth,'r-');hold on;
            plot(-yWidth:0.01:yWidth,0,'r-');hold on;
            plot(X,Y,'b*','MarkerSize',5);
            for it=1:size(X,1)
               text(X(it)+0.025,Y(it)+0.025,num2str(it));
            end
            hold on;    grid off;
            xlabel('I 属性'); ylabel('II 属性');fprintf('\n');
            disp('   数据 R 分析坐标值');disp(Point);return;
        case 3
            figure('Color',[1,1,1]);
            X=Point(:,1);         Y=Point(:,2);          Z=Point(:,3);
            plot3(X,Y,Z,'b*'); hold on;
            xlabel(' Ⅰ 属性'); ylabel(' Ⅱ 属性'); zlabel('Ⅲ属性');
            fprintf('\n');disp('   数据 R 分析坐标值');disp(Point);grid on;
        otherwise
            disp('   不能绘制高于 3 维的图形,请参看下面的数据');
            fprintf('\n');disp('   数据 R 分析坐标值');disp(Point);
```

```
end

function     [NA]=ElePos(A,k)
% 程序功能: 按照某一列的排序,重新布置矩阵数据
% 参数说明: A,原始数据矩阵; k,指示符,指明按照哪一列排序.
%
[SizeOfRows,Any]=size(A);
PosOfEle=zeros(SizeOfRows,1); % 存放元素的原始位置
NA=zeros(SizeOfRows,Any);
TempA=dsort(A(:,k))';    % 原始数据排序标准,即按照哪一列排序
for i=1:SizeOfRows      % 计算元素的原始位置
    temp=TempA(i);
    for j=1:SizeOfRows
        if A(j,k)==temp
            PosOfEle(i)=j;
        end
    end
end
for i=1:SizeOfRows
   jud=PosOfEle(i);
   NA(i,:)=A(jud,:);
end
```

习　题

1. 为了对浑河水系（辽宁省内）的生态健康做出评价，对该流域划分了4组采样点，殷旭旺[58]调查了生藻类群落和水环境理化特征，见表X6-1，试应用该数据进行主成分分析，确定不同位置的主要群落种类。

表X6-1　浑河水藻类群落和水环境理化特征

指示种	第一组	第二组	第三组	第四组
变异直链藻	35	9	16	10
环状扇形藻	46	6	5	2
环状扇形藻缢缩变种	40	15	8	3
沃切里脆杆藻	42	14	8	4
膨大桥弯藻	40	2	7	4
弯曲桥弯藻	44	9	2	0
胡斯特桥弯藻	41	16	12	6
弧形蛾眉藻	47	3	2	0
扁圆卵形藻	37	2	2	9

续表

指示种	第一组	第二组	第三组	第四组
最细丝藻	41	1	2	0
环丝藻	35	2	4	0
针形菱形藻	3	0	44	21
颗粒直链藻	5	1	1	40
梅尼小环藻	20	3	11	29
短小舟形藻	0	0	0	25
隐头舟形藻威蓝变种	10	6	2	35
系带舟形藻休弗变种	0	1	0	28
窄异极藻	6	2	11	52
池生菱形藻	10	0	6	32
霍弗里菱形藻	17	3	18	39
指示种数量	22	0	4	15

2. 为深入了解湖泊环境生态系统的变化规律，为湖泊渔业和湖泊管理提供基础数据，龚珞军[59]于2007年夏季测定了武汉市梁子湖、斧头湖、柴泊湖、南湖和野芷湖5个养殖湖泊的浮游生物的数量和生物量，见表X6-2和表X6-3，试对该数据进行主成分分析。

表 X6-2　浮游植物数量测定表（单位：万个/升）

点号	蓝藻门	隐藻门	甲藻门	硅藻门	裸藻门	绿藻门
1	881.07	0	0	632.10	233.49	130.29
2	673.38	0	3.87	788.19	152.22	166.41
3	398.61	0	0	152.22	183.18	374.10
4	168.99	0	2.58	181.89	95.46	127.71
5	250.26	0	7.74	152.22	87.72	286.38
6	811.41	10.32	0	166.41	70.95	237.36
7	428.28	5.16	0	184.47	79.98	251.55
8	517.29	34.83	0	157.38	25.80	245.10
9	437.31	0	0	715.95	116.10	5163.87
10	525.03	0	0	13422.45	183.18	939.12
11	425.70	0	0	274.77	76.11	7521.99
12	481.17	77.40	0	264.45	47.73	1949.19
13	478.59	95.46	0	258.00	77.40	1573.80

表 X6-3　浮游植物生物量测定表（单位：毫克/升）

点号	蓝藻门	隐藻门	甲藻门	硅藻门	裸藻门	绿藻门
1	16.8477	0	0	12.3807	3.6444	0.0715
2	7.7453	0	0.0697	12.659	2.0645	0.4307
3	18.8911	0	0	4.7455	4.0626	0.9191
4	5.1223	0	1.0449	6.8058	4.6775	0.2256
5	9.0634	0	3.1347	6.3509	4.2982	0.8458
6	12.1446	0.1733	0	4.5710	3.4766	0.3149
7	2.4106	0.0867	0	4.6097	2.4951	0.4425
8	9.3159	0.5851	0	3.9696	1.2642	0.3740

续表

点号	蓝藻门	隐藻门	甲藻门	硅藻门	裸藻门	绿藻门
9	4.6315	0	0	16.5808	12.6789	2.9081
10	2.9705	0	0	10.7996	12.5713	11.0923
11	2.3610	0	0	4.6612	8.4222	3.2452
12	3.1730	1.3003	0	5.5377	5.7555	2.4808
13	2.3715	1.6037	0	5.0932	3.7926	3.5878

3. 表 X6-4 是李磊[60]在 2010 年对江苏如东滩涂贝类养殖区表层沉积物中重金属含量的调查分析，试根据该调查数据，确定前两种主要的重金属污染物。

表 X6-4　表层沉积物中金属的含量（单位：mg/kg）

Cu	Zn	Pb	Cd	Hg	As
42.34	1330.34	59.17	0.52	0.054	19.52
28.12	416.17	10.91	0.17	0.016	16.93
13.36	658.21	17.53	0.21	0.036	21.41
31.11	156.15	58.41	0.44	0.160	19.94
27.28	190.35	17.13	0.24	0.217	16.12
12.22	195.31	15.36	0.31	0.251	14.11
14.19	170.52	56.11	0.51	0.164	16.64
14.71	678.46	60.24	0.56	0.064	17.63
15.42	179.26	50.82	0.45	0.152	21.24

4. 表 X6-5 和表 X6-6 是张莹[61]半人工堆肥过程中测定的酶活力变化与理化因子数据，试分析哪些方面在评价堆肥肥力中起主要作用。

表 X6-5　堆肥各阶段的酶活性变化

堆肥时间/d	纤维素酶/[mg/(g·h)]	蛋白酶/[μg/(g·h)]	脲酶/[μg/(g·h)]	过氧化氢酶/[mg/(g·h)]	酸性磷酸酶/[mg/(g·h)]	碱性磷酸酶/[mg/(g·h)]	中性磷酸酶/[mg/(g·h)]
1	0.43	198.33	60.52	3.79	0.336	0.835	0.066
3	0.30	263.71	80.93	4.42	0.277	0.581	0.102
7	0.67	353.42	86.11	5.53	0.303	0.722	0.201
12	0.88	368.56	89.11	5.99	0.537	0.994	0.378
17	1.33	380.09	55.28	6.55	0.603	1.484	0.465
22	0.74	273.64	60.79	3.04	0.718	1.923	0.661
29	0.62	283.19	55.67	3.38	0.672	1.247	0.706
36	0.55	277.94	53.89	3.19	0.624	1.223	0.644
40	0.53	275.55	50.96	2.98	0.633	1.108	0.652

表 X6-6　堆肥各阶段的理化因子

堆肥时间/d	pH	全氮/(g/kg)	氨态氮/(g/kg)	硝态氮/(g/kg)	全磷/(g/kg)	速效磷/(g/kg)	有机质/(g/kg)
1	7.55	7.06	1.26	0.35	0.87	0.21	381.3
3	7.92	6.86	1.37	0.37	0.89	0.24	354.1
7	8.75	6.78	1.45	0.41	0.99	0.28	307.1

续表

堆肥时间/d	pH	全氮/(g/kg)	氨态氮/(g/kg)	硝态氮/(g/kg)	全磷/(g/kg)	速效磷/(g/kg)	有机质/(g/kg)
12	8.98	7.04	1.58	0.46	1.09	0.35	269.8
17	8.73	7.39	1.54	0.66	1.12	0.39	257.5
22	8.07	7.47	0.98	0.78	1.18	0.32	247.2
29	7.98	7.41	0.81	0.93	1.19	0.29	232.3
36	7.29	7.33	0.72	1.11	1.21	0.26	204.3
40	7.14	7.34	0.73	1.23	1.22	0.28	191.8

5. 为研究分子描述符与生物活性之间的关系，刘庆朝[62]随机筛选了 28 种具有抗人宫颈癌细胞（HeLa）活性的倍半萜类化合物，计算了脂水分配系数、相对分子质量、分子表面积、偶极矩 X 轴分量、溶剂可及化表面积和 IC_{50} 6 个参数，见表 X6-7，试据此讨论与分子药物活性有关的参数主要是哪些。

表 X6-7 具有抗人宫颈癌细胞活性的倍半萜类化合物 QSAR 指标

结构编号	脂水分配系数	相对分子质量	分子表面积	偶极矩 X 轴分量	溶剂可及化表面积	IC_{50}
1	2.184	308.369	312.32	−4.065	399.170	N
2	1.805	266.333	270.26	−3.848	351.862	N
3	3.323	342.386	330.70	−0.561	370.491	19.21
4	1.716	360.358	330.01	0.233	327.054	13.09
5	2.814	350.406	336.57	4.717	376.800	47.64
6	3.725	356.412	348.46	1.012	384.584	22.19
7	2.502	372.412	352.22	4.052	374.998	12.23
8	0.951	390.384	350.00	2.683	349.417	9.89
9	3.270	364.433	352.50	1.328	396.795	53.48
10	4.763	356.498	367.83	−0.679	481.545	34.64
11	4.763	356.498	367.83	−0.679	481.545	7.90
12	2.165	248.317	235.70	−0.868	342.346	N
13	3.267	232.318	222.82	−1.141	337.490	N
14	2.544	290.354	277.75	−0.283	355.656	N
15	2.036	248.317	235.78	−1.363	322.709	N
16	2.542	264.317	250.03	2.736	308.619	N
17	1.542	262.301	250.01	0.723	311.938	N
18	2.561	350.406	354.09	1.939	381.683	N
19	2.534	362.417	366.21	−1.745	392.041	1.30
20	3.625	346.417	354.34	−0.146	399.678	2.50
21	1.811	420.453	421.16	−0.905	419.803	5.00
22	4.357	324.413	311.81	−0.306	400.354	7.80
23	5.021	358.859	334.88	−0.965	369.076	N
24	5.299	392.411	352.00	−1.535	355.859	200.00
25	5.299	392.411	352.00	−1.659	358.086	200.00
26	4.418	400.440	377.79	0.010	403.328	32.70
27	3.341	358.385	343.99	0.012	366.665	22.19
28	2.939	344.358	326.24	0.172	347.225	25.39

注：N 表示该化合物对人宫颈癌细胞（HeLa）的生长无抑制活性

6. 为考察采伐强度对大兴安岭用材林生物多样性的影响，高明[63]等选择了 20 块样地，对照研究了物种丰富度指数 S、物种多样性香农维纳指数 H 和 Pielou 均匀度指数 J 的变化，表 X6-8 为包含乔木层、灌木层和草本层的 3 种指数的计算表，试就此数据进行生物多样性的主成分分析研究。

表 X6-8　大兴安岭用材林生物多样性指标测定数据

乔木层				灌木层				草本层			
样本号	S	H	J	样本号	S	H	J	样本号	S	H	J
1	3	0.52	0.75	1	5	0.97	0.61	1	9	1.57	0.72
2	3	0.42	0.38	2	4	1.03	0.74	2	5	0.72	0.45
3	2	0.25	0.36	3	4	0.79	0.57	3	3	0.77	0.70
4	2	0.59	0.85	4	3	0.12	0.11	4	11	1.78	0.74
5	3	0.68	0.62	5	6	1.16	0.65	5	9	1.71	0.78
6	2	0.42	0.36	6	5	1.15	0.71	6	9	1.53	0.70
7	2	0.48	0.69	7	5	1.15	0.71	7	6	1.24	0.69
8	2	0.67	0.97	8	3	0.06	0.05	8	10	1.58	0.68
9	2	0.59	0.85	9	4	0.97	0.70	9	6	1.40	0.78
10	2	0.14	0.20	10	5	1.17	0.73	10	9	1.13	0.52
11	2	0.51	0.73	11	4	0.48	0.34	11	6	1.22	0.68
12	2	0.07	0.11	12	3	0.34	0.31	12	3	0.96	0.87
13	2	0.34	0.50	13	4	0.56	0.41	13	7	1.41	0.73
14	2	0.12	0.18	14	7	0.90	0.46	14	6	1.59	0.89
15	3	0.47	0.43	15	3	0.22	0.20	15	6	1.24	0.69
16	3	0.78	0.71	16	5	0.97	0.60	16	8	1.53	0.74
17	2	0.60	0.87	17	3	0.05	0.05	17	6	1.31	0.73
18	2	0.61	0.88	18	3	0.67	0.61	18	8	1.65	0.79
19	3	0.37	0.34	19	5	0.85	0.53	19	4	0.80	0.58
20	3	0.95	0.87	20	4	0.72	0.52	20	6	1.32	0.74

第七章 因 子 分 析

第一节 因子分析的基本概念

因子分析和主成分分析类似，也是高级生物统计学中一种非常重要的降维、简化数据的方法，可以看作主成分分析的推广与延伸。因子分析通过研究测定变量之间的内在依赖关系，探求这些观测数据中存在的某些潜在客观属性，并用少数的几个因子来表达这种客观属性。一般来讲，这些客观属性不易被直接测得，但又确实存在着。

我们通过一个实际例子，来具体说明这种客观存在的属性。为了了解学生的学习能力，通过某次考试，观测了 n 个学生的 K 科成绩，设 $X_1, X_2, \cdots, X_k$ 表示各科的成绩，如语文、数学、外语等。我们把这些资料进行归纳分析，就可以看出，学生的每一科成绩实际上都是由不同的部分组成的。之所以这样讲，是因为某科成绩本质上是学生各种学习能力综合作用的最终外在测定表现。例如，某学生的语文成绩，可能就包含了他的记忆能力、分析能力、阅读速度能力、直观感觉等贡献的成绩。若记忆力强，客观字词的解释就准确，这部分得分就高；若分析能力弱，则对文中隐藏的深层含义就理解不透，这部分就容易丢失分数。其他学科的成绩也是如此。这样一来，我们就知道，学生成绩实际上是可以这样来表达：

$$S = S_1 + S_2 + S_3 + \cdots \tag{7-1}$$

式中，S 为总成绩；S_1 为记忆能力成绩；S_2 为逻辑分析能力成绩；S_3 为训练经验灵活性成绩等。

再体会一下前边这个例子，我们就会发现，对于一个学生来讲，他的记忆能力、逻辑能力和灵活性等都客观存在着，但这些客观属性不容易测定，可看作隐藏在普通卷面成绩背后的一些比较抽象的概念。日常里，我们能直接测定的，就是这些不同科目的成绩，这也是比较容易测定的，因子分析的过程就是通过这些容易测定的数据，把不易测定的那些潜在变量表达出来。一般来讲，这些潜在变量的个数往往比较少，多数情况下少于容易测定的这些普通显在指标。

继续考虑上边的例子，假如我们考察一个学生的总分，我们常常把各科成绩叠加起来，比如有 10 门课程，则总成绩为

$$S = \sum_{i=1}^{n=10} X_i \tag{7-2}$$

这里，至少用到了 10 个变量表达各科成绩。如果按照上边使用潜在能力指标来表达，则我们可以使用较少的变量（如可能 4 个）就足够了。这较少的几个客观属性，就是我们要找的因子。因子分析，其本意应该是分析因子，或者借助因子进行分析，分析这些客观存在的因子。通过这些客观存在的因子，对事物进行更深入的分析、解释等。

从上边举出的例子我们也能体会到，和主成分分析相比，因子分析还是有自己的一些不同之处的。主成分分析更多的是一种变量变换，把数据中保存的信息变换到变异程度较大的方向上去，属于从不同的空间方向上看待问题，不应该看作一种模型[7]。而因子分析则需

要构建模型，从事物内在的客观属性上去观察事物，从本质上去提炼隐藏着的这种客观存在的因子，属于“挖潜”。和主成分分析相同的地方，则是应用因子分析，也可以达到降维的作用。

因子分析的类型和主成分分析类似，也包括R型和Q型，R型因子分析是对已测定的变量进行因子分析，也是我们在生物分析中常常碰到的。Q型因子分析着重考察样品的因子分析，我们在本章最后给出一个例子。

第二节　因 子 模 型

一、模型的数学表达

按照前边例子中的思想，各科成绩是可测随机变量，可表达为各种能力成绩之和。据此，设 $X_i(i=1,2,\cdots,p)$ 是可观测的显在随机变量，它可以表达为各潜在客观因子的线性函数和特殊因子之和，也即存在

$$X_i = a_{i1}F_1 + a_{i2}F_2 + \cdots + a_{im}F_m + \varepsilon_i,\quad i=1,2,\cdots,p \tag{7-3}$$

式中，$F_j(j=1,2,\cdots,m)$ 为各变量 $X_i(i=1,2,\cdots,p)$ 中都含有的客观存在的公共因子；ε_i 为各变量 X_i 特有的因子，称为特殊因子。

将式（7-3）展开成普通形式，则有

$$\begin{cases} X_1 = a_{11}F_1 + a_{12}F_2 + \cdots + a_{1m}F_m + \varepsilon_1 \\ X_2 = a_{21}F_1 + a_{22}F_2 + \ldots. + a_{2m}F_m + \varepsilon_2 \\ \vdots \\ X_p = a_{p1}F_1 + a_{p2}F_2 + \cdots + a_{pm}F_m + \varepsilon_p \end{cases} \tag{7-4}$$

用矩阵表达式（7-4），则有

$$\boldsymbol{X} = \boldsymbol{AF} + \boldsymbol{\varepsilon} \tag{7-5}$$

其中，

$$\boldsymbol{A} = \begin{pmatrix} a_{11} & a_{12} & \cdots & a_{1m} \\ a_{21} & a_{22} & \cdots & a_{2m} \\ \vdots & \vdots & \ddots & \vdots \\ a_{p1} & a_{p2} & \cdots & a_{pm} \end{pmatrix} = (A_1, A_2, \cdots, A_m) \tag{7-6}$$

$$\boldsymbol{X} = \begin{pmatrix} X_1 \\ X_2 \\ \vdots \\ X_p \end{pmatrix} \quad \boldsymbol{F} = \begin{pmatrix} F_1 \\ F_2 \\ \vdots \\ F_m \end{pmatrix} \quad \boldsymbol{\varepsilon} = \begin{pmatrix} \varepsilon_1 \\ \varepsilon_2 \\ \vdots \\ \varepsilon_p \end{pmatrix}$$

根据因子分析的基本思想，要求满足以下条件：

（1）客观潜在因子个数不大于原变量个数，即 $m \leqslant p$；

（2）客观潜在因子属于公共属性的描述，与具有个性描述功能的特殊因子不相关，即cov $(\boldsymbol{F},\boldsymbol{\varepsilon}) = \boldsymbol{0}$；

（3）客观潜在因子分别描述事物的某一方面，各方面之间彼此信息不重叠，且各方面的

信息含量完备，这表达为各因子之间不相关，各自方差为 1，即

$$D_F = D(\boldsymbol{F}) = \begin{pmatrix} 1 & & & 0 \\ & 1 & & \\ & & \ddots & \\ 0 & & & 1 \end{pmatrix} = \boldsymbol{I}_m \tag{7-7}$$

（4）各测定变量均有自己特定的独一无二的属性，这个属性归属于个性描述，各变量的个性描述之间不相关，大小也各不相同，信息含量不一。用数学语言描述为：各特殊因子之间不相关，方差各异，即存在

$$D_\varepsilon = D(\boldsymbol{\varepsilon}) = \begin{pmatrix} \sigma_1^2 & & & 0 \\ & \sigma_2^2 & & \\ & & \ddots & \\ 0 & & & \sigma_p^2 \end{pmatrix} \tag{7-8}$$

在这个模型中，系数矩阵 $\boldsymbol{A}$ 的各元素 a_{ij}，表达了变量 X_i 在各个潜在公共因子 F_j 上分配的权重，也可以看作加载到各个因子上的“载荷”。因为各个公共因子 F_j 互不相关，若用 F_j 张成一个空间，则变量 X_i 就是这个 m 维空间中的第 i 个点，各个元素 a_{ij} 就是 X_i 在不同坐标轴 F_j 上的投影，矩阵 $\boldsymbol{A}$ 据此又称为因子载荷矩阵。

二、模型及变量的一些统计特性

（一）变量 X 的方差

对于变量 $\boldsymbol{X}$，我们感兴趣的是它含有的信息量的情况，在主成分分析一章我们讲到过，数据的变异程度，体现着其包含的信息量，由此，我们考察变量 $\boldsymbol{X}$ 的信息情况。

$$\begin{aligned} D(\boldsymbol{X}) &= D(\boldsymbol{AF}+\boldsymbol{\varepsilon}) \\ &= E[(\boldsymbol{AF}+\boldsymbol{\varepsilon})(\boldsymbol{AF}+\boldsymbol{\varepsilon})'] \\ &= E(\boldsymbol{AFF'A'}+\boldsymbol{AF\varepsilon'}+\boldsymbol{\varepsilon F'A'}+\boldsymbol{\varepsilon\varepsilon'}) \\ &= \boldsymbol{A}E(\boldsymbol{FF'})\boldsymbol{A'}+\boldsymbol{A}E(\boldsymbol{F\varepsilon'})+E(\boldsymbol{\varepsilon F'})\boldsymbol{A'}+E(\boldsymbol{\varepsilon\varepsilon'}) \\ &= \boldsymbol{A}D(\boldsymbol{F})\boldsymbol{A'}+\boldsymbol{A}\mathrm{Cov}(\boldsymbol{F},\boldsymbol{\varepsilon'})+\mathrm{Cov}(\boldsymbol{\varepsilon},\boldsymbol{F'})\boldsymbol{A'}+D(\boldsymbol{\varepsilon}) \\ &= \boldsymbol{AI}_m\boldsymbol{A'}+0+0+\boldsymbol{D}_\varepsilon \\ &= \boldsymbol{AA'}+\boldsymbol{D}_\varepsilon \end{aligned} \tag{7-9}$$

记变量 $\boldsymbol{X}$ 的方差为 $\boldsymbol{\Sigma}$（方差是协方差的特例），则上述简记为

$$\boldsymbol{\Sigma} = \boldsymbol{AA'}+\boldsymbol{D}_\varepsilon \tag{7-10}$$

一般的，在进行数据分析之前，都需要进行数据的标准化预处理，经过这样的处理之后，$\boldsymbol{\Sigma}$ 就变成相关矩阵 $\boldsymbol{R}$，即

$$\boldsymbol{R} = \boldsymbol{AA'}+\boldsymbol{D}_\varepsilon \tag{7-11}$$

（二）载荷矩阵的不唯一性

在前边我们介绍因子分析的思想时，已经了解到，这些潜在的客观因子不易测定，“长

相”如何也不固定，模型只是要求满足式（7-5）即可，这就造成了载荷矩阵 $\boldsymbol{A}$ 不是唯一的，但无论 $\boldsymbol{A}$ 怎么变化，总有最好的 $\boldsymbol{A}$ 和最差的 $\boldsymbol{A}$，所谓最好的 $\boldsymbol{A}$，就是尽可能地把载荷集中于某一个元素 a_{ij} 上，这样就使得信息量相对集中体现在一个因子上，所谓最差的 $\boldsymbol{A}$ 则是相反，它会把信息几乎均匀地散布在各个 a_{ij} 上，使得因子体现的客观含义不明显。

对于因子载荷矩阵不唯一的数学证明，可设存在 $m\times m$ 的正交矩阵 $\boldsymbol{\Gamma}$，取

$$\boldsymbol{A}^* = \boldsymbol{A\Gamma} \tag{7-12}$$

$$\boldsymbol{F}^* = \boldsymbol{\Gamma}'\boldsymbol{F} \tag{7-13}$$

则

$$\begin{aligned} \boldsymbol{X} &= \boldsymbol{AF}+\boldsymbol{\varepsilon} = \boldsymbol{AI}_m\mathbf{F}+\boldsymbol{\varepsilon} = \boldsymbol{A}(\boldsymbol{\Gamma\Gamma}')\boldsymbol{F}+\boldsymbol{\varepsilon} \\ &= (\boldsymbol{A\Gamma})(\boldsymbol{\Gamma}'\boldsymbol{F})+\boldsymbol{\varepsilon} \\ &= \boldsymbol{A}^*\boldsymbol{F}^*+\boldsymbol{\varepsilon} \end{aligned} \tag{7-14}$$

式（7-14）说明，因子模型除了可以表达成式（7-5）之外，还可以表达成式（7-14），这说明模型中的载荷矩阵不唯一。此外，由于存在

$$D(\boldsymbol{F}^*) = D(\boldsymbol{\Gamma}'\boldsymbol{F}) = \boldsymbol{\Gamma}'D(\boldsymbol{F})\boldsymbol{\Gamma} = \boldsymbol{\Gamma}'\boldsymbol{\Gamma} = \boldsymbol{I}_m \tag{7-15}$$

$$\mathrm{Cov}(\boldsymbol{F}',\boldsymbol{\varepsilon}) = 0 \tag{7-16}$$

利用正交矩阵的性质（利用 $\boldsymbol{I}_m = \boldsymbol{\Gamma}'\boldsymbol{\Gamma}$），还可以得到

$$\boldsymbol{\Sigma} = \boldsymbol{A}^*\boldsymbol{A}^{*\prime} + \boldsymbol{D}_\varepsilon \tag{7-17}$$

载荷因子矩阵的不唯一特性，一方面增加了使其确定的难度，但另一方面，也使得我们可以按照自己的要求，对它进行二次改造，使之更好地满足表达信息的要求。后边的因子旋转，就是在这个前提下实现的。

（三）因子载荷的统计意义

在前边的式（7-6）中，我们得到了矩阵 $\boldsymbol{A}$，并称之为因子载荷矩阵。那么它的本质含义到底是什么？其元素 a_{ij} 又具有什么实际的统计意义？由式（7-3）出发，我们来探讨一下模型中信息的分配问题。因为在模型

$$X_i = a_{i1}F_1 + a_{i2}F_2 + \cdots + a_{im}F_m + \varepsilon_i,\quad i=1,2,\cdots,p$$

中，变量 X_i 可看作由各个 F_j 按照一定的比例“凑”起来的，比例系数就是各个 a_{ij}，再加上 X_i 自身的“小尾巴” ε_i。那么，X_i 与各客观因子 F_j 的关系是什么？关联性多大？我们都知道，协方差是研究两事物线性相关性的一个很好的工具，这里，使用该工具，一探究竟。

$$\begin{aligned} \mathrm{Cov}(X_i,F_j) &= \mathrm{Cov}(a_{i1}F_1 + a_{i2}F_2 + \cdots + a_{im}F_m + \varepsilon_i, F_j) \\ &= \mathrm{Cov}(a_{i1}F_1,F_j) + \mathrm{Cov}(a_{i2}F_2,F_j) + \cdots + \mathrm{Cov}(a_{im}F_m,F_j) + \mathrm{Cov}(\varepsilon_i,F_j) \\ &= 0 + \cdots + \mathrm{Cov}(a_{ij}F_j,F_j) + \cdots + 0 \\ &= a_{ij} \end{aligned} \tag{7-18}$$

由此可见，载荷因子矩阵的元素 a_{ij}，实际上就是第 i 个测定变量 X_i 与其构成成分客观因子 F_j 的协方差值。如果对变量 X_i 进行了标准化处理，X_i 和 F_j 的标准差都为 1，那么它们的相关系数就有

$$r(X_i,F_j)=\frac{\operatorname{Cov}(X_i,F_j)}{\sqrt{D(X_i)}\sqrt{D(F_j)}}=a_{ij} \tag{7-19}$$

这样，元素 a_{ij} 的意义就更加明确了，一方面，它字面上表达了二者之间的相关性，X_i 对 F_j 的依赖程度可由此刻画，绝对值越大，依赖程度越高。另一方面也反向表明了 X_i 对 F_j 的贡献，或者说是相对重要性。这些基本含义，对于我们使用因子分析进行深度挖掘事物的本质很有帮助。例如，根据 X_i 对 F_j 贡献的相对重要性，我们可考虑客观因子 F_j 主要是关于哪些变量的，从而可挖掘该方面进一步的信息。

（四）变量共同度的本质含义

我们继续对载荷矩阵 $\boldsymbol{A}$ 进行分析，前边讨论了载荷矩阵中单个元素 a_{ij} 的统计学意义，下边我们再看看，如果考虑矩阵 $\boldsymbol{A}$ 的一行元素，会是什么情况？我们首先看看 $\boldsymbol{A}$ 的每一行元素的平方和，即计算

$$h_i^2=\sum_{j=1}^{m}a_{ij}^2, i=1,2,\cdots,p \tag{7-20}$$

那么这个值有什么含义呢？在继续讨论之前，我们先给它一个名字，称为变量 X_i 的共同度。

再考虑变量 X_i 的方差，可得

$$\begin{aligned} D(X_i)&=a_{i1}^2D(F_1)+a_{i2}^2(F_2)+\cdots+a_{im}^2D(F_m)+D(\varepsilon_i)\\ &=a_{i1}^2+a_{i2}^2+\cdots+a_{im}^2+D(\varepsilon_i)\\ &=h_i^2+\sigma_i^2 \end{aligned} \tag{7-21}$$

我们把式（7-21）重新改写一下，略去中间过程，得到

$$D(X_i)=h_i^2+\sigma_i^2=a_{i1}^2+a_{i2}^2+\cdots+a_{im}^2+\sigma_i^2 \tag{7-22}$$

仔细分析式（7-22），我们可知道，共同度 h_i^2 的意义就可以解读为各客观因子对变量 X_i 方差的贡献，也代表着各个客观因子对变量 X_i 的影响。如果说方差是变量 X_i 的信息载体，那么这里的 h_i^2 就是客观存在的各因子 F_j 所承载的公共信息，这样一来，我们也就知道了，为什么要计算矩阵 A 的行元素平方和，为什么称为共同度。在式（7-22）中，还有一项是 σ_i^2，它的下标是 i，它只和变量 X_i 自身有关，可见它表达了变量 X_i 的特殊情况，属于特性方差，称为个性方差。

这样，式（7-22）实际上表达了这样的基本概念，变量 X_i 的方差由共同度 h_i^2 和个性方差 σ_i^2 来组成。更普遍的统计意义，则是事物 X_i 所包含的信息是由普遍性的 h_i^2 所包含的信息和特殊性 σ_i^2 所包含的信息来组成。如果变量 X_i 经过了标准化处理，则有

$$1=h_i^2+\sigma_i^2 \tag{7-23}$$

显然，式（7-23）更明确地表达了普遍性和特殊性的有机统一。

（五）客观公共因子的统计学意义

前边我们讨论了载荷矩阵 $\boldsymbol{A}$ 的行元素之和，我们再看看，如果对载荷矩阵的各列求平

方和，会得到什么？设因子载荷矩阵为 $\boldsymbol{A}$，称其第 j 列元素的平方和为公共因子 F_j 对 $\boldsymbol{X}$ 的贡献，即

$$g_j^2=\sum_{i=1}^{p}a_{ij}^2,\quad j=1,2,\cdots,m \tag{7-24}$$

g_j^2 表示同一公共因子 F_j 对各变量所提供的方差贡献之总和，它衡量了每一个公共因子相对重要性。既然它具有“衡量”的功能，那我们就可以借助它的这个“尺度”功能，找出重要的因子与次要的因子，对重要的因子多加关注，对次要的因子则依情形而忽略，做到分析问题时的“抓大放小”。

第三节　载荷矩阵的求解

前边我们已经学习了因子模型的表达及各种统计意义，下边我们继续讨论如何根据样本数据求取真正的载荷矩阵。在实际中，对于载荷矩阵 $\boldsymbol{A}$ 的估计方法有很多，但常用的主要有 3 种方法：主成分法、主轴因子法和最大似然法。

一、主成分法

在利用样本数据进行求解时，往往首先将样本数据进行标准化，标准化后，样本数据的协方差矩阵就等于相关矩阵 $\boldsymbol{R}$，可以作为协方差矩阵的估计。对 $\boldsymbol{R}$ 进行分解，可求得它的特征值，假设其特征值分别为 $\lambda_1,\lambda_2,\cdots,\lambda_p$，且满足

$$\lambda_1\geqslant\lambda_2\geqslant\cdots\geqslant\lambda_p\geqslant 0 \tag{7-25}$$

各特征值对应的单位正交向量分别为 $l_1,l_2,\cdots,l_p$，则 $\boldsymbol{R}$ 的谱分解可表达为

$$\boldsymbol{R}=\lambda_1 l_1 l_1'+\lambda_2 l_2 l_2'+\cdots+\lambda_p l_p l_p' \tag{7-26}$$

由于协方差本质上表达的是数据的信息量，可知不同的 $\lambda_i l_i l_i'$ 中包含的信息量不同，值较大的 λ，其含有的信息量也更多一些。因此，对于这 p 个特征值，排序在最后的几个，它们含有的信息量可能非常小，前边的 m 个谱分解就有可能表达了原始协方差矩阵 $\boldsymbol{R}$ 的大部分信息。

$$\boldsymbol{R}=\underbrace{\lambda_1 l_1 l_1'+\lambda_2 l_2 l_2'+\cdots+\lambda_m l_m l_m'}_{m}+\cdots+\lambda_p l_p l_p' \tag{7-27}$$

这样，只需取前 m 个，则 $\boldsymbol{R}$ 可近似地表达为

$$\begin{aligned}\boldsymbol{R}&\approx\underbrace{\lambda_1 l_1 l_1'+\lambda_2 l_2 l_2'+\cdots+\lambda_m l_m l_m'}_{m}+\boldsymbol{D}\\&=\sqrt{\lambda_1}l_1\sqrt{\lambda_1}l_1'+\sqrt{\lambda_2}l_2\sqrt{\lambda_2}l_2'+\cdots+\sqrt{\lambda_m}l_m\sqrt{\lambda_m}l_m'+\boldsymbol{D}\\&=\underbrace{\left(\sqrt{\lambda_1}l_1,\sqrt{\lambda_2}l_2,\cdots,\sqrt{\lambda_m}l_m\right)}_{A}\underbrace{\begin{pmatrix}\sqrt{\lambda_1}l_1'\\\sqrt{\lambda_2}l_2'\\\vdots\\\sqrt{\lambda_m}l'\end{pmatrix}}_{A'}+\begin{pmatrix}\sigma_1^2&\cdots&0\\\vdots&\ddots&\vdots\\0&\cdots&\sigma_p^2\end{pmatrix}\\&=\boldsymbol{A}\boldsymbol{A}'+\boldsymbol{D}\end{aligned} \tag{7-28}$$

可以看出，其中

$$A=\left(\sqrt{\lambda_1}l_1,\sqrt{\lambda_2}l_2,\cdots,\sqrt{\lambda_m}l_m\right) \tag{7-29}$$

$$\sigma_i^2=S_{ii}-\sum_{k=1}^{m}a_{ik},\quad i=1,2,\cdots,p \tag{7-30}$$

这里，式（7-29）和式（7-30）给出了具体计算因子矩阵 $\boldsymbol{A}$ 和特殊矩阵 $\boldsymbol{D}$ 的一个算法。矩阵 $\boldsymbol{A}$ 的第 j 列，也就是第 j 个客观因子 F_j 在 $\boldsymbol{X}$ 上的载荷，和 $\boldsymbol{X}$ 的第 j 个主成分系数相比，差一个倍数，即这里的 $\sqrt{\lambda_j}$ 。

虽然我们从理论上已经可以得到 $\boldsymbol{A}$ 和 $\boldsymbol{D}$ ，只需截止到 m 个公共因子即可，但公共因子个数 m 如何确定，也需要进行思考。常用的方法有两种，一是考虑实际问题，借助专业理论和经验来确定；二是借助确定主成分个数的原则，使得

$$\frac{\lambda_1+\lambda_2+\cdots+\lambda_m}{\lambda_1+\lambda_2+\cdots+\lambda_m+\cdots+\lambda_p}\geqslant p_0 \tag{7-31}$$

成立的最小的 m，即所求。使用第二种方法，没有人为的因素影响，更值得推荐，但要考虑截断值 p_0 的影响，一般 $p_0\geqslant 0.85$ 是满足多数计算要求的。

归纳起来，则主成分法的具体计算步骤为：①数据标准化；②计算标准化数据的协方差矩阵，即相关矩阵 $\boldsymbol{R}$ ；③分解 $\boldsymbol{R}$ ，得到特征值 λ 和对应的单位特征向量 l ；④排序特征值 λ 和对应的单位特征向量 l ；⑤按照式（7-29）求解 $\boldsymbol{A}$ ；⑥按照式（7-30）求解 $\boldsymbol{D}$ ；⑦写出 $\boldsymbol{X}=\boldsymbol{AF}+\boldsymbol{D}$ 各具体表达式。在本章第五节，我们通过编程，给出了每一步的具体计算结果，可参阅算例的步骤，加深理解。

二、主轴因子法

主轴因子法是常用的一种估计方法，它是前边的主成分法的一种修订形式。当样本数据标准化后，求得的协方差矩阵就是相关矩阵 $\boldsymbol{R}$ ，则从这里出发，有

$$\boldsymbol{R}=\boldsymbol{AA}'+\boldsymbol{D} \tag{7-32}$$

如果将其中的 $\boldsymbol{D}$ 去掉，则有

$$\boldsymbol{R}-\boldsymbol{D}=\boldsymbol{AA}'=\boldsymbol{R}^* \tag{7-33}$$

我们称 $\boldsymbol{R}^*$ 为 $\boldsymbol{R}$ 的简约相关矩阵，简称为约相关阵。

观察式（7-33），我们知道，如果 $\boldsymbol{D}$ 已知，也就是各个 $\sigma_i^2(i=1,2,\cdots,p)$ 已知，则我们就可以把 $\boldsymbol{D}$ 去掉，此时如果借助前边的主成分法，是可以求出 $\boldsymbol{A}$ 的。但很显然，这里的 σ_i^2 是不知道的，不过我们可以对它进行估计。前边学习共同度的概念时已经知道 $1=h_i^2+\sigma_i^2$ ，这个式子相当于把 h_i^2 和 σ_i^2 进行了“绑定”，可知，对 σ_i^2 的估计就等同于估计 h_i^2 ，也就是说，如果估计出了 h_i^2 ，我们也是可以得到 $\boldsymbol{R}^*$ 的，因为

$$
\begin{aligned}
\boldsymbol{R}^* &= \boldsymbol{R} - \boldsymbol{D} \\
&= \begin{pmatrix} 1 & r_{12} & \cdots & r_{1p} \\ r_{21} & 1 & \cdots & r_{2p} \\ \vdots & \vdots & \ddots & \vdots \\ r_{p1} & r_{p2} & \cdots & 1 \end{pmatrix} - \begin{pmatrix} (\sigma_1^*)^2 & 0 & \cdots & 0 \\ 0 & (\sigma_2^*)^2 & \cdots & 0 \\ \vdots & \vdots & \ddots & \vdots \\ 0 & 0 & \cdots & (\sigma_p^*)^2 \end{pmatrix} \\
&= \begin{pmatrix} 1-(\sigma_1^*)^2 & r_{12} & \cdots & r_{1p} \\ r_{21} & 1-(\sigma_2^*)^2 & \cdots & r_{2p} \\ \vdots & \vdots & \ddots & \vdots \\ r_{p1} & r_{p2} & \cdots & 1-(\sigma_p^*)^2 \end{pmatrix} \\
&= \begin{pmatrix} (h_1^*)^2 & r_{12} & \cdots & r_{1p} \\ r_{21} & (h_2^*)^2 & \cdots & r_{2p} \\ \vdots & \vdots & \ddots & \vdots \\ r_{p1} & r_{p2} & \cdots & (h_p^*)^2 \end{pmatrix}
\end{aligned} \tag{7-34}
$$

如果我们对 h_i^2 有估计 $(h_i^*)^2$，则

$$
\boldsymbol{R}^* = \begin{pmatrix} (h_1^*)^2 & r_{12} & \cdots & r_{1p} \\ r_{21} & (h_2^*)^2 & \cdots & r_{2p} \\ \vdots & \vdots & \ddots & \vdots \\ r_{p1} & r_{p2} & \cdots & (h_p^*)^2 \end{pmatrix} \tag{7-35}
$$

属于已知，则可继续进行后续的计算。

和前边一样，我们可计算 $\boldsymbol{R}^*$ 的特征值 $\lambda_i^*(i=1,2,\cdots,p)$ 和对应的单位正交特征向量 $l_i^*(i=1,2,\cdots,p)$，并将它的特征值按照大小排序 $\lambda_1^* \geqslant \lambda_2^* \geqslant \cdots \geqslant \lambda_p^*$，因为数据来自于样本，所以 $\boldsymbol{R}^*$ 的这些特征值不一定全是正值，但我们可取出前 m 个正特征值 $\lambda_1^* \geqslant \lambda_2^* \geqslant \cdots \geqslant \lambda_m^* \geqslant 0$ 及其向量 $l_i^*(i=1,2,\cdots,m)$，则可以得到 $\boldsymbol{R}^*$ 的近似的谱分解：

$$
\begin{aligned}
\boldsymbol{R}^* &= \boldsymbol{A}\boldsymbol{A}' \\
&= \lambda_1^* l_1^* l_1^{*\prime} + \lambda_2^* l_2^* l_2^{*\prime} + \cdots \lambda_m^* l_m^* l_m^{*\prime} \\
&= \sqrt{\lambda_1^*} l_1^* \sqrt{\lambda_1^*} l_1^{*\prime} + \sqrt{\lambda_2^*} l_2^* \sqrt{\lambda_2^*} l_2^{*\prime} + \cdots \sqrt{\lambda_m^*} l_m^* \sqrt{\lambda_m^*} l_m^{*\prime} \\
&= \left(\sqrt{\lambda_1^*} l_1^*, \sqrt{\lambda_2^*} l_2^*, \ldots, \sqrt{\lambda_m^*} l_m^*\right) \begin{pmatrix} \sqrt{\lambda_1^*} l_1^{*\prime} \\ \sqrt{\lambda_2^*} l_2^{*\prime} \\ \vdots \\ \sqrt{\lambda_m^*} l_m^{*\prime} \end{pmatrix}
\end{aligned} \tag{7-36}
$$

令

$$
\hat{\sigma}_i^2 = 1 - \sum_{k=1}^{m} a_{ik}^2, \quad i=1,2,\cdots,p \tag{7-37}
$$

那么我们就得到了初步的解 $\boldsymbol{A}$ 和 $\boldsymbol{D}$。

之所以说得到了初步的解 $\boldsymbol{A}$ 和 $\boldsymbol{D}$，是因为我们在进行上述计算时，初步估计了一个

$(h_i^*)^2$，$(h_i^*)^2$ 的这个初始估计值不一定是最佳的。为了得到最好的解，我们可以采用迭代的方法，将得到的这个 $\boldsymbol{D}$，作为新的已知估计值，重新代入到 $\boldsymbol{R}-\boldsymbol{D}=\boldsymbol{R}^*$ 中，这样又得到了新的 $\boldsymbol{R}^*$，继续新一轮的分解求特征值和对应的单位正交特征向量，如此循环下去，则经过多次计算，最终 $\boldsymbol{A}$ 和 $\boldsymbol{D}$ 达到稳定不变，或者两次迭代之间差别很小，小于设定的临界值时，停止迭代。

既然主轴因子法的计算源于估计一个合理的 $(h_i^*)^2$，那么如何估计 $(h_i^*)^2$ 呢？前人研究表明，这几种方法都可以作为初始估计值[15]。

（1）$(h_i^*)^2$ 取为原始变量 X_i 和其他所有原始变量 $X_1,\cdots,X_{i-1},X_{i+1},\cdots,X_p$ 的复相关系数的平方；

（2）$(h_i^*)^2$ 取相关矩阵 $\boldsymbol{R}$ 中对应的 i 行里除对角线元素外的元素中绝对值最大者；

（3）取为 1，即 $(h_i^*)^2=1$，此时即主成分解法。

虽然主轴因子法理论上可行，但由于上述估算合理 $(h_i^*)^2$ 方法并不完美，这就造成在实际计算中，得到的 $\boldsymbol{R}^*$ 的特征值可能有负值，而共同度 h_i^2 甚至会大于 1，这显然不合理，这种现象称为 Heywood 现象[64]。在这种情况下，要谨慎对待，并分析可能的原因，或者就直接选用主成分法求解。

三、最大似然法

最大似然法是估计参数的一种常用的方法，一般是要求数据的客观公共因子和特殊因子都必须满足某种分布，如正态分布，在这样的假设下，就可以进行载荷矩阵和特殊方差的最大似然估计。

设 p 维观测向量构成的正态总体为 $N_p(\boldsymbol{\mu},\boldsymbol{\Sigma})$，观测数据 $\boldsymbol{X}_1,\boldsymbol{X}_2,\cdots,\boldsymbol{X}_n$ 是样本，则样本的似然函数为 $L(\boldsymbol{\mu},\boldsymbol{\Sigma})$。因为根据因子模型存在 $\boldsymbol{\Sigma}=\boldsymbol{A}\boldsymbol{A}'+\boldsymbol{D}$，所以可知似然函数 $L(\boldsymbol{\mu},\boldsymbol{\Sigma})$ 也是 $\boldsymbol{\mu},\boldsymbol{A},\boldsymbol{D}$ 的函数，这样，就可根据最大似然法，求得关于这 3 个参数的估计方程，这里略去已有的推导，把似然方程求解结果列出，如下。

$$\hat{\boldsymbol{\Sigma}}\hat{\boldsymbol{D}}^{-1}\hat{\boldsymbol{A}}=\hat{\boldsymbol{A}}(\mathbf{I}+\hat{\boldsymbol{A}}'\hat{\boldsymbol{D}}^{-1}\hat{\boldsymbol{A}}) \tag{7-38}$$

$$\hat{\boldsymbol{D}}=\mathrm{diag}(\hat{\boldsymbol{\Sigma}}-\hat{\boldsymbol{A}}\hat{\boldsymbol{A}}') \tag{7-39}$$

其中

$$\hat{\boldsymbol{\Sigma}}=\frac{1}{n}\sum_{i=1}^{n}(\boldsymbol{X}_i-\bar{\boldsymbol{X}})(\boldsymbol{X}_i-\bar{\boldsymbol{X}})' \tag{7-40}$$

为保证上述方程组解的唯一性，后来又添加了约束条件，即 $\boldsymbol{A}'\boldsymbol{D}^{-1}\boldsymbol{A}=\boldsymbol{\Lambda}$，$\boldsymbol{\Lambda}$ 是对角矩阵。

在求解时，常常采用迭代的方法，这种基于迭代的方法，是按照事物本身存在客观收敛情况实现的，迭代的基本思路是，先设定一个初始矩阵，设为

$$\boldsymbol{D}_0=\mathrm{diag}(\sigma_1^2,\sigma_2^2,\cdots,\sigma_p^2) \tag{7-41}$$

然后求 $\boldsymbol{D}_0^{-\frac{1}{2}}\hat{\boldsymbol{\Sigma}}\boldsymbol{D}_0^{-\frac{1}{2}}$ 的特征值，并整理成大小顺序为 $\lambda_1\geqslant\lambda_2\geqslant\ldots\geqslant\lambda_p$，取出对应的特征向量 $\boldsymbol{l}_1,\boldsymbol{l}_2,\cdots,\boldsymbol{l}_p$，则 $\boldsymbol{A}_0$ 可按照下式求解：

$$A_0 = D_0^{\frac{1}{2}}(l_1, l_2, \cdots, l_p)[\text{diag}(\lambda_1, \lambda_2, \cdots, \lambda_p) - E_{m\times m}]^{\frac{1}{2}} \quad (7\text{-}42)$$

之后，根据式（7-39），计算新的 D_1，再求新的 A_1，循环迭代直到式（7-38）成立为止。

最大似然法较为实用，在 MATLAB 中，系统自带函数 factoran 中就使用了最大似然法，在介绍该函数的参数时再详细说明。

第四节　因子旋转与得分

一、因子旋转的意义

进行因子分析的主要目的，不仅仅是为了求出共同的客观因子，更主要的是要把隐藏在公共因子中的客观含义挖掘出来。我们希望公共因子不要携带过多过杂的信息，只希望每一个公共因子都有一个明确的可以合理解释的含义。但在实际计算中得到的公共因子，有可能在多个变量上都有较大载荷分布，反过来，有些变量在多个公共因子上都有较大的载荷，像这种情况，不利于挖掘公共因子的含义，其代表的意义也不突出，达不到深入分析的目的。

为了让公共因子的含义更加明确突出，我们可以人为地进行修订，使得每个变量仅在一个公共因子上有较大的载荷，而在其余的公共因子上的载荷比较小，或者至多达到中等大小。这样，对于载荷矩阵的每一列，在数值上尽可能地向靠近 1 和靠近 0 两极分离。这种分离，就突出了每个公共因子和其载荷较大的那些变量的联系，就实现了主要矛盾和次要矛盾的分离，也实现了矛盾的主要方面和次要方面的分离，这是哲学思维方法的数学实现，也是因子分析方法论中最值得品味的地方。

二、因子载荷的方差

在前边我们已经知道，因子矩阵 A 不唯一，借助这种不唯一，在保持 $X = AF + \varepsilon$ 形式不变的情况下，通过旋转 A，就可以达到使 F 含义更加突出明确的目的。

设模型的载荷矩阵 $A = (a_{ij})_{p\times m}$ 如下。

$$A = \begin{pmatrix} a_{11} & a_{12} & \cdots & a_{1m} \\ a_{21} & a_{22} & \cdots & a_{2m} \\ \vdots & \vdots & \ddots & \vdots \\ a_{p1} & a_{p2} & \cdots & a_{pm} \end{pmatrix} \quad (7\text{-}43)$$

则变量的公共度为

$$h_i^2 = \sum_{k=1}^{m} a_{ik}^2, i = 1, 2, \cdots, p \quad (7\text{-}44)$$

更通俗的说，每一行的公共度就是矩阵 A 的该行各元素的平方和。

如果矩阵 A 的每一列数值越分散，则该列对应的因子的载荷向量的方差就越大，我们都知道方差本就是数据的信息所在，方差越大，则因子承载的信息就越强。为了消除各元素的符号影响，也为了消除各变量对客观公共因子依赖程度不同所造成的影响，我们先将数据进行规范化处理，令

$$d_{ij}^2=\frac{a_{ij}^2}{h_i^2},(i=1,2,\cdots,p;j=1,2,\cdots,m) \tag{7-45}$$

这样处理，实际上是将矩阵 $\boldsymbol{A}$ 中各元素的符号给抹去了，全部变成非负数据了。对于新的数据，定义每一列的方差为

$$v_j=\frac{1}{p}\sum_{i=1}^{p}\left(d_{ij}^2-\bar{d}_j\right)^2 \tag{7-46}$$

其中

$$\bar{d}_j=\frac{1}{p}\sum_{i=1}^{p}d_{ij}^2,\quad j=1,2,\cdots,m \tag{7-47}$$

这里需要说明一下，从每一列数据的方差计算来看，v_j 的计算和普通样本数据的方差计算有点差别，在样本方差计算中，常常除以样本含量数减 1，在这里就应该是 $(p-1)$，但这里的计算方差定义没使用 $(p-1)$，直接使用 p。虽然如此，v_j 仍然具有携带信息的功能，其值越大，该列的数据越分散，若载荷值分离，一部分趋于 1，另一部分趋于 0，则它对应的客观因子，就有可能很简单，但含义很明确突出。

根据以上，则定义矩阵 $\boldsymbol{A}$ 的方差为

$$v=\sum_{j=1}^{m}v_j \tag{7-48}$$

即各列方差的和。

三、方差最大正交旋转

矩阵的旋转，是以源矩阵乘以正交矩阵来实现的，设矩阵 $m=2$，因子载荷矩阵为

$$\boldsymbol{A}=\begin{pmatrix} a_{11} & a_{12} \\ a_{21} & a_{22} \\ \vdots & \vdots \\ a_{p1} & a_{p2} \end{pmatrix} \tag{7-49}$$

取正交变换矩阵 $\boldsymbol{\Gamma}$，

$$\boldsymbol{\Gamma}=\begin{pmatrix} \cos\theta & -\sin\theta \\ \sin\theta & \cos\theta \end{pmatrix} \tag{7-50}$$

则旋转后的结果 $\boldsymbol{B}$，

$$\boldsymbol{B}=\boldsymbol{A\Gamma}=\begin{pmatrix} a_{11}\cos\theta+a_{12}\sin\theta & -a_{11}\sin\theta+a_{12}\cos\theta \\ a_{21}\cos\theta+a_{22}\sin\theta & -a_{21}\sin\theta+a_{22}\cos\theta \\ \vdots & \vdots \\ a_{p1}\cos\theta+a_{p2}\sin\theta & -a_{p1}\sin\theta+a_{p2}\cos\theta \end{pmatrix}$$
$$=\begin{pmatrix} b_{11} & b_{12} \\ b_{21} & b_{22} \\ \vdots & \vdots \\ b_{p1} & b_{p2} \end{pmatrix} \tag{7-51}$$

如果把公共因子 $\boldsymbol{F}$ 也进行旋转，即 $\boldsymbol{Z}=\boldsymbol{\Gamma}'\boldsymbol{F}$ ，则 $\boldsymbol{B}$ 就是 $\boldsymbol{Z}$ 的载荷矩阵。由此可见，要是知道旋转的角度 θ ，就可以求出正交矩阵 $\boldsymbol{\Gamma}$ ，从而实现矩阵的旋转。

但要注意的是，我们旋转矩阵的目的，是为了突出主要矛盾和矛盾的主要方面，具体地说就是要求数据的方差变大，从而使得信息量的保存更加专一，使之转移到一部分因子上。

对于转移后的载荷矩阵 $\boldsymbol{B}$ ，其方差的计算仍然采用式（7-46）和式（7-48）进行计算，只不过要代入旋转后的矩阵元素数据，设旋转后 $\boldsymbol{B}$ 的两个公共因子的方差分别为 V_1,V_2 ，则总的方差为

$$V=V_1+V_2 \tag{7-52}$$

我们希望旋转后的方差越大越好，由式（7-51）可以知道，总方差 V 是旋转角度 θ 函数，要使得方差 V 最大，则可以按照求极值的方法，对旋转角度求导，从而推得极值的条件是

$$\tan 4\theta=\frac{D-2AB/p}{C-(A^2-B^2)/p} \tag{7-53}$$

其中的参数分别是

$$\boldsymbol{A}=\sum_{i=1}^{p}u_i\text{，}\quad \boldsymbol{B}=\sum_{i=1}^{p}v_i\text{，}\quad \boldsymbol{C}=\sum_{i=1}^{p}(u_i^2-v_i^2)\text{，}\quad \boldsymbol{D}=2\sum_{i=1}^{p}u_iv_i \tag{7-54}$$

其中

$$u_i=\left(\frac{a_{i1}}{h_i}\right)^2-\left(\frac{a_{i2}}{h_i}\right)^2\text{，}\quad v_i=2\frac{a_{i1}a_{i2}}{h_i^2} \tag{7-55}$$

当 $m>2$ 时，我们可以逐对对两个公共因子 $F_i,F_j(i\neq j)$ 进行上述旋转。在实际计算中，则是首先计算上述的各参数项，代入到式（7-53），求得极值条件下的旋转角度，也即得到正交旋转矩阵 $\boldsymbol{\Gamma}$ ，之后做矩阵乘法，实现旋转。对 m 个因子实现两两旋转，按照组合数计算，则需要 $C_m^2=\dfrac{1}{2}m(m-1)$ 次才能完成一轮旋转。

第一轮旋转后，计算因子载荷矩阵的方差，记为 $V_{(1)}$ ，然后再重新开始，进行第二轮的 $\dfrac{1}{2}m(m-1)$ 次两两配对旋转，第二轮结束后，新的因子载荷矩阵的方差记为 $\boldsymbol{V}_{(2)}$ 。这样计算下去，可以得到一个方差序列 $\boldsymbol{V}_{(1)},\boldsymbol{V}_{(2)},\cdots,\boldsymbol{V}_{(s)},\cdots$ ，当前后两轮旋转的方差相差不大时，就可以认为旋转完成，否则继续旋转，直到满足求解设定的条件才可停止。

需要说明的是，目前多数国内教科书都是以 SPSS 软件作为计算工具，具体的计算细节往往忽略，但如果采用编程语言独立实现计算，则在旋转公共因子的过程中，旋转矩阵本身也是需要同步旋转的，这一点教科书上很少提到，稍不注意就会出错。

另外，虽然在计算上可实现正交旋转，也要求各因子相互独立，但现实中各因子之间并不是相互独立的，这就不满足因子方差矩阵为单位阵，这种因子的相互关系称斜交因子模型，此时进行正交变换得到的，是斜交模型的近似。这好比实际生活中虽然常见直线，但大自然中曲线是常态，直线是特例一样的道理。关于斜交因子模型，请参阅有关的参考书[65]。

四、因子得分

在前边我们着重讨论了如何找到隐藏在数据中的客观公共因子，并把每一个变量 X_i 表

示成各因子 F_j 的线性组合，得到诸如式（7-56）的表达式。

$$X_i = a_{i1}F_1 + a_{i2}F_2 + \cdots + a_{im}F_m + \varepsilon_i \tag{7-56}$$

有时候，我们也希望反过来，得到各个公共因子关于变量 X_i 的线性组合，以便于深入挖掘信息，下面我们就对此进行探讨。

先给出这种表达的模型形态，即

$$F_i = \beta_{i1}X_1 + \beta_{i2}X_2 + \cdots + \beta_{ip}X_p, i = 1,2,\cdots,m \tag{7-57}$$

利用式（7-57），可计算出每一个客观公共因子 F_i 的得分值。观察式（7-57），和我们熟悉的多元回归相似，则考虑借助多元回归的方法，来确定每一个系数 β_{ij} 的估计值，从而得到

$$F_i = b_{i1}X_1 + b_{i2}X_2 + \cdots + b_{ip}X_p, (i = 1,2,\cdots,m) \tag{7-58}$$

仔细观察式（7-58），我们发现和回归有点不同的是，这里的 $F_1, F_2, \cdots, F_m$ 不是观测值，属于不可测量的数据，所以还需要另寻他路，考虑其他突破口。我们知道，样本数据的载荷矩阵 $\boldsymbol{A}$ 是可以得到的，从这里出发，我们探讨过一些统计性质，比如因子载荷的实际含义，也知道矩阵 $\boldsymbol{A}$ 的元素代表着相关性和重要度，即

$$\begin{aligned} a_{ij} &= E(\mathrm{X}_i F_j) \\ &= E(X_i(b_{j1}X_1 + b_{j2}X_2 + \cdots + b_{jp}X_p)) \\ &= b_{j1}\mathrm{Cov}(X_iX_1) + b_{j2}\mathrm{Cov}(X_iX_2) + \cdots + b_{jp}\mathrm{Cov}(X_iX_p) \end{aligned} \tag{7-59}$$

若我们预先将数据 X_i 和因子 $F_1, F_2, \cdots, F_m$ 都进行过标准化预处理，则式（7-59）可以化为

$$a_{ij} = b_{j1}r_{i1} + b_{j2}r_{i2} + \cdots + b_{jp}r_{ip}, \quad (i = 1,2,\cdots,p) \tag{7-60}$$

展开式（7-60），则有

$$\begin{cases} a_{1j} = b_{j1}r_{11} + b_{j2}r_{12} + \cdots + b_{jp}r_{1p} \\ a_{2j} = b_{j1}r_{21} + b_{j2}r_{22} + \cdots + b_{jp}r_{2p} \\ \qquad \vdots \\ a_{pj} = b_{j1}r_{p1} + b_{j2}r_{p2} + \cdots + b_{jp}r_{pp} \end{cases} \tag{7-61}$$

将式（7-61）改写，得到

$$\underbrace{\begin{pmatrix} r_{11} & r_{12} & \cdots & r_{1p} \\ r_{21} & r_{22} & \cdots & r_{2p} \\ \vdots & \vdots & \ddots & \vdots \\ r_{p1} & r_{p2} & \cdots & r_{pp} \end{pmatrix}}_{R} \underbrace{\begin{pmatrix} b_{j1} \\ b_{j2} \\ \vdots \\ b_{jp} \end{pmatrix}}_{b_j} = \underbrace{\begin{pmatrix} a_{1j} \\ a_{2j} \\ \vdots \\ a_{pj} \end{pmatrix}}_{a_j} \tag{7-62}$$

简写为

$$\boldsymbol{R}b_j = a_j \tag{7-63}$$

求解式（7-63），得到

$$b_j = \boldsymbol{R}^{-1}a_j \tag{7-64}$$

对 b_j 遍历每一个指标 j $(j = 1,2,\cdots,m)$，得到

$$B=\begin{pmatrix} b_1' \\ b_2' \\ \vdots \\ b_m' \end{pmatrix}=\begin{pmatrix} b_{11} & b_{12} & \cdots & b_{1p} \\ b_{21} & b_{22} & \cdots & b_{2p} \\ \vdots & \vdots & \ddots & \vdots \\ b_{m1} & b_{m2} & \cdots & b_{mp} \end{pmatrix} \tag{7-65}$$

具体计算为

$$\boldsymbol{B}=\begin{pmatrix} b_1' \\ b_2' \\ \vdots \\ b_m' \end{pmatrix}=\begin{bmatrix} (\boldsymbol{R}^{-1}\boldsymbol{a}_1)' \\ (\boldsymbol{R}^{-1}\boldsymbol{a}_2)' \\ \vdots \\ (\boldsymbol{R}^{-1}\boldsymbol{a}_m)' \end{bmatrix}=\begin{pmatrix} a_1' \\ a_2' \\ \vdots \\ a_m' \end{pmatrix}=\boldsymbol{A}'\boldsymbol{R}^{-1} \tag{7-66}$$

由此，得到各因子的对变量 X 的回归表达式

$$\hat{\boldsymbol{F}}=\boldsymbol{A}'\boldsymbol{R}^{-1}X \tag{7-67}$$

式中，$\boldsymbol{R}$ 为样本相关阵，至此，可得到因子得分函数。

除了这种回归的方法之外，还有其他的方法来求取因子得分，如加权最小二乘法等，此处不再介绍，可参阅其他多元统计的教科书。

第五节　因子分析详细算例

在这里，我们以一个具体的例子来逐步说明因子分析的计算，本例数据包括人的形体测量和健康情况 15 个指标，共计 50 个数据，摘自文献[66]第六章。这些原始数据变量包括：①X_1=视觉刺激的响应时间（s）；②X_2=身高（cm）；③X_3=体重（kg）；④X_4=肩宽（cm）；⑤X_5=骨盆宽度（cm）；⑥X_6=最小胸围（cm）；⑦X_7=大腿皮肤褶厚度（mm）；⑧X_8=休息脉搏率；⑨X_9=舒张压；⑩X_{10}=引体向上次数；⑪X_{11}=最大肺活量（L）；⑫X_{12}=跑步机运动休息 5min 后脉搏；⑬X_{13}=跑步机最大速度；⑭X_{14}=跑步机跑步时间（min）；⑮X_{15}=全身脂肪量（表 7-1）。

表 7-1　人体形体与健康观测数据

数据编号	X_1	X_2	X_3	X_4	X_5	X_6	X_7	X_8	X_9	X_{10}	X_{11}	X_{12}	X_{13}	X_{14}	X_{15}
1	0.310	179.6	74.20	41.7	27.3	82.4	19.0	64	64	2	158	108	5.5	4.0	11.91
2	0.345	175.6	62.04	37.5	29.1	84.1	5.5	88	78	20	166	108	5.5	4.0	3.13
3	0.293	166.2	72.96	39.4	26.8	88.1	22.0	100	88	7	167	116	5.5	4.0	16.89
4	0.254	173.8	85.92	41.2	27.6	97.6	19.5	64	62	4	220	120	5.5	4.0	19.59
5	0.384	184.8	65.88	39.8	26.1	88.2	14.5	80	68	9	210	120	5.5	5.0	7.74
6	0.406	189.1	102.2 6	43.3	30.1	101.2	22.0	60	68	4	188	91	6.0	4.0	30.42
7	0.344	191.5	84.04	42.8	28.4	91.0	18.0	64	48	1	272	110	6.0	3.0	13.70
8	0.321	180.2	68.34	41.6	27.3	90.4	5.5	74	64	14	193	117	5.5	4.0	3.04
9	0.425	183.8	95.14	42.3	30.1	100.2	13.5	80	78	4	199	105	5.5	4.0	20.26
10	0.385	163.1	54.28	37.2	24.2	80.5	7.0	84	78	13	157	113	6.0	4.0	3.04
11	0.317	169.6	75.92	39.4	27.2	92.0	16.5	65	78	6	180	110	5.0	5.0	12.83
12	0.353	171.6	71.70	39.1	27.0	86.2	25.5	68	72	0	193	105	5.5	4.0	15.95

续表

数据编号	X_1	X_2	X_3	X_4	X_5	X_6	X_7	X_8	X_9	X_{10}	X_{11}	X_{12}	X_{13}	X_{14}	X_{15}
13	0.413	180.0	80.68	40.8	28.3	87.4	17.5	73	88	4	218	109	5.0	4.2	11.86
14	0.392	174.6	70.40	39.8	25.9	83.9	16.5	104	78	6	190	129	5.0	4.0	9.93
15	0.312	181.8	91.40	40.6	29.5	95.1	32.0	92	88	1	206	139	5.0	3.5	32.63
16	0.342	167.4	65.74	39.7	26.4	86.0	13.0	80	86	6	181	120	5.5	4.0	6.64
17	0.293	173.0	79.28	41.2	26.9	96.1	11.5	72	68	6	184	111	5.5	3.9	11.57
18	0.317	179.8	92.06	40.0	29.8	100.9	15.0	60	78	0	205	92	5.0	4.0	24.21
19	0.333	176.8	87.96	41.2	28.4	100.8	20.5	76	90	1	228	147	4.0	3.5	22.39
20	0.317	179.3	77.66	41.4	31.6	90.1	9.5	58	86	15	198	98	5.5	4.1	6.29
21	0.427	193.5	98.44	41.6	29.2	95.7	21.0	54	74	0	254	110	5.5	3.8	23.63
22	0.266	178.8	65.42	39.3	27.1	83.0	16.5	88	72	7	206	121	5.5	4.0	10.53
23	0.311	179.6	97.04	43.8	30.1	100.8	22.0	100	74	3	194	124	5.0	4.0	20.62
24	0.284	172.6	81.72	40.9	27.3	91.5	22.0	74	76	4	201	113	5.5	5.1	18.39
25	0.259	171.5	69.60	40.4	27.8	87.7	15.5	70	72	10	175	110	5.5	3.0	11.14
26	0.317	168.9	63.66	39.8	26.7	83.9	6.0	68	70	7	179	119	5.5	5.0	5.16
27	0.263	183.1	87.24	43.2	28.3	95.7	11.0	88	74	7	245	115	5.5	4.0	9.60
28	0.336	163.6	64.86	37.5	26.6	84.0	15.5	64	64	6	146	115	5.0	4.4	11.93
29	0.267	184.3	84.68	40.3	29.0	93.2	8.5	64	76	2	213	109	5.5	5.0	8.55
30	0.271	181.0	73.78	42.8	29.7	90.3	8.5	56	88	11	181	109	6.0	5.0	4.94
31	0.264	180.2	75.84	41.4	28.7	88.1	13.5	76	76	9	192	144	5.5	3.6	10.62
32	0.357	184.1	70.48	42.0	28.9	81.3	14.0	84	72	5	231	123	5.5	4.5	8.46
33	0.259	178.9	86.90	42.5	28.7	95.0	16.0	54	68	12	186	118	6.0	4.0	13.47
34	0.221	170.0	76.68	39.7	27.7	93.6	15.0	50	72	4	178	108	5.5	4.5	12.81
35	0.333	180.6	77.32	42.1	27.3	89.5	16.0	88	72	11	200	119	5.5	4.6	13.34
36	0.359	179.0	79.90	40.8	28.2	90.3	26.5	80	80	3	201	124	5.5	3.7	24.57
37	0.314	186.6	100.36	42.5	31.5	100.3	27.0	62	76	2	208	120	5.5	4.1	28.35
38	0.295	181.4	91.66	41.9	28.9	96.6	25.5	68	78	2	211	125	6.0	3.0	26.12
39	0.296	176.5	79.00	40.7	29.1	86.5	20.5	60	66	5	210	117	5.5	4.2	15.21
40	0.308	174.0	69.10	40.9	27.0	88.1	18.0	92	74	5	161	140	5.0	5.5	12.51
41	0.327	178.2	87.78	42.9	27.2	100.3	16.5	72	72	4	189	115	5.5	3.5	20.50
42	0.303	177.1	70.18	39.4	27.6	85.5	16.0	72	74	14	201	110	6.0	4.8	10.67
43	0.297	180.0	67.66	40.9	28.7	86.1	15.0	76	76	5	177	110	5.5	4.5	10.76
44	0.244	176.8	86.12	41.3	28.2	92.7	12.5	76	68	7	181	110	5.5	4.0	14.55
45	0.282	176.3	65.00	39.0	26.0	83.3	7.0	88	72	12	167	127	5.5	5.0	5.27
46	0.285	192.4	99.14	43.7	28.7	96.1	20.5	64	68	4	174	105	6.0	4.0	17.94
47	0.299	175.2	75.70	39.4	27.3	90.8	19.0	56	76	7	174	111	5.5	4.5	12.64
48	0.280	175.9	78.62	43.4	29.3	90.7	18.0	64	72	7	170	117	5.5	3.7	10.81
49	0.268	174.6	64.88	42.3	29.2	82.6	3.5	72	80	11	199	113	6.0	4.5	2.01
50	0.362	179.0	71.00	41.2	27.3	85.6	16.0	68	90	5	150	108	5.5	5.0	10.00

在进行数据的因子分析之前，一般需要对数据进行标准化处理，在这里我们使用通用的标准化方法，即各列值减去均值后再除以自己的标准差。这样的处理，消除了量纲的影响。

标准化以后，得到的结果见表 7-2，数据量较大。

表 7-2　数据标准化处理结果

X_1	X_2	X_3	X_4	X_5	X_6	X_7	X_8	X_9	X_{10}	X_{11}	X_{12}	X_{13}	X_{14}	X_{15}
-0.1286	0.2527	-0.3621	0.4716	-0.5608	-1.3767	0.4703	-0.7033	-1.3064	-0.9771	-1.3883	-0.6744	0.0550	-0.3084	-0.2548
0.5973	-0.3440	-1.4224	-2.1765	0.6916	-1.0920	-1.7421	1.1556	0.4190	3.1323	-1.0741	-0.6744	0.0550	-0.3084	-1.4498
-0.4812	-1.7463	-0.4702	-0.9785	-0.9087	-0.4220	0.9620	2.0851	1.6515	0.1644	-1.0348	0.0411	0.0550	-0.3084	0.4229
-1.2901	-0.6125	0.6599	0.1564	-0.3521	1.1690	0.5523	-0.7033	-1.5529	-0.5205	1.0473	0.3989	0.0550	-0.3084	0.7904
1.4062	1.0285	-1.0875	-0.7263	-1.3958	-0.4053	-0.2671	0.5360	-0.8134	0.6210	0.6545	0.3989	0.0550	1.4641	-0.8224
1.8625	1.6700	2.0847	1.4804	1.3874	1.7719	0.9620	-1.0131	-0.8134	-0.5205	-0.2098	-2.1950	1.4299	-0.3084	2.2643
0.5766	2.0280	0.4959	1.1651	0.2046	0.0636	0.3065	-0.7033	-3.2783	-1.2055	3.0902	-0.4955	1.4299	-2.0809	-0.0112
0.0996	0.3422	-0.8730	0.4086	-0.5608	-0.0368	-1.7421	0.0713	-1.3064	1.7625	-0.0134	0.1306	0.0550	-0.3084	-1.4620
2.2566	0.8793	1.4638	0.8499	1.3874	1.6044	-0.4310	0.5360	0.4190	-0.5205	0.2224	-0.9428	0.0550	-0.3084	0.8816
1.4270	-2.2088	-2.0990	-2.3656	-2.7178	-1.6949	-1.4963	0.8458	0.4190	1.5342	-1.4276	-0.2272	1.4299	-0.3084	-1.4620
0.0166	-1.2391	-0.2121	-0.9785	-0.6304	0.2311	0.0606	-0.6258	0.4190	-0.0639	-0.5241	-0.4955	-1.3199	1.4641	-0.1296
0.7633	-0.9408	-0.5801	-1.1677	-0.7696	-0.7403	1.5356	-0.3935	-0.3204	-1.4338	-0.0134	-0.9428	0.0550	-0.3084	0.2950
2.0077	0.3124	0.2030	-0.0958	0.1350	-0.5393	0.2245	-0.0062	1.6515	-0.5205	0.9688	-0.5850	-1.3199	0.0461	-0.2616
1.5721	-0.4932	-0.6934	-0.7263	-1.5350	-1.1255	0.0606	2.3949	0.4190	-0.0639	-0.1312	1.2040	-1.3199	-0.3084	-0.5243
-0.0871	0.5809	1.1377	-0.2219	0.9700	0.7503	2.6008	1.4654	1.6515	-1.2055	0.4974	2.0984	-1.3199	-1.1947	2.5651
0.5351	-1.5673	-1.0998	-0.7894	-1.1871	-0.7738	-0.5130	0.5360	1.4050	-0.0639	-0.4848	0.3989	0.0550	-0.3084	-0.9721
-0.4812	-0.7319	0.0809	0.1564	-0.8391	0.9178	-0.7588	-0.0837	-0.8134	-0.0639	-0.3669	-0.4061	0.0550	-0.4857	-0.3011
0.0166	0.2826	1.1953	-0.6002	1.1787	1.7217	-0.1852	-1.0131	0.4190	-1.4338	0.4581	-2.1056	-1.3199	-0.3084	1.4192
0.3484	-0.1650	0.8377	0.1564	0.2046	1.7049	0.7162	0.2262	1.8980	-1.2055	1.3616	2.8140	-4.0698	-1.1947	1.1715
0.0166	0.2080	-0.0604	0.2825	2.4312	-0.0871	-1.0866	-1.1680	1.4050	1.9908	0.1831	-1.5689	0.0550	-0.1312	-1.0197
2.2981	2.3264	1.7516	0.4086	0.7612	0.8508	0.7981	-1.4778	-0.0739	-1.4338	2.3831	-0.4955	0.0550	-0.6629	1.3402
-1.0412	0.1334	-1.1277	-1.0416	-0.7000	-1.2762	0.0606	1.1556	-0.3204	0.1644	0.4974	0.4884	0.0550	-0.3084	-0.4426
-0.1079	0.2527	1.6295	1.7956	1.3874	1.7049	0.9620	2.0851	-0.0739	-0.7488	0.0259	0.7567	-1.3199	-0.3084	0.9306
-0.6678	-0.7916	0.2936	-0.0328	-0.5608	0.1474	0.9620	0.0713	0.1725	-0.5205	0.3009	-0.2272	0.0550	1.6413	0.6271
-1.1864	-0.9557	-0.7632	-0.3480	-0.2129	-0.4890	-0.1032	-0.2386	-0.3204	0.8493	-0.7205	-0.4955	0.0550	-2.0809	-0.3596
0.0166	-1.3436	-1.2811	-0.7263	-0.9783	-1.1255	-1.6601	-0.3935	-0.5669	0.1644	-0.5634	0.3095	0.0550	1.4641	-1.1735
-1.1034	0.7749	0.7750	1.4173	0.1350	0.8508	-0.8407	1.1556	-0.0739	0.1644	2.0295	-0.0483	0.0550	-0.3084	-0.5692
0.4107	-2.1342	-1.1765	-2.1765	-1.0479	-1.1087	-0.1032	-0.7033	-1.3064	-0.0639	-1.8598	-0.0483	-1.3199	0.4006	-0.2521
-1.0204	0.9539	0.5517	-0.4111	0.6221	0.4321	-1.2504	-0.7033	0.1725	-0.9771	0.7724	-0.5850	0.0550	1.4641	-0.7121
-0.9375	0.4616	-0.3987	1.1651	1.1091	-0.0536	-1.2504	-1.3229	1.6515	1.0776	-0.4848	-0.5850	1.4299	1.4641	-1.2034
-1.0827	0.3422	-0.2191	0.2825	0.4133	-0.4220	-0.4310	0.2262	0.1725	0.6210	-0.0526	2.5457	0.0550	-1.0174	-0.4304
0.8462	0.9240	-0.6864	0.6608	0.5525	-1.5609	-0.3491	0.8458	-0.3204	-0.2922	1.4795	0.6673	0.0550	0.5778	-0.7244
-1.1864	0.1483	0.7453	0.9760	0.4133	0.7336	-0.0213	-1.4778	-0.8134	1.3059	-0.2884	0.2200	1.4299	-0.3084	-0.0425
-1.9745	-1.1794	-0.1458	-0.7894	-0.2825	0.4991	-0.1852	-1.7877	-0.3204	-0.5205	-0.6026	-0.6744	0.0550	0.5778	-0.1323
0.3484	0.4019	-0.0900	0.7238	-0.5608	-0.1876	-0.0213	1.1556	-0.3204	1.0776	0.2616	0.3095	0.0550	0.7551	-0.0602

续表

X_1	X_2	X_3	X_4	X_5	X_6	X_7	X_8	X_9	X_{10}	X_{11}	X_{12}	X_{13}	X_{14}	X_{15}
0.8877	0.1632	0.1349	−0.0958	0.0654	−0.0536	1.6995	0.5360	0.6655	−0.7488	0.3009	0.7567	0.0550	−0.8402	1.4682
−0.0456	1.2970	1.9190	0.9760	2.3616	1.6212	1.7814	−0.8582	0.1725	−0.9771	0.5759	0.3989	0.0550	−0.1312	1.9826
−0.4397	0.5212	1.1604	0.5977	0.5525	1.0015	1.5356	−0.3935	0.4190	−0.9771	0.6938	0.8462	1.4299	−2.0809	1.6791
−0.4190	−0.2098	0.0565	−0.1589	0.6916	−0.6900	0.7162	−1.0131	−1.0599	−0.2922	0.6545	0.1306	0.0550	0.0461	0.1943
−0.1701	−0.5827	−0.8068	−0.0328	−0.7696	−0.4220	0.3065	1.4654	−0.0739	−0.2922	−1.2705	2.1879	−1.3199	2.3503	−0.1732
0.2240	0.0439	0.8221	1.2282	−0.6304	1.6212	0.0606	−0.0837	−0.3204	−0.5205	−0.1705	−0.0483	0.0550	−1.1947	0.9143
−0.2738	−0.1202	−0.7126	−0.9785	−0.3521	−0.8575	−0.0213	−0.0837	−0.0739	1.7625	0.3009	−0.4955	1.4299	1.1096	−0.4236
−0.3982	0.3124	−0.9323	−0.0328	0.4133	−0.7570	−0.1852	0.2262	0.1725	−0.2922	−0.6419	−0.4955	0.0550	0.5778	−0.4113
−1.4975	−0.1650	0.6773	0.2194	0.0654	0.3484	−0.5949	0.2262	−0.8134	0.1644	−0.4848	−0.4955	0.0550	−0.3084	0.1045
−0.7093	−0.2396	−1.1643	−1.2307	−1.4654	−1.2259	−1.4963	1.1556	−0.3204	1.3059	−1.0348	1.0251	0.0550	1.4641	−1.1585
−0.6471	2.1623	1.8126	1.7326	0.4133	0.9178	0.7162	−0.7033	−0.8134	−0.5205	−0.7598	−0.9428	1.4299	−0.3084	0.5658
−0.3567	−0.4037	−0.2313	−0.9785	−0.5608	0.0301	0.4703	−1.3229	0.1725	0.1644	−0.7598	−0.4061	0.0550	0.5778	−0.1555
−0.7508	−0.2993	0.0233	1.5434	0.8308	0.0134	0.3065	−0.7033	−0.3204	0.1644	−0.9169	0.1306	0.0550	−0.8402	−0.4045
−0.9997	−0.4932	−1.1747	0.8499	0.7612	−1.3432	−2.0699	−0.0837	0.6655	1.0776	0.2224	−0.2272	1.4299	0.5778	−1.6022
0.9499	0.1632	−0.6411	0.1564	−0.5608	−0.8407	−0.0213	−0.3935	1.8980	−0.2922	−1.7026	−0.6744	0.0550	1.4641	−0.5148

在得到标准化数据后，为了求解载荷矩阵 $\boldsymbol{A}$，需要计算约相关阵，这样就必须计算协方差矩阵，因为数据已经标准化，故此得到的协方差矩阵，也即相关矩阵 $\boldsymbol{R}$。由于本例数据为 $n\times p=50\times15$，故此得到的相关矩阵为 15×15 大小，表 7-3 给出了具体的计算结果，可供验算查看。

表 7-3 协方差矩阵/相关矩阵 $\boldsymbol{R}$

	X_1	X_2	X_3	X_4	X_5	X_6	X_7	X_8	X_9	X_{10}	X_{11}	X_{12}	X_{13}	X_{14}	X_{15}
X_1	1.0000	0.2223	0.0562	−0.0938	−0.0559	−0.0318	0.1324	0.1631	0.1473	−0.1585	0.1595	−0.1296	−0.1493	−0.0525	0.1648
X_2	0.2223	1.0000	0.6353	0.6543	0.5859	0.4259	0.2232	−0.1815	−0.1866	−0.2760	0.5878	−0.1213	0.2156	−0.1892	0.3651
X_3	0.0562	0.6353	1.0000	0.6656	0.6470	0.8887	0.5542	−0.2638	−0.0517	−0.5758	0.4502	−0.1219	−0.0526	−0.3680	0.8095
X_4	−0.0938	0.6543	0.6656	1.0000	0.5824	0.5545	0.2046	−0.1682	−0.1449	−0.2739	0.3677	−0.0239	0.2018	−0.2448	0.3306
X_5	−0.0559	0.5859	0.6470	0.5824	1.0000	0.5221	0.2075	−0.3229	0.1477	−0.1582	0.3536	−0.2069	0.0412	−0.2294	0.4132
X_6	−0.0318	0.4259	0.8887	0.5545	0.5221	1.0000	0.3978	−0.2463	−0.0084	−0.4536	0.3473	−0.0832	−0.1624	−0.3275	0.7246
X_7	0.1324	0.2232	0.5542	0.2046	0.2075	0.3978	1.0000	−0.0062	0.0487	−0.6695	0.2065	0.2031	−0.2080	−0.3357	0.8442
X_8	0.1631	−0.1815	−0.2638	−0.1682	−0.3229	−0.2463	−0.0062	1.0000	0.2341	0.1548	−0.0644	0.5039	−0.2996	0.0073	−0.0948
X_9	0.1473	−0.1866	−0.0517	−0.1449	0.1477	−0.0084	0.0487	0.2341	1.0000	0.0537	−0.1648	0.1538	−0.3209	0.1337	0.0446
X_{10}	−0.1585	−0.2760	−0.5758	−0.2739	−0.1582	−0.4536	−0.6695	0.1548	0.0537	1.0000	−0.3576	−0.0602	0.3239	0.2128	−0.6912
X_{11}	0.1595	0.5878	0.4502	0.3677	0.3536	0.3473	0.2065	−0.0644	−0.1648	−0.3576	1.0000	0.0913	−0.0312	−0.3146	0.2987
X_{12}	−0.1296	−0.1213	−0.1219	−0.0239	−0.2069	−0.0832	0.2031	0.5039	0.1538	−0.0602	0.0913	1.0000	−0.4365	−0.0728	0.0665
X_{13}	−0.1493	0.2156	−0.0526	0.2018	0.0412	−0.1624	−0.2080	−0.2996	−0.3209	0.3239	−0.0312	−0.4365	1.0000	−0.0225	−0.2055
X_{14}	−0.0525	−0.1892	−0.3680	−0.2448	−0.2294	−0.3275	−0.3357	0.0073	0.1337	0.2128	−0.3146	−0.0728	−0.0225	1.0000	−0.4055
X_{15}	0.1648	0.3651	0.8095	0.3306	0.4132	0.7246	0.8442	−0.0948	0.0446	−0.6912	0.2987	0.0665	−0.2055	−0.4055	1.0000

对上述相关矩阵进行求解，可得到矩阵的特征值和对应的单位特征向量，下边列出了各特征值，按照从大到小进行了排序，并具体计算了每一特征值的累积贡献率，即表 7-4，表 7-5 给出了各特征值对应的特征向量。

表 7-4　协方差矩阵特征值及累积贡献率

序号	特征值	累积贡献率	序号	特征值	累积贡献率
1	5.2185	34.79	9	0.3935	92.65
2	2.4068	50.84	10	0.3682	95.10
3	1.3127	59.59	11	0.3266	97.28
4	1.2311	67.79	12	0.1869	98.53
5	1.2038	75.82	13	0.1388	99.45
6	0.8479	81.47	14	0.0439	99.75
7	0.7047	86.17	15	0.0381	100.00
8	0.5784	90.03			

表 7-5　各特征值对应的特征向量

l_1	l_2	l_3	l_4	l_5	l_6	l_7	l_8	l_9	l_{10}	l_{11}	l_{12}	l_{13}	l_{14}	l_{15}
0.0507	0.1524	−0.1114	0.0556	0.8210	−0.1123	0.0399	−0.1959	0.2532	0.0441	0.2746	0.2392	−0.1591	0.0073	0.0895
0.3055	−0.2174	−0.3657	0.0538	0.2080	0.1537	0.1921	0.0875	0.0977	0.2047	0.0111	−0.6923	0.2359	−0.1547	−0.0296
0.4167	−0.0287	0.0670	0.0910	−0.0556	0.0037	0.0500	−0.2170	−0.1464	0.0182	0.0667	−0.0835	−0.0308	0.8373	0.1580
0.3001	−0.2111	−0.2750	0.1064	−0.2114	0.0608	0.2982	−0.1781	0.3981	−0.4416	−0.0112	0.3872	0.2272	−0.0546	−0.2264
0.2938	−0.1930	−0.0768	0.4390	−0.0995	−0.1065	−0.1259	0.2260	0.1983	0.4026	−0.3635	0.2219	−0.4123	−0.1032	0.1619
0.3608	0.0036	0.1280	0.1433	−0.1722	0.0052	−0.1390	−0.4889	−0.3035	−0.0347	0.3280	−0.0129	−0.0248	−0.4793	0.3369
0.2841	0.3068	0.2300	−0.2055	0.0120	−0.1062	0.3485	0.3474	0.0104	0.2134	−0.0670	0.2397	0.4737	−0.0827	0.3711
−0.1193	0.3813	−0.4625	0.0182	−0.0026	−0.1860	0.3293	−0.3301	−0.3318	−0.0207	−0.4966	−0.0095	−0.0993	−0.0341	0.0763
−0.0358	0.2766	0.0428	0.6982	0.0482	−0.2397	0.0125	0.3543	−0.1465	−0.4009	0.1563	−0.1584	0.1185	0.0099	−0.0388
−0.2919	−0.2358	−0.2398	0.2164	−0.1145	−0.3411	−0.0118	−0.1420	−0.1434	0.4997	0.2950	0.2159	0.4150	0.0947	−0.1413
0.2523	−0.0325	−0.4395	−0.1546	0.1619	0.2385	−0.4277	0.3267	−0.4734	−0.1129	0.0090	0.3029	0.1076	0.0118	−0.0710
−0.0255	0.4239	−0.3998	−0.1036	−0.3803	0.1283	0.0918	0.1845	0.2193	0.1420	0.5142	−0.0210	−0.3196	0.0509	0.0876
−0.0293	−0.4914	−0.0274	−0.1982	0.0406	−0.3136	0.4688	0.2625	−0.3144	−0.1805	0.2146	0.0321	−0.3597	−0.0389	0.1400
−0.2044	−0.0536	0.1306	0.3257	0.0838	0.7351	0.4079	−0.0067	−0.2328	0.1600	0.0488	0.1853	−0.0407	0.0016	−0.0129
0.3682	0.2239	0.2334	−0.0652	0.0141	−0.1296	0.1651	−0.0032	−0.1938	0.2236	0.0688	0.0200	−0.1751	−0.1016	−0.7600

为了确定因子个数 m，在本次计算中，采用了主成分法进行求解，要求特征值累积贡献率达到 80%以上，据此查阅表 7-4，可知当因子个数 $m=6$ 时，累积贡献率为 81.47%，满足要求，故取 $m=6$，取出各特征值对应的特征向量，计算得到初始状态的因子矩阵 A，数据见表 7-6。

表 7-6　初始状态的因子矩阵 A

0.1158	0.2365	−0.1276	0.0617	0.9008	−0.1034
0.6978	−0.3372	−0.4190	0.0597	0.2282	0.1416
0.9519	−0.0445	0.0768	0.1009	−0.0610	0.0034
0.6857	−0.3275	−0.3151	0.1181	−0.2320	0.0560
0.6712	−0.2994	−0.0880	0.4871	−0.1091	−0.0981
0.8242	0.0056	0.1466	0.1590	−0.1889	0.0048

续表

0.6491	0.4759	0.2635	−0.2280	0.0132	−0.0978
−0.2726	0.5916	−0.5299	0.0202	−0.0029	−0.1713
−0.0817	0.4292	0.0491	0.7747	0.0529	−0.2207
−0.6668	−0.3658	−0.2748	0.2401	−0.1257	−0.3141
0.5763	−0.0504	−0.5035	−0.1715	0.1777	0.2197
−0.0582	0.6576	−0.4581	−0.1149	−0.4173	0.1181
−0.0670	−0.7624	−0.0313	−0.2199	0.0446	−0.2888
−0.4668	−0.0831	0.1496	0.3614	0.0920	0.6769
0.8411	0.3473	0.2674	−0.0724	0.0155	−0.1193

在得到初始状态因子矩阵 $\boldsymbol{A}$ 之后，根据 $\boldsymbol{R}^* = \boldsymbol{A}\boldsymbol{A}'$，可计算初始状态的约相关阵 $\boldsymbol{R}^*$，在本例中，经过计算，得到的约相关矩阵 $\boldsymbol{R}^*$ 参看表 7-7 数据。

表 7-7 初始状态的约相关阵 $\boldsymbol{R}^*$ 数据

0.9116	0.2491	0.0408	−0.1653	−0.0400	−0.0829	0.1620	0.1924	0.2040	−0.1945	0.2458	−0.1880	−0.1276	−0.0577	0.1672
0.2491	0.8520	0.6396	0.6830	0.5965	0.4789	0.1575	−0.1914	−0.1952	−0.2856	0.6915	−0.1558	0.1796	−0.2220	0.3400
0.0408	0.6396	0.9278	0.6693	0.7010	0.8231	0.5927	−0.3248	−0.0189	−0.6087	0.4848	−0.1056	−0.0582	−0.3960	0.7970
−0.1653	0.6830	0.6693	0.7475	0.6633	0.5799	0.1707	−0.2203	−0.1452	−0.2109	0.5211	−0.0211	0.1611	−0.2807	0.3599
−0.0400	0.5965	0.7010	0.6633	0.8067	0.6362	0.1671	−0.2865	0.2056	−0.1524	0.3218	−0.2177	0.1023	−0.2020	0.4118
−0.0829	0.4789	0.8231	0.5799	0.6362	0.7618	0.5370	−0.2961	0.0544	−0.5315	0.3411	−0.0504	−0.1089	−0.3199	0.7193
0.1620	0.1575	0.5927	0.1707	0.1671	0.5370	0.7789	−0.0229	0.0098	−0.7049	0.2373	0.1636	−0.3356	−0.4505	0.8100
0.1924	−0.1914	−0.3248	−0.2203	−0.2865	−0.2961	−0.0229	0.7349	0.3035	0.1700	0.0383	0.6263	−0.3712	−0.1101	−0.1465
0.2040	−0.1952	−0.0189	−0.1452	0.2056	0.0544	0.0098	0.3035	0.8450	0.1327	−0.2654	0.1273	−0.4275	0.1453	0.0646
−0.1945	−0.2856	−0.6087	−0.2109	−0.1524	−0.5315	−0.7049	0.1700	0.1327	0.8260	−0.3600	−0.0881	0.3645	0.1631	−0.7432
0.2458	0.6915	0.4848	0.5211	0.3218	0.3411	0.2373	0.0383	−0.2654	−0.3600	0.6975	0.1355	−0.0023	−0.2371	0.3215
−0.1880	−0.1558	−0.1056	−0.0211	−0.2177	−0.0504	0.1636	0.6263	0.1273	−0.0881	0.1355	0.8470	−0.5105	−0.0960	0.0447
−0.1276	0.1796	−0.0582	0.1611	0.1023	−0.1089	−0.3356	−0.3712	−0.4275	0.3645	−0.0023	−0.5105	0.7204	−0.1809	−0.2785
−0.0577	−0.2220	−0.3960	−0.2807	−0.2020	−0.3199	−0.4505	−0.1101	0.1453	0.1631	−0.2371	−0.0960	−0.1809	0.8445	−0.4870
0.1672	0.3400	0.7970	0.3599	0.4118	0.7193	0.8100	−0.1465	0.0646	−0.7432	0.3215	0.0447	−0.2785	−0.4870	0.9192

在前边我们已经了解到，特殊因子矩阵 $\boldsymbol{D}_\varepsilon$ 主要表达了各个变量 X_i 自身所特有的属性，经过计算，我们可以看到初始状态的矩阵 $\boldsymbol{D}_\varepsilon$ 的全貌如表 7-8 所示。

表 7-8 特殊因子矩阵 $\boldsymbol{D}_\varepsilon$ 数据

0.0884	0	0	0	0	0	0	0	0	0	0	0	0	0	0
0	0.1480	0	0	0	0	0	0	0	0	0	0	0	0	0
0	0	0.0722	0	0	0	0	0	0	0	0	0	0	0	0
0	0	0	0.2525	0	0	0	0	0	0	0	0	0	0	0
0	0	0	0	0.1933	0	0	0	0	0	0	0	0	0	0
0	0	0	0	0	0.2382	0	0	0	0	0	0	0	0	0

续表

0	0	0	0	0	0	0.2211	0	0	0	0	0	0	0	0
0	0	0	0	0	0	0	0.2651	0	0	0	0	0	0	0
0	0	0	0	0	0	0	0	0.1550	0	0	0	0	0	0
0	0	0	0	0	0	0	0	0	0.1740	0	0	0	0	0
0	0	0	0	0	0	0	0	0	0	0.3025	0	0	0	0
0	0	0	0	0	0	0	0	0	0	0	0.1530	0	0	0
0	0	0	0	0	0	0	0	0	0	0	0	0.2796	0	0
0	0	0	0	0	0	0	0	0	0	0	0	0	0.1555	0
0	0	0	0	0	0	0	0	0	0	0	0	0	0	0.0808

至此，我们已经得到了因子模型的各项数据，则根据因子模型

$$X_i = a_{i1}F_1 + a_{i2}F_2 + \cdots + a_{im}F_m + \varepsilon_i, \quad (i = 1, 2, \cdots, p;\ m = 6)$$

原始变量 X_i 的因子表达式如下。

$$X_1 = 0.1158F_1 + 0.2365F_2 - 0.1276F_3 + 0.0617F_4 + 0.9008F_5 - 0.1034F_6 + 0.2973$$
$$X_2 = 0.6978F_1 - 0.3372F_2 - 0.4190F_3 + 0.0597F_4 + 0.2282F_5 + 0.1416F_6 + 0.3848$$
$$X_3 = 0.9519F_1 - 0.0445F_2 + 0.0768F_3 + 0.1009F_4 - 0.0610F_5 + 0.0034F_6 + 0.2686$$
$$X_4 = 0.6857F_1 - 0.3275F_2 - 0.3151F_3 + 0.1181F_4 - 0.2320F_5 + 0.0560F_6 + 0.5025$$
$$X_5 = 0.6712F_1 - 0.2994F_2 - 0.0880F_3 + 0.4871F_4 - 0.1091F_5 - 0.0981F_6 + 0.4396$$
$$X_6 = 0.8242F_1 + 0.0056F_2 + 0.1466F_3 + 0.1590F_4 - 0.1889F_5 + 0.0048F_6 + 0.4881$$
$$X_7 = 0.6491F_1 + 0.4759F_2 + 0.2635F_3 - 0.2280F_4 + 0.0132F_5 - 0.0978F_6 + 0.4702$$
$$X_8 = -0.2726F_1 + 0.5916F_2 - 0.5299F_3 + 0.0202F_4 - 0.0029F_5 - 0.1713F_6 + 0.5149$$
$$X_9 = -0.0817F_1 + 0.4292F_2 + 0.0491F_3 + 0.7747F_4 + 0.0529F_5 - 0.2207F_6 + 0.3937$$
$$X_{10} = -0.6668F_1 - 0.3658F_2 - 0.2748F_3 + 0.2401F_4 - 0.1257F_5 - 0.3141F_6 + 0.4171$$
$$X_{11} = 0.5763F_1 - 0.0504F_2 - 0.5035F_3 - 0.1715F_4 + 0.1777F_5 + 0.2197F_6 + 0.5500$$
$$X_{12} = -0.0582F_1 + 0.6576F_2 - 0.4581F_3 - 0.1149F_4 - 0.4173F_5 + 0.1181F_6 + 0.3911$$
$$X_{13} = -0.0670F_1 - 0.7624F_2 - 0.0313F_3 - 0.2199F_4 + 0.0446F_5 - 0.2888F_6 + 0.5288$$
$$X_{14} = -0.4668F_1 - 0.0831F_2 + 0.1496F_3 + 0.3614F_4 + 0.0920F_5 + 0.6769F_6 + 0.3943$$
$$X_{15} = 0.8411F_1 + 0.3473F_2 + 0.2674F_3 - 0.0724F_4 + 0.0155F_5 - 0.1193F_6 + 0.2842$$

在进行性质讨论时，我们已经知道变量的共同度就是公共因子对变量的方差贡献，表 7-9 给出了各变量共同度的具体计算结果。

表 7-9　各变量共同度

i	1	2	3	4	5	6	7	8	9	10	11	12	13	14	15
h_i^2	0.9116	0.8520	0.9278	0.7475	0.8067	0.7618	0.7789	0.7349	0.8450	0.8260	0.6975	0.8470	0.7204	0.8445	0.9192

为了实现因子旋转，消除因子矩阵的符号影响，需要对因子矩阵进行变换，新的矩阵数据如表 7-10 所示，该矩阵按照 $d_{ij}^2 = \dfrac{a_{ij}^2}{h_i^2}$ 变换得到，数据中不再有负值。

表 7-10 因子变换标准化矩阵

0.0147	0.0614	0.0179	0.0042	0.8902	0.0117
0.5716	0.1335	0.2061	0.0042	0.0611	0.0235
0.9765	0.0021	0.0064	0.0110	0.0040	0.0000
0.6289	0.1435	0.1328	0.0186	0.0720	0.0042
0.5585	0.1111	0.0096	0.2941	0.0148	0.0119
0.8916	0.0000	0.0282	0.0332	0.0469	0.0000
0.5408	0.2908	0.0892	0.0667	0.0002	0.0123
0.1011	0.4763	0.3821	0.0006	0.0000	0.0399
0.0079	0.2180	0.0029	0.7103	0.0033	0.0577
0.5383	0.1620	0.0914	0.0698	0.0191	0.1195
0.4762	0.0036	0.3635	0.0422	0.0453	0.0692
0.0040	0.5106	0.2478	0.0156	0.2056	0.0165
0.0062	0.8068	0.0014	0.0671	0.0028	0.1158
0.2580	0.0082	0.0265	0.1547	0.0100	0.5426
0.7695	0.1312	0.0778	0.0057	0.0003	0.0155

计算因子变换矩阵的方差，可为确定旋转角度提供依据，经计算，上述变换矩阵的总方差为 Var=0.268 28。之后，继续计算旋转角度，并逐对实现旋转。经过一轮旋转后，可得到新的因子矩阵。这是第 1 轮旋转完毕后得到的因子矩阵（表 7-11）。

表 7-11 第 1 轮旋转完毕后的因子矩阵

0.1054	−0.0345	−0.0118	0.1010	0.9427	−0.0160
0.1257	−0.0848	−0.8502	−0.1974	0.2571	−0.0344
0.6620	−0.1555	−0.6631	0.0586	−0.0533	−0.1397
0.1532	−0.0316	−0.8141	−0.0783	−0.1975	−0.1229
0.1806	−0.2435	−0.7609	0.3364	−0.1186	−0.0930
0.6204	−0.1227	−0.5450	0.1444	−0.1857	−0.0970
0.8397	0.1160	−0.0405	0.0023	0.0776	−0.2297
−0.1907	0.7473	0.1570	0.1825	0.2323	−0.1677
0.0009	0.1591	0.0425	0.8911	0.1286	0.0856
−0.8538	−0.0567	0.1375	0.1869	−0.1338	−0.1485
0.1885	0.2271	−0.6434	−0.3453	0.2765	−0.0260
0.0845	0.8976	0.0520	0.0074	−0.1764	−0.0189
−0.4166	−0.5410	−0.1528	−0.3313	−0.0807	−0.3384
−0.2833	−0.0776	0.1637	0.0914	−0.0257	0.8500
0.8827	−0.0120	−0.2638	0.1005	0.0601	−0.2381

经计算，第 1 轮旋转完毕后总的方差为：Var=0.4613，和旋转之前相比，有所增加，可

见旋转确实使得信息量相对更加集中了一些，表 7-12 是第 1 轮旋转完毕后的旋转矩阵。

表 7-12 第 1 轮旋转完毕后的旋转矩阵

0.6975	−0.0881	−0.6841	−0.0307	0.0332	−0.1887
0.4760	0.7021	0.3840	0.3070	0.1956	0.0239
0.4887	−0.6278	0.5178	0.1587	−0.2208	0.1582
−0.1874	−0.0948	−0.3065	0.8718	−0.0089	0.3190
−0.0025	−0.2779	0.0522	−0.0411	0.9525	0.1052
0.1134	0.1379	−0.1407	−0.3434	−0.0669	0.9088

实际计算中，经过 1～2 轮旋转就达到了稳定要求，结束后得到的因子矩阵与表 7-11 几乎相同，这样最后旋转完毕后，总的方差为 Var=0.4613，最后旋转完毕后，旋转矩阵见表 7-13，几乎为单位矩阵。

表 7-13 最终一轮的旋转矩阵

1	0	0	0	0	0
0	1	0	0	0	0
0	0	1	0	0	0
0	0	0	1	0	0
0	0	0	0	1	0
0	0	0	0	0	1

根据回归方法，得到的因子得分如下各式。

$$F_1 = -0.0104X_1 - 0.1201X_2 + 0.1322X_3 - 0.1004X_4 - 0.0893X_5 + 0.1427X_6 + 0.3006X_7 - 0.1427X_8 - 0.0554X_9 - 0.3421X_{10} - 0.0653X_{11} - 0.0141X_{12} - 0.1766X_{13} + 0.0122X_{14} + 0.2757X_{15}$$

$$F_2 = -0.1015X_1 + 0.0560X_2 - 0.0589X_3 + 0.0971X_4 - 0.0849X_5 - 0.0503X_6 + 0.0005X_7 + 0.4018X_8 - 0.0047X_9 - 0.0046X_{10} + 0.2243X_{11} + 0.5363X_{12} - 0.2466X_{13} - 0.0269X_{14} - 0.0582X_{15}$$

$$F_3 = 0.0131X_1 - 0.3390X_2 - 0.1299X_3 - 0.3152X_4 - 0.2802X_5 - 0.0979X_6 + 0.1684X_7 - 0.0556X_8 - 0.0554X_9 - 0.0924X_{10} - 0.2683X_{11} - 0.0772X_{12} - 0.0206X_{13} - 0.0914X_{14} + 0.0891X_{15}$$

$$F_4 = 0.0688X_1 - 0.1206X_2 + 0.0702X_3 - 0.0150X_4 + 0.3356X_5 + 0.1307X_6 - 0.0335X_7 + 0.0968X_8 + 0.6974X_9 + 0.2256X_{10} - 0.2871X_{11} - 0.0861X_{12} - 0.1409X_{13} - 0.0111X_{14} + 0.0682X_{15}$$

$$F_5 = 0.7619X_1 + 0.2165X_2 - 0.0598X_3 - 0.1581X_4 - 0.0874X_5 - 0.1700X_6 + 0.0183X_7 + 0.1466X_8 + 0.0798X_9 - 0.0641X_{10} + 0.2088X_{11} - 0.2085X_{12} + 0.0025X_{13} - 0.0182X_{14} + 0.0108X_{15}$$

$$F_6 = -0.0334X_1 + 0.1081X_2 - 0.0011X_3 + 0.0044X_4 - 0.0263X_5 + 0.0178X_6 - 0.1498X_7 - 0.2267X_8 - 0.0181X_9 - 0.2981X_{10} + 0.1245X_{11} + 0.0138X_{12} - 0.3715X_{13} + 0.8613X_{14} - 0.1401X_{15}$$

至此，整个计算完成，还需要对上述数据进行解读。

在客观公共因子 1 中，绝对值较大的系数包括 X_{10}, X_7, X_{15}，可知该项公共因子着重从引体向上次数、大腿皮肤褶厚度和全身脂肪量 3 个指标上进行分析，再看 X_{10} 的系数符号与其他两项相反，可知该项主要是考虑引体向上这类运动和肥胖方面的，但该项中，各系数不是很大，使得公共因子的含义不太明确。但综合起来，应该是运动与脂肪方面的因子。

在 F_2 中，第 12 项系数最大，已经超过了 0.5，表明该项所含意义十分明显有效。此外，第 8 项系数次大，达到了 0.4，也具有很大的意义，再看这两项的具体含义，第 12 项为跑步机运动休息 5min 后脉搏，第 8 项为休息脉搏率，由此可见，F_2 可定义为心跳因子，主要从心率角度考察健康状况。

其他因子的分析，不再一一论述。

第六节 因子分析的 MATLAB 实现

在 MATLAB 中与因子分析相关的函数主要有 factoran，rotatefactors，但 factoran 要调用 rotatefactors，我们仅对 factoran 进行简介。

factoran 函数用来完成因子分析中的各项计算，包括：①载荷矩阵的求解，在求解时应用了最大似然法；②特殊性方差矩阵的求解；③因子旋转矩阵；④因子得分；⑤因子模型的检验。函数可处理的数据包括：①原始观测数据；②样本协方差矩阵；③相关系数矩阵。在实际应用中，主要有以下几种调用格式。

1）lambda=factoran（*X*，*m*）

在这种调用格式中，输入参数 X 是数据矩阵，包括 n 行 p 列，在矩阵中，每行数据针对一个观测，每列数据对应的一个变量。参数 m 是正整数，指明模型需要求解的公共因子的个数。输出参数 lambda 是载荷矩阵，p 行 m 列。在默认其他输入参数的情况下，函数使用“varimax”来确定旋转后载荷矩阵的估计方法。

2）[lambda，psi]=factoran（*X*，*m*）

在这种调用格式中，输出参数多了一个 psi，它是特殊方差的最大似然估计值，该参数以列向量的形式存在，包含 p 个元素。

3）[lambda，psi，*T*]=factoran（*X*，*m*）

除了返回必要的因子矩阵、特殊方差列向量之外，还返回旋转矩阵 T，该矩阵是 $m\times m$ 矩阵。

4）[lambda，psi，*T*，stats]=factoran（*X*，*m*）

在这种格式中，新增加的返回参数 stats 是一个结构，包含着因子模型的检验信息。检验信息中，主要包括：①检验所需的自由度；②检验使用的工具，具体的讲，就是卡方检验统计量；③检验水平；④对数似然函数的极大值。

5）[lambda，psi，*T*，stats，*F*]=factoran（*X*，*m*）

这里新增的输出参数 F，是因子的得分矩阵，F 矩阵含 n 行 m 列，每行是一个观测的公共因子得分，需要注意，正是因为知道各个观测量值 X，才可以计算出得分，如果原始输入数据是协方差矩阵或者相关系数矩阵，则无法求解得分。

6）[…]=factoran（…，param1，val1，param2，val2，…）

这种格式最自由，允许用户自行使用“属性/值对”控制输入和输出。这些属性选项已在软件帮助中列表说明，今简介如下。

（1）输入数据类型的指定：输入数据包括两类，一类是原始测定数据，另一类是已经加工成协方差矩阵或者相关矩阵。由 xtype 参数指定，可取的值包括：“data”和“covariance”两个。

（2）因子得分算法的指定：得分算法有两种，一种是加权最小二乘法，另一种是回归法。

由参数 score 指定，取值可为“wls”，“Bartlett”或“regression”，“Thomsom”，默认为“wls”方法。

（3）因子载荷矩阵的估计方法：在数学概念中，有 3 种方法可进行载荷矩阵估算，本函数提供了最大似然法，对于特殊矩阵的初值估算，函数提供了不同的方法，以“start”参数来设定，其取值包括“random”，“Rsquared”，最大迭代次数，初始化矩阵。

（4）因子载荷矩阵的旋转方法：函数提供了较多的旋转方法，包括正交旋转、斜交旋转、不旋转等，由参数“rotate”指定。具体方法的实际含义，请查阅 MATLAB 该函数的帮助文档。

（5）其他控制参数。

虽然 MATLAB 给出了非常好用的函数，但我们在掌握了因子分析的具体计算过程后，还是可以借助 MATLAB 来实现自己的代码段的。本着教学的目的，我们自行编写了新的代码，实现了因子分析的一键计算，包括各项表达式的输出。本章第五节就是利用自编代码实现的，经检验，该代码运行可靠，可以实现因子分析的计算，下面对该函数进行简单的描述。

函数允许不同类型的输入数据，既可以是原始测定数据，也可以是已经初步整理过的数据，如协方差矩阵等。无论哪种初始数据，都被统一标准化为协方差矩阵后再进行后续处理。在求解协方差矩阵的特征值时，直接采用了 MATLAB 的函数 eig，并对计算得到的特征值及特征向量进行排序处理。

求解载荷矩阵时，使用了主成分法，对载荷矩阵的方差进行计算，以方差最大化作为求解旋转角度的极值条件，并使用方差最大化作为旋转的标准。最后计算了因子得分，全部计算过程都有主要输出，可供查阅。计算过程中，输出的因子表达式可直接拷贝到 word 文档，并借助宏编程（VBA）实现快速编辑。

附代码

```
function FactAnalyz(X,TypeFlag,pCutOff,VarName)
% 功能：进行因子分析,给出各个主因子及因子得分
% 调用：参数不可跳跃,省略的以空白补位,如：FactAnalyz(A,{},{},var)
% 参数：X --原始数据,原始数据有两种情形,一种是未经过标准化的原始测定数据,
%   进行因子分析时,需要首先进行标准化；更多的数据是给出相关矩阵,此时就不必再
%   进行标准化处理了。两种不同类型数据需在因子分析之前指明,参数 flag 即是。
%   TypeFlag -- 用来指明两种不同的数据类型,原始数据或者相关矩阵。参数包括
%       'origin'-- 指明是原始数据；
%       'normalize'--指明是标准化的矩阵
%   pCutOff -- 截断百分比,用来确定因子个数,默认 0.80
%   varName -- 原始变量名称列表,形如：  varName = {'X','Y','Z'};
% 联系：mazhaipu, wdwsjlxx@163.com
% 日期：2013.5.5
% 实例：
%       A=rand(40,12);
%       var={'X','Y','Z','U','V','W','S','T','H','K','P','Q'};
%       ap=ones(12,1)*0.237847;
%       FactAnalyz(A)
%       FactAnalyz(A,'origin',{},var)
%       FactAnalyz(A,'origin',0.7)
%       FactAnalyz(A,'origin',0.85,var)
```

```
%
%

if nargin<2||isempty(TypeFlag)
    TypeFlag='origin';
elseif ischar(TypeFlag)
    TypeFlags={'origin','normalize'};
    TypeFlag=internal.stats.getParamVal(TypeFlag,TypeFlags,'TYPE');
else
    error('bad data type flags');
end

switch TypeFlag
    case 'origin'   % 原始数据标准化
        stdX=zscore(X);
        disp('标准化数据');disp(stdX);
        CovMat=corrcoef(stdX);
    case 'normalize'
        CovMat=X;
end
[~,nCols]=size(CovMat);
disp('协方差矩阵数据');disp(CovMat);

% 设置缺省
if nargin<3||isempty(pCutOff)
    pCutOff=0.80;
end
% 设置缺省
if nargin<4||isempty(VarName)
    VarName={};
end
%特征值和特征向量
[EigVect,EigValu]=eig(CovMat);
EigVect=fliplr(EigVect);
EigValu=rot90(EigValu,2);
disp('协方差矩阵特征值'); disp(EigValu);
disp('协方差矩阵特向量'); disp(EigVect);

% 确定因子个数
rStar=zeros(nCols); % 约相关阵 R=AA'
TotalLamda=sum(sum(EigValu,1),2);
PartSum=zeros(1,nCols);
SumLamda=0;
for jc=1:nCols
    SumLamda=SumLamda+EigValu(jc,jc);
    per=SumLamda/TotalLamda; %占比
    PartSum(jc)=per;
    fprintf('Lambda(%.2d) = %.4f, CumuPer = %.2f;\n',...
        jc,EigValu(jc,jc),per*100);
```

```
end
ms=find(PartSum>=pCutOff);
mCutOff=ms(1);%确定因子个数
fprintf('\n 本次计算要求特征值累积贡献率达到%.2f,据此,确定因子个数 m = %d\n',...
     pCutOff,mCutOff);

% 图示
plot(1:nCols,PartSum*100,'r:*');
set(gcf,'color',[1,1,1]); box off;
set(gca,'xtick',1:nCols);grid on;
title('特征值累积贡献率');

% 确定载荷矩阵 A: Component Matrix
CompMat=zeros(size(CovMat,2));   % 因子矩阵初始化
for jc=1:mCutOff
     rStar=rStar+EigValu(jc,jc)*EigVect(:,jc)*EigVect(:,jc)';
     CompMat(:,jc)=sqrt(EigValu(jc,jc))*EigVect(:,jc);
end

%求特殊载荷 De
De=zeros(size(CovMat,2)); % 初始化
for i=1:nCols
     De(i,i)=CovMat(i,i)-sum(CompMat(i,:).^2,2);
end
% 输出
disp('因子矩阵 A'); CompMat(:,mCutOff+1:end)=[]; disp(CompMat);
disp('约相关矩阵 R"=A*A'''');disp(rStar);
disp('特殊矩阵 De'); disp(De);
sqDe=zeros(nCols,1);
for i=1:nCols
     sqDe(i)=sqrt(De(i,i));
end

disp('原始变量的因子表达式如下：');
if isempty(VarName),
     OutVarExpr(CompMat,{'X'},{'F'},sqDe);
else
     OutVarExpr(CompMat,VarName,{'F'},sqDe);
end

% 计算相对方差
stdA=MakeStdArr(CompMat);
CalcuVars(stdA);

% 准备旋转
LastVars=0;   % 保存上次旋转一轮后方差和,初始化为 0.
Lock=1;       % 开关,控制是否继续下一轮旋转
LoopCount=0;  % 旋转轮次计数器
```

```
while Lock % 不满足就一直旋转
    LoopCount=LoopCount+1;
    [CompMat,T] = MyOrthoMax(CompMat);
    stdA=MakeStdArr(CompMat); % 将一轮旋转后的矩阵标准化
    LoopVars=CalcuVars(stdA); % 计算本轮后的方差
    fprintf('第%d 轮旋转完毕后,因子矩阵为：\n',LoopCount); disp(CompMat);
    fprintf('第%d 轮旋转完毕后,总的方差为：\n',LoopCount); disp(LoopVars);
    fprintf('第%d 轮旋转完毕后,旋转矩阵为：\n',LoopCount); disp(T);
    if LoopCount==1
        LastVars=LoopVars;
    else
        delta=abs(LoopVars-LastVars);
        LastVars=LoopVars;
        if delta<=eps
            Lock=0;
        end
    end
end

%因子得分
disp('因子得分如下');
AR=CompMat'*(CovMat^-1);
if isempty(VarName)
    OutVarExpr(AR,{'F'},{'X'});
else
    OutVarExpr(AR,{'F'},VarName);
end


function [B,T] = MyOrthoMax(A, maxIter)
% 功能：实现矩阵的方差最大正交旋转
% 参数：Arr--要旋转的矩阵
%        maxIter--最大迭代次数,超出则计算结束
%       B--旋转后的矩阵
%       T--正交旋转矩阵
%
if nargin < 2 || isempty(maxIter)
    maxIter = 250;
end
[nRows, nCols] = size(A);
% 旋转矩阵初始化为单位矩阵
T = eye(nCols);
B = A * T;
for iter = 1:maxIter
    maxTheta = 0;
    for i = 1:(nCols-1)
        for j = (i+1):nCols
            Bi = B(:,i);
            Bj = B(:,j);
```

```
                u = Bi.*Bi - Bj.*Bj;
                v = 2*Bi.*Bj;
                uSum = sum(u,1);
                vSum = sum(v,1);
                numer = 2*u'*v - 2*uSum*vSum/nRows;
                denom = u'*u - v'*v - (uSum^2 - vSum^2)/nRows;
                theta = atan2(numer, denom) / 4;
                maxTheta = max(maxTheta, abs(theta));
                Tij = [cos(theta),-sin(theta); sin(theta),cos(theta)];
                B(:,[i,j]) = B(:,[i,j]) * Tij;
                T(:,[i,j]) = T(:,[i,j]) * Tij;
            end
        end
end
return;


function [stdA]=MakeStdArr(A)
% 功能：将矩阵标准化,消除 aij 的符号影响等
% 参数：h--因子的共同度,等于矩阵各行元素之和。
%
[nRows,~]=size(A);
h=zeros(nRows,1);
for ir=1:nRows
    h(ir,1)=sum(A(ir,:).^2,2);
end
disp('按行格式输出,各因子的共同度为：'); disp(h'); % 行格式显示
% 消除 aij 的符号影响等,得到 stdA
stdA=zeros(size(A));
for ir=1:nRows
    stdA(ir,:)=A(ir,:).^2/h(ir);
end
disp('消除因子矩阵的符号影响,得到标准化矩阵');
disp(stdA);
return;


function [totVar4StdA]=CalcuVars(stdA)
% 功能：计算标准矩阵的各列的方差
% 参数： 输入的矩阵必须是标准阵
%
[nRows,nCols]=size(stdA);
colmVars=zeros(1,nCols); %
dBars=sum(stdA,1)/nRows; % 各列均值
for jc=1:nCols
    colmVars(jc)=sum((stdA(:,jc)-dBars(jc)).^2,1)/nRows;
end
% 矩阵 A 的总方差
totVar4StdA=sum(colmVars,2);
```

```
fprintf('矩阵 A 的总方差 Var = %.5f\n\n',totVar4StdA);
return;
```

需要说明的是，本节计算需要调用 OutVarExpr 函数，该函数具体说明，参看第二章，运行本节代码，需将该函数一并放置在同一路径下。

习 题

1. 为揭示某石油烃污染场地地下水生物降解作用机制，吕航[67]等测试了样本水样中的 16 个指标，包括有机和无机化学组分 [总石油烃（TPH），K^+，Na^+，Ca^{2+}，Mg^{2+}，Fe^{2+}，Mn，Cl^-，SO_4^{2-}，溶解无机碳（DIC），NO_3^-，DO，Eh，pH，Ec]，并计算出这些化学组分的相关矩阵，见表 X7-1，试对此数据进行因子分析。

表 X7-1　某石油烃污染场地地下水污染指标

	TPH	K^+	Na^+	Ca^{2+}	Mg^{2+}	Fe^{2+}	Mn	Cl^-	SO_4^{2-}	DIC	NO_3^-	DO	Eh	pH	Ec
TPH	1.00	–0.02	0.76	–0.27	–0.14	–0.12	0.03	0.24	–0.38	0.61	0.04	–0.10	–0.16	0.46	–0.06
K^+	0.02	1.00	0.32	0.31	0.62	–0.18	0.36	0.58	–0.06	0.40	–0.23	–0.23	–0.23	–0.02	–0.15
Na^+	0.76	0.32	1.00	0.01	0.25	–0.02	0.17	0.61	–0.15	0.91	–0.02	–0.12	–0.05	0.43	–0.11
Ca^{2+}	0.27	0.31	0.01	1.00	0.85	0.49	0.35	0.67	0.22	0.29	0.49	0.36	0.19	–0.48	–0.04
Mg^{2+}	0.14	0.62	0.25	0.85	1.00	0.24	0.46	0.77	0.17	0.50	0.24	0.12	0.06	–0.36	–0.07
Fe^{2+}	0.12	–0.18	–0.02	0.49	0.24	1.00	0.18	0.20	0.38	0.08	0.49	0.54	–0.02	–0.37	0.00
Mn	0.03	0.36	0.17	0.35	0.46	0.18	1.00	0.32	0.01	0.31	–0.10	–0.11	–0.20	–0.16	–0.12
Cl^-	0.24	0.58	0.61	0.67	0.77	0.20	0.32	1.00	0.03	0.64	0.29	0.09	0.05	–0.02	–0.06
SO_4^{2-}	0.38	–0.06	–0.15	0.22	0.17	0.38	0.01	0.03	1.00	–0.13	0.13	0.34	0.28	–0.24	–0.10
DIC	0.61	0.40	0.91	0.29	0.50	0.08	0.31	0.64	–0.13	1.00	0.09	0.00	0.02	0.24	–0.13
NO_3^-	0.04	–0.23	–0.02	0.49	0.24	0.49	–0.10	0.29	0.13	0.09	1.00	0.63	0.28	–0.23	0.08
DO	0.10	–0.23	–0.12	0.36	0.12	0.54	–0.11	0.09	0.34	0.00	0.63	1.00	0.39	–0.25	0.23
Eh	0.16	–0.23	–0.05	0.19	0.06	–0.02	–0.20	0.05	0.28	0.02	0.28	0.39	1.00	0.00	0.00
pH	0.46	–0.02	0.43	–0.48	–0.36	–0.37	–0.16	–0.02	–0.24	0.24	–0.23	–0.25	0.00	1.00	–0.05
Ec	0.06	–0.15	–0.11	–0.04	–0.07	0.00	–0.12	–0.06	–0.10	–0.13	0.08	0.23	0.00	–0.05	1.00

2. 表 X7-2 是某校生物信息专业学生的部分课程成绩，试就此分析学生对本专业的适合性。

表 X7-2　大学生课程成绩表

学号	生物化学	微生物学	数据结构	概率论与数理统计	Perl 语言	大学英语	大学化学	普通物理	计算机基础	高等数学
1	62.0	55.0	80.0	77.0	89.0	75.0	68.0	69.0	73.0	73.0
2	78.0	68.0	81.0	86.0	97.0	71.0	68.0	82.0	81.0	86.0
3	61.0	68.0	79.0	88.0	96.0	74.0	65.0	63.0	76.0	79.0
4	61.0	70.0	67.0	71.0	88.0	62.0	60.0	67.0	67.0	75.0
5	44.0	68.0	68.0	76.0	78.0	70.0	72.0	63.0	64.0	76.0
6	72.0	66.0	75.0	81.0	92.0	64.0	70.0	71.0	82.0	78.0

续表

学号	生物化学	微生物学	数据结构	概率论与数理统计	Perl语言	大学英语	大学化学	普通物理	计算机基础	高等数学
7	93.0	78.0	92.0	86.0	79.0	73.0	75.0	79.0	74.0	90.0
8	76.0	70.0	70.0	85.0	99.0	73.0	73.0	77.0	66.0	86.0
9	80.0	66.0	73.0	88.0	79.0	68.0	63.0	56.0	67.0	80.0
10	67.0	62.0	72.0	78.0	82.0	74.0	68.0	62.0	75.0	70.0
11	61.0	53.0	62.0	71.0	76.0	47.0	62.0	52.0	60.0	84.0
12	78.0	66.0	71.0	85.0	84.0	73.0	70.0	67.0	63.0	79.0
13	85.0	76.0	82.0	91.0	79.0	81.0	79.0	86.0	76.0	95.0
14	60.0	60.0	70.0	69.0	77.0	71.0	64.0	74.0	78.0	63.0
15	60.0	65.0	73.0	82.0	94.0	76.0	70.0	80.0	72.0	82.0
16	61.0	73.0	72.0	79.0	92.0	76.0	75.0	66.0	60.0	77.0
17	60.0	63.0	77.0	73.0	92.0	74.0	60.0	70.0	69.0	65.0
18	74.0	71.0	64.0	95.0	77.0	82.0	74.0	85.0	89.0	89.0
19	80.0	76.0	88.0	81.0	77.0	74.0	71.0	77.0	61.0	80.0
20	49.0	61.0	75.0	74.0	80.0	74.0	60.0	63.0	60.0	68.0
21	78.0	74.0	82.0	77.0	79.0	81.0	66.0	73.0	78.0	89.0
22	84.0	76.0	77.0	88.0	79.0	75.0	56.0	78.0	79.0	88.0
23	61.0	71.0	76.0	82.0	89.0	74.0	81.0	89.0	71.0	85.0
24	66.0	57.0	81.0	84.0	78.0	70.0	78.0	82.0	73.0	76.0
25	68.0	69.0	80.0	70.0	74.0	71.0	80.0	79.0	91.0	72.0
26	68.0	75.0	73.0	74.0	99.0	75.0	50.0	61.0	81.0	64.0
27	76.0	73.0	80.0	84.0	68.0	71.0	77.0	69.0	71.0	67.0
28	60.0	65.0	70.0	77.0	95.0	64.0	17.0	40.0	65.0	43.0
29	38.0	60.0	61.0	69.0	94.0	65.0	55.0	70.0	61.0	65.0

3. 为了查清楚太原市土壤的重金属污染类型，王雄军[68]等测得了该市表层土壤中重金属元素（As、Cd、Hg、Pb、Cr、Ni、Zn、Cu）的含量数据，经过计算，其相关系数矩阵见表 X7-3，试对此进行因子分析。

表 X7-3　太原市土壤的重金属污染类型指标

指标	Hg	Cd	Pb	As	Cu	Zn	Ni	Cr
Hg	1.000	0.334	0.459	0.080	0.301	0.472	0.049	0.037
Cd	0.334	1.000	0.625	0.061	0.502	0.377	0.170	0.156
Pb	0.459	0.625	1.000	0.214	0.551	0.450	0.225	0.201
As	0.080	0.061	0.214	1.000	0.308	0.055	0.692	−0.023
Cu	0.301	0.502	0.551	0.308	1.000	0.356	0.443	0.158
Zn	0.472	0.377	0.450	0.055	0.356	1.000	0.147	0.120
Ni	0.049	0.170	0.225	0.692	0.443	0.147	1.000	0.323
Cr	0.037	0.156	0.201	−0.023	0.158	0.120	0.323	1.000

4. 为了研究土壤理化性质与 AM 真菌多样性的关系，张玉洁[69]等测定了新疆四地的土壤理化性质，见表 X7-4，试就表 X7-4 数据，分析其土壤的特性。

表 X7-4 新疆四地的土壤理化性质

样地号	速效磷/(μg/g)	pH	含水量/(μg/g)	水溶性全盐/%	全氮/(μg/g)	碱解氮/(μg/g)	有机质/(μg/g)
康苏	8.56	7.84	0.09	0.07	668.27	32.10	1.70
膘尔托阔依（阳）	5.00	7.90	0.27	0.13	177.33	36.59	1.66
膘尔托阔依（阴）	2.64	8.61	0.34	0.05	422.80	59.73	1.62
上阿图什	2.48	8.73	0.17	0.03	65.33	63.84	1.69

5. 为了全面深入了解大清河保定段的年度水质特征变化，杨军[70]等全面调查了该段的水质数据，包括温度（℃）、溶解氧（ppm）、pH、透明度（m）、总氮（mg/L）、氨氮（mg/L）、总磷（mg/L）、叶绿素 a（mg/m^3）等，今对该数据按月归类见表 X7-5～表 X7-11，试利用这些数据，全面分析每月的主要因子，并分析主要因子的月度变化特征。

表 X7-5 大清河保定段 5 月水质特征

地点	温度	溶解氧	pH	透明度	总氮	氨氮	总磷	叶绿素 a
一亩泉桥	29.3	6.91	7.45	0.55	26.65	0.72	10.16	6.47
侯河桥	30.8	13.56	8.58	0.42	7.20	1.91	1.02	251.85
清水桥	21.6	8.78	8.32	2.60	4.83	0.17	0.36	5.00
建华南桥	27.2	0.37	7.59	0.31	16.00	11.90	11.94	83.71
建华北桥	30.7	6.86	7.47	2.00	29.90	0.43	9.84	27.43
新华桥	30.6	5.18	7.62	0.32	26.88	0.85	10.88	66.41
东风桥	27.1	2.28	7.78	0.30	26.56	1.47	11.54	67.06
红星桥	30.7	1.56	7.73	0.92	27.26	5.22	10.42	46.95
保新桥	30.1	3.76	7.90	0.48	26.51	6.68	10.42	60.07
动物园	30.0	0.66	7.82	0.31	37.13	12.17	15.00	13.52
红旗大桥	28.2	8.72	8.06	0.25	20.46	10.12	9.98	9.49
红光桥	29.8	6.02	8.03	0.83	25.18	8.89	11.94	43.82
焦庄	28.2	3.50	7.84	0.63	24.13	10.00	9.60	19.96
月均值	28.8	5.24	7.86	0.76	22.98	5.43	9.47	53.98

表 X7-6 大清河保定段 6 月水质特征

地点	温度	溶解氧	pH	透明度	总氮	氨氮	总磷	叶绿素 a
一亩泉桥	28.9	6.21	8.09	0.53	35.75	2.00	19.34	9.00
侯河桥	29.6	2.99	8.35	0.37	12.48	1.87	6.04	17.04
清水桥	28.4	5.71	7.84	2.56	4.45	0.57	0.38	3.02
建华南桥	29.4	0.17	7.56	0.12	30.00	22.14	17.18	120.82
建华北桥	30.6	6.78	8.18	1.81	35.95	2.57	16.74	21.53
新华桥	31.2	5.87	8.25	1.23	32.35	7.33	15.24	19.79

续表

地点	温度	溶解氧	pH	透明度	总氮	氨氮	总磷	叶绿素 a
东风桥	28.1	8.31	8.27	1.84	17.56	9.62	19.68	11.73
红星桥	34.2	8.74	8.55	0.86	36.08	6.46	26.62	105.42
保新桥	34.3	8.62	8.59	0.33	41.23	9.80	25.02	199.46
动物园	31.8	4.43	8.05	0.54	32.20	13.38	15.84	57.32
红旗大桥	30.9	5.69	8.07	0.63	32.51	13.00	15.54	59.87
红光桥	33.0	6.01	8.22	0.55	33.28	13.65	16.78	50.50
焦庄	32.6	3.10	7.96	0.48	45.86	11.23	15.86	70.46
月均值	31.0	5.59	8.15	0.91	22.98	8.74	16.17	57.38

表 X7-7　大清河保定段 7 月水质特征

地点	温度	溶解氧	pH	透明度	总氮	氨氮	总磷	叶绿素 a
一亩泉桥	29.7	3.11	8.21	0.11	11.10	4.88	8.78	13.89
侯河桥	30.9	1.75	8.14	0.68	11.10	2.53	2.88	8.44
清水桥	29.7	5.85	8.16	1.32	7.12	0.12	0.12	3.00
建华南桥	30.8	1.25	7.62	0.69	12.85	9.30	7.06	10.45
建华北桥	31.5	6.29	7.88	0.92	25.46	5.41	5.56	24.39
新华桥	34.3	4.95	8.30	0.86	12.03	8.46	15.76	24.23
东风桥	29.9	4.10	7.81	0.83	17.36	12.05	19.52	13.14
红星桥	33.4	10.73	9.07	0.88	16.21	9.66	12.3	33.02
保新桥	34.2	1.92	7.84	0.47	16.45	10.89	11.74	37.74
动物园	30.7	4.16	7.86	0.59	11.66	8.16	5.96	7.32
红旗大桥	31.6	2.19	7.63	0.35	13.70	8.28	6.72	12.68
红光桥	31.2	2.20	7.64	0.53	13.65	7.63	7.02	12.70
焦庄	32.1	3.05	7.73	0.51	12.61	6.76	6.08	20.04
月均值	31.5	3.97	7.99	0.67	13.95	7.24	8.42	17.00

表 X7-8　大清河保定段 8 月水质特征

地点	温度	溶解氧	pH	透明度	总氮	氨氮	总磷	叶绿素 a
一亩泉桥	26.8	6.74	8.13	0.34	8.72	0.25	0.92	15.75
侯河桥	26.7	5.41	8.76	0.26	18.37	1.19	6.62	4.76
清水桥	22.9	11.89	8.11	1.54	9.28	0.04	0.26	3.00
建华南桥	32.1	0.92	7.68	0.28	19.36	13.65	9.10	31.37
建华北桥	26.5	8.63	8.25	0.22	10.33	1.04	1.20	14.17
新华桥	25.3	8.87	8.18	0.43	10.74	1.46	1.36	15.56
东风桥	25.8	5.66	7.88	0.43	10.61	0.98	1.22	24.97
红星桥	26.1	8.22	8.23	0.67	10.06	1.05	1.42	18.88

续表

地点	温度	溶解氧	pH	透明度	总氮	氨氮	总磷	叶绿素 a
保新桥	26.2	8.33	8.22	0.48	8.97	1.13	1.24	20.87
动物园	28.0	8.89	8.16	0.51	15.76	8.29	4.78	33.85
红旗大桥	29.6	7.43	8.09	0.62	20.01	8.31	5.50	58.95
红光桥	26.6	6.84	8.05	0.45	11.47	3.94	3.28	21.03
焦庄	27.6	5.92	7.90	0.54	12.02	4.05	2.84	34.04
月均值	26.9	7.21	8.13	0.52	12.75	3.49	3.06	22.86

表 X7-9　大清河保定段 9 月水质特征

地点	温度	溶解氧	pH	透明度	总氮	氨氮	总磷	叶绿素 a
一亩泉桥	23.5	5.44	7.82	0.64	24.20	3.66	9.06	14.26
侯河桥	24.6	3.99	8.59	0.27	12.95	2.47	6.06	7.06
清水桥	19.5	7.28	7.96	1.82	4.92	0.30	0.02	1.76
建华南桥	24.0	3.49	7.57	0.34	18.28	15.11	10.20	30.37
建华北桥	26.5	3.24	7.67	0.46	30.00	9.45	11.16	67.48
新华桥	23.5	6.69	7.52	0.44	22.53	12.16	10.40	51.42
东风桥	22.8	3.91	7.73	0.58	23.28	11.16	10.40	13.39
红星桥	25.8	4.99	8.03	0.74	21.15	12.31	9.28	97.09
保新桥	25.9	5.01	8.16	0.32	22.41	11.63	9.12	99.58
动物园	25.3	4.42	8.13	0.42	31.06	8.03	16.70	20.43
红旗大桥	26.4	3.36	7.61	0.53	13.95	9.71	7.60	7.57
红光桥	26.9	3.98	7.95	0.67	19.08	10.73	8.22	57.17
焦庄	25.8	3.52	7.75	0.45	21.38	11.60	8.96	20.03
月均值	24.7	4.56	7.88	0.59	20.40	9.10	9.01	37.51

表 X7-10　大清河保定段 10 月水质特征

地点	温度	溶解氧	pH	透明度	总氮	氨氮	总磷	叶绿素 a
一亩泉桥	19.6	7.71	7.93	0.28	6.12	1.33	9.58	10.55
侯河桥	18.3	9.77	8.37	0.16	6.33	0.81	7.38	7.26
清水桥	17.6	12.86	8.02	1.84	6.44	0.21	0.06	2.29
建华南桥	18.7	11.22	7.70	0.32	6.83	1.90	12.56	22.61
建华北桥	19.9	10.13	7.79	0.67	6.75	1.50	14.06	18.30
新华桥	21.3	7.68	7.73	0.46	6.99	1.86	12.32	15.79
东风桥	18.6	7.67	7.73	0.42	5.98	1.19	12.66	13.13
红星桥	19.5	8.88	7.76	0.76	8.73	2.51	10.78	21.39
保新桥	19.7	9.27	7.88	0.58	7.79	1.99	10.52	18.66
动物园	18.6	10.74	8.77	0.32	7.22	2.53	41.66	128.92
红旗大桥	19.4	9.42	8.78	0.31	7.41	2.42	13.22	141.10
红光桥	19.2	10.74	7.88	0.72	7.87	2.36	10.74	12.16
焦庄	19.4	8.84	7.80	0.77	8.64	2.40	10.74	16.69
月均值	19.2	9.61	8.01	0.59	7.16	1.77	12.79	32.99

表 X7-11　大清河保定段 11 月水质特征

地点	温度	溶解氧	pH	透明度	总氮	氨氮	总磷	叶绿素 a
一亩泉桥	12.2	9.22	7.57	0.78	14.97	1.99	14.26	1.78
侯河桥	9.6	12.55	7.83	0.16	9.52	2.55	3.30	30.22
清水桥	12.3	18.58	8.33	1.88	5.76	0.36	0.02	1.92
建华南桥	13.7	16.38	7.79	0.42	8.74	4.79	6.56	5.50
建华北桥	14.5	14.74	7.71	0.14	14.92	3.86	18.62	4.07
新华桥	11.3	9.52	7.64	0.67	10.57	4.24	10.78	2.41
东风桥	10.6	9.67	7.76	0.74	11.69	3.19	11.56	2.13
红星桥	11.4	10.63	7.66	0.97	10.34	1.56	10.14	3.06
保新桥	10.6	12.74	7.64	0.76	10.26	5.76	11.32	1.85
动物园	9.2	14.64	7.63	0.08	19.46	6.05	38.46	6.02
红旗大桥	13.6	12.36	7.60	0.21	13.92	5.94	19.38	9.26
红光桥	11.3	14.90	7.66	0.65	9.46	5.64	9.74	2.74
焦庄	10.2	10.62	7.63	0.83	9.92	5.06	10.14	3.16
月均值	11.6	12.81	7.73	0.64	11.50	3.92	12.64	5.70

第八章　对 应 分 析

第一节　对应分析的基本思想

对应分析方法是在因子分析方法的基础上发展出来的新的统计方法，用来研究变量和样品之间的对应关系。对应分析和因子分析有着十分紧密的关系，因子分析可分为 R 型和 Q 型，R 型因子分析主要用于研究变量间的相互关系，Q 型因子分析主要研究样品间的相互关系。假如我们想确定观测数据中变量与样品之间的相互关系，即想研究 R-Q 关系，那么前边学习过的因子分析方法，不管是 R 型的还是 Q 型的，都不能很好地满足要求。

之所以提出对应分析，主要是因为：因子分析方法是用少数几个公共因子去提取研究对象的绝大部分信息，当只考虑 R 型或者只考虑 Q 型时，关注点主要是针对变量或者样品，而其他方面往往是被忽略掉的，这种忽略，有可能被扩大化，比如在进行 R 型研究时，略掉的信息中，Q 的信息有可能会被过多地丢掉，反过来 Q 型研究则有可能会过多地丢掉 R 的信息。

此外，在处理数据时，对于数量级相差很大的变量，为了进行比较，常常先对变量进行标准化变换处理，这种标准化变换方法，适用于变量，但对于样品，这种变换的意义不好解释，也就是说，对于 R 型变量的处理方法，如果用于 Q 型数据，则有可能有本质含义上的不合理，这种标准化处理对于变量和样品的不对等性，也是因子分析不能很好满足要求的一个原因。

为了研究变量和样品之间的对应关系，统计学家 Benzecri 提出了对应分析方法，该方法基于因子分析，又避免了因子分析的一些缺点。具体地，它把 R 型和 Q 型分析结合起来，对原始数据采用适当地变换，将两方面的结果表达在同一因子平面上，从而揭示出样品和变量间的内在联系。

总的来讲，我们测定的数据，不管是从样品的角度来做研究，还是从变量的角度来做研究，它们都只是揭示了数据内在属性的某一方面，要想把这两个不同方面统一起来分析，就必须进行恰当地变换，将它们表达在同一个坐标系下去观察。

关于对应分析的具体应用，可以应用于计算机科学与技术、建筑学、教育学、临床医学、化学工程与技术、化学、石油与天然气、信息与通信工程、机械工程、矿业工程、生物医药等各方面。例如，在医学方面可用来研究慢性阻塞性肺疾患（COPD）中医证候与病情分级的相关性[71]，恶性肿瘤分布研究[72]，流行病学研究[73]等；在环境方面可用来解析大气颗粒物来源[74]、评价水质[75,76]等。

第二节　对应分析数据的列联表表示

在日常的生物实验中，常常测定两因素或者多因素之间的关系，最简单的表现形式就是把数据表达成列联表。设有两个因素的实验，因素 A 有 r 个水平，因素 B 有 c 个水平，则这两因素的列联表可写成表 8-1。

表 8-1　两因素多水平数据的安排

		因素 B				
		B_1	B_2	…	B_c	
因素 A	A_1	k_{11}	k_{12}		k_{1c}	$k_{1\cdot}$
	A_2	k_{21}	k_{22}		k_{2c}	$k_{2\cdot}$
	…	…	…	…	…	…
	A_r	k_{r1}	k_{r2}		k_{rc}	$k_{r\cdot}$
		$k_{\cdot 1}$	$k_{\cdot 2}$		$k_{\cdot c}$	K

在表 8-1 中，A 因素各水平的求和标注在最右侧一列，$k_{i\cdot}(i=1,2,\cdots,r)$，$B$ 因素的各水平之和标注在最下一行，$k_{\cdot j}(j=1,2,\cdots,c)$，其中的最后一行和最右一列对应的数据 k 为所有测点数据的和。

为了叙述方便，我们称上述的 $\boldsymbol{K}=(k_{ij})_{r\times c}$ 为原始数据频数表，把上述二维列联表进行转化，将其中的 k_{ij} 都除以数据总和 k，则整个列联表就变成了频率矩阵，可以记作 $\boldsymbol{P}=(p_{ij})_{r\times c}$，如下。

$$\boldsymbol{P}=\begin{pmatrix} p_{11} & p_{12} & \cdots & p_{1c} \\ p_{21} & p_{22} & \cdots & p_{2c} \\ \vdots & \vdots & \ddots & \vdots \\ p_{r1} & p_{r2} & \cdots & p_{rc} \end{pmatrix} \tag{8-1}$$

经过这样的处理，可知这里的 $p_{ij}=\dfrac{k_{ij}}{k}$ 是 A 因素的第 i 个水平和 B 因素的第 j 个水平的百分数，如果把表 8-2 看作概率分布的话，那么这里的 p_{ij} 就相当于 A 因素 i 水平与 B 因素 j 水平的联合分布。其中

$$p_{i\cdot}=p_{i1}+p_{i2}+\cdots+p_{ic}, i=1,2,\cdots,r \tag{8-2}$$

分别对应 A 因素各水平元素之和，即各行元素之和；类似的，其中

$$p_{\cdot j}=p_{1j}+p_{2j}+\cdots+p_{rj}, j=1,2,\cdots,c \tag{8-3}$$

与 B 因素各水平元素之和相对应，即各列元素之和，这里的 $p_{i\cdot}$ 和 $p_{\cdot j}$，也可以看作联合分布的边缘分布。

设记号

$$\boldsymbol{D}_r=\begin{pmatrix} p_{1\cdot} & & & \\ & p_{2\cdot} & & \\ & & \ddots & \\ & & & p_{r\cdot} \end{pmatrix}=\operatorname{diag}(p_{1\cdot}, p_{2\cdot}, \cdots, p_{r\cdot}) \tag{8-4}$$

$$\boldsymbol{D}_c=\begin{pmatrix} p_{\cdot 1} & & & \\ & p_{\cdot 2} & & \\ & & \ddots & \\ & & & p_{\cdot c} \end{pmatrix}=\operatorname{diag}(p_{\cdot 1}, p_{\cdot 2}, \cdots, p_{\cdot c}) \tag{8-5}$$

则称 $\boldsymbol{D}_r$ 和 $\boldsymbol{D}_c$ 分别为 A 因素和 B 因素的边缘矩阵。

表 8-2 两因素多水平频数表

		因素 B				
		B_1	B_2	…	B_c	
因素 A	A_1	p_{11}	p_{12}		p_{1c}	$p_{1\cdot}$
	A_2	p_{21}	p_{22}		p_{2c}	$p_{2\cdot}$
	…					
	A_r	p_{r1}	p_{r2}		p_{rc}	$p_{r\cdot}$
		$p_{\cdot 1}$	$p_{\cdot 2}$		$p_{\cdot c}$	p

计算 B 因素各水平对应的条件概率，即

$$P(B_j \mid A_i) = \frac{P\{A_i, B_j\}}{P\{A_i\}} = \frac{p_{ij}}{p_{i\cdot}} \tag{8-6}$$

可知，B 因素 j 水平在 A 因素 i 水平下的条件概率值等于频率矩阵 P 中第 i 行第 j 列的 p_{ij} 除以对应的边缘概率 $p_{i\cdot}$，称

$$p_c^i = \left(\frac{p_{i1}}{p_{i\cdot}}, \frac{p_{i2}}{p_{i\cdot}}, \cdots, \frac{p_{ic}}{p_{i\cdot}}\right)', i = 1, 2, \cdots, r \tag{8-7}$$

为 A 因素的第 i 个水平的分布轮廓，其本质就是列联表的列因素在第 i 行的分布。仔细观察就会发现，第 i 个水平的轮廓，其中的每个元素值，其实就是 $\boldsymbol{P}$ 矩阵中第 i 行中的各元素除以这一行各元素之和。

同样的，我们可以计算 A 因素各水平对应的条件概率，可以求得

$$P(A_i \mid B_j) = \frac{P\{A_i, B_j\}}{P\{B_i\}} = \frac{p_{ij}}{p_{\cdot j}} \tag{8-8}$$

可知，A 因素 i 水平在 B 因素 j 水平下的条件概率值等于频率矩阵 P 中第 i 行第 j 列的 p_{ij} 除以对应的边缘概率 $p_{\cdot j}$，称

$$p_r^j = \left(\frac{p_{1j}}{p_{\cdot j}}, \frac{p_{2j}}{p_{\cdot j}}, \cdots, \frac{p_{rj}}{p_{\cdot j}}\right)', j = 1, 2, \cdots, c \tag{8-9}$$

为 B 因素的第 j 个水平的分布轮廓，其本质就是列联表的行因素在第 j 列的分布。轮廓中的每个元素值，其实就是 $\boldsymbol{P}$ 矩阵中第 j 列中的各元素除以这一列各元素之和。

第三节　对应分析的基本理论

在生物统计学中，我们学习使用列联表，主要是根据已测得的列联表数据，判断 A 因素与 B 因素之间的独立性，若（经卡方检验）不独立，则说明它们具有相关性。例如，设 A 是用药方式，B 是用药效果，若 A 与 B 因素不独立，则说明 A 与 B 关联，更明确地说就是用药方式与用药效果相关联，换个说法就是不同的用药方式有不同的用药效果，也就是说，用药方式之间效果差别显著。

为了更进一步地挖掘 A 因素和 B 因素的内在关系，尤其是 A 因素内部各水平之间、B

因素内部各水平之间，以及 A 因素与 B 因素各水平之间的关系，就必须对列联表进行更深入地分析，找出联系 A 因素与 B 因素之间的桥梁，看看在这个桥梁上能做怎样的分析。

一、A 因素各水平之间的距离

在前边，我们已经得到了频率矩阵 P，要求取 A 因素各水平之间的距离，也就是各行之间的距离，我们可以按照欧氏距离的样式，计算矩阵 P 中的任意两行之间的距离。在计算距离之前，为了消除 A 因素各水平出现概率大小的影响，可以先对数据进行规范化，即行元素除以该行元素之和。设有两行 k,l，则它们的欧氏距离为

$$D^2(k,l)=\sum_{j=1}^{c}\left(\frac{p_{kj}}{p_{k\cdot}}-\frac{p_{lj}}{p_{l\cdot}}\right)^2 \tag{8-10}$$

但上述的欧氏距离并没有考虑各列的量纲不同，为了消除各变量量纲不同的影响，将式（8-10）各项中都加入各列的影响，得到

$$D^2(k,l)=\sum_{j=1}^{c}\left(\frac{p_{kj}}{p_{k\cdot}\sqrt{p_{\cdot j}}}-\frac{p_{lj}}{p_{l\cdot}\sqrt{p_{\cdot j}}}\right)^2 \tag{8-11}$$

此时，称式（8-11）为卡方距离。

我们仔细观察式（8-11），就会发现，和式（8-10）相比，其实从公式的架构上看，是一样的，都符合

$$D^2(k,l)=\sum_{j=1}^{c}\left(x_k-x_l\right)^2 \tag{8-12}$$

的基本架构形式，只是具体到其中的 x_k,x_l，式（8-10）和式（8-11）有些差别。也可以这样说，式（8-11）也是一种欧氏距离，只不过其中各点，不再是如式（8-10）那样，对于每一个样品点，只是其坐标变成了

$$\left(\frac{p_{i1}}{p_{i\cdot}\sqrt{p_{\cdot 1}}},\frac{p_{i2}}{p_{i\cdot}\sqrt{p_{\cdot 2}}},\cdots,\frac{p_{ic}}{p_{i\cdot}\sqrt{p_{\cdot c}}}\right),\quad i=1,2,\cdots,r \tag{8-13}$$

而已。这样，计算卡方距离，我们就可以看作计算了点集 $\left(\frac{p_{i1}}{p_{i\cdot}\sqrt{p_{\cdot 1}}},\frac{p_{i2}}{p_{i\cdot}\sqrt{p_{\cdot 2}}},\cdots,\frac{p_{ic}}{p_{i\cdot}\sqrt{p_{\cdot c}}}\right)$ 中的（k,l）两点之间的欧氏距离。

二、B 因素各水平之间的协方差

现在，继续考察一下，看看这个式（8-13）中 r 个点的平均水平是什么，为此，我们计算第 j 个变量的加权平均值，以第 i 个样本点的概率 $p_{i\cdot}$ 作为权重，则有

$$\sum_{i=1}^{r}\frac{p_{ij}}{p_{i\cdot}\sqrt{p_{\cdot j}}}\cdot p_{i\cdot}=\frac{1}{\sqrt{p_{\cdot j}}}\sum_{i=1}^{r}p_{ij}=\sqrt{p_{\cdot j}},\ j=1,2,\cdots,c \tag{8-14}$$

也就是说，第 j 个变量的加权平均值（按照期望的定义去理解），就是 $\sqrt{p_{\cdot j}}$。在此基础上，我们可进一步计算第 i 个变量和第 j 个变量之间的协方差，即

$$
\begin{aligned}
a_{ij} &= \sum_{a=1}^{r}\left(\frac{p_{ai}}{p_{a\cdot}\sqrt{p_{\cdot i}}}-\sqrt{p_{\cdot i}}\right)\left(\frac{p_{aj}}{p_{a\cdot}\sqrt{p_{\cdot j}}}-\sqrt{p_{\cdot j}}\right)\cdot p_{a\cdot} \\
&= \sum_{a=1}^{r}\left(\frac{p_{ai}}{\sqrt{p_{a\cdot}\cdot p_{\cdot i}}}-\sqrt{p_{a\cdot}\cdot p_{\cdot i}}\right)\left(\frac{p_{aj}}{\sqrt{p_{a\cdot}\cdot p_{\cdot j}}}-\sqrt{p_{a\cdot}\cdot p_{\cdot j}}\right) \\
&= \sum_{a=1}^{r}\left(\frac{p_{ai}-p_{a\cdot}\cdot p_{\cdot i}}{\sqrt{p_{a\cdot}\cdot p_{\cdot i}}}\right)\cdot\left(\frac{p_{aj}-p_{a\cdot}\cdot p_{\cdot j}}{\sqrt{p_{a\cdot}\cdot p_{\cdot j}}}\right) \\
&= \sum_{a=1}^{r} z_{ai} z_{aj}
\end{aligned}
\tag{8-15}
$$

其中，

$$
z_{ai}=\frac{p_{ai}-p_{a\cdot}\cdot p_{\cdot i}}{\sqrt{p_{a\cdot}\cdot p_{\cdot i}}}=\frac{k_{ai}-\dfrac{k_{a\cdot}k_{\cdot i}}{k_{\cdot\cdot}}}{\sqrt{k_{a\cdot}k_{\cdot i}}} \tag{8-16}
$$

$$
(a=1,2,\cdots,r;\ i=1,2,\cdots,c)
$$

令 $\boldsymbol{Z}=(z_{ij})_{r\times c}$，则 B 因素各水平之间的协方差矩阵为

$$
\boldsymbol{\Sigma}_c=\boldsymbol{Z}'\boldsymbol{Z} \tag{8-17}
$$

至此，我们通过考察 A 因素各水平之间的卡方距离，求解得到了 B 因素各水平之间的协方差阵，这也是因子中变量的协方差矩阵。

三、对应关系

现在用同样的方法，我们可以求 B 因素各水平之间的卡方距离，并且可以类似地得到 A 因素各水平之间的协方差矩阵，感兴趣的同学可以推导一下，这里直接给出其结果。

$$
\boldsymbol{\Sigma}_r=\boldsymbol{Z}\boldsymbol{Z}' \tag{8-18}
$$

需要指出，将原始列联表数据 $\boldsymbol{K}$ 变换成频率矩阵 $\boldsymbol{P}$ 后，求得的因素 A 和因素 B 各水平构成的协方差矩阵分别是 $\boldsymbol{\Sigma}_r$ 和 $\boldsymbol{\Sigma}_c$，从推求得到式（8-17）和式（8-18）的“长相”上看，可知 $\boldsymbol{\Sigma}_r$ 和 $\boldsymbol{\Sigma}_c$ 存在着某种关系。

我们把上述过程总结一下，会发现通过求 A 因素各水平之间的距离，进而得到 B 因素各水平的加权均值，再求得 $\boldsymbol{\Sigma}_c$，反之亦然。则 A 因素和 B 因素之间的关系，实际上是通过如下的式子关联起来的。

$$
B\rightarrow\boldsymbol{\Sigma}_c=\underbrace{\boldsymbol{Z}'\boldsymbol{Z}\Leftrightarrow\boldsymbol{Z}\boldsymbol{Z}'}_{\boldsymbol{Z}}=\boldsymbol{\Sigma}_r\leftarrow A \tag{8-19}
$$

这其中，起桥梁作用的，就是矩阵 $\boldsymbol{Z}$，因此，要进行分析，就必须首先得到 $\boldsymbol{Z}$。

根据矩阵的知识，我们知道 $\boldsymbol{\Sigma}_r$ 和 $\boldsymbol{\Sigma}_c$ 有完全相同的非零特征根，分别记为 $\lambda_1>\lambda_2>\cdots>\lambda_m$，$0<m\leqslant\min\{r,c\}$，分别对 $\boldsymbol{\Sigma}_r$ 和 $\boldsymbol{\Sigma}_c$ 求解特征值和对应的特征向量，则有

$$
\boldsymbol{\Sigma}_c\boldsymbol{u}_j=\boldsymbol{Z}'\boldsymbol{Z}\boldsymbol{u}_j=\lambda_j\boldsymbol{u}_j \tag{8-20}
$$

其中 $\boldsymbol{u}_j$ 是对应于 λ_j 的关于 $\boldsymbol{\Sigma}_c$ 的特征向量，用矩阵 $\boldsymbol{Z}$ 左乘式（8-20），得到

$$
\boldsymbol{Z}\boldsymbol{Z}'\boldsymbol{Z}\boldsymbol{u}_j=\boldsymbol{Z}\lambda_j\boldsymbol{u}_j=\lambda_j\boldsymbol{Z}\boldsymbol{u}_j \tag{8-21}
$$

变换格式得到

$$\underbrace{\boldsymbol{ZZ'}}_{\boldsymbol{\Sigma}_r}\left(\boldsymbol{Zu}_j\right)=\lambda_j\left(\boldsymbol{Zu}_j\right) \tag{8-22}$$

即

$$\boldsymbol{\Sigma}_r\left(\boldsymbol{Zu}_j\right)=\lambda_j\left(\boldsymbol{Zu}_j\right) \tag{8-23}$$

由式（8-23）可知，若 $\boldsymbol{u}_j$ 是对应于 λ_j 的关于 $\boldsymbol{\Sigma}_c$ 的特征向量，则 $\boldsymbol{Zu}_j$ 是对应于 λ_j 的关于 $\boldsymbol{\Sigma}_r$ 的特征向量。因为 $\boldsymbol{\Sigma}_r$ 和 $\boldsymbol{\Sigma}_c$ 有完全相同的非零特征根，而这些特征根又表示各个公共因子的方差，那么，B 因素的第一公共因子、第二公共因子…直到第 m 公共因子，与 A 因素的第一公共因子、第二公共因子…直到第 m 公共因子，在总方差中所占的百分比就完全相同，这样，就可以使用相同的因子轴同时来描述两个因素各个水平之间的情况，并可以反映到同坐标轴的因子平面上。

如果将 A 因素看作样品（Q 型），将 B 因素看作变量（R 型），则对应分析由 R 型因子分析的结果，可以很容易地得到 Q 型因子分析的结果，在实际工作中，如果样本点数据量很大，在求解 Q 型的协方差矩阵时，往往比较困难，这样通过这种变换，不仅克服了计算上的困难，还把 R 型和 Q 型因子分析统一起来，把样品点和变量点同时反映到相同的因子轴上，以便于对研究的对象进行解释和推断。

第四节　对应分析的具体步骤与注意事项

在本章第三节，我们已经知道，矩阵 $\boldsymbol{Z}$ 是联系因素 A 和因素 B 的桥梁，首先要得到 $\boldsymbol{Z}$，然后才可以继续深入下去，下面，我们具体归纳一下对于分析的步骤。

如果把列联表的行看作样品，把列联表的列看作变量，那么前边的 A 因素就是样品，B 因素就是变量，要得到矩阵 $\boldsymbol{Z}$，需要完成数据的中心化和标准化这两个步骤。

1）对数据矩阵 $\boldsymbol{P}$ 中心化

令

$$\tilde{p}_{ij}=p_{ij}-p_{i\cdot}p_{\cdot j} \tag{8-24}$$

这相当于将数据中的公共不变部分去掉，若以方差表达信息，则这种处理不影响数据的信息含量。这种中心化，和一元正态分布中我们常常使用的 $Z=\dfrac{x-\mu}{\sigma}$ 中的 $(x-\mu)$ 作用相仿，可比照着理解。这样，得到中心化的矩阵

$$\tilde{\boldsymbol{P}}=(\tilde{p}_{ij})_{r\times c} \tag{8-25}$$

2）对数据矩阵进行标准化

令

$$\boldsymbol{Z}=\boldsymbol{D}_r^{-1/2}\tilde{\boldsymbol{P}}\boldsymbol{D}_c^{-1/2}=(\mathrm{z}_{ij})_{r\times c} \tag{8-26}$$

则中心化的数据矩阵 $\tilde{\boldsymbol{P}}$ 就转化成了标准化的矩阵 $\boldsymbol{Z}$，其中

$$\mathrm{z}_{ij}=\frac{p_{ij}-p_{i\cdot}p_{\cdot j}}{\sqrt{p_{i\cdot}p_{\cdot j}}} \tag{8-27}$$

经过变换后得到的新数据矩阵 $\boldsymbol{Z}$，就可以看作中心化、标准化后的矩阵。这里的标准化，我

们观察式（8-26）就会知道，它实际上是$Z=\dfrac{x-\mu}{\sigma}$的变种，可以理解为$(\sigma_r)^{-1/2}\tilde{p}(\sigma_c)^{-1/2}=\dfrac{\tilde{p}-0}{\sqrt{\sigma_r}\sqrt{\sigma_c}}$，相当于把$\dfrac{x-\mu}{\sigma}$中的$\sigma$换成了$\sqrt{\sigma_r}\sqrt{\sigma_c}$，只是这里是矩阵形式的，至此，我们得到了矩阵$\boldsymbol{Z}$。讲到这里，我们可以想象一下，如果是三维表格数据，那么中心化的时候，对应于σ的，是不是应该写成$\sigma_r^{1/3}\sigma_c^{1/3}\sigma_l^{1/3}$呢？感兴趣的读者，可参考一下属性数据的处理方法[77]，或许会有更好的启发。

3）计算数据的行轮廓分布（或形象分布）

在前边已经指出，行轮廓实际上就是P矩阵中第i行中的各元素除以这一行各元素之和。我们要理解这么做的目的，主要是消除行点（也可以说是样品点）出现“概率”不同的影响。另外，如果两个行的轮廓相同，我们可认为它们代表的信息是一样的，在计算距离时，合并轮廓的话，信息不受影响。

4）计算数据的列轮廓

列轮廓可由矩阵P的每一列数据除以该列的数据和得到，计算列轮廓的目的和行轮廓目的类似，是为了消除列点（即变量点）出现“概率”不同的影响。

5）确定截断的特征值个数

计算$\boldsymbol{\Sigma}_r$，求其特征值和特征向量，设特征值按照顺序排列为：$\lambda_1>\lambda_2>\cdots>\lambda_k>0$，对应的特征向量为$v_1,v_2,\cdots,v_k$，则当前$m$个特征值占比达到80%或者设定的$p$值时，就确定了个数$m$。即

$$\frac{\lambda_1+\lambda_2+\cdots+\lambda_m}{\lambda_1+\cdots+\lambda_m+\cdots+\lambda_k}\geqslant p, p=0.8 \tag{8-28}$$

6）求矩阵$\boldsymbol{Z}$的奇异值分解正交矩阵

为了求解公共因子的载荷矩阵，也为了确定它们在因子平面内的位置，需要计算轮廓坐标，在计算轮廓坐标时，需要用到矩阵$\boldsymbol{Z}$的奇异值分解正交矩阵$\boldsymbol{V}$和$\boldsymbol{U}$，为此，采用奇异值分解得到它们。

$$\boldsymbol{Z}=\boldsymbol{U}_{r\times m}\boldsymbol{\Lambda}_{m\times m}\boldsymbol{V}'_{m\times c} \tag{8-29}$$

其中$\boldsymbol{\Lambda}_{m\times m}$是对角矩阵，

$$\boldsymbol{\Lambda}_{m\times m}=\begin{pmatrix} d_1 & & \\ & \ddots & \\ & & d_m \end{pmatrix} \tag{8-30}$$

各个奇异值$d_j=\sqrt{\lambda_j}$，而正交矩阵

$$\boldsymbol{V}'\boldsymbol{V}=\boldsymbol{I}_m \tag{8-31}$$

$$\boldsymbol{U}'\boldsymbol{U}=\boldsymbol{I}_m \tag{8-32}$$

7）计算行轮廓坐标和列轮廓坐标

设行轮廓坐标为$\boldsymbol{G}$，则$\boldsymbol{G}$按照如下计算。

$$\boldsymbol{G}=\boldsymbol{D}_r^{-1/2}\boldsymbol{U}\boldsymbol{\Lambda}_m \tag{8-33}$$

设列轮廓坐标为$\boldsymbol{F}$，则$\boldsymbol{F}$按照如下计算。

$$\boldsymbol{F}=\boldsymbol{D}_c^{-1/2}\boldsymbol{V}\boldsymbol{\Lambda}_m \tag{8-34}$$

8）绘制对应图

前边在计算特征值的累积贡献率时，若 $m=2$ 时能满足要求，就可以在相同的二维平面上将计算得到的行轮廓图和列轮廓图绘制出来，从而可在一张图上进行分析，一般得到的二维对应图具有散点图的样子，如图 8-1 所示。

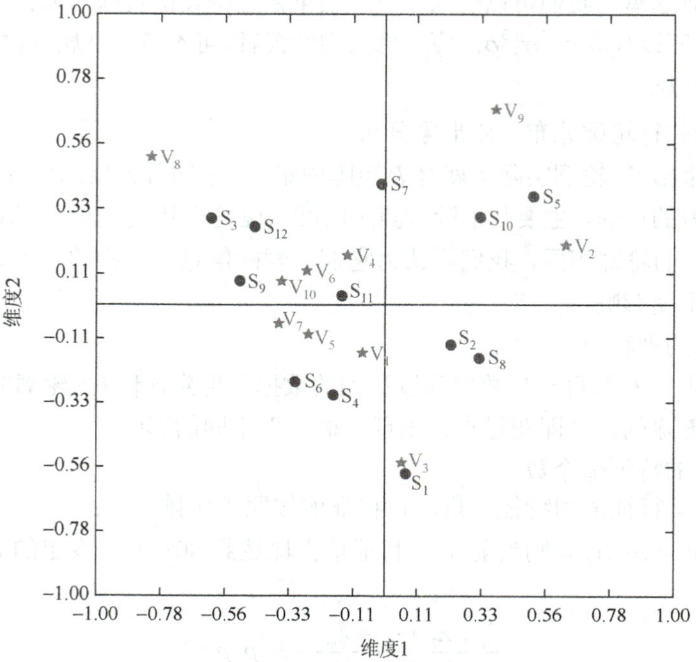

图 8-1　对应分析结果二维散点图

V. 变量；S. 样本

9）假设检验

对应分析是分析两组或者多组变量之间关系的有效方法，它从离散的资料出发，通过建立因素各水平之间的二维或多维列联表来分析。那么，这种分析有意义吗？或者说是否有统计学上值得肯定的地方？和我们在生物统计学中学到的一样，当我们要分析时，首先要考虑这种分析的统计学意义是否满足。

对于已经得到的频率矩阵 $\boldsymbol{P}$，需要考虑，因素 A 和因素 B 是否独立？这和列联表的独立性检验一样，提出如下的假设检验。

H_0：因素 A 和因素 B 相互独立。

H_1：因素 A 和因素 B 不独立。

为了构造检验统计量，我们先给出必要的计算中间量，令

$$m_{ij}=\frac{k_{i.}k_{.j}}{k_{..}}=k_{..}p_{i.}p_{.j} \tag{8-35}$$

则 m_{ij} 是假设行与列两个属性变量不相关时在第 (i,j) 单元上的期望频数值。由此，可计算第 (i,j) 单元在检验行与列两个属性变量是否不相关时提供的统计量贡献，

$$\chi_{ij}^2=\frac{\left(k_{ij}-m_{ij}\right)^2}{m_{ij}} \tag{8-36}$$

将所有的单元格提供的贡献都累加起来，得到假设检验所需要的统计量为

$$\chi^2=\sum_{i=1}^{r}\sum_{j=1}^{c}\frac{\left(k_{ij}-m_{ij}\right)^2}{m_{ij}}=\sum_{i=1}^{r}\sum_{j=1}^{c}\chi_{ij}^2 \tag{8-37}$$

当零假设成立时，如果行变量个数足够大，则式（8-37）服从自由度为 $\mathrm{df}=(r-1)(c-1)$ 的 χ^2 分布，根据设定的检验水平 α，可知拒绝域为

$$\chi^2>\chi_{\alpha}^2(\mathrm{df}) \tag{8-38}$$

独立性的假设检验只是对因素 A 和因素 B 之间是否有关联进行检验，当它们之间没有关联时，就没必要进行后续的对应分析，只有当它们有关系时，我们才可以进一步深入分析究竟各水平之间有何关系。

10）总惯量

有些软件使用总惯量这个概念，为此，我们将总惯量的定义予以明确，总惯量 Q 的计算公式为

$$Q=\sum_{i=1}^{r}\sum_{j=1}^{c}z_{ij}^2=\mathrm{tr}(\boldsymbol{Z}'\boldsymbol{Z})=\sum_{i=1}^{m}\lambda_i \tag{8-39}$$

由此可知，总惯量 Q 就是我们截取的前 m 个特征值的总和。总惯量 Q 和 χ^2 的关系为

$$\chi^2=kQ \tag{8-40}$$

在分析时，总惯量也可用来判断合适的截断位置，确定特征值的个数。

11）分析

得到对应分析图后，我们需要对分析图做各方面的细致分析，一般来讲，可以从以下 7 个方面进行分析。

（1）总体观察分析：总体观察分析是指从图的上下左右观察，看整个图像的左右有什么显著差别，然后在看上下有什么差别，可一目了然地看出某些基本的特征。

（2）邻近观察分析：对于绘制的两个因素对应图，我们从图上可以查看两种因素各水平之间的关系，比如 A 因素 A_1 水平相邻最近的 B 因素某水平是什么，有什么关系。

（3）向量分析：选定 A 因素的某个水平，比如 A_1 水平点的位置，从中心（0，0）向该点连线，并反向延长该线，我们称该线为向量线。再从 B 因素的各个水平点，对这条向量线做垂线，则垂足越靠近该向量线的正向，表示 B 因素的那个水平，比如 B_2 越和 A_1 关系密切。

（4）相似性分析：在前边的其他章节，我们已经学过，可以从向量夹角的角度看待不同事物之间的相似情况，夹角是锐角的话，表示两个方法具有相似性，锐角越小越相似，这也是余弦定理度量相似性的基本用法。据此，我们可以从（0，0）出发，绘制连接两个水平点之间的夹角连线，以分析它们之间的相似性，可以理解，相似性更本质地体现出来的是两个事物之间的竞争性或可替代性。一方面，如果 A_1,A_2 相似，则有些情况下，它们可互相替换，反过来也有可能成为对立方面。

（5）中心性分析：我们知道，统计是研究差异的技术，差异越大则重要性就越大，所以从距离中的位置看，越靠近中心，越没有特征，越远离中心，说明特征越明显。中心是多数事物存在的位置，具有平均的属性，平均从另外的角度解读就是无特色。远离中心的点，一方面可解释为异常，有特色，另一方面也可以解释为不正常，有错误。

（6）坐标轴分析：既然我们绘制出了二维的对应分析图，有时候就有必要考察一下图中

的横坐标和纵坐标的具体含义，也可以对坐标轴划分成的 4 个象限进行分析，也有可能找到一些内在属性。

（7）影响域分析：在对应分析图上，以某因素某水平点（如 A_1 点）为定位点，绘制不同半径的圆，可知，越先进入该画定圆的 B 因素某水平（如 B_2），就会越受该点的影响，这种影响可以表现为接受或拒绝，同意或不同意等。若进入该圆内的是同一因素的其他不同水平，如 A_4，则有竞争性/替代性。

对应分析的优点是，定性变量划分的类别越多，优势越明显；对应分析的缺点是，维度的确定有主观性，有时候对应图解释比较困难，对极端值比较敏感。

第五节　对应分析举例与 MATLAB 实现

在国内的教材中，多数都是使用现成的商业软件进行计算举例，很难看到详细的计算步骤结果，为了充分理解每一步的计算，我们给出如下的计算实例。表 8-3 是某省 12 个地区 10 种恶性肿瘤的死亡率，试用对应分析法分析地区与死因的关系。

表 8-3　某地区 10 种恶性肿瘤的死亡率

地区	鼻咽癌	食道癌	胃癌	肝癌	肠癌	肺癌	乳腺癌	宫颈癌	膀胱癌	白血病
1	3.89	14.06	48.01	21.39	5.38	9.57	1.65	0.15	0.60	3.29
2	2.17	26.00	24.92	22.75	8.67	10.29	1.08	0.00	0.00	3.25
3	0.00	2.18	5.44	22.84	4.35	17.40	1.09	4.35	0.00	4.35
4	1.46	7.61	31.92	26.94	6.15	15.82	2.05	1.45	0.29	2.93
5	0.89	46.37	11.59	32.10	0.89	9.81	0.89	3.57	0.89	1.78
6	0.60	1.81	16.27	19.28	3.01	6.02	1.20	0.60	0.00	4.82
7	1.74	8.72	3.20	24.70	2.03	4.36	0.00	0.58	2.03	2.62
8	1.98	41.18	44.15	35.22	4.96	14.88	0.00	0.00	0.00	4.96
9	2.14	3.00	13.29	26.58	5.14	8.14	1.71	6.86	0.00	3.00
10	1.83	37.97	10.45	36.13	4.59	14.86	1.65	0.00	0.73	3.67
11	4.71	20.71	23.77	42.84	12.24	24.24	5.41	3.06	0.24	4.24
12	1.66	4.98	6.64	35.71	5.81	18.27	0.83	2.49	0.00	7.47

在 MATLAB 中，没有实现对应分析的直接命令，这里我们自己编写了较为通用的分析代码。调用程序如下。

```
% 癌症与发病区
X=load('cancerAndDistrict.txt');
Vn={'鼻咽癌','食道癌','胃癌','肝癌','肠癌','肺癌','乳腺癌','宫颈癌',...
    '膀胱癌','白血病'};
Sn={'地区 01','地区 02','地区 03','地区 04','地区 05','地区 06','地区 07',...
    '地区 08','地区 09','地区 10','地区 11','地区 12'};
CrspdAnalz(X,0.7,0.05,Sn,Vn);
```

下面逐步显示计算结果，便于喜欢细节的读者计算验证。

第一步，首先将原始数据转为频率矩阵，经计算，得到的频率矩阵 $\boldsymbol{P}$ 见表 8-4。

表 8-4 频率矩阵 $\boldsymbol{P}$

鼻咽癌	食道癌	胃癌	肝癌	肠癌	肺癌	乳腺癌	宫颈癌	膀胱癌	白血病
0.0034	0.0124	0.0424	0.0189	0.0048	0.0085	0.0015	0.0001	0.0005	0.0029
0.0019	0.0230	0.0220	0.0201	0.0077	0.0091	0.0010	0.0000	0.0000	0.0029
0.0000	0.0019	0.0048	0.0202	0.0038	0.0154	0.0010	0.0038	0.0000	0.0038
0.0013	0.0067	0.0282	0.0238	0.0054	0.0140	0.0018	0.0013	0.0003	0.0026
0.0008	0.0409	0.0102	0.0283	0.0008	0.0087	0.0008	0.0032	0.0008	0.0016
0.0005	0.0016	0.0144	0.0170	0.0027	0.0053	0.0011	0.0005	0.0000	0.0043
0.0015	0.0077	0.0028	0.0218	0.0018	0.0038	0.0000	0.0005	0.0018	0.0023
0.0017	0.0364	0.0390	0.0311	0.0044	0.0131	0.0000	0.0000	0.0000	0.0044
0.0019	0.0026	0.0117	0.0235	0.0045	0.0072	0.0015	0.0061	0.0000	0.0026
0.0016	0.0335	0.0092	0.0319	0.0041	0.0131	0.0015	0.0000	0.0006	0.0032
0.0042	0.0183	0.0210	0.0378	0.0108	0.0214	0.0048	0.0027	0.0002	0.0037
0.0015	0.0044	0.0059	0.0315	0.0051	0.0161	0.0007	0.0022	0.0000	0.0066

第二步，将频率矩阵 $\boldsymbol{P}$ 进行中心化处理，然后再进行标准化，得到对应分析所需的矩阵 $\boldsymbol{Z}$，见表 8-5。

表 8-5 标准化矩阵 $\boldsymbol{Z}$

0.0339	−0.0421	0.1564	−0.0602	−0.0078	−0.0395	−0.0006	−0.0411	0.0063	−0.0160
0.0031	0.0495	0.0256	−0.0409	0.0396	−0.0256	−0.0110	−0.0423	−0.0192	−0.0119
−0.0334	−0.0830	−0.0630	0.0264	0.0142	0.0921	0.0039	0.0815	−0.0152	0.0338
−0.0108	−0.0743	0.0754	−0.0143	0.0097	0.0222	0.0134	−0.0110	−0.0055	−0.0153
−0.0265	0.1686	−0.0708	−0.0061	−0.0625	−0.0383	−0.0182	0.0269	0.0189	−0.0377
−0.0140	−0.0778	0.0435	0.0211	0.0003	−0.0138	0.0120	−0.0140	−0.0141	0.0526
0.0213	−0.0072	−0.0674	0.0715	−0.0135	−0.0276	−0.0262	−0.0129	0.1177	0.0119
−0.0175	0.0746	0.0690	−0.0436	−0.0338	−0.0340	−0.0449	−0.0515	−0.0234	−0.0130
0.0179	−0.0836	−0.0115	0.0335	0.0187	−0.0129	0.0179	0.1353	−0.0161	0.0024
−0.0088	0.1082	−0.0808	0.0097	−0.0197	−0.0024	−0.0019	−0.0449	0.0111	−0.0127
0.0320	−0.0350	−0.0335	−0.0020	0.0459	0.0342	0.0645	0.0030	−0.0137	−0.0192
−0.0011	−0.0813	−0.0783	0.0590	0.0155	0.0607	−0.0123	0.0177	−0.0177	0.0647

第三步，由 $\boldsymbol{Z}$ 矩阵出发，计算得到的行轮廓分布矩阵 $\boldsymbol{R}$，见表 8-6。

表 8-6 行轮廓分布矩阵 $\boldsymbol{R}$

0.0360	0.1302	0.4446	0.1981	0.0498	0.0886	0.0153	0.0014	0.0056	0.0305
0.0219	0.2623	0.2514	0.2295	0.0875	0.1038	0.0109	0.0000	0.0000	0.0328
0.0000	0.0352	0.0877	0.3684	0.0702	0.2806	0.0176	0.0702	0.0000	0.0702
0.0151	0.0788	0.3304	0.2788	0.0637	0.1637	0.0212	0.0150	0.0030	0.0303

续表

0.0082	0.4263	0.1065	0.2951	0.0082	0.0902	0.0082	0.0328	0.0082	0.0164
0.0112	0.0338	0.3035	0.3596	0.0561	0.1123	0.0224	0.0112	0.0000	0.0899
0.0348	0.1745	0.0640	0.4942	0.0406	0.0872	0.0000	0.0116	0.0406	0.0524
0.0134	0.2795	0.2997	0.2391	0.0337	0.1010	0.0000	0.0000	0.0000	0.0337
0.0306	0.0429	0.1902	0.3805	0.0736	0.1165	0.0245	0.0982	0.0000	0.0429
0.0164	0.3394	0.0934	0.3229	0.0410	0.1328	0.0147	0.0000	0.0065	0.0328
0.0333	0.1464	0.1680	0.3028	0.0865	0.1714	0.0382	0.0216	0.0017	0.0300
0.0198	0.0594	0.0792	0.4258	0.0693	0.2179	0.0099	0.0297	0.0000	0.0891

由 ***Z*** 矩阵出发，计算得到的列轮廓分布矩阵 ***C***，见表 8-7。

表 8-7　列轮廓分布矩阵 *C*

0.1686	0.0655	0.2003	0.0617	0.0851	0.0623	0.0940	0.0065	0.1255	0.0709
0.0941	0.1212	0.1040	0.0657	0.1371	0.0670	0.0615	0.0000	0.0000	0.0701
0.0000	0.0102	0.0227	0.0659	0.0688	0.1132	0.0621	0.1882	0.0000	0.0938
0.0633	0.0355	0.1332	0.0778	0.0973	0.1030	0.1167	0.0627	0.0607	0.0632
0.0386	0.2161	0.0484	0.0926	0.0141	0.0638	0.0507	0.1545	0.1862	0.0384
0.0260	0.0084	0.0679	0.0556	0.0476	0.0392	0.0683	0.0260	0.0000	0.1039
0.0754	0.0406	0.0134	0.0713	0.0321	0.0284	0.0000	0.0251	0.4247	0.0565
0.0858	0.1919	0.1842	0.1017	0.0785	0.0968	0.0000	0.0000	0.0000	0.1069
0.0928	0.0140	0.0555	0.0767	0.0813	0.0530	0.0974	0.2968	0.0000	0.0647
0.0793	0.1769	0.0436	0.1043	0.0726	0.0967	0.0940	0.0000	0.1527	0.0791
0.2042	0.0965	0.0992	0.1236	0.1936	0.1578	0.3081	0.1324	0.0502	0.0914
0.0720	0.0232	0.0277	0.1031	0.0919	0.1189	0.0473	0.1077	0.0000	0.1611

第四步，计算得到样品卡方距离矩阵 ***D***（表 8-8）。

表 8-8　卡方距离矩阵 *D*

0	0.3173	1.3650	0.1763	1.1606	0.3651	1.3061	0.2759	0.9477	0.8999	0.5312	1.1021
0.3173	0	0.9994	0.2742	0.4540	0.4618	0.8997	0.0760	0.8414	0.2352	0.2334	0.7061
1.3650	0.9994	0	0.6179	1.3265	0.6202	1.0941	1.1463	0.3549	0.9706	0.4401	0.1553
0.1763	0.2742	0.6179	0	1.0099	0.1463	0.9836	0.3100	0.5092	0.6633	0.1979	0.4993
1.1606	0.4540	1.3265	1.0099	0	1.2391	0.8338	0.3943	1.1986	0.1420	0.6998	1.1091
0.3651	0.4618	0.6202	0.1463	1.2391	0	0.9285	0.4922	0.5117	0.8140	0.3404	0.3713
1.3061	0.8997	1.0941	0.9836	0.8338	0.9285	0	0.9641	1.0346	0.5809	0.7354	0.6838
0.2759	0.0760	1.1463	0.3100	0.3943	0.4922	0.9641	0	0.9754	0.2760	0.4129	0.8493
0.9477	0.8414	0.3549	0.5092	1.1986	0.5117	1.0346	0.9754	0	1.0411	0.4083	0.4439
0.8999	0.2352	0.9706	0.6633	0.1420	0.8140	0.5809	0.2760	1.0411	0	0.3505	0.6496
0.5312	0.2334	0.4401	0.1979	0.6998	0.3404	0.7354	0.4129	0.4083	0.3505	0	0.2979
1.1021	0.7061	0.1553	0.4993	1.1091	0.3713	0.6838	0.8493	0.4439	0.6496	0.2979	0

第五步，计算特征值的累积贡献率（表 8-9）。

表 8-9 特征值及对应的累积贡献率

特征值 λ	0.1156	0.0905	0.0245	0.0195	0.0127	0.0051	0.0026	0.0012	0.0005	−0.0000
累积贡献率	42.46	75.71	84.70	91.87	96.53	98.41	99.36	99.80	100.00	100.00

要求特征值累积贡献率达到 0.70，据此确定因子个数 m=2。

第六步，行对角矩阵 $\boldsymbol{D}_{\mathrm{r}}$（表 8-10）。

表 8-10 行对角矩阵 $\boldsymbol{D}_{\mathrm{r}}$

0.0954	0	0	0	0	0	0	0	0	0	0	0
0	0.0875	0	0	0	0	0	0	0	0	0	0
0	0	0.0547	0	0	0	0	0	0	0	0	0
0	0	0	0.0853	0	0	0	0	0	0	0	0
0	0	0	0	0.0961	0	0	0	0	0	0	0
0	0	0	0	0	0.0473	0	0	0	0	0	0
0	0	0	0	0	0	0.0441	0	0	0	0	0
0	0	0	0	0	0	0	0.1301	0	0	0	0
0	0	0	0	0	0	0	0	0.0617	0	0	0
0	0	0	0	0	0	0	0	0	0.0988	0	0
0	0	0	0	0	0	0	0	0	0	0.1249	0
0	0	0	0	0	0	0	0	0	0	0	0.0740

列对角矩阵 $\boldsymbol{D}_{\mathrm{c}}$（表 8-11）。

表 8-11 列对角矩阵 $\boldsymbol{D}_{\mathrm{c}}$

0.0204	0	0	0	0	0	0	0	0	0
0	0.1895	0	0	0	0	0	0	0	0
0	0	0.2116	0	0	0	0	0	0	0
0	0	0	0.3059	0	0	0	0	0	0
0	0	0	0	0.0558	0	0	0	0	0
0	0	0	0	0	0.1357	0	0	0	0
0	0	0	0	0	0	0.0155	0	0	0
0	0	0	0	0	0	0	0.0204	0	0
0	0	0	0	0	0	0	0	0.0042	0
0	0	0	0	0	0	0	0	0	0.0410

第七步，计算得到的行轮廓坐标，Q 型因子载荷矩阵：$\boldsymbol{G}$（表 8-12）。

表 8-12 行轮廓坐标

地区	第 1 维	第 2 维
1	0.0691	−0.5822
2	0.2263	−0.1332
3	−0.6068	0.3002

续表

地区	第 1 维	第 2 维
4	−0.1837	−0.3113
5	0.5083	0.3740
6	−0.3126	−0.2602
7	−0.0121	0.4154
8	0.3218	−0.1821
9	−0.5051	0.0831
10	0.3247	0.3010
11	−0.1605	0.0344
12	−0.4556	0.2688

计算得到的列轮廓坐标，R 型因子载荷矩阵：***F***（表 8-13）。

表 8-13　列轮廓坐标

病种	第 1 维	第 2 维
鼻咽癌	−0.0798	−0.1632
食道癌	0.6236	0.2069
胃癌	0.0565	−0.5455
肝癌	−0.1332	0.1724
肠癌	−0.2823	−0.0849
肺癌	−0.2705	0.1179
乳腺癌	−0.3645	−0.0657
宫颈癌	−0.8101	0.5079
膀胱癌	0.3781	0.6707
白血病	−0.3589	0.0824

第八步，假设检验的计算（表 8-14）。

表 8-14　显著性检验

奇异值	末端惯量	末端卡方值
0.3400	0.1156	130.9506
0.3009	0.0905	102.5179

计算得到卡方值 $\chi^2 = 308.3761$，样品点行总惯量 $Q = 0.2723$，在检验水平 $\alpha = 0.05$ 时，具有显著性。至此，对应分析的基本计算完成，可对此进行各种深入的分析。

第九步，分析。

图 8-2 是病种与发病地区的对应分布图，也称行和列点图，借助该图我们可分析地区与死因类别的倾向性。

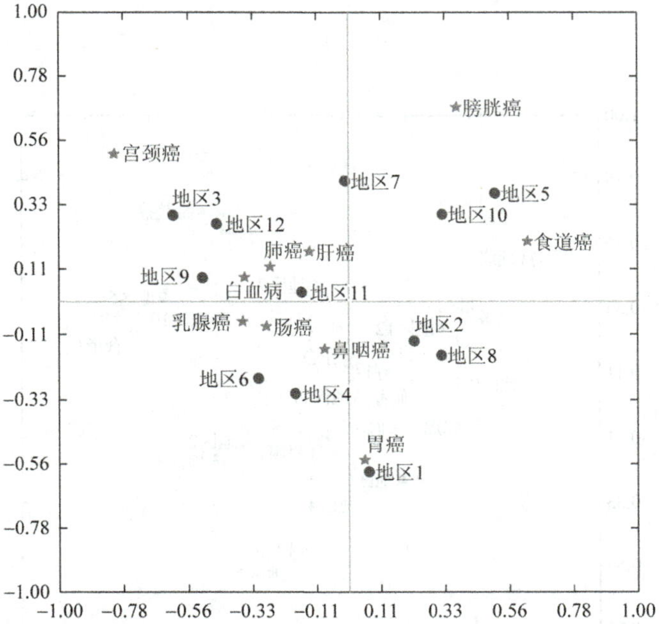

图 8-2　病种与发病地区的对应分布图

图中圆点表示地区，五角星表示病种，下同

1）总体观察

我们从图 8-2 中左右对比，可以看出左边发病区 7 个，病种 7 个，右边发病区 5 个，病种 3 个，这说明左边区域内的各种病因较右边更加普遍，明显多于右边。

2）邻近观察分析

可以看出，地区 1 偏向于胃癌；地区 2 相对偏向于鼻咽癌；地区 3 偏向于白血病和宫颈癌；地区 4 偏向于鼻咽癌；地区 5 偏向于食道癌；地区 6 偏向于肠癌；地区 7 偏向于肝癌；地区 8 比较孤立，相对偏向于鼻咽癌；地区 9 偏向于白血病；地区 10 比较孤立，相对偏向于食道癌；地区 11 偏向于肠癌和肝癌；地区 12 偏向于肺癌和白血病。这样，我们就初步知道了各地区的病死原因。

3）向量分析

图 8-3 是关于疾病宫颈癌的向量分析，首先绘制连接宫颈癌和原点（0，0）的连线及其反向延长线，然后从各地区点向该线作垂线，逐一查看垂足点，我们发现，按照垂足点离宫颈癌点远近，有地区 3<地区 12<地区 9<地区 7<地区 11<地区 6<…，说明病死于宫颈癌的各个地区中，地区 3 要比地区 12 有更高的可能性，以此类推，对肠癌的分析也是如此（图 8-4）。

4）向量夹角

变量白血病和宫颈癌之间的夹角为 19°（图 8-5），相似性较大，表明在死因中，若不是病死于宫颈癌，就有可能死于白血病，其他两种病因肝癌和肺癌也比较近，也是可能的病因之一。但样本点地区 2 和地区 8 之间的夹角为 1°（图 8-6），说明两者极其相似，可看到，这两个地区的发病是一致的。

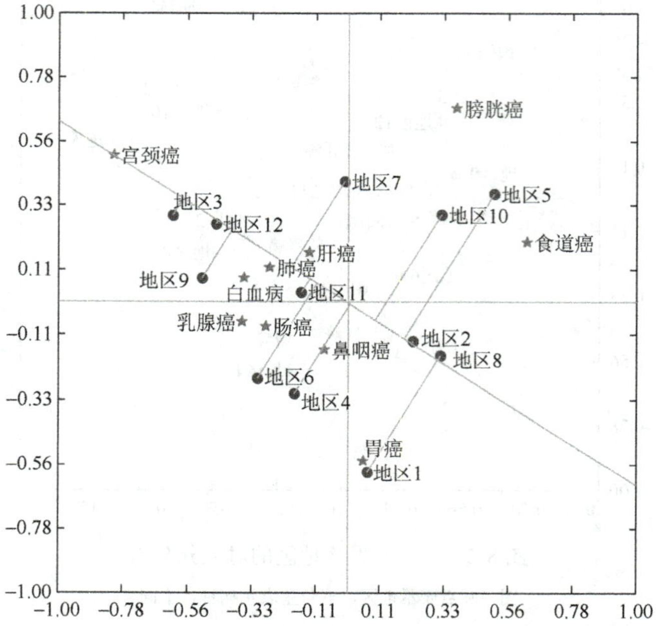

图 8-3　宫颈癌的向量分析图

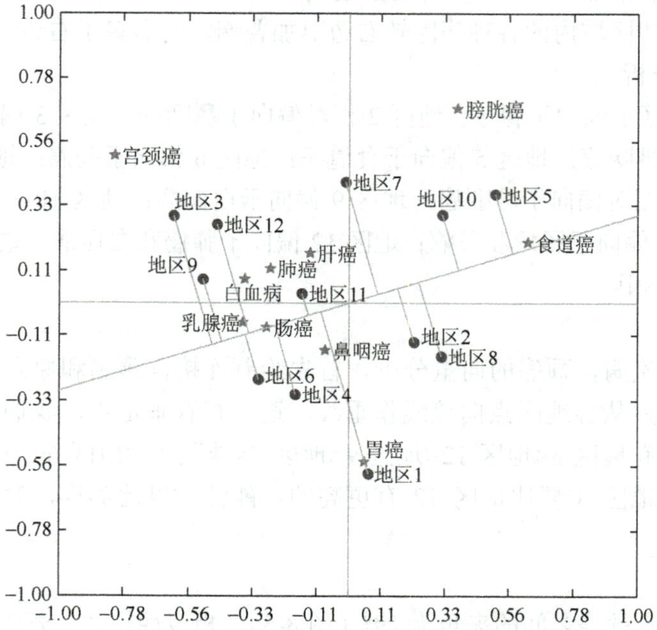

图 8-4　肠癌的向量分析图

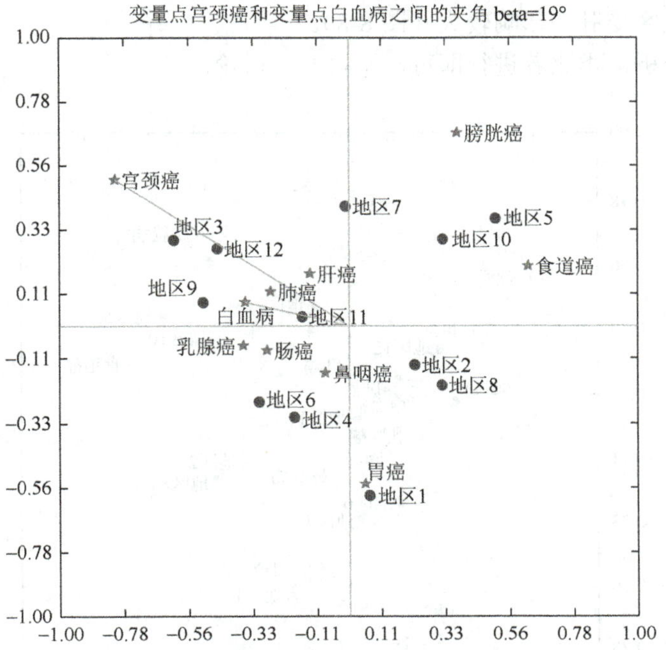

图 8-5　宫颈癌与白血病的夹角图

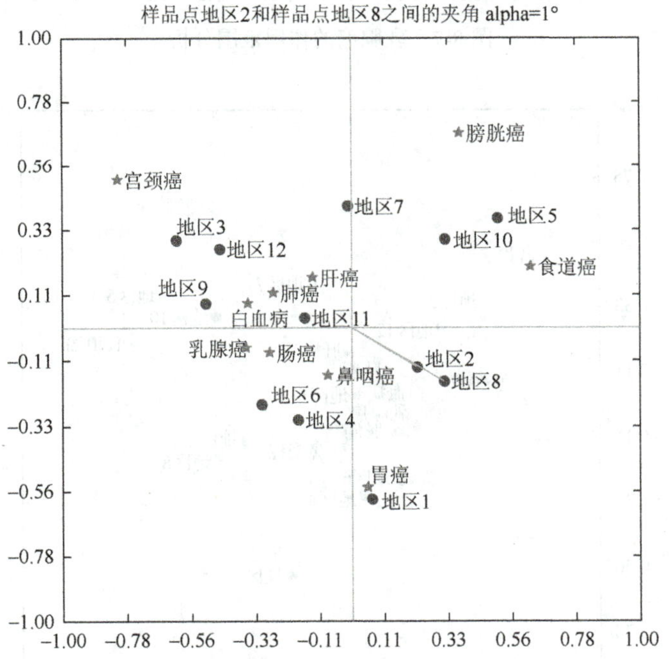

图 8-6　地区 2 与地区 8 之间的夹角图

5）影响域

这里给出了乳腺癌的作用域（图 8-7），可以发现，乳腺癌发病的区域，肠癌和白血病等也是高发区，其次是肺癌和鼻咽癌等，最受这种病影响的区域则是地区 9 和地区 6，其次是地区 11。而地区的作用域是以地区 7 为例，可以发现，首先进入该地区的是肝癌，其次是肺癌，可见这些地区受肝癌影响较大（图 8-8）。

至于其他的分析，类比着进行即可，不再一一讨论。

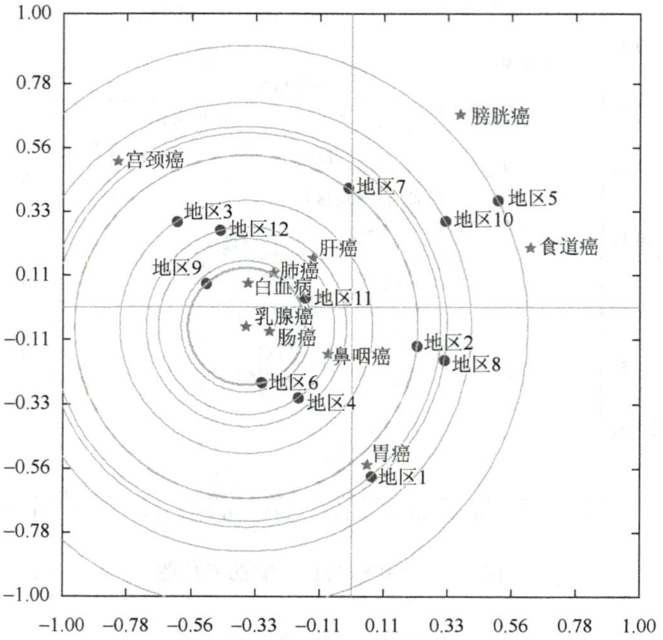

图 8-7　乳腺癌的作用范围分析

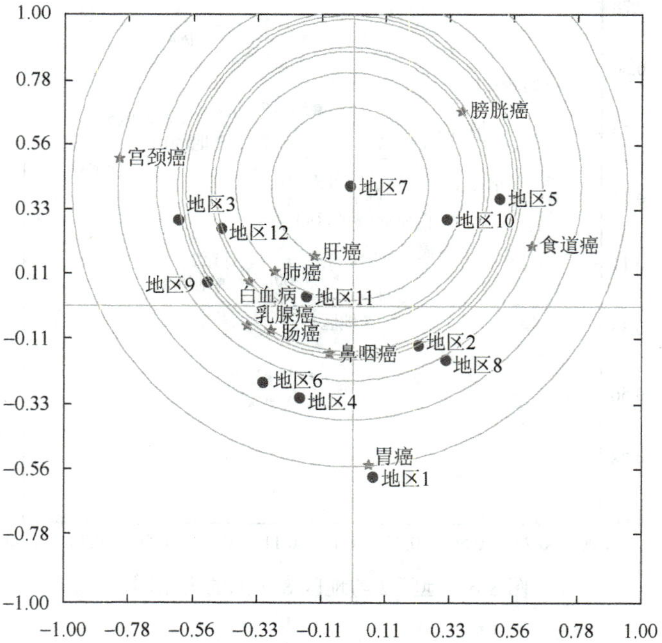

图 8-8　对地区 7 产生影响的病种

附对应分析的 MATLAB 代码

```
function CrspdAnalz(X,pCutOff,alpha,SampName,VariName)
% 功能：完成对应分析功能
% 参数：本函数使用 5 个参数,其中后 4 个可省略,一般建议先按默认运行 1 次,再根据
%       输出情况,查阅特征值累积贡献率,确定 pCutOff。
%  (1) X:原始数据,对应分析的数据常常布置成列联表的形式,每行一个样品,
%      每列布置一个变量,一般要求样品个数 n 要大于变量个数 p.
%  (2) pCutOff:特征值累积贡献截断值,默认 0.85;
%  (3) alpha：卡方检验水平,默认 0.05;
%  (4) SampName：样品名称列向量 cell,即各行的名称,绘制对应分析图时使用;
%  (5) VariName: 变量名称列向量 cell,即各列的名称,绘制对应分析图时使用;
% 说明：本函数额外调用其他的几个函数,如下：
%  (1) 函数 InfluCircle, 功能：绘制影响范围圆域
%  (2) 函数 CosinAnalyz, 功能：绘制各变量和样品间的夹角
%  (3) 函数 OutFig,功能：输出图形,输出到当前目录下文件
%  (4) 函数 BasicCorspAnalyzFig,功能：绘制对应分析的基本图形
%  (5) 函数 VectAnalyz,功能：实现向量分析,绘制垂线图
%  (6) 函数 CrossPoint,功能：求直线外一点到直线的垂直交点,即垂足。
%  (7) 函数 LineEqua,功能：求通过一点或两点的直线方程,返回方程各项的系数。
%  (8) 函数 LamdaCutOff,功能：求矩阵的特征值和特征向量,并按要求截断特征值个数
% 样例：数据可按照如下格式准备数据矩阵表
%    X=[% 变量 1,变量 2,..., 变量 P
%       4489,4303,4402,4350,4266,4361; % 样品 1
%       4101,3800,3749,3572,3410,3234; % 样品 2
%       3354,3286,3344,3278,3137,3008; % 样品 3
%       2444,2587,2749,2878,2960,3049; % 样品 4
%       3338,3144,2959,2791,2641,2432; % 样品 5
%       1222,1196,1149,1003,959,959;    % 样品 6
%        ];
%  调用格式可按照如下使用
%       CrspdAnalz(X);
%       CrspdAnalz(X,0.9);
%       CrspdAnalz(X,0.9,0.05);
%       CrspdAnalz(X,{},0.05); % 缺省 pCutOff
% 日期：2012.05.15.
% 修订：2015.05.20.
% 联系：  wdwsjlxx@163.com
%
```

```
[nRows,nCols]=size(X);
if nargin<2||isempty(pCutOff)
    pCutOff=0.85;
elseif pCutOff<0.5||pCutOff>1,
    error('特征值累积贡献截断值推荐:[0.85~1.00]');
end
if nargin<3||isempty(alpha)
    alpha=0.05;
else
    alphas=[0.1, 0.05, 0.01, 0.001];
    tmp=alphas-alpha;
    pos=find(tmp==0);
    if length(pos)~=1
        error('你输入的检验水平值不符合常规习惯！');
    else
        alpha=alphas(pos);
    end
end
% 检查行数据样品名称
if nargin<4||isempty(SampName)
    SN='S';
    for ir=1:nRows
        SampName{ir}=sprintf('%s%d',SN,ir);
    end
else
    snLenth=length(SampName);
    if snLenth~=nRows
        error('行数：样品名称个数与数据行数不匹配');
    end
end

% 检查列数据变量名称
if nargin<5||isempty(VariName)
    Vn='V';
    for jc=1:nCols
        VariName{jc}=sprintf('%s%d',Vn,jc);
    end
else
```

```
    varLenth=length(VariName);
    if varLenth~=nCols
        error('列数：变量名称个数与数据列数不匹配');
    end
end

xSum=sum(sum(X,1),2);
xRowSum=sum(X,2);
xColSum=sum(X,1);
disp('原始数据，请检查!');disp(X);
disp('原始数据各行和，请检查!');disp(xRowSum);
disp('原始数据各列和，请检查!');disp(xColSum);

% 转化成频率矩阵 P,计算边缘概率
P=X./xSum;
pRowSum=sum(P,2);
pColSum=sum(P,1);
disp('频率矩阵 P');disp(P);

% 求对应矩阵 Z
Z=zeros(nRows,nCols);
for ir=1:nRows
    for jc=1:nCols
        pTmp=pColSum(jc)*pRowSum(ir);
        Z(ir,jc)=(P(ir,jc)-pTmp)/sqrt(pTmp);
    end
end
disp('进行对应分析的矩阵 Z');disp(Z);

% 计算行轮廓分布 R
R=zeros(nRows,nCols);
for ir=1:nRows
    R(ir,:)=P(ir,:)/pRowSum(ir);
end
disp('计算得到的行轮廓分布矩阵 R');disp(R);

% 计算列轮廓分布 C
C=zeros(nRows,nCols);
for jc=1:nCols
```

```
        C(:,jc)=P(:,jc)/pColSum(jc);
end
disp('计算得到的列轮廓分布矩阵 C');disp(C);

% 计算样品(各行之间)的卡方距离 D
D=zeros(nRows,nRows);
for ir=1:nRows
    for jr=1:nRows
        tmpOne=P(ir,:)/pRowSum(ir);
        tmpTwo=P(jr,:)/pRowSum(jr);
        D(ir,jr)=sum(((tmpOne-tmpTwo)./sqrt(pColSum)).^2,2);
    end
end
disp('计算得到的样品卡方距离矩阵 D');disp(D);

%计算 Sr 的特征值和特征向量,
Sr=Z'*Z;
[~,Lamda,m]=LamdaCutOff(Sr,pCutOff);
%奇异值分解新数据矩阵 Z
[U,A,V]=svd(Z);

% 计算行轮廓坐标: Q 型因子载荷矩阵 G
Dr=eye(nRows);
for ir=1:nRows
    Dr(ir,ir)=pRowSum(ir);
end
disp('对角矩阵 Dr'); disp(Dr);
G=Dr^(-0.5)*U(:,1:m)*A(1:m,1:m);
disp('行轮廓坐标, Q 型因子载荷矩阵:G');disp(G);

% 计算列轮廓坐标: R 型因子载荷矩阵 F
Dc=eye(nCols); %
for jc=1:nCols
    Dc(jc,jc)=pColSum(jc);
end
disp('对角矩阵 Dc'); disp(Dc);
F=Dc^(-0.5)*V(:,1:m)*A(1:m,1:m);
disp('列轮廓坐标, R 型因子载荷矩阵:F');disp(F);
```

```
% 输出各种绘图分析
if m==2
    %基本对应分析图
    BasicCorspAnalyzFig(G,F,SampName,VariName);
    OutFig('BasicCorspAnalyzFig',gcf);
    % 实现向量分析
    VectAnalyz(G,F,SampName,VariName);
    % 利用夹角余弦定理分析
    CosinAnalyz(G,F,SampName,VariName);
    % 定位分析,理想与反理想,影响域
    InfluCircle(G,F,SampName,VariName);
end

% 计算单元(i,j)的期望频数值 M 和单元卡方 Chisq
M=zeros(nRows,nCols);
for ir=1:nRows
    for jc=1:nCols
        M(ir,jc)=xSum*pRowSum(ir)*pColSum(jc);
    end
end
Chisq=zeros(nRows,nCols);
for ir=1:nRows
    Chisq(ir,:)=(X(ir,:)-M(ir,:)).^2./M(ir,:);
end
X2=sum(sum(Chisq,1),2);

% 计算 n 个样品点的行形象点集总惯量 Q
subQ=Lamda(1:m,1);
subChisq=xSum*subQ;
Q=sum(sum(Z.^2,1),2);

% 输出总惯量和卡方统计量分解式
fprintf('%6s%8s%10s\n','奇异值','末端惯量','末端卡方值');
for ir=1:m
    fprintf('%10.4f%10.4f%10.4f\n',A(ir,ir),subQ(ir),subChisq(ir));
end
disp(['计算得到卡方值  X2 = ',num2str(X2)]);
disp(['样品点行总惯量  Q = ',num2str(Q)]);
```

```
% 假设检验,默认检验水平 0.05;
df=(nRows-1)*(nCols-1);
kaFang=chi2inv(1-alpha,df);
if (X2>kaFang),
    fprintf('在检验水平 alpha=%.3f 时,具有显著性\n',alpha);
else
    fprintf('在检验水平 alpha=%.3f 时,不具有显著性\n',alpha);
end
close(figure(gcf));


function InfluCircle(G,F,Sn,Vn)
% 功能：绘制影响范围圆域
% 说明：在进行分析时,可以在图上以某个因素 S 为定位点,以 S 为圆心,以它的影响
%       为半径画圆,则可以得出这样的结论：越先圈进来的其他因素,受该因素
%       的影响越大。
% 参数：
%     (1): G--行轮廓坐标, Q 型因子的载荷矩阵;
%     (2): F--列轮廓坐标, R 型因子的载荷矩阵;
% 修订：2015.05.25.
%

ngRow=size(G,1);
nfRow=size(F,1);
alpha=0:pi/100:2*pi;%角度
% 以样品为中心
for igr=1:ngRow
    centre=G(igr,:);
    xyBig=BasicCorspAnalyzFig(G,F,Sn,Vn);
    for ifr=1:nfRow
        pt=F(ifr,:); % 半径定位点
        R=sqrt((centre(1)-pt(1))^2+(centre(2)-pt(2))^2);
        x=centre(1)+R*cos(alpha);
        y=centre(2)+R*sin(alpha);
        plot(x,y,'g-','linewidth',1.5);
        % 限定绘图范围
        axis equal;     hold on;
        axis([-xyBig,xyBig,-xyBig,xyBig]);
    end
```

```
        ttxt=sprintf('%s 的作用范围分析',Sn{igr});
        title(ttxt);
        OutFig(ttxt,gcf);
        cla(gcf);
    end

    %以变量为中心
    for ifr=1:nfRow
        centre=F(ifr,:);
        xyBig=BasicCorspAnalyzFig(G,F,Sn,Vn);
        for igr=1:ngRow
            pt=G(igr,:); % 半径定位点
            R=sqrt((centre(1)-pt(1))^2+(centre(2)-pt(2))^2);
            x=centre(1)+R*cos(alpha);
            y=centre(2)+R*sin(alpha);
            plot(x,y,'g-','linewidth',1.5);
            % 限定绘图范围
            axis equal;   hold on;
            axis([-xyBig,xyBig,-xyBig,xyBig]);
        end
        ttxt=sprintf('%s 的作用范围分析',Vn{ifr});
        title(ttxt);
        OutFig(ttxt,gcf);
        cla(gcf);
    end
    return;

    function CosinAnalyz(G,F,Sn,Vn)
    % 功能：绘制各变量和样品间的夹角,帮助分析
    % 说明：夹角余弦可以用来表达不同方法之间的相似情况,当从中心向相同类别的任意
    %       两个点做向量后,若夹角是锐角,则表示两个方法具有相似性,锐角越小越
    %       相似。相似事物或者方法具有可替换性,也具有对立竞争性,有助于从竞争
    %       替代角度分析事物/方法之间的关系。
    % 参数：
    %    (1): G--行轮廓坐标, Q 型因子的载荷矩阵；
    %    (2): F--列轮廓坐标, R 型因子的载荷矩阵；
    %    (3): Sn--样品名称
    %    (4): Vn--变量名称
    % 修订：2015.05.25.
```

```
%

% 样品间的夹角
ngRow=size(G,1);
num=ngRow*(ngRow-1)/2;
alphas=zeros(num,2); % 保存点号与各夹角,如 306,22.3, 指 S3-O-S6 夹角 22.3 度
count=0;
for igrA=1:ngRow
    ptA=G(igrA,:); % 设为 A 点
    for igrB=igrA+1:ngRow
        ptB=G(igrB,:); % 设为 B 点
        ptC=[0,0]; %原点设为 C 点
        a=norm([ptA(1)-ptC(1),ptA(2)-ptC(2)]);
        b=norm([ptB(1)-ptC(1),ptB(2)-ptC(2)]);
        c=norm([ptA(1)-ptB(1),ptA(2)-ptB(2)]);
        alpha=acos((a^2+b^2-c^2)/(2*a*b));
        count=count+1;
        tmp=sprintf('%d0%d',igrA,igrB);
        alphas(count,1)=str2num(tmp);    %#ok<ST2NM> %保存夹角点
        alpha=alpha*360/(2*pi);
        alphas(count,2)=alpha; % 角
        BasicCorspAnalyzFig(G,F,Sn,Vn);
        line([ptA(1),ptC(1)],[ptA(2),ptC(2)],'color','green',...
            'linewidth',1.5);hold on;
        line([ptB(1),ptC(1)],[ptB(2),ptC(2)],'color','green',...
            'linewidth',1.5);
        ttxt=sprintf('样品点%s 和样品点%s 之间的夹角  alpha=%3.f',...
            Sn{igrA},Sn{igrB},alpha);
        title(ttxt);
        FigName=sprintf('%s 与%s 的夹角=%3.f',Sn{igrA},Sn{igrB},alpha);
        OutFig(FigName,gcf);
        cla(gcf);
    end
end
[SmallAngle,Ind]=min(alphas(:,2),[],1);
fprintf('各样品点之间,夹角最小值为%.2f,  位于%d\n',SmallAngle,alphas(Ind,1));
%
%变量间的夹角
nfRow=size(F,1);
```

```
num=nfRow*(nfRow-1)/2;
betas=zeros(num,2); % 保存点号与各夹角,如 306,22.3 指 V3-O-V6 夹角
count=0;
for ifrA=1:nfRow
    ptA=F(ifrA,:); % 设为 A 点
    for ifrB=ifrA+1:nfRow
        ptB=F(ifrB,:); % 设为 B 点
        ptC=[0,0]; %原点设为 C 点
        a=norm([ptA(1)-ptC(1),ptA(2)-ptC(2)]);
        b=norm([ptB(1)-ptC(1),ptB(2)-ptC(2)]);
        c=norm([ptA(1)-ptB(1),ptA(2)-ptB(2)]);
        beta=acos((a^2+b^2-c^2)/(2*a*b));
        count=count+1;
        tmp=sprintf('%d0%d',ifrA,ifrB);
        betas(count,1)=str2num(tmp);    %#ok<ST2NM> %保存夹角点
        beta=beta*360/(2*pi);
        betas(count,2)=beta; % 角
        BasicCorspAnalyzFig(G,F,Sn,Vn);
        line([ptA(1),ptC(1)],[ptA(2),ptC(2)],'color','green',...
            'linewidth',1.5);hold on;
        line([ptB(1),ptC(1)],[ptB(2),ptC(2)],'color','green',...
            'linewidth',1.5);
        ttxt=sprintf('变量点%s 和变量点%s 之间的夹角  beta=%3.f',...
            Vn{ifrA},Vn{ifrB},beta);
        title(ttxt);
        FigName=sprintf('%s 与%s 的夹角=%3.f',Vn{ifrA},Vn{ifrB},beta);
        OutFig(FigName,gcf);
        cla(gcf);
    end
end
[SmallAngle,Ind]=min(betas(:,2),[],1);
fprintf('各变量点之间,夹角最小值为%.2f,  位于%d\n',SmallAngle,betas(Ind,1));
return;


function OutFig(FileName,h)
% 功能：输出图形,输出到当前目录下文件
% 参数：FileName--图片文件名称,不含文件格式后缀；
%        h--图像句柄；
```

```
%
% 文件夹专用
FoldName='CorrespFigures';
preOldFold=pwd;
if exist(FoldName,'dir'),
    cd(FoldName);
else
    mkdir(FoldName);
    cd(FoldName);
end
% 图片格式
FigFmt = '-dmeta';
FigRslu = '-r100';
FigName = sprintf('%s.jpg',FileName);
print(h,FigFmt,FigRslu,FigName);
ForModifyFig=sprintf('%s.fig',FileName);
savefig(gcf,ForModifyFig);
% 返回上一目录
cd(preOldFold);
return;


function [xyMax,h]=BasicCorspAnalyzFig(G,F,Sn,Vn)
% 功能：绘制对应分析的基本图形,方便进行各种对应分析
% 参数：
%     (1): G--行轮廓坐标, Q 型因子的载荷矩阵；
%     (2): F--列轮廓坐标, R 型因子的载荷矩阵；
%     (3): Sn--样品名称
%     (4): Vn--变量名称
% 说明：为了防止标注信息重叠,采取了较优化的标注方式,但个别标注仍然需要
%       人工修订,这源于只进行了一次优化标注。实现时,首先获取标注文字信息,
%       统一处理所有标注文字, 第一次循环标注采用底色标注,相当于不标注,目的
%       是为了获取 Extent,以保存标注文字的区域范围[x,y,w,h]
%     ovlp 矩阵保存逻辑信息,对于任意一点 A,其标注位置有 6 种情况,分别设定为：
%     左上 1,右上 2,左侧 3,右侧 4,左下 5,右下 6,重叠 7。B 点若占据上述位置
%     则构成标注文字的覆盖,故先计算重叠情况,ovlp 保存两两之间的重叠信息。
% 编写：  2015.05.24.
%
```

```
if nargin~=4
    error('输入参数个数错误,必须是 4 个！');
end
% 数据
gx=G(:,1);      gy=G(:,2);
fx=F(:,1);      fy=F(:,2);
% 字体大小与格式
ftsz=15; fn='微软雅黑';
% 初步绘制获取数据
plot(gx,gy,'wo','markersize',8, 'markerface','w'); hold on;
plot(fx,fy,'wp','markersize',9, 'markerface','w'); hold on;
xtk=get(gca,'xTick');
xTickUnit=xtk(2)-xtk(1);
szHalfMarker=0.1*xTickUnit; % 图标占位一半
ytk=get(gca,'yTick');
xMax=max(abs(xtk),[],2);
yMax=max(abs(ytk),[],2);
xyMax=max([xMax,yMax],[],2);
xyTicks=linspace(-xyMax,xyMax,10);
%以下控制坐标刻度位数
ticklabel=eval(['{',sprintf('''%.2f'',',xyTicks),'}']);
set(gca,'xTick',xyTicks,'xticklabel',ticklabel);
set(gca,'yTick',xyTicks,'yticklabel',ticklabel);
set(gca,'units','normalized','position',[0.1,0.1,0.8,0.8]);
xlabel('Dim 1st','fontsize',ftsz,'fontname',fn);
ylabel('Dim 2nd','fontsize',ftsz,'fontname',fn);
% 获取标注文字的区域范围[x,y,w,h]
gRows=size(G,1);
fRows=size(F,1);
TxtArea=zeros(gRows+fRows,4);
for it=1:gRows+fRows
    if it<=gRows,   % 处理 G 部分
        xp=gx(it)+szHalfMarker;
        yp=gy(it);
        hg=text(xp,yp,Sn{it},'color','w','fontsize',ftsz,'fontname',fn);
        TxtArea(it,:)=get(hg,'Extent');
    else   % 处理 F 部分
        itF=it-gRows;
        xp=fx(itF)+szHalfMarker;      yp=fy(itF);
```

```
            hf=text(xp,yp,Vn{itF},'color','w','fontsize',ftsz,'fontname',fn);
            TxtArea(it,:)=get(hf,'Extent');
        end
end
disp('当前标准文字的信息：');disp(TxtArea);
% 逻辑矩阵,用来存放重叠信息
Ovlp=zeros(gRows+fRows);
for ir=1:gRows+fRows
    pA=TxtArea(ir,:);
    x1=pA(1); y1=pA(2); w1=pA(3); h1=pA(4);
    for jc=1:gRows+fRows,
        pB=TxtArea(jc,:);
        x2=pB(1); y2=pB(2);    % w2=pB(3); h2=pB(4); %
        xLeftMost=x1-w1-szHalfMarker;   % 最左边界
        xLeftNear=x1;             % 左侧近点
        xRightNear=x1;           % 右侧近点
        xRightMost=x1+w1+szHalfMarker;   % 最右边界
        yUpMost=y1+1.5*h1;
        yUpNear=y1+0.5*h1;
        yDownNear=y1-0.5*h1;
        yDownMost=y1-1.5*h1;
        if jc==ir,
            Ovlp(ir,jc)=7;      % 7 表示是自身重叠
        elseif (x2>=xLeftMost && x2<xLeftNear)...
                &&(y2<=yUpMost && y2>=yUpNear)
            Ovlp(ir,jc)=1;   % 占据上左 1 号位置
        elseif (x2<=xRightMost && x2>=xRightNear)...
                &&(y2<=yUpMost && y2>=yUpNear)
            Ovlp(ir,jc)=2;   % 占据上右 2 号位置
        elseif   (x2>=xLeftMost && x2<xLeftNear)...
                &&(y2<yUpNear && y2>yDownNear)
            Ovlp(ir,jc)=3;   % 占据左侧 3 号位置
        elseif   (x2<=xRightMost && x2>=xRightNear)...
                &&(y2<yUpNear && y2>yDownNear)
            Ovlp(ir,jc)=4;   % 占据右侧 4 号位置
        elseif (x2>=xLeftMost && x2<xLeftNear)...
                &&(y2<yDownNear && y2>yDownMost)
            Ovlp(ir,jc)=5;   % 占据左侧 5 号位置
        elseif   (x2<=xRightMost && x2>=xRightNear)...
```

```
                  &&(y2<yDownNear && y2>yDownMost)
              Ovlp(ir,jc)=6;     % 占据右侧 6 号位置
          end
      end
  end
  disp('当前标准文字位置交互信息：'); disp(Ovlp);
  % 实施标注行动
  for it=1:gRows+fRows
      if it<=gRows,
          x0=gx(it);        y0=gy(it);
      elseif it>gRows,
          itF=it-gRows;
          x0=fx(itF);       y0=fy(itF);
      end
      [~,c4]=find(Ovlp(it,:)==4); %首先查看 4 号位,
      [~,c2]=find(Ovlp(it,:)==2);
      [~,c6]=find(Ovlp(it,:)==6);
      [~,c1]=find(Ovlp(it,:)==1);
      [~,c3]=find(Ovlp(it,:)==3);
      [~,c5]=find(Ovlp(it,:)==5);
      % 优先顺序：432156
      if isempty(c4) % 为空,则首先使用 4 号位
          xp=x0+szHalfMarker;
          yp=y0;
      elseif isempty(c2) %否则,查看 2 号位,使用之
          xp=x0;
          yp=y0+0.5*TxtArea(it,4);
        elseif isempty(c3) %否则,查看 3 号位,使用之
          xp=x0-TxtArea(it,3);
          yp=y0;
      elseif isempty(c1) %否则,查看 1 号位,使用之
          xp=x0-TxtArea(it,3);
          yp=y0+0.5*TxtArea(it,4);
      elseif isempty(c5) %否则,查看 5 号位,使用之
          xp=x0-TxtArea(it,3);
          yp=y0-TxtArea(it,4);
      elseif isempty(c6) %否则,查看 6 号位,使用之
          xp=x0;
          yp=y0-TxtArea(it,4);
```

```
        end
        if it<=gRows,
            hg=text(xp,yp,Sn{it},'color','k','fontsize',ftsz,'fontname',fn);
            TxtArea(it,:)=get(hg,'Extent');
        else
            itF=it-gRows;
            hf=text(xp,yp,Vn{itF},'color','k','fontsize',ftsz,'fontname',fn);
            TxtArea(it,:)=get(hf,'Extent');
        end
    end
% 重新绘图覆盖旧迹
plot(gx,gy,'bo','markersize',8, 'markerface','b'); hold on;
plot(fx,fy,'rp','markersize',9, 'markerface','r'); hold on;
% 绘制 0-0 坐标轴
plot([-xyMax,xyMax],[0,0],'g-');              hold on;
plot([0,0],[-xyMax,xyMax],'g-');              hold on;
set(gca,'fontsize',ftsz,'fontname',fn);
set(gca,'linewidth',2);
axis equal;hold on;
axis([-xyMax,xyMax,-xyMax,xyMax]);
set(gcf,'color','w','units','normalized','position',[0.05,0.05,0.85,0.85]);
h=gcf;
return;

function    VectAnalyz(G,F,Sn,Vn)
% 功能：对图形进行深加工,实现向量分析,绘制垂线图
% 说明：从中心向某类任意因素点连线形成向量,然后再让所有其他类别因素
%        向这条向量及延长线上作垂线,则垂点越靠近该向量正向,其他因素
%        越易受此因素影响。
% 参数：
%     (1): G--行轮廓坐标, Q 型因子的载荷矩阵;
%     (2): F--列轮廓坐标, R 型因子的载荷矩阵;
%     (3): Sn--样品名称
%     (4): Vn--变量名称
% 编写：  2015.05.24.
%

ngRow=size(G,1);
nfRow=size(F,1);
```

```
for igr=1:ngRow
    xyMax=BasicCorspAnalyzFig(G,F,Sn,Vn);
    p=G(igr,:);
    eqxs=LineEqua(p); % 返回系数
    x=-xyMax:0.001:xyMax;
    y=polyval(eqxs,x);
    plot(x,y,'g-','linewidth',1.5); % 画基本斜线
    hold on;
    for ifr=1:nfRow
        pt=F(ifr,:);
        cp=CrossPoint(eqxs,pt); %得到垂直交点
        line([cp(1),pt(1)],[cp(2),pt(2)],'color','green','linewidth',1.5);
        hold on;
    end
    ttxt=sprintf('向量分析 G 图之%d: %s',igr,Sn{igr});
    title(ttxt);
    FigName=sprintf('%s 的向量分析图',Sn{igr});
    OutFig(FigName,gcf);
    cla(gcf);
end

% 还可以补变量垂线
for ifr=1:nfRow
    xyMax=BasicCorspAnalyzFig(G,F,Sn,Vn);
    p=F(ifr,:);
    eqxs=LineEqua(p); % 返回系数
    x=-xyMax:0.001:xyMax;
    y=polyval(eqxs,x);
    plot(x,y,'g-','linewidth',1.5); % 画基本斜线
    hold on;
    for igr=1:ngRow
        pt=G(igr,:);
        cp=CrossPoint(eqxs,pt); %得到垂直交点
        line([cp(1),pt(1)],[cp(2),pt(2)],'color','green','linewidth',1.5);
        hold on;
    end
    ttxt=sprintf('向量分析 F 图之%d: %s',ifr,Vn{ifr});
    title(ttxt);
    FigName=sprintf('%s 的向量分析图',Vn{ifr});
```

```
        OutFig(FigName,gcf);
        cla(gcf);
    end
    return;


    function cp=CrossPoint(xs,pt)
    %功能：求直线外一点到直线的垂直交点,即垂足。
    %参数：xs--描述直线的系数,即 y=kx+b 中的 k 和 b
    %         pt--直线外的点坐标,point 的简写。
    % 编写： 2015.05.24.
    %
    k1=xs(1);
    b1=xs(2); % 直线 1
    k2=-1/xs(1);
    b2=pt(2)-k2*pt(1);    % 直线 2
    x=(b2-b1)/(k1-k2);
    y=k1*x+b1;
    cp=[x,y];
    % disp('两线垂直交点：');     disp(cp);
    return;


    function p=LineEqua(varargin)
    % 功能：求通过一点或两点的直线方程,返回方程各项的系数。
    % 使用 : LineEqua([2,3]),LineEqua([1,2],[3,4])
    % 编写： 2015.05.24.
    %
    if nargin==0
        error('未输入点,至少需要输入一点坐标值!');
    end
    if nargin==1
        x1=varargin{1};
        p=polyfit([x1(1),0],[x1(2),0],1);
        eq=poly2sym(p);
        fprintf('通过点[%.2f,%.2f]和原点的直线方程为:y =%s\n' ,x1(1),x1(2),char(eq));
        return;
    end
    if nargin==2
```

```
        x1=varargin{1};
        x2=varargin{2};
        p=polyfit([x1(1), x2(1)],[x1(2), x2(2)],1);
        eq=poly2sym(p);
        fprintf('通过点[%.2f,%.2f]和点[%.2f,%.2f]的直线方程为:y =%s\n' ,...
            x1(1), x1(2), x2(1),x2(2),char(eq));
        return;
    end
    if nargin>2
        error('输入超过两个点,至多输入两点坐标值!');
    end
    return;


function [Vect,ColLamda,mCutOff]=LamdaCutOff(A,pCutOff)
% 功能:  求矩阵的特征值和特征向量,并按要求截断特征值个数
% 参数:A--矩阵;pCutOff--累积贡献率截断值,默认 0.85
% 编写:  2015.05.20.
%
[nRows,nCols]=size(A);
if(nRows~=nCols)
    error('矩阵不是方阵,请检查! ');
end
if nargin<2||isempty(pCutOff)
    pCutOff=0.85;
end
[Vect,Lamda]=eig(A);
Vect=fliplr(Vect);
Lamda=rot90(Lamda,2);
tmp=sum(Lamda,1);          %形成行向量
n=length(find(tmp>0)); %确定大于 0 的特征值个数
TotalLamda=sum(tmp(1,1:n),2);
SumLamda=0;
PartSum=zeros(1,nCols);
for jc=1:nCols
    SumLamda=SumLamda+Lamda(jc,jc);
    per=SumLamda/TotalLamda; %占比
    PartSum(jc)=per;
    fprintf('Lamda(%.2d) = %.4f, SumPer = %.2f;\n',...
```

```
        jc,Lamda(jc,jc),per*100);
end
ms=find(PartSum>=pCutOff);
mCutOff=ms(1); %确定因子个数
ColLamda=tmp'; % 非 0 特征值列向量
fprintf('\n 要求特征值累积贡献率达到%.2f,据此确定因子个数 m = %d\n',...
    pCutOff,mCutOff);
return;
```

习　题

1. 为了研究慢性阻塞性肺疾患（COPD）病情分级与中医症候分布的关系，尚景盛[71]等调查了318例不同程度的COPD患者，调查结果见表X8-1，试对此进行对应分析。

表 X8-1　中医症候分布 COPD 病情分级

COPD 分级	肺气虚	脾气虚	肾阳虚	阴阳两虚	肾阴虚	痰浊证	血瘀证
Ⅰ	14	12	2	0	2	4	0
Ⅱa	49	25	4	0	2	11	9
Ⅱb	26	17	15	2	4	17	20
Ⅲ	12	14	16	7	5	7	24

2. 为了调查不同恶性肿瘤死亡率与不同地区之间的关系，罗盛[73]等对山东省某县2000～2002年的17个乡镇（用字母表示）恶性肿瘤标化死亡资料进行了调查，资料见表X8-2，试对该资料进行对应分析。

表 X8-2　2000～2002 年各乡镇恶性肿瘤死亡率（1/10 万）

乡镇	胃癌	肺癌	肝癌	食管癌	白血病	宫颈癌	膀胱癌	乳腺癌	结肠癌	鼻咽癌
A	33.25	33.25	28.26	9.14	2.49	0.00	0.00	0.00	2.49	0.00
B	56.58	31.28	33.28	12.65	2.66	2.66	0.67	4.66	6.66	1.33
C	36.44	40.34	26.03	18.87	3.25	0.00	0.65	1.30	3.90	1.30
D	40.11	61.58	28.25	12.43	2.26	1.13	1.69	1.69	5.65	0.56
E	35.45	24.42	29.93	17.33	0.79	0.00	1.58	0.79	7.09	0.79
F	50.40	31.62	28.66	12.85	8.89	0.99	0.99	6.92	4.94	0.00
G	41.73	31.86	30.35	7.59	9.86	0.00	0.76	4.55	4.55	0.76
H	63.39	36.90	20.82	20.82	10.41	0.95	1.89	3.78	8.52	0.00
I	29.75	30.94	20.23	1.19	0.00	0.00	2.38	2.38	2.38	2.38
J	30.85	37.16	36.46	11.22	2.10	0.70	0.00	0.70	7.01	1.40
K	34.28	22.85	38.85	12.95	5.33	1.52	1.52	2.29	6.09	0.76
L	31.04	33.32	27.39	8.22	4.56	0.46	1.83	2.28	5.48	0.46
M	38.43	30.09	31.48	11.57	2.31	0.00	2.78	0.46	4.63	1.39
N	45.71	50.52	35.28	16.04	4.81	0.00	4.01	3.21	2.41	0.80
O	40.40	37.79	20.85	11.08	5.86	0.65	0.00	1.95	5.21	0.65
P	44.42	30.80	18.36	8.88	5.33	0.00	0.00	2.37	4.15	0.00
Q	35.55	57.76	13.33	13.33	0.00	0.00	2.96	0.00	5.92	1.48

3. 为了探讨长白山金发藓科植物的生态位分化，郭水良[78]等对长白山主要生态系统 30 个观测站点的 13 种金发藓科植物分布与环境因子间的关系进行了调查，结果如表 X8-3 所示。其中，①X_1=海拔（m）；②X_2=冠层郁闭度；③X_3=灌木层盖度（%）；④X_4=草本层盖度（%）；⑤X_5=土壤含水量（%）；⑥X_6=土壤 pH；⑦X_7=土壤含沙量；⑧X_8=种子植物群落类型。试对此进行分析。

表 X8-3　长白山金发藓科植物的分布与环境因子调查

站点	X_1	X_2	X_3	X_4	X_5	X_6	X_7	X_8
1	1250	0	87	2	81.65	4.78	1	笃斯越桔矮灌丛，零星伴有落叶松
2	1100	0	70	8	80.40	4.83	1	笃斯越桔矮灌丛，零星伴有落叶松
3	1100	0.80	10	5	43.15	4.43	2	臭冷杉-鱼鳞云杉-红松-落叶松林
4	2630	0	0	15	27.29	4.95	6	偶见有长白棘豆、毛山菊
5	2370	0	5	10	30.98	5.47	5	仙女木-高山笃斯群落
6	2374	0	90	10	32.35	5.32	3	高山笃斯-牛皮杜鹃群落
7	2285	0	95	5	64.28	5.14	3	高山笃斯-牛皮杜鹃-仙女木群落
8	1830	0.40	15	10	43.02	4.98	2	岳桦-落叶松-臭冷杉林
9	1905	0.50	90	3	61.84	4.35	2	岳桦-落叶松-牛皮杜鹃林
10	2070	0	85	5	63.22	5.12	3	高山笃斯-毛毡杜鹃-仙女木群落
11	1970	0.50	95	2	52.45	4.62	2	岳桦-牛皮杜鹃林
12	2530	0	70	3	32.98	5.03	6	牛皮杜鹃-仙女木-松毛翠群落
13	2330	0	95	2	55.45	4.97	3	牛皮杜鹃-仙女木-高山笃斯群落
14	2300	0	95	3	65.09	5.19	4	高山笃斯-牛皮杜鹃-毛毡杜鹃-仙女木群落
15	1870	0.35	15	10	68.65	5.10	3	岳桦-高山笃斯林
16	1680	0.85	25	58	61.66	5.18	2	冷臭衫-鱼鳞云杉-岳桦-花椒林
17	1678	0.66	10	25	68.38	4.30	2	冷臭衫-岳桦-落叶松-花椒林
18	1580	0.80	5	60	61.38	4.36	2	鱼鳞云杉-冷臭衫-落叶松-岳桦林
19	1610	0.10	30	10	22.85	5.98	5	高山笃斯群落
20	1740	0.50	5	4	74.63	4.83	2	岳桦-落叶松林
21	1700	0.80	12	60	66.66	4.74	2	臭冷杉-岳桦-鱼鳞云杉-落叶松林
22	1520	0.80	5	5	56.10	4.58	2	臭冷杉-落叶松-岳桦-大青杨-鱼鳞云杉林
23	1945	0.60	5	98	56.75	5.05	3	落叶松纯林
24	1960	0.50	75	4	68.66	4.86	3	岳桦-笃斯越桔-毛毡杜鹃-牛皮杜鹃林
25	1210	0.15	35	85	47.98	4.39	2	落叶松-笃斯越桔-杜香林
26	1200	0.35	10	90	85.20	4.75	1	落叶松-笃斯越桔林
27	1200	0.45	80	35	53.51	4.23	2	落叶松-笃斯越桔林
28	1120	0.50	85	25	72.46	4.24	2	落叶松-笃斯越桔林
29	960	0.70	15	2	49.80	4.27	2	臭冷杉-落叶松-红松林
30	1200	0.00	90	2	77.72	3.86	1	笃斯越桔-细叶杜香矮灌丛，伴有落叶松

4. 为阐明居民就诊单位与就诊原因之间的关系（表 X8-4），试利用 1998 年浙江省卫生

服务调查家庭健康询问资料展开分析。

表 X8-4　就诊单位与就诊原因[79]

经常就诊单位	距离近	价格低	质量好	定点医院	有熟人	其他
私人开业	1 692	115	28	10	29	19
单位或村卫生站	10 896	388	208	379	142	33
门诊部所	207	5	32	33	4	5
乡镇街道卫生院	3 679	185	1 702	111	128	40
县市区医院	576	1	834	387	92	36
市（地）医院	474	5	355	999	19	28
省级医院	59	3	67	439	4	9
其他	76	9	24	33	10	86

5. 表 X8-5 ~ 表 X8-8[80]是 2000 ~ 2003 年沈阳、广州、桂林、长沙、武汉、太原和青岛 7 座城市大气中总悬浮颗粒物、可吸入颗粒物、二氧化硫、二氧化碳和氮氧化物 5 个污染监测指标数据，试分析各城市与其大气中主要污染指标之间的对应关系，并根据对应分析结果为当地政府部门提出了合理化建议。

表 X8-5　2000 年 7 座城市大气环境主要污染因子监测数据

序号	地点	氮氧化物	二氧化碳	二氧化硫	总悬浮颗粒物	可吸入颗粒物
1	沈阳	0.0934	0.0633	0.1539	0.4055	0.1324
2	广州	0.0456	0.0341	0.3954	0.3526	0.1126
3	桂林	0.0254	0.0208	0.0350	0.0859	0.0351
4	长沙	0.1934	0.1124	0.1732	0.2655	0.0926
5	武汉	0.1638	0.1108	0.2032	0.2959	0.0518
6	太原	0.0890	0.0474	0.2068	0.4305	0.0427
7	青岛	0.0662	0.0341	0.0435	0.4148	0.0375

表 X8-6　2001 年 7 座城市大气环境主要污染因子监测数据

序号	地点	氮氧化物	二氧化碳	二氧化硫	总悬浮颗粒物	可吸入颗粒物
1	沈阳	0.0948	0.0638	0.1412	0.4352	0.1157
2	广州	0.1628	0.0458	0.2545	0.4214	0.1073
3	桂林	0.0420	0.0302	0.0220	0.0345	0.0441
4	长沙	0.1728	0.0874	0.1562	0.2132	0.1472
5	武汉	0.1040	0.1020	0.1754	0.2645	0.0522
6	太原	0.1082	0.0502	0.3022	0.3546	0.0417
7	青岛	0.0604	0.0298	0.0374	0.3845	0.0346

表 X8-7　2002 年 7 座城市大气环境主要污染因子监测数据

序号	地点	氮氧化物	二氧化碳	二氧化硫	总悬浮颗粒物	可吸入颗粒物
1	沈阳	0.0628	0.0845	0.1378	0.4597	0.1462
2	广州	0.1094	0.0954	0.2647	0.2397	0.1425

续表

序号	地点	氮氧化物	二氧化碳	二氧化硫	总悬浮颗粒物	可吸入颗粒物
3	桂林	0.0220	0.0233	0.0120	0.0248	0.0394
4	长沙	1.1134	0.0954	0.1023	0.2087	0.1324
5	武汉	0.1362	0.0905	0.1618	0.2456	0.0427
6	太原	0.1242	0.0408	0.2817	0.4956	0.0403
7	青岛	0.0574	0.0197	0.0412	0.3476	0.0329

表 X8-8　2003 年 7 座城市大气环境主要污染因子监测数据

序号	地点	氮氧化物	二氧化碳	二氧化硫	总悬浮颗粒物	可吸入颗粒物
1	沈阳	0.0996	0.0732	0.1600	0.4802	0.2648
2	广州	0.0622	0.0556	0.5807	0.5988	0.3769
3	桂林	0.0246	0.0245	0.0102	0.0442	0.0442
4	长沙	0.0776	0.0418	0.1300	0.2432	0.2416
5	武汉	0.0544	0.0343	0.2053	0.3146	0.0629
6	太原	0.0754	0.0684	0.4650	0.4388	0.0453
7	青岛	0.0824	0.0371	0.1305	0.4516	0.0412

第九章　典型相关分析

第一节　引　　言

相关分析是多数生物科研工作者常常碰到的数据分析方法，最为熟悉的就是在一元统计分析中，我们常常使用相关系数来表达两个随机变量之间的线性相关关系。当涉及一个随机变量和多个随机变量之间的线性相关关系时，我们则常常使用复相关系数来描述，至于因变量与每个随机自变量之间的相关关系，则可以使用偏相关系数来描述。至此，我们简单地概括就是，一对一的线性相关，使用相关系数表达，一对多的线性相关，使用复相关系数来表达。那么，如果有两组随机变量，每一组都多于一个随机变量，则这两组之间的相关关系如何表达？针对这个问题的回答，就是我们这一章要解决的问题。

典型相关分析就是研究两组变量之间的相关关系的一种方法，它揭示了两组变量之间的内在联系。这种情况在许多时候会遇到。例如，学生的阅读理解能力（阅读速度、理解深度、总结能力）与学生的数理逻辑计算能力（数学运算、物理推理等）是否相关？如果相关，这些变量之间的关系如何分析？对于华北地区而言，近年来每到冬季，雾霾就会严重，雾霾中含有多种有害致病颗粒，如灰尘、硫酸、硝酸、有机碳氢化合物等粒子，而产生雾霾的环境因素包括大气稳定度、机动车尾气排放、燃煤锅炉排放气体等，各种雾霾粒子浓度与环境因素之间具有怎样的相关关系，都需要借助典型相关分析加以描述。

我们还可以举几个具体的实例，例如，在农作物育种[81]时，往往需要考察作物的品质性状，并通过品质性状研究各基因型的关系；对西藏油菜特异种质白菜型多室黄籽油菜的性状[82]表现对比研究；某湿地土壤养分分布规律研究[83]、啤酒产量性状和形态性状[84]的关系研究及桉树生长性状与立地因子间[85]的相互关系研究等。

总的来讲，典型相关分析就是对两组变量之间的相关性进行探讨，它借助主成分分析的思想，首先把两组变量之间的相关，转化为两个新变量之间的相关，而后新变量的形成，则是将既有变量进行合理地组合得到。

第二节　基本理论性质

一、基本思想

在前边我们已经简单解释了典型相关的概况，对于 A、B 两组变量，要考察它们之间的相关性，首先按照主成分分析的思想，从这两组变量中，各自提取出一个新的变量，比如分别称为 (U_1,V_1)，然后要求这两个新变量 (U_1,V_1) 之间具有最大的相关性。很显然，这里的 (U_1,V_1)，是按照主成分思想，由 A、B 两组原有变量经线性组合而成，当这一步实现后，我们会得到 (U_1,V_1) 的具体表达式，也会计算出 (U_1,V_1) 之间的相关系数，但它只是表达了 A、B 两组变量之间的部分相关性，我们还必须继续找新的一组变量，比如称为 (U_2,V_2)，然后再计算这组新变量之间的相关性，使之最大。当然，新变量 (U_2,V_2) 也必须是由既有的 A、B 两组变量按照某种线性组合得到，之所以说按照某种线性组合得到，是因为在上一次(U_1,V_1)中，已经提取了部分相关性信息，本次的新变量(U_2,V_2)，显然不能再重复上一次的信息，这就要求本次的新变量(U_2,V_2)必须和上一次的(U_1,V_1)不重复，表达成数学描述，就是这次的线性组合和第一次的线性组合不相关、垂直、正交之类的。计算完这次的(U_2,V_2)，同样也是表达了A、B两组变量之间的部分相关性。继续提取下去，就会得到第三组的(U_3,V_3)，第四组的(U_4,V_4)等，直到两组变量之间的相关性被提取完毕为止。

我们梳理一下这个过程，即如下步骤。

（1）由既有的A、B两组变量，分别构建线性组合(U_1,V_1)，要求(U_1,V_1)之间的相关性达到最大。

（2）然后再次构建线性组合(U_2,V_2)，要求(U_2,V_2)之间的相关性达到最大，且(U_2,V_2)不与(U_1,V_1)相关。

（3）第三次构建新的组合(U_3,V_3)，要求(U_3,V_3)之间的相关性达到最大，且(U_3,V_3)不与(U_1,V_1)和(U_2,V_2)相关。

（4）重复上述过程，直到提取完毕。

二、数学表述

设$X=(X_1,X_2,\cdots,X_p)'$表示A组中的各个随机变量，设$Y=(Y_1,Y_2,\cdots,Y_q)'$表示B组中的各个随机变量，我们首先构造X和Y的各个随机变量的线性组合，如下。

$$U_1=a_{1,1}X_1+a_{1,2}X_2+\cdots+a_{1,p}X_p \tag{9-1}$$

$$V_1=b_{1,1}Y_1+b_{1,2}Y_2+\cdots+b_{1,q}Y_q \tag{9-2}$$

我们希望确定各个系数$a_{1,1},a_{1,2},\cdots,a_{1,p}$和$b_{1,1},b_{1,2},\cdots,b_{1,q}$，使得相关系数$\rho(U_1,V_1)$最大。按照相关系数的数学定义，则有

$$\rho(U_1,V_1)=\frac{\mathrm{Cov}(U_1,V_1)}{\sqrt{\mathrm{Var}(U_1)}\sqrt{\mathrm{Var}(V_1)}} \tag{9-3}$$

将上述改写成向量形式，令

$$\boldsymbol{a}_1=(a_{1,1},a_{1,2},\cdots,a_{1,p})' \tag{9-4}$$

$$\boldsymbol{b}_1=(b_{1,1},b_{1,2},\cdots,b_{1,q})' \tag{9-5}$$

则式（9-3）改写为

$$\rho(\boldsymbol{a}_1'\boldsymbol{X},\boldsymbol{b}_1'\boldsymbol{Y})=\frac{\mathrm{Cov}(\boldsymbol{a}_1'\boldsymbol{X},\boldsymbol{b}_1'\boldsymbol{Y})}{\sqrt{\mathrm{Var}(\boldsymbol{a}_1'\boldsymbol{X})}\sqrt{\mathrm{Var}(\boldsymbol{b}_1'\boldsymbol{Y})}}=\frac{\boldsymbol{a}_1'\mathrm{Cov}(\boldsymbol{X},\boldsymbol{Y})\boldsymbol{b}_1}{\sqrt{\boldsymbol{a}_1'\mathrm{Var}(\boldsymbol{X})\boldsymbol{a}_1}\sqrt{\boldsymbol{b}_1'\mathrm{Var}(\boldsymbol{Y})\boldsymbol{b}_1}} \tag{9-6}$$

对于式（9-6），可以知道，对于任意的常数c,d,e,f，都存在

$$\rho[e(\boldsymbol{a}_1\boldsymbol{X})+f,c(\boldsymbol{b}_1\boldsymbol{Y})+d]=\rho(\boldsymbol{a}_1\boldsymbol{X},\boldsymbol{b}_1\boldsymbol{Y}) \tag{9-7}$$

对于式（9-7），我们不去证明，但要理解，怎么理解式（9-7）呢？我们从相关系数的计算公式（9-3）可知，计算相关系数时，主要涉及协方差、方差，这两个概念本质上度量了数据偏离中心平均程度的大小，在式（9-7）中，所有的A组数据都加一个常数f，所有的B组数据都加一个常数d，但这些常数都统一加到每一个数据上，相当于数据的整体平移，这并不影响数据的偏离效果，因此，这两个常数在式（9-7）中不起作用。再来看看常数c，e，它

们实质上是对数据进行了整体的放大（或缩小），相关系数本就是一个比值，同时放大（或缩小）也不会改变这种平均偏离程度。

但反过来看，我们就会发现，既然常数 c，e 可以乘进来且不影响相关系数，那就说明要使得相关系数最大的话，这些系数就不唯一。因此，我们常常进行一些限定，要求式（9-4）和式（9-5）具有唯一性，这些限定是

$$\mathrm{Var}(\boldsymbol{a}_1'\boldsymbol{X}) = \boldsymbol{a}_1'\mathrm{Var}(\boldsymbol{X})\boldsymbol{a}_1 = \boldsymbol{a}_1'\boldsymbol{\Sigma}_{11}\boldsymbol{a}_1 = 1 \tag{9-8}$$

$$\mathrm{Var}(\boldsymbol{b}_1'\boldsymbol{Y}) = \boldsymbol{b}_1'\mathrm{Var}(\boldsymbol{Y})\boldsymbol{b}_1 = \boldsymbol{b}_1'\boldsymbol{\Sigma}_{22}\boldsymbol{b}_1 = 1 \tag{9-9}$$

这样，我们就可以给出典型相关分析变量的定义，设有上述的 X，Y，设 $(p+q)$ 维随机向量 $\begin{pmatrix} X \\ Y \end{pmatrix}$ 的均值向量为 $\mathbf{0}$，协方差矩阵 $\boldsymbol{\Sigma}>0$，不影响分析，假设 $p \leqslant q$，若存在式（9-4）和式（9-5），在式（9-8）和式（9-9）的约束下，使得

$$\rho(\boldsymbol{a}_1'\boldsymbol{X}, \boldsymbol{b}_1'\boldsymbol{Y}) = \max\{\rho(\boldsymbol{a}_1'\boldsymbol{X}, \boldsymbol{b}_1'\boldsymbol{Y})\} \tag{9-10}$$

则称 (U_1, V_1) 是第一对典型相关变量，其相关系数称第一个典型相关系数。如果存在

$$\boldsymbol{a}_k = (a_{k,1}, a_{k,2}, \cdots, a_{k,p})' \tag{9-11}$$

$$\boldsymbol{b}_k = (b_{k,1}, b_{k,2}, \cdots, b_{k,q})' \tag{9-12}$$

使得

$$U_k = a_{k,1}X_1 + a_{k,2}X_2 + \cdots + a_{k,p}X_p \tag{9-13}$$

$$V_k = b_{k,1}Y_1 + b_{k,2}Y_2 + \cdots + b_{k,q}Y_q \tag{9-14}$$

满足：①和前边的 $(k-1)$ 对典型相关变量都无关；② $\mathrm{Var}(\boldsymbol{a}_k'\boldsymbol{X})=1$，$\mathrm{Var}(\boldsymbol{b}_k'\boldsymbol{Y})=1$ 约束存在；③ $\rho(U_k, V_k)$ 最大。我们就称 (U_k, V_k) 是第 k 对典型相关变量，其相关系数称第 k 个典型相关系数。

三、解法

要求第一对典型相关变量，就是要在约束条件式（9-8）和式（9-9）下，让式（9-6）达到最大，这本质上就是有约束条件的极值问题。为此，在总体思路上，我们按照条件极值来求解。

先计算 X,Y 各自的协方差矩阵，得到

$$\mathrm{Cov}(X, X) = \boldsymbol{\Sigma}_{11} \tag{9-15}$$

$$\mathrm{Cov}(Y, Y) = \boldsymbol{\Sigma}_{22} \tag{9-16}$$

$$\mathrm{Cov}(X, Y) = \boldsymbol{\Sigma}_{12} = \boldsymbol{\Sigma}_{21}' \tag{9-17}$$

设随机向量

$$\boldsymbol{Z} = \begin{pmatrix} X \\ Y \end{pmatrix} \tag{9-18}$$

$$E(\boldsymbol{Z}) = \mathbf{0} \tag{9-19}$$

$$\mathrm{Var}(\boldsymbol{Z}) = \boldsymbol{\Sigma} = \begin{pmatrix} \boldsymbol{\Sigma}_{11} & \boldsymbol{\Sigma}_{12} \\ \boldsymbol{\Sigma}_{21} & \boldsymbol{\Sigma}_{22} \end{pmatrix} > 0 \tag{9-20}$$

计算上述第一对典型相关变量的方差，则有

$$\mathrm{Var}(U_1)=\mathrm{Var}(\boldsymbol{a}_1'X)=\boldsymbol{a}_1'\mathrm{Cov}(X,X)\boldsymbol{a}_1=\boldsymbol{a}_1'\boldsymbol{\Sigma}_{11}\boldsymbol{a}_1 \tag{9-21}$$

$$\mathrm{Var}(V_1)=\mathrm{Var}(\boldsymbol{b}_1'Y)=\boldsymbol{b}_1'\mathrm{Cov}(Y,Y)\boldsymbol{b}_1=\boldsymbol{b}_1'\boldsymbol{\Sigma}_{22}\boldsymbol{b}_1 \tag{9-22}$$

$$\mathrm{Cov}(U_1,V_1)=\mathrm{Cov}(\boldsymbol{a}_1'X,\boldsymbol{b}_1'Y)=\boldsymbol{a}_1'\mathrm{Cov}(X,Y)\boldsymbol{b}_1=\boldsymbol{a}_1'\boldsymbol{\Sigma}_{12}\boldsymbol{b}_1 \tag{9-23}$$

$$\mathrm{Cov}(V_1,U_1)=\mathrm{Cov}(\boldsymbol{b}_1'Y,\boldsymbol{a}_1'X)=\boldsymbol{b}_1'\mathrm{Cov}(X,Y)\boldsymbol{a}_1=\boldsymbol{b}_1'\boldsymbol{\Sigma}_{21}\boldsymbol{a}_1 \tag{9-24}$$

在约束条件下，得到

$$\rho(U_1,V_1)=\frac{\mathrm{Cov}(U_1,V_1)}{\sqrt{\mathrm{Var}(U_1)}\sqrt{\mathrm{Var}(V_1)}}=\mathrm{Cov}(U_1,V_1)=a_1'\Sigma_{12}b_1 \tag{9-25}$$

将条件极值问题用拉格朗日乘子法表达出来，则有，设 λ_1,λ_2 为拉格朗日乘子，建立极值函数 φ 如下。

$$\varphi(\boldsymbol{a}_1,\boldsymbol{b}_1)=\boldsymbol{a}_1'\boldsymbol{\Sigma}_{12}\boldsymbol{b}_1-\frac{\lambda_1}{2}(\boldsymbol{a}_1'\boldsymbol{\Sigma}_{11}\boldsymbol{a}_1-1)-\frac{\lambda_2}{2}(\boldsymbol{b}_1'\boldsymbol{\Sigma}_{22}\boldsymbol{b}_1-1) \tag{9-26}$$

令该函数分别对参数 $\boldsymbol{a},\boldsymbol{b}$ 求导，并取导数为 0，得到

$$\begin{cases}\dfrac{\partial\varphi(\boldsymbol{a}_1,\boldsymbol{b}_1)}{\partial\boldsymbol{a}_1}=\boldsymbol{\Sigma}_{12}\boldsymbol{b}_1-\lambda_1\boldsymbol{\Sigma}_{11}\boldsymbol{a}_1=0\\[2ex]\dfrac{\partial\varphi(\boldsymbol{a}_1,\boldsymbol{b}_1)}{\partial\boldsymbol{b}_1}=\boldsymbol{\Sigma}_{21}\boldsymbol{a}_1-\lambda_2\boldsymbol{\Sigma}_{22}\boldsymbol{b}_1=0\end{cases} \tag{9-27}$$

将式（9-27）中两式分别左乘 $\boldsymbol{a}_1',\boldsymbol{b}_1'$，得到

$$\begin{cases}\boldsymbol{a}_1'\boldsymbol{\Sigma}_{12}\boldsymbol{b}_1-\lambda_1\boldsymbol{a}_1'\boldsymbol{\Sigma}_{11}\boldsymbol{a}_1=0\\ \boldsymbol{b}_1'\boldsymbol{\Sigma}_{21}\boldsymbol{a}_1-\lambda_2\boldsymbol{b}'\boldsymbol{\Sigma}_{22}\boldsymbol{b}_1=0\end{cases} \tag{9-28}$$

整理，得

$$\begin{cases}\boldsymbol{a}_1'\boldsymbol{\Sigma}_{12}\boldsymbol{b}_1=\lambda_1\boldsymbol{a}_1'\boldsymbol{\Sigma}_{11}\boldsymbol{a}_1=\lambda_1\cdot1=\lambda_1\\ \boldsymbol{b}_1'\boldsymbol{\Sigma}_{21}\boldsymbol{a}_1=\lambda_2\boldsymbol{b}'\boldsymbol{\Sigma}_{22}\boldsymbol{b}_1=\lambda_2\cdot1=\lambda_2\end{cases} \tag{9-29}$$

根据矩阵的运算规则，可知 $(\boldsymbol{b}_1'\boldsymbol{\Sigma}_{21}'\boldsymbol{a}_1)'=\boldsymbol{a}_1'\boldsymbol{\Sigma}_{12}\boldsymbol{b}_1$，代入式（9-29）第 2 式，可知

$$\lambda_1=\lambda_2=\boldsymbol{a}_1'\boldsymbol{\Sigma}_{12}\boldsymbol{b}_1=\lambda \tag{9-30}$$

这里的 λ 就是线性组合变量 (U_1,V_1) 的相关系数，将 λ 代替 λ_1,λ_2，则式（9-27）改写为

$$\begin{cases}-\lambda\boldsymbol{\Sigma}_{11}\boldsymbol{a}_1+\boldsymbol{\Sigma}_{12}\boldsymbol{b}_1=0\\ \boldsymbol{\Sigma}_{21}\boldsymbol{a}_1-\lambda\boldsymbol{\Sigma}_{22}\boldsymbol{b}_1=0\end{cases} \tag{9-31}$$

再改写为

$$\begin{pmatrix}-\lambda\boldsymbol{\Sigma}_{11} & \boldsymbol{\Sigma}_{12}\\ \boldsymbol{\Sigma}_{21} & -\lambda\boldsymbol{\Sigma}_{22}\end{pmatrix}\begin{pmatrix}\boldsymbol{a}_1\\ \boldsymbol{b}_1\end{pmatrix}=\begin{pmatrix}0\\0\end{pmatrix} \tag{9-32}$$

方程组（9-32）有非零解的充要条件是

$$\begin{vmatrix}-\lambda\boldsymbol{\Sigma}_{11} & \boldsymbol{\Sigma}_{12}\\ \boldsymbol{\Sigma}_{21} & -\lambda\boldsymbol{\Sigma}_{22}\end{vmatrix}=0 \tag{9-33}$$

理论上讲，该方程的左侧是 λ 的 $(p+q)$ 次多项式，求式（9-33）得到 λ，把得到的最大的 λ 再代入式（9-31），则得到 $\boldsymbol{a}_1,\boldsymbol{b}_1$，也就是第一对典型相关变量。

在实际计算中，求解 λ 的 $(p+q)$ 次方程并不容易，因此换个想法，看能否采用其他降维的思路，前人研究表明，假设各随机变量协方差矩阵都存在逆阵，则根据式（9-31）第 2 式，可得到

$$\boldsymbol{b}_1=\frac{1}{\lambda}(\boldsymbol{\Sigma}_{22})^{-1}\boldsymbol{\Sigma}_{21}\boldsymbol{a}_1 \tag{9-34}$$

再将式（9-34）代回到式（9-31）中的第 1 式，则得到

$$-\lambda\boldsymbol{\Sigma}_{11}\boldsymbol{a}_1+\frac{1}{\lambda}\boldsymbol{\Sigma}_{12}(\boldsymbol{\Sigma}_{22})^{-1}\boldsymbol{\Sigma}_{21}\boldsymbol{a}_1=0 \tag{9-35}$$

改写为

$$\boldsymbol{\Sigma}_{12}(\boldsymbol{\Sigma}_{22})^{-1}\boldsymbol{\Sigma}_{21}\boldsymbol{a}_1-\lambda^2\boldsymbol{\Sigma}_{11}\boldsymbol{a}_1=0 \tag{9-36}$$

我们先放下式（9-36），再回到式（9-31），进行如下变换：先从式（9-31）第 1 式中改写出独立的 $\boldsymbol{a}_1$，再构建 $\boldsymbol{\Sigma}_{21}\boldsymbol{a}_1$，构建完成后再代入式（9-31）第 2 式，则具体过程为

$$-\lambda\boldsymbol{\Sigma}_{11}\boldsymbol{a}_1+\boldsymbol{\Sigma}_{12}\boldsymbol{b}_1=0$$

$$\downarrow$$

$$-\lambda\boldsymbol{a}_1+(\boldsymbol{\Sigma}_{11})^{-1}\boldsymbol{\Sigma}_{12}\boldsymbol{b}_1=0$$

$$\downarrow$$

$$(\boldsymbol{\Sigma}_{11})^{-1}\boldsymbol{\Sigma}_{12}\boldsymbol{b}_1=\lambda\boldsymbol{a}_1$$

$$\downarrow$$

$$\frac{1}{\lambda}(\boldsymbol{\Sigma}_{11})^{-1}\boldsymbol{\Sigma}_{12}\boldsymbol{b}_1=\boldsymbol{a}_1$$

$$\downarrow$$

$$\boldsymbol{\Sigma}_{21}\frac{1}{\lambda}(\boldsymbol{\Sigma}_{11})^{-1}\boldsymbol{\Sigma}_{12}\boldsymbol{b}_1=\boldsymbol{\Sigma}_{21}\boldsymbol{a}_1$$

将得到的 $\boldsymbol{\Sigma}_{21}\boldsymbol{a}_1$，代入到 $\boldsymbol{\Sigma}_{21}\boldsymbol{a}_1-\lambda\boldsymbol{\Sigma}_{22}\boldsymbol{b}_1=0$，得到

$$\boldsymbol{\Sigma}_{21}\frac{1}{\lambda}(\boldsymbol{\Sigma}_{11})^{-1}\boldsymbol{\Sigma}_{12}\boldsymbol{b}_1-\lambda\boldsymbol{\Sigma}_{22}\boldsymbol{b}_1=0$$

整理为

$$\boldsymbol{\Sigma}_{21}(\boldsymbol{\Sigma}_{11})^{-1}\boldsymbol{\Sigma}_{12}\boldsymbol{b}_1-\lambda^2\boldsymbol{\Sigma}_{22}\boldsymbol{b}_1=0 \tag{9-37}$$

至此，我们得到了和式（9-36）类似的表达，现在将式（9-36）中的 $\lambda^2\boldsymbol{a}_1$ 项和式（9-37）中的 $\lambda^2\boldsymbol{b}_1$ 项独立出来，也就是将式（9-36）左乘 $(\boldsymbol{\Sigma}_{11})^{-1}$，将式（9-37）左乘 $(\boldsymbol{\Sigma}_{22})^{-1}$，得到

$$(\boldsymbol{\Sigma}_{11})^{-1}\boldsymbol{\Sigma}_{12}(\boldsymbol{\Sigma}_{22})^{-1}\boldsymbol{\Sigma}_{21}\boldsymbol{a}_1-\lambda^2\boldsymbol{a}_1=0 \tag{9-38}$$

$$(\boldsymbol{\Sigma}_{22})^{-1}\boldsymbol{\Sigma}_{21}(\boldsymbol{\Sigma}_{11})^{-1}\boldsymbol{\Sigma}_{12}\boldsymbol{b}_1-\lambda^2\boldsymbol{b}_1=0 \tag{9-39}$$

这两个式子实际就是

$$\left[(\boldsymbol{\Sigma}_{11})^{-1}\boldsymbol{\Sigma}_{12}(\boldsymbol{\Sigma}_{22})^{-1}\boldsymbol{\Sigma}_{21}-\lambda^2\boldsymbol{I}_p\right]\boldsymbol{a}_1=0 \tag{9-40}$$

$$\left[(\boldsymbol{\Sigma}_{22})^{-1}\boldsymbol{\Sigma}_{21}(\boldsymbol{\Sigma}_{11})^{-1}\boldsymbol{\Sigma}_{12}-\lambda^2\boldsymbol{I}_q\right]\boldsymbol{b}_1=0 \tag{9-41}$$

它们在结构形式上，符合我们在线性代数里学习过的特征值、特征向量的关系表达式。可见 $(\boldsymbol{\Sigma}_{11})^{-1}\boldsymbol{\Sigma}_{12}(\boldsymbol{\Sigma}_{22})^{-1}\boldsymbol{\Sigma}_{21}$ 和 $(\boldsymbol{\Sigma}_{22})^{-1}\boldsymbol{\Sigma}_{21}(\boldsymbol{\Sigma}_{11})^{-1}\boldsymbol{\Sigma}_{12}$ 具有相同的特征值 λ^2，而 $\boldsymbol{a}_1,\boldsymbol{b}_1$ 则为对应的特征向量。这样通过求特征值、特征向量，就可得到上述式（9-4）和式（9-5）的系数，从而求得 (U_1,V_1) 及相关系数。

我们再把上述过程思路梳理一遍，首先是得到极值方程组，但不具体求解高阶方程，而是将其改写，目标是改写成具有特征值-特征向量关系式的形式，即 $(\boldsymbol{A}-\lambda\boldsymbol{I})\boldsymbol{X}=0$ 形式，然

后按照特征值特征向量的求解方法，得到结果。

为了记述方便，令

$$\boldsymbol{M}_1=(\boldsymbol{\Sigma}_{11})^{-1}\boldsymbol{\Sigma}_{12}(\boldsymbol{\Sigma}_{22})^{-1}\boldsymbol{\Sigma}_{21}$$

$$\boldsymbol{M}_2=(\boldsymbol{\Sigma}_{22})^{-1}\boldsymbol{\Sigma}_{21}(\boldsymbol{\Sigma}_{11})^{-1}\boldsymbol{\Sigma}_{12}$$

则式（9-40）和式（9-41）转化为

$$\left(\boldsymbol{M}_1-\lambda^2\boldsymbol{I}_p\right)\boldsymbol{a}_1=0 \tag{9-42}$$

$$\left(\boldsymbol{M}_2-\lambda^2\boldsymbol{I}_q\right)\boldsymbol{b}_1=0 \tag{9-43}$$

我们再回到进行这些计算的本质目标上去，计算的目的是为了求得(U_1,V_1)，并使得它们之间的相关系数最大，由前边的式（9-30）可知，$\lambda=\boldsymbol{a}_1'\boldsymbol{\Sigma}_{12}\boldsymbol{b}_1$，它就是$(U_1,V_1)$之间的相关系数，要想它最大，实际上就可转化为$\boldsymbol{M}_1$和$\boldsymbol{M}_2$特征值的最大化。

关于$\boldsymbol{M}_1$和$\boldsymbol{M}_2$，它们的特征值和特征向量有一些特殊性质，我们只把结果列在这里，不再证明，感兴趣的去参阅有关的参考书。

（1）$\boldsymbol{M}_1$和$\boldsymbol{M}_2$具有相同的非零特征值，且所有特征值非负。

（2）$\boldsymbol{M}_1$和$\boldsymbol{M}_2$的特征值均为 0～1。

（3）设$\boldsymbol{M}_1$和$\boldsymbol{M}_2$的非零特征值为$\lambda_1^2\geqslant\lambda_2^2\cdots\geqslant\lambda_r^2$，$r=\text{rank}(\boldsymbol{M}_1)=\text{rank}(\boldsymbol{M}_2)$，设$\boldsymbol{a}_1$为$\boldsymbol{M}_1$对应于$\lambda_1^2$的特征向量，设$\boldsymbol{b}_1$为$\boldsymbol{M}_2$对应于$\lambda_1^2$的特征向量，则这里的$\lambda_1$就是我们要求的$(U_1,V_1)$之间的相关系数，而$\boldsymbol{a}_1,\boldsymbol{b}_1$就是典型相关变量的系数向量，这样$(U_1,V_1)$可具体求解表达出来。

需要提醒一下，这里通过求解$\boldsymbol{M}_1$和$\boldsymbol{M}_2$的非零特征值，得到的特征值是λ_i^2，而不是λ_i。我们所需要的相关系数是λ_i，所以有

$$\rho(U_1,V_1)=\lambda_1=\sqrt{\lambda_1^2}\ ;\ \sqrt{\lambda_1^2}\Leftarrow(\boldsymbol{A}-\lambda_i^2\boldsymbol{I})\boldsymbol{X}=0 \tag{9-44}$$

至此，我们得到了(U_1,V_1)和$\rho(U_1,V_1)=\lambda_1$。

如果第 1 对典型变量所含信息还不能完全代表两组原始变量的信息，就需要求第 2 对典型变量，即(U_2,V_2)，它们同样表达成线性组合形式。

$$\begin{cases}U_2=\boldsymbol{a}_2'\boldsymbol{X}\\V_2=\boldsymbol{b}_2'\boldsymbol{Y}\end{cases} \tag{9-45}$$

第 2 对典型变量也要满足系数向量归一化的约束要求，即

$$\text{Var}(\boldsymbol{a}_2'\boldsymbol{X})=\boldsymbol{a}_2'\boldsymbol{\Sigma}_{11}\boldsymbol{a}_2=1 \tag{9-46}$$

$$\text{Var}(\boldsymbol{b}_2'\boldsymbol{Y})=\boldsymbol{b}_2'\boldsymbol{\Sigma}_{22}\boldsymbol{b}_2=1 \tag{9-47}$$

此外，第 2 对典型变量应与第 1 对典型变量不相关联，即存在约束条件：

$$\text{Cov}(U_1,U_2)=\text{Cov}(\boldsymbol{a}_1'\boldsymbol{X},\boldsymbol{a}_2'\boldsymbol{X})=\boldsymbol{a}_1'\boldsymbol{\Sigma}_{11}\boldsymbol{a}_2=0 \tag{9-48}$$

$$\text{Cov}(V_1,V_2)=\text{Cov}(\boldsymbol{b}_1'\boldsymbol{Y},\boldsymbol{b}_2'\boldsymbol{Y})=\boldsymbol{b}_1'\boldsymbol{\Sigma}_{22}\boldsymbol{b}_2=0 \tag{9-49}$$

在这些条件下，继续按照条件极值求解，可得到第 2 对典型相关变量的具体表达式和它们之间的相关系数，我们只列出具体结果，不再进行详细的解释，即

$$\rho(U_2,V_2)=\lambda_2=\sqrt{\lambda_2^2} \tag{9-50}$$

在求解特征值-特征向量的过程中，与λ_2^2对应的$\boldsymbol{M}_1$的特征向量$\boldsymbol{a}_2$，与λ_2^2对应的$\boldsymbol{M}_2$的特征向量$\boldsymbol{b}_2$，则是第 2 对典型相关变量的系数向量。如此类推，可得到第 3 对，第 4 对，直到所有的相关性信息提取完毕。

所以，典型相关变量和典型相关系数的计算，最终可转化为求解矩阵 $\boldsymbol{M}_1$ 和 $\boldsymbol{M}_2$ 的特征值及其对应的特征向量。若共有 r 对典型相关变量，则第 k 对 $(1\leqslant k\leqslant r)$ 典型相关变量的系数向量分别对应着 $\boldsymbol{M}_1$ 和 $\boldsymbol{M}_2$ 的第 k 个特征值 λ_k^2 相应的特征向量，其相关系数为 λ_k 。

第三节　样本数据的典型相关分析

一、样本数据的典型相关变量与相关系数

在本章第二节，我们讨论了总体上典型相关分析的基本理论，但在实际工作中，总体的协方差矩阵是不知道的，而对它的估计所能依赖的，仅仅是测量得到的样本数据，由此，我们首先讨论在样本数据前提下，如何进行典型相关分析。

我们仍然使用同样的符号表示变量，设 X 包含 p 个变量，它是从正态总体中抽取得到的 n 个样本。设 Y 包含 q 个变量，也是从正态总体中抽样得到的 n 个样本。则样本总矩阵 $\boldsymbol{Z}$ 为

$$\boldsymbol{Z}=\left(\boldsymbol{X},\boldsymbol{Y}\right)_{n\times(p+q)}$$

$$=\begin{pmatrix} x_{11} & x_{12} & \cdots & x_{1p} & y_{11} & y_{12} & \cdots & y_{1q} \\ x_{21} & x_{22} & \cdots & x_{2p} & y_{21} & y_{22} & \cdots & y_{2q} \\ \vdots & \vdots & \ddots & \vdots & \vdots & \vdots & \ddots & \vdots \\ x_{n1} & x_{n2} & \cdots & x_{np} & y_{n1} & y_{n2} & \cdots & y_{nq} \end{pmatrix}_{n\times(p+q)} \tag{9-51}$$

同样的，计算样本数据各自的均值，得到

$$\bar{\boldsymbol{Z}}=(\bar{\boldsymbol{X}},\bar{\boldsymbol{Y}})=(\bar{X}_1,\bar{X}_2,\cdots,\bar{X}_p,\bar{Y}_1,\bar{Y}_2,\cdots,\bar{Y}_q) \tag{9-52}$$

其中

$$\bar{\boldsymbol{X}}=(\bar{X}_1,\bar{X}_2,\cdots,\bar{X}_p) \tag{9-53}$$

$$\bar{\boldsymbol{Y}}=(\bar{Y}_1,\bar{Y}_2,\cdots,\bar{Y}_q) \tag{9-54}$$

估算 $\boldsymbol{Z}$ 的协方差矩阵 $\hat{\boldsymbol{\Sigma}}$ ，得到

$$\hat{\boldsymbol{\Sigma}}=\begin{pmatrix} \hat{\boldsymbol{\Sigma}}_{11} & \hat{\boldsymbol{\Sigma}}_{12} \\ \hat{\boldsymbol{\Sigma}}_{21} & \hat{\boldsymbol{\Sigma}}_{22} \end{pmatrix} \tag{9-55}$$

其中

$$\hat{\boldsymbol{\Sigma}}_{ij}=\frac{1}{n-1}\sum_{k=1}^{n}(Z_k^i-\bar{Z}^i)(Z_k^j-\bar{Z}^j)',(i,j=1,2) \tag{9-56}$$

同样，计算样本数据 $\boldsymbol{M}_1$ 和 $\boldsymbol{M}_2$ 的估计值为

$$\hat{\boldsymbol{M}}_1=(\hat{\boldsymbol{\Sigma}}_{11})^{-1}\hat{\boldsymbol{\Sigma}}_{12}(\hat{\boldsymbol{\Sigma}}_{22})^{-1}\hat{\boldsymbol{\Sigma}}_{21} \tag{9-57}$$

$$\hat{\boldsymbol{M}}_2=(\hat{\boldsymbol{\Sigma}}_{22})^{-1}\hat{\boldsymbol{\Sigma}}_{21}(\hat{\boldsymbol{\Sigma}}_{11})^{-1}\hat{\boldsymbol{\Sigma}}_{12} \tag{9-58}$$

在得到这些估计之后，按照同样的步骤，计算特征值和对应的特征向量，就可得到我们所要求的典型相关分析变量及其相关系数等。

一般来说，我们在进行分析之前，常常要将数据进行标准化，标准化后的协方差阵，就是它的相关矩阵，这样，经过标准化后，上述的结果则转变为

$$\hat{\boldsymbol{R}}=\begin{pmatrix}\hat{\boldsymbol{R}}_{11} & \hat{\boldsymbol{R}}_{12}\\ \hat{\boldsymbol{R}}_{21} & \hat{\boldsymbol{R}}_{22}\end{pmatrix} \tag{9-59}$$

相应的，

$$\hat{\boldsymbol{M}}_1^*=(\hat{\boldsymbol{R}}_{11})^{-1}\hat{\boldsymbol{R}}_{12}(\hat{\boldsymbol{R}}_{22})^{-1}\hat{\boldsymbol{R}}_{21} \tag{9-60}$$

$$\hat{\boldsymbol{M}}_2^*=(\hat{\boldsymbol{R}}_{22})^{-1}\hat{\boldsymbol{R}}_{21}(\hat{\boldsymbol{R}}_{11})^{-1}\hat{\boldsymbol{R}}_{12} \tag{9-61}$$

在此基础上展开分析，步骤和前边一样。

需要指明，如果从式（9-59）开始进行分析，则相当于从标准化数据的相关矩阵开始，这对于有些不提供原始数据的实验结果展开分析提供了可行通道，也是数据挖掘的一个起点。

二、典型相关系数的显著性检验

在高级生物统计学中，显著性检验是必需的一环，它告诉我们某些方法或结果是不是有科学意义，在这里，我们利用测定得到的样本数据进行分析，这就存在一个问题：理论上若 X,Y 之间不相关，则肯定存在 $\mathrm{Cov}(X,Y)=0$，但我们测定的数据样本，不敢保证 $\mathrm{Cov}(X,Y)$ 一定等于零。因此，就必须对这一点进行检验。

假设检验一般包括以下几个步骤，我们按照步骤来叙述。

1）零假设和备择假设

$$H_0:\boldsymbol{\Sigma}_{12}=O \qquad H_1:\boldsymbol{\Sigma}_{12}\neq O \tag{9-62}$$

2）设定检验水平 α

一般的，对于生物科研工作，检验水平取 $\alpha=0.05$ 即可，在我们自己编写的 MATLAB 代码中，也是设成了默认值。

3）检验统计量

检验统计量，说白了就是进行检验时需要的工具、公式，我们在这里不详细论述该统计量的来龙去脉，只是把必要的结果列在这里，即

$$\Lambda=\frac{|\hat{\boldsymbol{\Sigma}}|}{|\hat{\boldsymbol{\Sigma}}_{11}||\hat{\boldsymbol{\Sigma}}_{22}|} \tag{9-63}$$

式中，$\hat{\boldsymbol{\Sigma}}$ 为 $(p+q)$ 阶矩阵，也是 $\boldsymbol{\Sigma}$ 的最大似然估计，$\hat{\boldsymbol{\Sigma}}_{11},\hat{\boldsymbol{\Sigma}}_{22}$ 则分别为 $\boldsymbol{\Sigma}_{11},\boldsymbol{\Sigma}_{22}$ 的最大似然估计。但这些表达式很复杂，其近似分布表达如下。

$$\Lambda=\prod_{i=1}^{p}(1-\hat{\lambda}_i^2) \tag{9-64}$$

式中，$\hat{\lambda}_i^2$ 为矩阵 $\boldsymbol{M}_1$ 特征值的估计值，连乘项数为 p，这里确定为 p，是因为我们前边已经假定了 $p<q$，更准确地应该是取 r 项，$r=\min\{p,q\}$。当 H_0 存在时，关于 Λ 的计算式 Q 服从 χ^2 分布，其具体参数如下。

$$Q=-m\ln\Lambda\sim\chi^2(\mathrm{df}) \tag{9-65}$$

其中，

$$m=(n-1)-\frac{p+q+1}{2} \tag{9-66}$$

$$df = pq \tag{9-67}$$

4）建立H_0的拒绝域

在确定的显著水平下，计算Q值，若该值在拒绝域内，则拒绝H_0，接受H_1，认为两组变量之间存在相关性。

5）结论

对相关性结论做出评价。

三、确定典型变量相关组数

通过上边的检验，可确定总体是否相关，若拒绝H_0接受H_1，则至少说明(U_1,V_1)之间相关，进一步我们可以得到λ_1及(U_1,V_1)，且(U_1,V_1)已经提取了总体相关的一部分信息。那么，是不是仅仅只有(U_1,V_1)相关而其后的$(U_2,V_2),(U_3,V_3)$等都不相关呢？我们无法确定，因此还有必要进一步检验其后的$\lambda_k(k=2,3,\cdots,p)$是否等于零，下面给出具体的检验步骤。

（1）零假设和备择假设。

$$\begin{aligned} &H_0:\lambda_k=\lambda_{k+1}=\cdots=\lambda_p=0,\\ &H_1:\lambda_k\neq 0 \end{aligned} \tag{9-68}$$

（2）设定检验水平α，检验水平取$\alpha=0.05$。

（3）检验统计量，Bartlett 给出了关于此项检验的大样本卡方检验的统计量。

$$Q_k=-\left(n-k-\frac{p+q+1}{2}\right)\sum_{i=k}^{p}\ln(1-\hat{\lambda}_i^2) \tag{9-69}$$

在具体计算时，若$k=1$，则和上述检验一致，因为进行此项检验时就已明确知道$\lambda_1>0$，则当$k=2$时，统计量为

$$Q_2=-\left(n-2-\frac{p+q+1}{2}\right)\sum_{i=2}^{p}\ln(1-\hat{\lambda}_i^2) \tag{9-70}$$

这里需要注意的是，$\sum_{i=2}^{p}\ln(1-\hat{\lambda}_i^2)$项的连加，是从$i=2$开始的，也就是说

$$\sum_{i=2}^{p}\ln(1-\hat{\lambda}_i^2)=\ln(1-\hat{\lambda}_2^2)+\ln(1-\hat{\lambda}_3^2)+\cdots+\ln(1-\hat{\lambda}_p^2) \tag{9-71}$$

利用式（9-71）对λ_2进行检验，若接受H_0，则说明$\lambda_k=0(k=2,\cdots,p)$，反之则继续检验$\lambda_3$，当检验$\lambda_3$时，统计量式（9-69）转变为$Q_3$，连加项式（9-71）则从$i=3$开始，这样，继续新的一轮检验，直到某个$k$，使得我们接受$H_0$，此时的$k$就确定了有多少对典型相关变量对总体相关有贡献。

四、计算典型相关分析得分

典型相关分析得分也是进行检验的一种辅助方法，它的基本思想是，若(U_1,V_1)具有相关性，那么，将样本点数据代入到(U_1,V_1)的表达式中，我们可计算出一系列的(U_1,V_1)点值，若将这些点值绘制散点图，则散点图上应该是一条直线（因为线性相关），若不为直线，则说明存在异常。下面我们具体讨论如何计算。

经过检验后，若有 $r(r \leqslant p)$ 对典型相关变量存在关联，则可以得到这 r 对典型变量的具体表达式，具体的，将各个原始变量中心化，则有

$$\begin{cases} U_1 = a_{1,1}(X_1 - \bar{X}_1) + a_{1,2}(X_2 - \bar{X}_2) + \cdots + a_{1,p}(X_p - \bar{X}_p) \\ V_1 = b_{1,1}(Y_1 - \bar{Y}_1) + b_{1,2}(Y_2 - \bar{Y}_2) + \cdots + b_{1,q}(Y_q - \bar{Y}_q) \end{cases} \tag{9-72}$$

将样本数据代入到这对变量的表达式中，则可计算出各个样本点的第 1 对典型变量得分，利用这些得分，可绘制散点分布图，因为相关，这些点理论上应该在一条直线上，若有异常，需要分析产因。

如果还存在第 2 对典型相关变量 (U_2,V_2)，按照同样的处理方法，可得到各个样本点关于第 2 对相关变量的得分散点图。若还存在第 3 对、第 4 对典型相关变量等，均可这样处理。这也是进行检验的一个补充。

第四节　典型相关分析的几个问题

一、典型相关分析从哪儿开始

典型相关分析涉及两组变量，各个变量的量纲及数量级各不相同，在前边的讨论中，我们认为典型变量是原始变量的线性组合，但是将这种不同量纲及数量级的数据直接叠加，体现不出任何意义，犹如 2kg+3cm 毫无实际意义一样。

为了消除量纲与数量级的影响，我们可以先将数据标准化，之后再进行典型相关分析。按照这种思路，对数据进行标准化后，则新数据的协方差矩阵就是相关系数矩阵，这样，要进行典型相关分析，实际上是要从这里才真正开始的。

这为我们提供了一个新的思维开端，我们可以直接从相关系数矩阵开始进行典型相关分析，而不必关注原始数据的情况，借此我们可以对既有的数据进行深入挖掘，以期获得新的发现。

二、典型载荷分析

典型载荷分析是指原始变量与典型变量之间的相关性分析，进行典型载荷分析，有助于解释分析得到的典型变量。

为了计算方便，设 $\boldsymbol{A},\boldsymbol{B}$ 为 p 对典型变量系数向量组成的矩阵，设 $\boldsymbol{U},\boldsymbol{V}$ 为 p 对典型变量组成的向量，

$$\boldsymbol{A}_{p\times p} = \begin{pmatrix} \boldsymbol{a}_1 \\ \boldsymbol{a}_2 \\ \vdots \\ \boldsymbol{a}_p \end{pmatrix} = \begin{pmatrix} a_{1,1} & a_{1,2} & \cdots & a_{1,p} \\ a_{2,1} & a_{2,2} & \cdots & a_{2,p} \\ \vdots & \vdots & \ddots & \vdots \\ a_{p,1} & a_{p,2} & \cdots & a_{p,p} \end{pmatrix}, \quad \boldsymbol{X}_{p\times 1} = \begin{pmatrix} X_1 \\ X_2 \\ \vdots \\ X_p \end{pmatrix}$$

$$\boldsymbol{B}_{q\times q} = \begin{pmatrix} \boldsymbol{b}_1 \\ \boldsymbol{b}_2 \\ \vdots \\ \boldsymbol{b}_q \end{pmatrix} = \begin{pmatrix} b_{1,1} & b_{1,2} & \cdots & b_{1,q} \\ b_{2,1} & b_{2,2} & \cdots & b_{2,q} \\ \vdots & \vdots & \ddots & \vdots \\ b_{q,1} & b_{q,2} & \cdots & b_{q,q} \end{pmatrix}, \quad \mathbf{Y}_{q\times 1} = \begin{pmatrix} Y_1 \\ Y_2 \\ \vdots \\ Y_q \end{pmatrix}$$

$$\boldsymbol{U}_{p\times 1}=\begin{pmatrix}U_1\\U_2\\\vdots\\U_p\end{pmatrix},\quad \boldsymbol{V}_{q\times 1}=\begin{pmatrix}V_1\\V_2\\\vdots\\V_q\end{pmatrix}$$

可知式（9-73）存在，

$$\boldsymbol{AX}=\begin{pmatrix}a_{1,1}&a_{1,2}&\cdots&a_{1,p}\\a_{2,1}&a_{2,2}&\cdots&a_{2,p}\\\vdots&\vdots&\ddots&\vdots\\a_{p,1}&a_{p,2}&\cdots&a_{p,p}\end{pmatrix}\begin{pmatrix}X_1\\X_2\\\vdots\\X_p\end{pmatrix}=\begin{pmatrix}a_{1,1}X_1+a_{1,2}X_2+\cdots+a_{1,p}X_p\\a_{2,1}X_1+a_{2,2}X_2+\cdots+a_{2,p}X_p\\\vdots\\a_{p,1}X_1+a_{p,2}X_2+\cdots+a_{p,p}X_p\end{pmatrix}=\begin{pmatrix}U_1\\U_2\\\vdots\\U_p\end{pmatrix}=\boldsymbol{U} \tag{9-73}$$

即

$$\boldsymbol{U}=\boldsymbol{AX} \tag{9-74}$$

以及

$$\boldsymbol{BY}=\begin{pmatrix}b_{1,1}&b_{1,2}&\cdots&b_{1,q}\\b_{2,1}&b_{2,2}&\cdots&b_{2,q}\\\vdots&\vdots&\ddots&\vdots\\b_{q,1}&b_{q,2}&\cdots&b_{q,q}\end{pmatrix}\begin{pmatrix}Y_1\\Y_2\\\vdots\\Y_q\end{pmatrix}=\begin{pmatrix}b_{1,1}Y_1+b_{1,2}Y_2+\cdots+b_{1,q}Y_q\\b_{2,1}Y_1+b_{2,2}Y_2+\cdots+b_{2,q}Y_q\\\vdots\\b_{q,1}Y_1+b_{q,2}Y_2+\cdots+b_{q,q}Y_q\end{pmatrix}=\begin{pmatrix}V_1\\V_2\\\vdots\\V_p\end{pmatrix}=\boldsymbol{V} \tag{9-75}$$

即

$$\boldsymbol{V}=\boldsymbol{BY} \tag{9-76}$$

因为 $p<q$，所以我们更感兴趣的是前 p 个典型变量。

现在我们考察 $\boldsymbol{U}$ 和 $\boldsymbol{X}$ 的关联性，计算它们之间的协方差，得到

$$\mathrm{Cov}(\boldsymbol{U},\boldsymbol{X})=\mathrm{Cov}(\boldsymbol{AX},\boldsymbol{X})=\boldsymbol{A}\mathrm{Cov}(\boldsymbol{X},\boldsymbol{X})=\boldsymbol{A\Sigma}_{11} \tag{9-77}$$

根据相关系数的定义公式，我们计算 U_i, X_k 的相关性，得到

$$\begin{aligned}\rho(U_i,X_k)&=\frac{\mathrm{Cov}(U_i,X_k)}{\underbrace{\sqrt{\mathrm{Var}(U_i)}}_{1}\underbrace{\sqrt{\mathrm{Var}(X_k)}}_{\sqrt{\sigma_{kk}}}}\\&=\frac{\mathrm{Cov}(U_i,X_k)}{\sqrt{\sigma_{kk}}}=\mathrm{Cov}(U_i,\frac{X_k}{\sqrt{\sigma_{kk}}})=\mathrm{Cov}(U_i,\sigma_{kk}^{-1/2}X_k)\end{aligned} \tag{9-78}$$

这其中的 $\sqrt{\mathrm{Var}(X_k)}=\sigma_{kk}^{-1/2}$，将上述推广到矩阵表达形式，引入新的记号 $\boldsymbol{V}_{11}^{-1/2}$，它是对角元素为 $\sigma_{kk}^{-1/2}$ 的 $p\times p$ 对角阵，以矩阵的形式表达，则有

$$\begin{aligned}\rho(\boldsymbol{U},\boldsymbol{X})&=\mathrm{Cov}(\boldsymbol{U},\boldsymbol{V}_{11}^{-1/2}\boldsymbol{X})=\mathrm{Cov}(\boldsymbol{AX},\boldsymbol{V}_{11}^{-1/2}\boldsymbol{X})\\&=\boldsymbol{A}\mathrm{Cov}(\boldsymbol{X},\boldsymbol{X})\boldsymbol{V}_{11}^{-1/2}\\&=\boldsymbol{A\Sigma}_{11}\boldsymbol{V}_{11}^{-1/2}\end{aligned} \tag{9-79}$$

利用同样的计算步骤，可得

$$\begin{aligned}\rho(\boldsymbol{V},\boldsymbol{X})&=\mathrm{Cov}(\boldsymbol{V},\boldsymbol{V}_{11}^{-1/2}\boldsymbol{X})=\mathrm{Cov}(\boldsymbol{BY},\boldsymbol{V}_{11}^{-1/2}\boldsymbol{X})\\&=\boldsymbol{B}\mathrm{Cov}(\boldsymbol{Y},\boldsymbol{X})\boldsymbol{V}_{11}^{-1/2}\\&=\boldsymbol{B\Sigma}_{21}\boldsymbol{V}_{11}^{-1/2}\end{aligned} \tag{9-80}$$

$$\begin{aligned}\rho(\boldsymbol{U},\boldsymbol{Y})&=\mathrm{Cov}(\boldsymbol{U},\boldsymbol{V}_{22}^{-1/2}\boldsymbol{Y})=\mathrm{Cov}(\boldsymbol{AX},\boldsymbol{V}_{22}^{-1/2}\boldsymbol{Y})\\&=\boldsymbol{A}\mathrm{Cov}(\boldsymbol{X},\boldsymbol{Y})\boldsymbol{V}_{22}^{-1/2}\\&=\boldsymbol{A}\boldsymbol{\Sigma}_{12}\boldsymbol{V}_{22}^{-1/2}\end{aligned}\tag{9-81}$$

$$\begin{aligned}\rho(\boldsymbol{V},\boldsymbol{Y})&=\mathrm{Cov}(\boldsymbol{V},\boldsymbol{V}_{22}^{-1/2}\boldsymbol{Y})=\mathrm{Cov}(\boldsymbol{BY},\boldsymbol{V}_{22}^{-1/2}\boldsymbol{Y})\\&=\boldsymbol{B}\mathrm{Cov}(\boldsymbol{Y},\boldsymbol{Y})\boldsymbol{V}_{22}^{-1/2}\\&=\boldsymbol{B}\boldsymbol{\Sigma}_{22}\boldsymbol{V}_{22}^{-1/2}\end{aligned}\tag{9-82}$$

式中，记号 $\boldsymbol{V}_{22}^{-1/2}$ 和记号 $\boldsymbol{V}_{11}^{-1/2}$ 一样，是对角元素为 $\sqrt{\mathrm{Var}(Y_k)}$ 的 $q\times q$ 对角矩阵。

当我们使用标准化后的数据进行典型相关分析时，此时的协方差矩阵就是相关系数矩阵，此时上述的各式就改写为

$$\rho(\boldsymbol{U},\boldsymbol{X})=\boldsymbol{A}_z\boldsymbol{R}_{11}\tag{9-83}$$

$$\rho(\boldsymbol{U},\boldsymbol{Y})=\boldsymbol{A}_z\boldsymbol{R}_{12}\tag{9-84}$$

$$\rho(\boldsymbol{V},\boldsymbol{X})=\boldsymbol{B}_z\boldsymbol{R}_{21}\tag{9-85}$$

$$\rho(\boldsymbol{V},\boldsymbol{Y})=\boldsymbol{B}_z\boldsymbol{R}_{22}\tag{9-86}$$

式中，矩阵 $\boldsymbol{A}_z$ 和 $\boldsymbol{B}_z$ 为针对原始数据 $\boldsymbol{X}$ 和 $\boldsymbol{Y}$ 标准化后的典型变量系数矩阵。

在上述载荷分析中，计算结果中较大的系数表明联系更加紧密，但由于这些相关系数忽略了每组中余下变量的贡献，故有相对提高自身重要性的可能。

三、冗余分析

在典型相关分析中，我们提取的每一对典型相关变量，都要求它们尽可能地达到最大相关，但同时我们也想了解这些典型变量能够在多大程度上解释各组变差，以便于定量测定这些典型变量所包含的原始信息的大小。

当数据进行标准化后，我们分析时的出发点就是相关系数矩阵，按照分块来看，相关系数矩阵可分为式（9-59）所示意的 4 块。这其中，$\boldsymbol{X}$ 的方差总和为该组变量所含有的信息，即 $\mathrm{tr}(\boldsymbol{R}_{11})=p$，$\boldsymbol{Y}$ 的方差总和为第二组变量所含有的信息，即 $\mathrm{tr}(\boldsymbol{R}_{22})=q$。假如我们经过前边的计算，确定了有 r 对典型相关变量，则典型变量系数矩阵可分别记为 $\hat{\boldsymbol{A}}_z$ 和 $\hat{\boldsymbol{B}}_z$，并且可以知道，$\hat{\boldsymbol{A}}_z^{-1}$ 和 $\hat{\boldsymbol{B}}_z^{-1}$ 的列向量为典型变量与其成分变量的样本相关系数。对于这 r 对变量的贡献，可以按照它们在总变差中的占比表达出来。

我们知道存在 $\boldsymbol{U}=\boldsymbol{AX}$ 和 $\boldsymbol{V}=\boldsymbol{BY}$，当使用样本数据并且标准化后，则有

$$\hat{\boldsymbol{U}}=\hat{\boldsymbol{A}}_z\hat{\boldsymbol{Z}}^{(1)}\Rightarrow\hat{\boldsymbol{Z}}^{(1)}=\hat{\boldsymbol{A}}_z^{-1}\hat{\boldsymbol{U}}\tag{9-87}$$

$$\hat{\boldsymbol{V}}=\hat{\boldsymbol{B}}_z\hat{\boldsymbol{Z}}^{(2)}\Rightarrow\hat{\boldsymbol{Z}}^{(2)}=\hat{\boldsymbol{B}}_z^{-1}\hat{\boldsymbol{V}}\tag{9-88}$$

式中，$\hat{\boldsymbol{Z}}^{(1)}$ 和 $\hat{\boldsymbol{Z}}^{(2)}$ 分别为第 1 组变量 $\boldsymbol{X}$ 和第 2 组变量 $\boldsymbol{Y}$ 的样本数据标准化处理后得到的结果。据此，我们计算

$$\begin{aligned}\mathrm{Cov}(\hat{\boldsymbol{Z}}^{(1)},\hat{\boldsymbol{U}})&=\mathrm{Cov}(\hat{\boldsymbol{A}}_z^{-1}\hat{\boldsymbol{U}},\hat{\boldsymbol{U}})\\&=\hat{\boldsymbol{A}}_z^{-1}\,\mathrm{Cov}(\hat{\boldsymbol{U}},\hat{\boldsymbol{U}})\end{aligned}$$

$$= \hat{\boldsymbol{A}}_z^{-1} = \begin{pmatrix} r_{(\hat{U}_1,Z_1^{(1)})} & r_{(\hat{U}_2,Z_1^{(1)})} & \cdots & r_{(\hat{U}_p,Z_1^{(1)})} \\ r_{(\hat{U}_1,Z_2^{(1)})} & r_{(\hat{U}_2,Z_2^{(1)})} & \cdots & r_{(\hat{U}_p,Z_2^{(1)})} \\ \vdots & \vdots & \ddots & \vdots \\ r_{(\hat{U}_1,Z_p^{(1)})} & r_{(\hat{U}_2,Z_p^{(1)})} & \cdots & r_{(\hat{U}_p,Z_p^{(1)})} \end{pmatrix} \tag{9-89}$$

以及

$$\begin{aligned} \mathrm{Cov}(\hat{\boldsymbol{Z}}^{(2)},\hat{\boldsymbol{V}}) &= \mathrm{Cov}(\hat{\boldsymbol{B}}_z^{-1}\hat{\boldsymbol{V}},\hat{\boldsymbol{V}}) \\ &= \hat{\boldsymbol{B}}_z^{-1}\,\mathrm{Cov}(\hat{\boldsymbol{V}},\hat{\boldsymbol{V}}) \\ &= \hat{\boldsymbol{B}}_z^{-1} = \begin{Bmatrix} r_{[\hat{V}_1,Z_1^{(1)}]} & r_{[\hat{V}_2,Z_1^{(1)}]} & \cdots & r_{[\hat{V}_p,Z_1^{(1)}]} \\ r_{[\hat{V}_1,Z_2^{(1)}]} & r_{[\hat{V}_2,Z_2^{(1)}]} & \cdots & r_{[\hat{V}_p,Z_2^{(1)}]} \\ \vdots & \vdots & \ddots & \vdots \\ r_{[\hat{V}_1,Z_p^{(1)}]} & r_{[\hat{V}_2,Z_p^{(1)}]} & \cdots & r_{[\hat{V}_p,Z_p^{(1)}]} \end{Bmatrix} \end{aligned} \tag{9-90}$$

可见，前 r 对典型相关变量对样本总方差的贡献为

$$\mathrm{tr}\left[\hat{\boldsymbol{a}}_z^{(1)}\hat{\boldsymbol{a}}_z^{(1)\prime} + \hat{\boldsymbol{a}}_z^{(2)}\hat{\boldsymbol{a}}_z^{(2)\prime} + \cdots + \hat{\boldsymbol{a}}_z^{(r)}\hat{\boldsymbol{a}}_z^{(r)\prime}\right] = \sum_{i=1}^{r}\sum_{k=1}^{p} r^2_{[\hat{U}_i,Z_k^{(1)}]} \tag{9-91}$$

$$\mathrm{tr}\left[\hat{\boldsymbol{b}}_z^{(1)}\hat{\boldsymbol{b}}_z^{(1)\prime} + \hat{\boldsymbol{b}}_z^{(2)}\hat{\boldsymbol{b}}_z^{(2)\prime} + \cdots + \hat{\boldsymbol{b}}_z^{(r)}\hat{\boldsymbol{b}}_z^{(r)\prime}\right] = \sum_{i=1}^{r}\sum_{k=1}^{q} r^2_{[\hat{V}_i,Z_k^{(2)}]} \tag{9-92}$$

计算前 r 对典型相关变量对样本总方差的解释比例，得到

$$R_{x|u} = \frac{1}{p}\sum_{i=1}^{r}\sum_{k=1}^{p} r^2_{[\hat{U}_i,Z_k^{(1)}]} \tag{9-93}$$

$$R_{y|v} = \frac{1}{q}\sum_{i=1}^{r}\sum_{k=1}^{q} r^2_{[\hat{V}_i,Z_k^{(2)}]} \tag{9-94}$$

据此，可进行冗余分析。

第五节　典型相关计算过程实例

为了详细了解典型相关分析的计算步骤，我们以实例来逐步说明具体计算结果。下面是某康复俱乐部对 20 名中年人测量了 3 个生理指标：体重 X_1，腰围 X_2，脉搏 X_3；3 个训练指标：引体向上次数 Y_1，仰卧起坐次数 Y_2，跳跃次数 Y_3（表 9-1）。分析生理指标与训练指标的相关性。

表 9-1　康复俱乐部统计数据[8]

X_1	X_2	X_3	Y_1	Y_2	Y_3
191	36	50	5	162	60
189	37	52	2	110	60
193	38	58	12	101	101
162	35	62	12	105	37
189	35	46	13	155	58

续表

X_1	X_2	X_3	Y_1	Y_2	Y_3
182	36	56	4	101	42
211	38	56	8	101	38
167	34	60	6	125	40
176	31	74	15	200	40
154	33	56	17	251	250
169	34	50	17	120	38
166	33	52	13	210	115
154	34	64	14	215	105
247	46	50	1	50	50
193	36	46	6	70	31
202	37	62	12	210	120
176	37	54	4	60	25
157	32	52	11	230	80
156	33	54	15	225	73
138	33	68	2	110	43

我们按照如下步骤逐一说明计算中间过程，以方便学习、计算、校核，保留了 6 位小数。经计算，数据标准化后的相关系数矩阵 $\boldsymbol{R}_{11}$ 为

$$\boldsymbol{R}_{11}=\begin{pmatrix}1.000\,000 & 0.870\,243 & -0.365\,762\\ 0.870\,243 & 1.000\,000 & -0.352\,892\\ -0.365\,762 & -0.352\,892 & 1.000\,000\end{pmatrix}$$

同样计算数据标准化后的相关系数矩阵 $\boldsymbol{R}_{22}$ 为

$$\boldsymbol{R}_{22}=\begin{pmatrix}1.000\,000 & 0.695\,727 & 0.495\,760\\ 0.695\,727 & 1.000\,000 & 0.669\,206\\ 0.495\,760 & 0.669\,206 & 1.000\,000\end{pmatrix}$$

以及相关系数矩阵 $\boldsymbol{R}_{12}$ 和 $\boldsymbol{R}_{21}$，和 $\boldsymbol{R}_{12}$ 对比可知，它们满足 $\boldsymbol{R}_{12}=\boldsymbol{R}'_{12}$。

$$\boldsymbol{R}_{12}=\begin{pmatrix}-0.389\,694 & -0.493\,084 & -0.226\,296\\ -0.552\,232 & -0.645\,598 & -0.191\,499\\ 0.150\,648 & 0.225\,038 & 0.034\,933\end{pmatrix}$$

$$\boldsymbol{R}_{21}=\begin{pmatrix}-0.389\,694 & -0.552\,232 & 0.150\,648\\ -0.493\,084 & -0.645\,598 & 0.225\,038\\ -0.226\,296 & -0.191\,499 & 0.034\,933\end{pmatrix}$$

以下是中间计算过程矩阵 $\boldsymbol{M}_1$ 和 $\boldsymbol{M}_2$。

$$\boldsymbol{M}_1=\begin{pmatrix}-0.245\,945 & -0.425\,562 & 0.159\,277\\ 0.583\,426 & 0.907\,143 & -0.328\,272\\ -0.016\,793 & -0.031\,293 & 0.017\,284\end{pmatrix}$$

$$M_2=\begin{pmatrix}0.161\,788 & 0.171\,878 & 0.022\,998\\ 0.482\,442 & 0.548\,774 & 0.111\,448\\ -0.318\,430 & -0.346\,472 & -0.032\,081\end{pmatrix}$$

求解 $\boldsymbol{M}_1$，得到特征向量 $\boldsymbol{u}$：

$$\boldsymbol{u}_1=\begin{pmatrix}0.775\,398\\ -1.579\,347\\ 0.059\,120\end{pmatrix},\quad \boldsymbol{u}_2=\begin{pmatrix}-1.884\,367\\ 1.180\,641\\ -0.231\,107\end{pmatrix},\quad \boldsymbol{u}_3=\begin{pmatrix}-0.190\,982\\ 0.506\,019\\ 1.050\,784\end{pmatrix}$$

计算各对典型变量的相关系数，顺序从大到小，则有

$$r_1=0.795\,608,\quad r_2=0.200\,556,\quad r_3=0.072\,570$$

下面是求解得到的典型向量 $\boldsymbol{U}$，其中下角标 s 指标准化后的 X。

$$U_1= 0.7754X_{s1}-1.5793X_{s2}+0.0591X_{s3};$$
$$U_2=-1.8844X_{s1}+1.1806X_{s2}-0.2311X_{s3};$$
$$U_3=-0.1910X_{s1}+0.5060X_{s2}+1.0508X_{s3}$$

求解 $\boldsymbol{M}_2$，得到的特征向量 $\boldsymbol{v}$ 为

$$\boldsymbol{v}_1=\begin{pmatrix}-0.349\,497\\ -1.054\,011\\ 0.716\,427\end{pmatrix},\quad \boldsymbol{v}_2=\begin{pmatrix}-1.296\,594\\ 1.236\,793\\ -0.418\,807\end{pmatrix},\quad \boldsymbol{v}_3=\begin{pmatrix}-0.375\,544\\ 0.123\,490\\ 1.062\,167\end{pmatrix}$$

下面是求解得到的典型向量 $\boldsymbol{V}$，其中下脚标 s 是指标准化后的 Y。

$$V_1=-0.3495Y_{s1}-1.0540Y_{s2}+0.7164Y_{s3};$$
$$V_2=-1.2966Y_{s1}+1.2368Y_{s2}-0.4188Y_{s3};$$
$$V_3=-0.3755Y_{s1}+0.1235Y_{s2}+1.0622Y_{s3}$$

表 9-2 是 $\boldsymbol{U}$ 和 X 的典型荷载分析。

表 9-2　$\boldsymbol{U}$ 和 $\boldsymbol{X}$ 的典型荷载分析

典型变量	X_1	X_2	X_3
U_1	−0.620 64	−0.925 42	0.332 85
U_2	−0.772 39	−0.377 66	0.041 48
U_3	−0.134 96	−0.030 99	0.942 07

第 1 典型变量解释的方差，与总体相比，所占比例为 0.4508；第 2 典型变量解释的方差，与总体相比，所占比例为 0.2470；第 3 典型变量解释的方差，与总体相比，所占比例为 0.3022。

表 9-3 是 $\boldsymbol{U}$ 和 Y 的典型荷载分析。

表 9-3　$\boldsymbol{U}$ 和 $\boldsymbol{Y}$ 的典型荷载分析

典型变量	Y_1	Y_2	Y_3
U_1	0.578 90	0.650 59	0.129 04
U_2	0.047 52	0.114 92	0.192 26
U_3	−0.046 72	0.003 95	−0.016 98

第 1 典型变量解释的方差，与总体相比，所占比例为 0.2584；第 2 典型变量解释的方差，与总体相比，所占比例为 0.0175；第 3 典型变量解释的方差，与总体相比，所占比例为 0.0008。

表 9-4 是 V 和 X 的典型荷载分析。

表 9-4　V 和 X 的典型荷载分析

典型变量	X_1	X_2	X_3
V_1	0.493 79	0.736 28	−0.264 82
V_2	−0.009 79	−0.002 25	0.068 37
V_3	−0.154 91	−0.075 74	0.008 32

第 1 典型变量解释的方差，与总体相比，所占比例为 0.2854；第 2 典型变量解释的方差，与总体相比，所占比例为 0.0016；第 3 典型变量解释的方差，与总体相比，所占比例为 0.0099。

表 9-5 是 V 和 Y 的典型荷载分析。

表 9-5　V 和 Y 的典型荷载分析

典型变量	Y_1	Y_2	Y_3
V_1	−0.727 63	−0.817 73	−0.162 19
V_2	−0.643 75	0.054 45	−0.233 94
V_3	0.236 95	0.573 02	0.958 63

第 1 典型变量解释的方差，与总体相比，所占比例为 0.4081；第 2 典型变量解释的方差，与总体相比，所占比例为 0.1574；第 3 典型变量解释的方差，与总体相比，所占比例为 0.4345。

最终，具有显著性的典型相关变量有 1 组。

第六节　典型相关分析解读实例

一、多组变量之间的典型相关分析

对数据进行典型相关分析处理，目的是找出两组变量之间的相关关系，并探讨其中可能存在的科学问题。本节中，我们具体以实际测量数据为例，就典型相关分析结果展开较为详细地讨论。

需要说明的是，这里的科研数据有 3 组变量，按照相关分析的要求，应该将 3 组结果同时进行研究，也就是说，设 3 组变量分别为 X，Y，Z，3 组变量各自的协方差矩阵为

$$\mathrm{Cov}(X,X)=\boldsymbol{\Sigma}_{11},\quad \mathrm{Cov}(X,Y)=\boldsymbol{\Sigma}_{12},\quad \mathrm{Cov}(X,Z)=\boldsymbol{\Sigma}_{13} \tag{9-95}$$

$$\mathrm{Cov}(Y,X)=\boldsymbol{\Sigma}_{21},\quad \mathrm{Cov}(Y,Y)=\boldsymbol{\Sigma}_{22},\quad \mathrm{Cov}(Y,Z)=\boldsymbol{\Sigma}_{23} \tag{9-96}$$

$$\mathrm{Cov}(Z,X)=\boldsymbol{\Sigma}_{31},\quad \mathrm{Cov}(Z,Y)=\boldsymbol{\Sigma}_{32},\quad \mathrm{Cov}(Z,Z)=\boldsymbol{\Sigma}_{33} \tag{9-97}$$

将 3 组变量安排组成统一变量 $\boldsymbol{T}$。

$$\boldsymbol{T}=\begin{pmatrix} X \\ Y \\ Z \end{pmatrix} \tag{9-98}$$

那么 $\boldsymbol{T}$ 的协方差为

$$\mathrm{Cov}(\boldsymbol{T},\boldsymbol{T})=\begin{pmatrix}\boldsymbol{\Sigma}_{11} & \boldsymbol{\Sigma}_{12} & \boldsymbol{\Sigma}_{13}\\ \boldsymbol{\Sigma}_{21} & \boldsymbol{\Sigma}_{22} & \boldsymbol{\Sigma}_{23}\\ \boldsymbol{\Sigma}_{31} & \boldsymbol{\Sigma}_{32} & \boldsymbol{\Sigma}_{33}\end{pmatrix} \tag{9-99}$$

在这里，要具体求解 3 组变量的典型相关，应该统一进行，也就是说不仅要考虑单独的 $\boldsymbol{\Sigma}_{12},\boldsymbol{\Sigma}_{13},\boldsymbol{\Sigma}_{23}$ 等各自的协方差，还要统一起来考察它们的综合效应，我们姑且称之为“综合协方差”。此外，怎样表达 $\boldsymbol{\Sigma}_{123},\boldsymbol{\Sigma}_{132},\boldsymbol{\Sigma}_{213}$ 等“综合协方差”也是个问题。对于多组变量的典型相关，以前也有人研究过，感兴趣的读者，可参阅文献[86]第 2 卷。

在这里，我们对 3 组变量进行典型相关分析，是按照每两组之间进行典型相关分析，这样做，一是为了说明该方法的具体应用分析，二是考虑到两两之间的检验，若检验水平分别设为 $\alpha_1=0.05$， $\alpha_2=0.01$， $\alpha_3=0.05$，那么按照概率的积，其实际的联合可信度 Conf 为

$$\begin{aligned}\mathrm{Conf} &= (1-\alpha_1)(1-\alpha_2)(1-\alpha_3)\\ &=0.95\times0.99\times0.95\\ &=0.893\,475\\ &\approx 0.9\end{aligned}$$

这样看来还是可行的。当然，若设 $\alpha_i=0.01(i=1,2,3)$，则 $\mathrm{Conf}=0.97$，我们不再讨论这些。

二、数据概况

表 9-6 是 2010 年 7 月～2011 年 6 月采自河北省安国市金银花根围 0～30cm 土壤样品数据，其中土层 X_1（cm），全氮 X_2（g/kg），有机碳 X_3（g/kg）和 pH X_4 4 个土壤因子构成第 1 组变量；孢子密度 Y_1（个/g），丛枝定殖率 Y_2（%），泡囊定殖率 Y_3（%），外生菌丝定殖率 Y_4（%），内生菌丝定殖率 Y_5（%）5 个 AM 真菌指标构成第 2 组变量；第 3 组变量包含 Z_1 和 Z_2，由易提取球囊霉素（EEG）（g/kg）与总球囊霉素（TG）（g/kg）构成。试运用典型相关分析，研究金银花根围 AM 真菌、球囊霉素、土壤环境三者之间的典型相关关系。

表 9-6 金银花根围 AM 真菌和土壤因子等测定数据[41]

X_1	X_2	X_3	X_4	Y_1	Y_2	Y_3	Y_4	Y_5	Z_1	Z_2
0～10	0.90	35.50	8.22	52.00	0.00	0.07	0.87	0.97	1.50	2.57
11～20	0.81	31.75	8.39	43.45	0.00	0.03	0.83	0.88	1.26	2.25
21～30	0.69	29.00	8.52	27.45	0.00	0.03	0.77	0.90	1.01	2.20
0～10	0.85	33.50	8.52	51.80	0.00	0.12	0.66	0.97	1.49	2.88
11～20	0.73	30.75	8.55	42.65	0.00	0.12	0.62	0.96	1.38	2.66
21～30	0.64	30.50	8.55	29.90	0.00	0.06	0.66	0.93	1.24	2.51
0～10	0.99	36.00	8.32	69.20	0.00	0.10	0.66	0.83	1.64	3.23
11～20	0.89	33.25	8.29	66.20	0.01	0.08	0.76	0.83	1.54	3.22
21～30	0.69	29.50	8.30	41.65	0.01	0.04	0.59	0.77	1.24	2.61
0～10	0.92	31.25	8.33	39.15	0.02	0.27	0.24	0.58	1.11	2.96
11～20	0.73	32.50	8.36	21.95	0.02	0.24	0.30	0.73	0.96	2.67
21～30	0.65	29.75	8.53	17.85	0.00	0.14	0.18	0.71	0.77	2.23
0～10	0.69	29.00	8.18	38.85	0.02	0.28	0.44	0.66	1.07	2.90
11～20	0.60	26.00	8.23	29.15	0.02	0.20	0.46	0.64	0.74	2.48

续表

X_1	X_2	X_3	X_4	Y_1	Y_2	Y_3	Y_4	Y_5	Z_1	Z_2
21～30	0.42	23.25	8.22	14.65	0.03	0.26	0.30	0.68	0.60	1.81
0～10	0.65	27.57	8.24	41.75	0.02	0.32	0.41	0.66	0.95	2.89
11～20	0.44	25.25	8.36	29.65	0.02	0.35	0.28	0.73	0.75	2.10
21～30	0.40	24.50	8.38	14.54	0.00	0.33	0.20	0.65	0.55	1.78
0～10	0.67	28.50	8.13	44.20	0.00	0.31	0.21	0.27	0.97	2.77
11～20	0.49	27.25	8.15	38.20	0.00	0.29	0.32	0.31	0.73	2.25
21～30	0.39	25.00	8.17	32.20	0.00	0.19	0.09	0.29	0.54	2.20
0～10	0.67	32.50	8.22	56.00	0.00	0.29	0.44	0.63	0.92	3.02
11～20	0.58	28.75	8.38	37.20	0.00	0.29	0.32	0.42	0.79	2.56
21～30	0.45	26.50	8.57	29.80	0.02	0.19	0.23	0.75	0.51	2.23
0～10	0.71	33.25	8.19	70.80	0.00	0.16	0.38	0.69	1.35	3.51
11～20	0.64	30.00	8.41	45.40	0.01	0.29	0.15	0.57	1.14	2.98
21～30	0.42	27.00	8.52	21.40	0.00	0.20	0.26	0.67	1.00	2.02
0～10	0.58	35.50	8.19	80.40	0.15	0.16	0.33	0.79	1.74	3.63
11～20	0.51	32.00	8.28	44.00	0.10	0.21	0.32	0.77	1.58	3.11
21～30	0.42	32.00	8.29	30.60	0.11	0.17	0.27	0.76	1.30	2.51
0～10	0.61	40.50	8.15	34.60	0.00	0.21	0.18	0.64	1.49	3.41
11～20	0.55	39.00	8.19	29.60	0.07	0.13	0.33	0.70	1.24	2.98
21～30	0.43	33.50	8.20	20.60	0.03	0.10	0.24	0.55	1.00	2.02
0～10	0.68	36.50	8.29	58.00	0.00	0.02	0.42	0.40	1.51	3.20
11～20	0.62	34.00	8.44	30.20	0.00	0.06	0.31	0.30	1.34	2.80
21～30	0.45	31.00	8.47	20.20	0.00	0.04	0.49	0.25	0.90	2.00

三、典型相关分析

（一）土壤因子与 AM 真菌之间的典型相关分析

典型相关分析是研究 2 组变量间相关关系的一种多元统计分析方法，能够揭示 2 组变量之间的内在联系，反映两组变量间的线性相关情况，比仅考虑单个指标间相关关系的简单相关分析更有效。对 4 个土壤因子与 5 个 AM 真菌指标进行典型相关分析，在检验水平 $\alpha=0.01$ 时，经检验，具有显著性的综合典型相关变量有 3 对。

1. 第 1 对典型相关变量

第 1 对典型变量 (U_1,V_1) 的函数表达式如下。

$$U_1=1.0672X_1+0.0952X_2+0.7355X_3+0.1801X_4 \quad (9\text{-}100)$$

$$V_1=-0.5166Y_1+0.0602Y_2-1.0325Y_3-0.5123Y_4+0.3460Y_5 \quad (9\text{-}101)$$

U_1 为最典型的土壤要素，在这个要素中，土层的权重最大，说明对于 AM 真菌，以土层为主的土壤要素最为重要。位居第二的是有机碳，系数为 0.7355，对土壤要素整体有一定程度的贡献。相比而言，pH 与全氮的系数较小，对 U_1 的作用可以忽略。整体而言，在以土层为主的土壤要素中，有机碳对该土壤要素有正面影响，而 pH 和全氮则对该土壤要素几乎无影响。

构成V_1的各变量系数中，泡囊定殖率的系数最大，其次为孢子密度和外生菌丝定殖率，且三者均对V_1有负向影响。相比而言，丛枝定殖率所占比例很小，近似为 0。这说明，对于 AM 真菌，V_1主要是关于泡囊定殖情况的要素。因此，第 1 对典型相关变量反映的主要是以土层为主，有机碳为辅的土壤综合环境与 AM 真菌泡囊定殖情况之间的相关关系。

第 1 对典型综合变量的相关系数$r_{11}=0.888$，表明这 2 组变量之间高度相关。随着土层的加深，土壤中的通气量、光照强度、有机碳含量会发生明显的变化，而 AM 真菌对土层变化具有敏感性，这必然会造成孢子密度的下降，以及泡囊和外生菌丝定殖情况的改变。所以，土层可看作影响 AM 真菌侵染情况的一种综合性因素，第 1 典型相关变量明确反映了泡囊与土层之间的这种关系。

2. 第 2 对典型相关变量

整理得到的第 2 对典型变量(U_2,V_2)的函数模型如下。

$$U_2=0.1426X_1+1.0208X_2+0.0508X_3+0.1861X_4 \tag{9-102}$$

$$V_2=0.4815Y_1-0.5095Y_2-0.1847Y_3+0.1839Y_4+0.4358Y_5 \tag{9-103}$$

第 2 对典型变量(U_2,V_2)中，U_2代表了第 2 典型相关的土壤要素。其中，土壤全氮的系数最大为 1.0208，表明该典型变量中全氮对土壤要素作用最大。相比而言，土层、pH 系数较小，分别为 0.1426 和 0.1861，并且两者相差不大。剩余指标有机碳的系数很小，近似为 0。因此，在以全氮为主的土壤要素中，土层和 pH 对该土壤要素有较小的正面影响，而有机碳对该要素则几乎没有作用。

构成V_2的各变量系数中，丛枝定殖率系数的绝对值最大，其次为孢子密度、内生菌丝定殖率，三者相差不大。泡囊定殖率和外生菌丝定殖率所占比例则相对较小，表明V_2主要是关于丛枝菌丝、孢子和内生菌丝的土壤环境。因此，第 2 对典型相关变量主要反映了以全氮为主的土壤要素与由丛枝菌丝、孢子、内生菌丝所代表的 AM 真菌生长情况之间的相关关系。

本对典型综合变量的相关系数$r_{12}=0.809$，可知 2 组变量之间高度相关。氮是植物需求量最大的矿质元素，对植物的生长和孢子的形成有重要作用。AM 真菌可以通过外生菌丝吸收土壤中的氮，然后转运到内生菌丝，最后由内生菌丝末端的丛枝菌丝释放进入植物根系。但是，当土壤中全氮含量过高时，也会抑制 AM 真菌丛枝菌丝的定殖，U_2中全氮与V_2的丛枝菌丝定殖率的系数符号相反也说明了这一点。

3. 第 3 对典型相关变量

第 3 对典型变量(U_3,V_3)的函数模型表述为

$$U_3=-0.2019X_1-0.4085X_2+0.9151X_3-0.2692X_4 \tag{9-104}$$

$$V_3=0.7352Y_1+0.4312Y_2-0.5751Y_3-0.5000Y_4-0.2309Y_5 \tag{9-105}$$

式中，X_1为土层；X_2为全氮；X_3为有机碳；X_4为 pH；Y_1为孢子密度；Y_2为从枝定殖率；Y_3为泡囊定殖率；Y_4为外生菌丝定殖率；Y_5为内生菌丝定殖率。

第 3 对典型变量(U_3,V_3)中，从组成U_3的各变量系数来看，有机碳的系数最大，其次为全氮，但是全氮的系数为负值，剩余的 2 个指标系数则相对较小，同为负值；构成V_3的各变

量系数中，贡献最大的是孢子密度，最小的为内生菌丝定殖率。对比剩余的3个指标，泡囊定殖率、外生菌丝定殖率、丛枝菌丝定殖率分别为–0.5751、–0.5000和0.4312，三者相差不大。因此，第3对典型变量主要反映的是以有机碳为主的土壤综合环境与AM真菌孢子生长情况之间的相关关系。

第3对典型综合变量的相关系数 $r_{13}=0.632$。孢子是由AM真菌根外菌丝顶端产生的，内含储藏性脂肪和碳水化合物，孢子壁中可以产生球囊霉素，而球囊霉素可以丰富土壤碳库。因此，AM真菌孢子数量的增加会显著促进土壤中有机碳含量的上升，第3对典型相关变量也确切反映了有机碳与孢子之间的正相关关系。

（二）球囊霉素与土壤因子之间的典型相关分析

对由易提取球囊霉素（EEG）、总球囊霉素（TG）组成的第3组变量与4个土壤因子组成的第1组变量进行典型相关分析，在 $\alpha=0.01$ 的检验水平上，经检验，具有显著性的综合变量有2对。

1. 第1对典型相关变量

整理得到第1对典型变量 (U_1,W_1) 的函数模型如下。

$$U_1=-0.4029X_1+0.1337X_2+0.6486X_3+0.0126X_4 \tag{9-106}$$

$$W_1=0.4790Z_1+0.5897Z_2 \tag{9-107}$$

第1对典型变量代表了球囊霉素与土壤环境之间最为重要的关系，从构成 U_1 的各个变量的系数可以看出，原始变量占典型综合变量 U_1 权重最大的是有机碳，其次是土层，而全氮、pH则相对较小，可见第1土壤综合变量主要体现的是以有机碳为主的土壤环境；在 W_1 中，原始变量占典型综合变量 W_1 权重最大的是总球囊霉素，之后是易提取球囊霉素，并且两者相差很小，说明 W_1 体现的是以总球囊霉素为主，易提取球囊霉素为辅的综合状态。

第1对典型变量的相关系数 $r_{21}=0.875$，可知2组变量之间高度相关。球囊霉素作为AM真菌的分泌产物，对土壤碳库的贡献不容忽视（球囊霉素占土壤碳库的4%～5%）。第1对典型相关变量函数表达式中，有机碳与总球囊霉素、易提取球囊霉素的系数均为正值，呈现正相关关系，这也明确说明球囊霉素是土壤有机碳库的重要来源。

2. 第2对典型相关变量

第2对典型变量 (U_2,W_2) 的函数表达式为

$$U_2=1.0556X_1+0.4440X_2+0.6717X_3+0.2445X_4 \tag{9-108}$$

$$W_2=1.4296Z_1-1.3876Z_2 \tag{9-109}$$

在第2对典型变量中，U_2 主要由土层决定，其次为有机碳、全氮和pH，其中pH对 U_2 的贡献最小；在构成 W_2 的各变量系数中，对 W_2 贡献较大的是易提取球囊霉素，总球囊霉素则相对较小，但是总球囊霉素对 W_2 起负面影响。因此，第2对典型变量主要反映了土层与球囊霉素之间的相关关系。

第2对典型变量的相关系数为 $r_{22}=0.569$。AM真菌与土壤因子的典型相关分析表明，土层与孢子密度表现为负相关关系，而球囊霉素主要产生于孢子壁中。因此，在本对典型变量

中也可以看出，土层的加深会造成总球囊霉素的含量下降。

（三）AM 真菌与球囊霉素之间的典型相关分析

对由孢子密度、丛枝定殖率、泡囊定殖率等 5 个 AM 真菌指标组成的第 2 组变量与由易提取球囊霉素（EEG）、总球囊霉素（TG）组成的第 3 组变量进行典型相关分析。经检验，具有显著性的综合变量有 2 对。

1. 第 1 对典型相关变量

整理得到第 1 对典型变量 (V_1,W_1) 的函数模型如下。

$$V_1 = 0.9376Y_1 + 0.1241Y_2 - 0.3235Y_3 - 0.2924Y_4 + 0.1841Y_5 \tag{9-110}$$

$$W_1 = 0.4969Z_1 + 0.5722Z_2 \tag{9-111}$$

第 1 对典型变量 (V_1,W_1) 中，V_1 代表了最典型的 AM 真菌状态，在构成 V_1 的各变量系数中，原始变量占典型综合变量最大的指标是孢子密度。剩余的 4 个真菌指标相对较小，整体而言，对 V_1 的作用不大。因此，V_1 主要反映了以孢子密度指标为主的真菌定殖情况；构成 W_1 的各变量系数中，系数较大的是总球囊霉素，其次为易提取球囊霉素，两者相差不大，表明总球囊霉素和易提取球囊霉素对 W_1 有相对均衡的正向影响。

第 1 对典型综合变量的相关系数 $r_{31} = 0.853$，说明 2 组变量之间高度相关。球囊霉素是 AM 真菌分泌产生的一类含金属离子的糖蛋白，存在于 AM 真菌菌丝体和孢子壁中，随孢子降解进入土壤。由于孢子壁中含有球囊霉素，因此，土壤中孢子密度的升高必然会造成总球囊霉素含量的上升。第 1 对典型变量函数中，孢子密度与总球囊霉素之间表现为正相关，也明确说明了它们之间的这种关系。这表明，筛选培养孢子产量高的 AM 真菌，有利于球囊霉素的积累。

2. 第 2 对典型相关变量

整理得到第 2 对典型变量 (V_2,W_2) 的函数表达式如下。

$$V_2 = 0.5424Y_1 - 0.2853Y_2 + 0.5887Y_3 - 0.4927Y_4 - 0.1313Y_5 \tag{9-112}$$

$$W_2 = -1.4235Z_1 + 1.3949Z_2 \tag{9-113}$$

第 2 对典型变量 (V_2,W_2) 中，V_2 反映了 AM 真菌的生长状况，各个指标对 V_2 贡献最大的为泡囊定殖率，其次为孢子密度、外生菌丝定殖率，三者相差不多，其中除外生菌丝定殖率对 V_2 有负向作用外，泡囊定殖率、孢子密度对 V_2 均有正向影响。相比而言，剩余的 2 个指标丛枝定殖率和内生菌丝定殖率系数较小，对 V_2 的影响不大；在构成 W_2 的 2 个变量中，系数较大的是易提取球囊霉素，但与总球囊霉素相差很小，从 2 个变量的系数符号来看，总球囊霉素对 W_2 有正向作用，易提取球囊霉素则对 W_2 有负向影响。

V_2 与 W_2 的相关系数 $r_{32} = 0.767$，说明这 2 组变量之间高度相关。泡囊是由菌丝顶端膨大而形成的结构，内含有很多油状内含物和大量细胞核，因此，有学者认为，泡囊可能是储藏养分的器官。从本对典型变量反映的情况来看，泡囊与总球囊霉素表现为正相关性，与易提取球囊霉素表现为负相关性，推测原因可能是总球囊霉素中不易被提取的部分储藏于泡囊壁中，泡囊的出现反映了易提取球囊霉素转化为总球囊霉素中难于提取的那一部分。外生菌丝定殖率与易提取球囊霉素的系数均为负值，表明它们之间为正相关关系，同时也说明外生菌丝中的球囊霉素相对于储存在孢子、泡囊中的球囊霉素来说可能更容易提取。

四、典型载荷/结构分析

（一）土壤因子与 AM 真菌的典型结构分析

土壤因子典型结构分析主要考察了土壤因子的原始变量与其典型函数的相关性，表 9-7 给出了具体的计算结果。由表 9-7 可知：第 1 对典型结构分析中，与U_1相关系数最大的因子为土层，其次为 pH，相比而言，有机碳、全氮与U_1的相关系数较小，这也进一步说明了土层对U_1的作用是主要方面；在第 2 对典型结构分析中，相关系数最大的为全氮，达到了 0.965，且与其他 3 个指标的相关系数相差较大，表明全氮在U_2中占据主导地位；第 3 对典型结构分析中，有机碳与U_3的相关系数达到了 0.874，高度相关，结合有机碳在U_3中的系数来看，这更加强调了有机碳对U_3的贡献。

在第 1 对典型结构分析中，相关系数较大的为泡囊定殖率和孢子密度，说明土层确实会对泡囊和孢子的变化产生重要影响；在第 2 对典型结构分析中，外生菌丝定殖率与V_2的相关系数高达 0.843，内生菌丝定殖率的相关系数为 0.606，这说明在丛枝菌丝生长方面，外生菌丝与内生菌丝的增加对其有显著的促进作用；第 3 对典型结构分析中，孢子密度与V_3的相关系数最高，值为 0.671，泡囊定殖率的相关系数较小，为–0.296，这说明孢子密度的变化相比于泡囊来说对有机碳的影响更大（表 9-8）。

表 9-7　土壤-AM 配对中土壤因子与其典型变量的相关系数

典型变量	土层	全氮	有机碳	pH
U_1	0.719	–0.206	0.219	0.520
U_2	–0.427	0.965	0.421	0.288
U_3	–0.524	0.129	0.874	–0.546

表 9-8　土壤-AM 配对中 AM 因子与其典型变量的相关系数

典型变量	孢子密度	丛枝定殖率	泡囊定殖率	外生菌丝定殖率	内生菌丝定殖率
V_1	–0.453	0.069	–0.727	0.122	0.223
V_2	0.582	–0.397	–0.529	0.843	0.606
V_3	0.671	0.587	–0.296	–0.102	–0.136

（二）球囊霉素与土壤因子的典型结构分析

球囊霉素典型结构分析主要考察了球囊霉素各原始变量与其典型函数的相关性，第 1 对典型结构分析中，易提取球囊霉素、总球囊霉素与综合典型变量相关性很大，且两者相差较小，说明总球囊霉素含量增高的一个主要推动因素就是易提取球囊霉素的增加；第 2 对典型结构分析中，易提取球囊霉素、球囊霉素两者数值接近，但是与综合变量的相关性较弱。由于总球囊霉素与其综合变量的相关系数为正值，但在其函数中的系数为负值，说明总球囊霉素在此是作为一个抑制变量出现的。

土壤因子典型结构分析主要考察了土壤各原始变量与其典型函数间的相关性，从表 9-9 可以看出，在第 1 对典型结构分析中，相关系数最大的为有机碳，其次为土层和全氮，pH 的相关系数相对较小，结合典型综合变量系数进一步分析表明，除了有机碳与球囊霉素有较强的相关关系之外，球囊霉素对土壤中全氮含量的提升可能也有促进作用；在第 2 对典型结构分析中，pH 与其函数的相关性相对较大，土层位居第二，原因可能是土层的改变会很大程度对 pH 变化产生影响。

表 9-9　球囊霉素与土壤配对中土壤因子与其典型变量的相关系数

典型变量	土层	全氮	有机碳	pH
U_1	–0.801	0.684	0.908	–0.278
U_2	0.558	0.120	0.310	0.610

（三）AM 真菌与球囊霉素的典型结构分析

表 9-10 给出了 AM 真菌指标的典型结构分析结果，第 1 对典型结构分析中，相关系数最高的为孢子密度，剩余 4 个指标相对较小，且相差不大，说明孢子密度的提高在本质上可以提升总球囊霉素的含量；在第 2 对典型结构分析中，相关系数最大的为泡囊定殖率，高达 0.819，其次为外生菌丝定殖率，这为进一步研究总球囊霉素中难提取部分可能存在于泡囊中提供了支持。

表 9-10　球囊霉素与 AM 配对中真菌指标与其典型变量的相关系数

典型变量	孢子密度	丛枝定殖率	泡囊定殖率	外生菌丝定殖率	内生菌丝定殖率
V_1	0.943	0.364	–0.338	0.337	0.321
V_2	0.184	–0.067	0.819	–0.670	–0.519

球囊霉素的典型结构分析结果表明，第 1 对典型结构分析中，易提取球囊霉素、总球囊霉素相差较小，并且与综合变量相关性很强；第 2 对典型结构分析中，总球囊霉素与其函数相关系数较大，易提取球囊霉素相关系数较小，且为负值，这与两者在 W_2 中的系数表现一致。

第七节　典型相关分析的 MATLAB 实现

一、函数说明

在 MATLAB 中，到目前为止，没有专门的进行典型相关分析的函数，但 MATLAB 软件本身有众多的函数可供调用，在此基础上，我们编写了专门用于进行典型相关分析的程序，该程序包含 6 个函数，分别如下。

1）完成主要功能的 CCA 函数

该函数的调用格式为：CCA（*A*，*B*，*C*，dType，alpha），它接受两种形式的数据，一种是原始样品数据，另一种是相关系数矩阵数据，这两种类型的数据由类型指示参数 dType 明确指出。其他的 *A*、*B* 和 *C* 均为数据矩阵，具体含义可参阅附后的原始代码。参数 alpha 是进行假设检验的检验水平α，缺省时默认$\alpha = 0.05$。

2）特征向量标准化 CrctVect 函数

该函数调用格式为：CV=CrctVect（*U*，*R*），它仅由 CCA 函数直接调用，用户无需关注。在寻找相关系数最大化的向量 ***a*,*b*** 中，为防止重复结果出现，需要特征向量标准化，此函数实现这个功能。

3）因子表达式 OutVarExpr 输出

该函数的调用格式为：OutVarExpr（*A*，VarIn，VarOut，Const）。它将典型变量的具体组合表达式输出，方便分析，在使用 CCA 进行典型相关分析时，无需关注。

4）分析报告自动形成 analyze 函数

该函数的调用格式为：analyze（VarNameA，VarNameB，CovArr）。它的主要功能是按照一般性讨论，输出各变量的简单分析结论，如相关关系是不是最大，属于正相关还是负相关等，其调用无需用户关注。

5）协方差校核 Cov*XY*

该函数的调用格式为：Sigma*XY*=Cov*XY*（*X*，*Y*），它主要用来计算 *X* 和 *Y* 的协方差。因为计算样本是使用方法为最大似然估计，这和 MATLAB 内置的函数稍有差别，故自编该函数实现计算。经计算验证，使用标准 Cov 也可以得到和本代码相同的结果，但 Cov（*X*，*Y*，1）稍有差别。

6）格式化输出数据 OutFmtData 函数

该函数的调用格式为：OutFmtData（array，prec，para），它主要实现了数据的形式化输出，其中要求输出数据的列数不大于 100 列，该函数由 CCA 调用，用户无需考虑细节。

二、调用实例

在本章第五节，我们给出了详细的计算过程及结果，这里将调用运算的实例过程介绍如下，首先，准备数据 *X* 和 *Y*，它们都是以矩阵形式写出，如下示意，也可以采用读取文件的形式读入数据。然后设定好 *C* 矩阵和数据类型指示参数 *T*，之后，如果默认检验水平$\alpha = 0.05$，则不必考虑，否则应该设定该值。设定完后直接调用 CCA 即可。所有的输出过程都出现在命令窗口。

```
function runCCA
X=[...
    25,125,30,83.5;    26,131,25,82.9;    28,128,35,88.1;    29,126,40,88.4;
    27,126,45,80.6;    32,118,20,88.4;    31,120,18,87.8;    34,124,25,84.6;
    36,128,25,88.0;    38,124,23,85.6;    41,135,40,86.3;    46,143,45,84.8;
    47,141,48,87.9;    48,139,50,81.6;    45,140,55,88.0;
    ];
```

```
Y=[...
    70,130,85;    72,135,80;    75,140,90;    78,140,92;
    73,138,85;    70,130,80;    68,135,75;    70,135,75;
    75,140,80;    72,145,86;    76,148,88;    80,145,90;
    82,148,92;    85,150,95;    88,160,95;
    ];
C=0;
T='origin';
CCA(X,Y,C,T)
```

三、附源代码

```
function CCA(A,B,C,dType,alpha)
% 功能：本代码完成了典型相关分析,并输出各种重要计算过程。
% 参数：本程序可以直接处理两种形式的数据,一种是原始样品数据,另一种是相关
%     系数矩阵数据,这两种类型的数据由类型指示参数dType明确指出。
% 1) A--数据矩阵。
%     a:当输入的是原始数据时,A指两组相关变量中的第一组。
%     b:当输入数据是相关矩阵整体R时,A代表整个相关矩阵R,此时C用作维数矩阵。
% 2) B--数据矩阵。
%     a:当输入的是原始数据时,B指两组相关变量中的第二组。
%     b:当输入数据是相关矩阵整体R时,此时不需要B矩阵,B设置为0。
% 3) C--多用途数据矩阵。
%     a:当输入的是原始数据时,C闲置,设为0。
%     b:当输入数据是相关矩阵整体 R 时,需要输入 A 的维数,此时参数 C 用来传递 A 的
%       维数。即C包含A的行数和列数。本代码不支持分块输入,相关系数矩阵必须完
%       整输入。
% 4) dType--数据类型指示,用来指出输入的数据为何种类型。
%     当输入数据是原始测定数据时,以'origin'表示;
%     当输入数据是整体相关矩阵时,以Correlation和matrix的字头表示,即'cormat';
%     本程序只处理这2种形式的数据,其他无效。
% 5) alpha--假设检验,默认检验水平为0.05。
% 实例:
%   1) 输入原始数据:
%         X=[25,125,30,83.5;26,131,25,82.9;28,128,35,88.1;....];
%         Y=[70,130,85;72,135,80;75,140,90;.....];
```

```
%          C=0;    t='origin';
%          CCA(X,Y,C,t);
%   2) 输入相关系数矩阵:
%          R=[ 1,0.03,0.24,0.59;0.03,1,0.06,0.07;0.24,0.06,1,0.24;
%                0.59,0.07,0.24,1];
%          Y=[];    C=[140,2];    t='cormat';
%          CCA(R,Y,C,t);
% 联系：wdwsjlxx@163.com;
% 编写：2011.05.11, 04:09
% 修订：2015.06.18
%

%% 数据预处理
if strcmp(dType,'origin'),
    fprintf('输入数据为原始测定数据\n');
    X=A;Y=B;
    [xRows,xCols]=size(X);
    [yRows,yCols]=size(Y);
    if xRows~=yRows,
        error('X和Y的样本点数不一致！');
    end
    Z=[];
    fprintf('1,本次计算输入数据为原始测量数据,数据如下,\n');
    fprintf('第1组  X：\n');
    OutFmtData(X,2);
    fprintf('第2组  Y：\n');
    OutFmtData(Y,2,{'Y'});
    R11=corrcoef(X);
    R22=corrcoef(Y);
    R12=CovXY(zscore(X,1),zscore(Y,1));
    R21=CovXY(zscore(Y,1),zscore(X,1));
elseif strcmp(dType,'cormat'),% 输入整体相关系数矩阵
    fprintf('输入数据为整体相关系数矩阵\n');
    if isempty(C)
        error('C必须指明第一组变量的行列数');
```

```
        elseif length(C)~=2,
            error('C中参数太多了,只需2个');
        end
        xRows=C(1,1);xCols=C(1,2);
        yCols=size(A,2)-xCols;
        R11=A(1:xCols,1:xCols);
        R12=A(1:xCols,(xCols+1):end);
        R21=A(xCols+1:end,1:xCols);
        R22=A(xCols+1:end,xCols+1:end);
        fprintf('1,本次计算输入数据为原始测量数据,数据如下,\n');
        OutFmtData(A,2,{'r'});
end

%% 输出重要的中间过程量
fprintf('2,这是数据(标准化后)的相关系数矩阵R11：\n');
OutFmtData(R11,6,{'column'});
fprintf('3,这是数据(标准化后)的相关系数矩阵R22：\n');
OutFmtData(R22,6,{'column'});
fprintf('4,这是数据(标准化后)的相关系数矩阵R12：\n');
OutFmtData(R12,6,{'column'});
fprintf('5,这是数据(标准化后)的相关系数矩阵R21: \n');
OutFmtData(R21,6,{'column'});
fprintf('6,这是数据M1: \n');
M1z=inv(R11)*R12*inv(R22)*R21;
OutFmtData(M1z,6,{'column'});
fprintf('7,这是数据M2: \n');
M2z=inv(R22)*R21*inv(R11)*R12;
OutFmtData(M2z,6,{'column'})
fprintf('8,这是求解M1z得到的特征向量u: \n');
[u,vs]=eig(M1z);
su=CrctVect(u,R11);
OutFmtData(su,6,{'vector'});
fprintf('9,各对典型变量的相关系数,顺序从大到小:\n');
lam2=max(vs,[],1);
r=sqrt(lam2);
```

```
OutFmtData(r,6,{'r'});
fprintf('10这是求解得到的典型向量U: \n');
OutVarExpr(su',{'U'},{'StdX'});
fprintf('11,这是求解M2z得到的特征向量v: \n');
[v,~]=eig(M2z);
sv=CrctVect(v,R22);
OutFmtData(sv,6,{'vector'});
fprintf('12,这是求解得到的典型向量V: \n');
OutVarExpr(sv',{'V'},{'StdY'});

%% 典型荷载分析
fprintf('13,下面是U和X的典型荷载分析:\n');
CovUX=su'*R11;
analyze('U','X',CovUX);
OutFmtData(CovUX,5,{'UX'});
fprintf('14,下面是U和Y的典型荷载分析:\n');
CovUY=su'*R12;
analyze('U','Y',CovUY);
OutFmtData(CovUY,5,{'UY'});
fprintf('15,下面是V和X的典型荷载分析:\n');
CovVX=sv'*R21;
analyze('V','X',CovVX);
OutFmtData(CovVX,5,{'VX'});
fprintf('16,下面是V和Y的典型荷载分析:\n');
CovVY=sv'*R22;
analyze('V','Y',CovVY);
OutFmtData(CovVY,5,{'VY'});

%% 显著性检验,判断有几个主要的典型相关
if nargin<5||isempty(alpha)
    alpha=0.05;
else
    alphas=[0.1, 0.05, 0.01, 0.001];
    tmp=alphas-alpha;
    pos=find(tmp==0);
```

```
        if length(pos)~=1
            error('你输入的检验水平值不符合常规习惯！');
        else
            alpha=alphas(pos);
        end
    end
    k=0;
    for i=1:size(M1z,1);
        r=min(xCols,yCols);
        lamda=sort(eig(M1z),1,'descend');
        mk=(xRows-k-1)-0.5*(xCols+yCols+1); % OK
        s=1;
        for j=i:r
            s=s*(1-lamda(j));
        end
        Q0=-1*mk*log(s); % OK
        fk=(xCols-k)*(yCols-k);
        kaFang=chi2inv(1-alpha,fk);
        if (Q0>kaFang)
            fprintf('17,当  alpha = %.2f  时,至少一个典型相关系数大于0;',alpha);
        else
            fprintf('最终,具有显著性的典型相关变量有: %d  组\n',i);
            ps=clock;
            fprintf('\n本次计算完成于%d年%2.2d月%2.2d日%2.2d点%2.2d分.\n\n',...
                ps(1),ps(2),ps(3),ps(4),ps(5));
            return;
        end
        k=k+1;
    end

    function CV=CrctVect(U,R)
    % 功能：将特征向量标准化。
    % 参数：U--原始非标准化的特征向量组成的矩阵
    %         R--矩阵
    % 说明：在将特征向量标准化的过程中,这里的矩阵U和R有着特殊的关系,
```

```
% 修订：2015.06.09.
%
[nRow,nCol]=size(U);
CV=zeros(nRow,1);
for jc=1:nCol
    A=U(:,jc);
    temp=A'*R*A;
    if (abs(temp-1)<=(10^(-6)))
        CV(:,jc)=A;
    else
        st=1/sqrt(temp);
        CV(:,jc)=st.*A;
    end
end


function analyze(VarNameA,VarNameB,CovArr)
% 功能：按照一般性讨论,输出各变量的简单分析结论
% 参数：VarNameA--字符型变量,指标1的名称
%       VarNameB--字符型变量,指标2的名称
%       CovArr--矩阵,载荷矩阵
% 修订：2015.06.09.
%
absUX=abs(CovArr);
Y=max(absUX,[],2);
[nRow,nCol]=size(CovArr);
for ir=1:nRow
    fprintf('第%d典型变量%s%d与%s相关系数分别是: ',...
        ir,VarNameA,ir,VarNameB);
    for jc=1:nCol
        fprintf('与%s%d为%7.4f,',VarNameB,jc,CovArr(ir,jc));
    end
    fprintf('\b\n');
end
for ir=1:nRow
```

```
    temp=Y(ir);
    [row,col]=find(absUX==temp);
    if length(row)>1 && length(col)>1, % 防止全0出现重复
        row=row(1,1);   col=col(1,1);
    end
    if sign(CovArr(row,col))>0.
        fprintf('第%d典型变量中,绝对值最大的相关系数为%7.4f,属于正相关.\n',...
            ir,CovArr(row,col));
    elseif sign(CovArr(row,col))<0.
        fprintf('第%d典型变量中,绝对值最大的相关系数为%7.4f,属于负相关.\n',...
            ir,CovArr(row,col));
    else
        continue
    end
end
% 典型冗余分析
for ir=1:nRow
    temp=0;
    for jc=1:nCol
        temp=temp+CovArr(ir,jc)^2;
    end
    temp=temp/nRow;
    fprintf('第%d典型变量解释的方差,与总体相比,所占比例为：%6.4f\n',ir,temp);
end
fprintf('\n');

function SigmaXY=CovXY(X,Y)
% 功能：计算X和Y的协方差。
% 说明：因为计算样本是使用似然估计,这点和matlab内置的函数稍有差别,故自编
%       代码实现计算。经研究发现,使用标准Cov也可以得到和本代码相同的结果,即
%               Cov(X,1),    给出标志位1
%                     ^^^
%       但计算Cov(X,Y,1)时出错,原Cov不执行。
% 编写：2011.06.09.
%
```

```
[xRows,xCols]=size(X);
[~,yCols]=size(Y);
xm=mean(X);
ym=mean(Y);
SigmaXY=zeros(xCols,yCols);
for i=1:xCols
    for j=1:yCols
        temp=0;
        for k=1:xRows
            temp=temp+(X(k,i)-xm(i))*(Y(k,j)-ym(j));
        end
        SigmaXY(i,j)=temp/xRows; % 理论上除以(n-1),似然估计时是除以n
    end
end
```

习　题

1. 为了研究高粱的育种，逯晓萍[81]等考查记载了高粱的 19 个农艺和品质性状，包括出苗期（X_1）、拔节期（X_2）、抽穗期（X_3）、开花期（X_4）、成熟期（X_5）、株高（X_6）、茎粗（X_7）、叶片数（X_8）、穗长（X_9）、单株产量（X_{10}）、穗粒重（X_{11}）、穗粒数（X_{12}）、千粒重（X_{13}）、蛋白质含量（X_{14}）、淀粉含量（X_{15}）、单宁含量（X_{16}）、容重（X_{17}）、着壳率（X_{18}）、角质率（X_{19}）等，并对其中的 15 个性状进行了相关性分析，得到的性状间的基因型值相关系数矩阵见表 X9-1，试依据此进行典型相关分析［本试验除产量（X_{10}）外，按照生物学意义将性状分成 4 组，生育期因子组（X_1～X_5）、形态性状组（X_6～X_9）、产量构成因素组（X_{11}～X_{13}）和品质性状组（X_{14}～X_{19}）］。

表 X9-1　与高粱育种有关的 19 个农艺和品质性状相关矩阵

	X_5	X_6	X_7	X_8	X_9	X_{10}	X_{11}	X_{12}	X_{13}	X_{14}	X_{15}	X_{16}	X_{17}	X_{18}	X_{19}
X_5	1.0000														
X_6	0.8345	1.0000													
X_7	0.8397	−0.9995	1.0000												
X_8	0.8008	0.8957	0.8842	1.0000											
X_9	0.7257	−0.9762	−0.9710	−0.9118	1.0000										
X_{10}	0.6967	0.9603	−0.9533	−0.9222	0.9972	1.0000									
X_{11}	0.7419	−0.9699	−0.9668	−0.9037	−0.9911	−0.9885	1.0000								
X_{12}	0.7241	0.7078	0.9116	0.6195	0.8415	0.8032	−0.8527	1.0000							
X_{13}	−0.5035	0.2002	0.7249	0.3207	−0.6363	−0.5859	−0.6376	−0.9360	1.0000						

续表

	X_5	X_6	X_7	X_8	X_9	X_{10}	X_{11}	X_{12}	X_{13}	X_{14}	X_{15}	X_{16}	X_{17}	X_{18}	X_{19}
X_{14}	−0.5717	0.5661	0.5435	0.8725	−0.6168	−0.6534	−0.6062	0.1605	−0.1817	1.0000					
X_{15}	−0.7593	0.8171	0.8024	0.9854	−0.8362	−0.8534	−0.8218	0.4896	0.1726	0.9361	1.0000				
X_{16}	0.0486	−0.3596	−0.3558	−0.3641	0.4951	0.5263	0.5678	−0.3453	−0.2125	−0.2523	−0.2850	1.0000			
X_{17}	0.6768	−0.5264	−0.5283	−0.4573	0.3863	0.3478	0.3147	−0.4306	−0.3718	−0.2989	−0.4694	−0.6018	1.0000		
X_{18}	−0.3494	0.4922	0.5085	0.0934	−0.3912	−0.3296	−0.3484	0.7406	0.8965	−0.3601	−0.0255	0.1923	−0.5499	1.0000	
X_{19}	−0.5461	0.5483	0.5267	0.8626	−0.6071	−0.6450	−0.5946	0.1387	−0.20.6	0.9986	−0.9268	−0.2621	−0.2746	−0.3749	1.0000

2. 以研究西藏油菜特异种质白菜型多室黄籽油菜的农艺性状表现为目的，采用单因素随机区组设计方法，对白菜型多室黄籽油菜主茎性状（4 个变量）、分枝性状（2 个变量）、角果性状（4 个变量）、产量性状（4 个变量）4 组农艺性状（共含 14 个变量）进行了测定，主茎性状包括：①X_1=株高；②X_2=主茎基部粗；③X_3=主花序长度；④X_4=主花序角果数。分枝性状包括：⑤X_5=单株有效分枝数；⑥X_6=分枝高度。角果性状包括：⑦X_7=角果长度；⑧X_8=角果宽度；⑨X_9=果喙长度；⑩X_{10}=果柄长度。产量性状包括：⑪X_{11}=单株有效角果数；⑫X_{12}=每角果粒数；⑬X_{13}=千粒重；⑭X_{14}=单株产量。表 X9-2[82]是各性状之间的相关系数，试就此进行典型相关分析，以揭示各种性状间的相互关系。

表 X9-2　特异种质白菜型多室黄籽油菜的农艺性状相关矩阵

	X_1	X_2	X_3	X_4	X_5	X_6	X_7	X_8	X_9	X_{10}	X_{11}	X_{12}	X_{13}	X_{14}
X_1	1.00													
X_2	0.66	1.00												
X_3	0.01	−0.46	1.00											
X_4	0.31	0.00	0.77	1.00										
X_5	−0.37	−0.33	0.13	0.21	1.00									
X_6	−0.39	0.01	−0.02	0.22	−0.04	1.00								
X_7	0.25	0.45	−0.31	−0.20	−0.64	0.39	1.00							
X_8	0.52	0.28	0.00	0.11	−0.07	−0.16	−0.03	1.00						
X_9	−0.13	0.13	0.13	0.01	0.45	−0.33	−0.22	−0.20	1.00					
X_{10}	−0.20	0.03	0.46	0.38	−0.29	0.43	0.19	−0.33	0.22	1.00				
X_{11}	0.45	0.01	0.76	0.90	0.03	−0.07	−0.27	0.09	−0.02	0.40	1.00			
X_{12}	0.38	0.05	0.33	0.37	0.16	−0.50	−0.31	0.00	0.34	0.17	0.64	1.00		
X_{13}	−0.35	−0.54	0.52	0.21	−0.11	0.00	−0.26	−0.52	−0.05	0.34	0.22	−0.02	1.00	
X_{14}	−0.20	−0.40	0.34	0.22	−0.12	0.06	−0.38	−0.50	−0.21	0.26	0.36	0.23	0.87	1.00

3. 表 X9-3[83]是山东省东营市内某地的土壤特征与土壤酶的测量数据，经检验差异显著，可进行典型相关分析，其中第一组指标：X_1=有机质（g/kg）；X_2=全氮（g/kg）；X_3=速效氮（mg/kg）；X_4=速效磷（mg/kg）；X_5=速效钾（mg/kg）。第二组指标：Y_1=脲酶；Y_2=过氧化氢酶；Y_3=过氧化物酶。试分析该湿地的土壤养分分布规律。

表 X9-3　某地土壤特征与土壤酶的测量数据

土壤特征	土层	裸地	翅碱蓬	柽柳	白茅	F 值
X_1	0～20	2.40	4.48	5.93	15.90	2 046.33
	20～40	2.14	3.29	3.73	7.96	795.27
	平均	2.30	3.89	4.83	11.93	19 315.90
X_2	0～20	0.21	0.25	0.37	0.75	464.65
	20～40	0.15	0.17	0.27	0.27	33.61
	平均	0.19	0.21	0.30	0.51	509.24
X_3	0～20	10.83	11.86	15.09	41.63	1 830.23
	20～40	8.29	12.94	12.94	20.48	163.58
	平均	9.38	12.40	14.02	31.06	9 281.84
X_4	0～20	8.29	9.15	9.37	10.66	348.95
	20～40	8.08	9.58	10.01	9.67	113.84
	平均	8.15	9.37	9.69	10.17	1 891.49
X_5	0～20	65.98	82.17	124.38	138.13	1 384.12
	20～40	53.27	132.68	74.56	56.24	2 051.56
	平均	59.46	107.43	99.47	95.39	1 649.17
Y_1	0～20	0.02	0.08	0.10	0.35	778.02
	20～40	0.01	0.05	0.06	0.21	492.33
	平均	0.02	0.06	0.08	0.28	6 000.32
Y_2	0～20	0.63	0.85	0.87	1.00	11.49
	20～40	0.55	0.60	0.60	0.75	5.45
	平均	0.59	0.73	0.74	0.88	141.46
Y_3	0～20	1.11	0.92	0.98	0.71	29.76
	20～40	1.23	0.99	0.99	0.76	65.63
	平均	1.17	0.96	0.99	0.73	335.07

4. 今有某试验，测定了啤酒大麦 F_2 代群体的 5 个产量性状和 8 个形态性状，分别包括：单株穗数（X_1）、穗粒数（X_2）、穗粒重（X_3）、千粒重（X_4）、单株产量（X_5）、株高（Y_1）、穗长（Y_2）、芒长（Y_3）、旗叶面积（Y_4）、穗颈长（Y_5）、叶片数（Y_6）、主茎节数（Y_7）、小穗密度（Y_8）。其相关系数见表 X9-4[84]，试分析产量性状和形态性状的关系。

表 X9-4　啤酒大麦 F_2 代群体产量性状和形态性状相关矩阵

	X_1	X_2	X_3	X_4	X_5	Y_1	Y_2	Y_3	Y_4	Y_5	Y_6	Y_7	Y_8
X_1	1.0000												
X_2	−0.0907	1.0000											
X_3	−0.4600	0.8620	1.0000										
X_4	0.0843	0.0151	0.4990	1.0000									
X_5	0.9080	0.2448	0.3251	0.2266	1.0000								

续表

	X_1	X_2	X_3	X_4	X_5	Y_1	Y_2	Y_3	Y_4	Y_5	Y_6	Y_7	Y_8
Y_1	0.2288	0.3163	0.3876	0.2491	0.2729	1.0000							
Y_2	0.0491	0.6108	0.5522	0.1600	0.2638	−0.0244	1.0000						
Y_3	0.0494	−0.0568	−0.0361	0.0858	−0.0439	0.3338	0.1091	1.0000					
Y_4	0.3805	0.4663	0.4656	0.1546	0.5357	0.4882	0.4222	0.1761	1.0000				
Y_5	0.2739	−0.1625	−0.1405	−0.0552	0.1817	0.5397	−0.5535	−0.0427	0.0052	1.0000			
Y_6	0.9275	−0.1887	−0.1081	0.1307	0.8119	0.1149	0.0246	−0.0434	0.2761	0.1514	1.0000		
Y_7	−0.2006	0.0050	0.1116	0.2887	−0.2179	−0.0202	0.1687	−0.1192	−0.2849	−0.4246	0.0334	1.0000	
Y_8	−0.0066	0.2188	0.0793	−0.3657	0.0266	0.3559	−0.3323	−0.1131	−0.0643	0.5624	−0.0604	−0.3210	1.0000

5. 计划以尾叶桉、巨尾桉为研究对象，对桉树生长性状与立地因子间的相互关系进行研究，测定的主要指标包括：生长性状的①X_1=树高（m）；②X_2=胸径（cm）；③X_3=蓄积（m^3/hm^2）。地形因子的④Y_1=坡向（°）；⑤Y_2=坡度（°）；⑥Y_3=坡位；⑦Y_4=海拔（m）。以及土壤因子的⑧Z_1=土层厚（cm）；⑨Z_2=腐殖质厚（cm）；⑩Z_3=容重（g/cm^3）；⑪Z_4=田间持水量（%）；⑫Z_5=毛管持水量（%）；⑬Z_6=有效磷（%）；⑭Z_7=有机质（%）。表 X9-5[85]是尾叶桉样地观测值，表 X9-6 是巨尾桉样地观测值，试分析影响尾叶桉树和巨尾桉树树高生长的主要因子、胸径生长的主要因子。

表 X9-5　尾叶桉样地观测值

	生长性状			地形因子				土壤因子						
	X_1	X_2	X_3	Y_1	Y_2	Y_3	Y_4	Z_1	Z_2	Z_3	Z_4	Z_5	Z_6	Z_7
1	14.1	12.8	143.1904	EN9	22	下	170	100	20	1.31	28.37	32.51	3.16	3.16
2	12.5	11.6	105.6935	E0	24	中	175	90	18	1.35	28.37	32.51	3.16	3.06
3	10.8	10.1	70.0847	EN36	32	上	230	80	15	1.36	26.3	28.14	2.18	2.93
4	12.8	11.4	105.1111	ES72	30	中	352	110	26	1.21	23.73	28.69	3.00	3.14
5	10.4	10.2	68.3888	WS54	17	中	110	92	10	1.30	27.48	30.21	2.93	3.07
6	12.4	11.8	108.0464	EN20	27	下	180	115	28	1.26	29.31	32.53	5.06	3.27
7	12.8	12.0	115.2116	ES36	18	下	216	120	30	1.30	28.32	33.18	5.13	3.30
8	11.3	10.8	83.2260	WS37	24	中	260	105	18	1.36	24.78	28.14	4.30	3.14
9	10.0	9.4	56.3780	EN20	20	上	193	95	18	1.40	24.16	26.33	3.00	2.68
10	10.5	10.0	66.6833	WN78	24	中	190	98	20	1.43	25.13	28.40	3.60	2.93
11	10.2	9.8	62.2040	WS50	21	中	120	90	14	1.36	26.14	29.14	4.00	3.00
12	9.3	9.0	48.0379	WS80	22	上	128	85	14	1.40	24.30	26.18	3.68	2.74
13	11.0	10.2	72.5705	EN7	27	中	130	120	18	1.72	26.23	30.19	4.24	3.36
14	10.6	9.2	57.9043	EN40	13	上	142	100	15	1.42	24.30	27.18	3.16	3.20
15	13.2	11.8	115.5514	WN87	18	下	120	130	27	1.31	26.18	29.36	5.16	3.69
16	11.5	10.8	84.8523	WN77	18	中	136	128	26	133.00	24.19	26.36	5.00	3.17

表 X9-6　巨尾桉样地观测值

	生长性状			地形因子				土壤因子						
	X_1	X_2	X_3	Y_1	Y_2	Y_3	Y_4	Z_1	Z_2	Z_3	Z_4	Z_5	Z_6	Z_7
1	13.6	9.2	76.5798	W0	28	下	170	100	25	1.20	30.18	37.00	5.18	4.16
2	13.8	11.1	108.7186	EN36	29	中	185	110	15	1.47	24.32	27.78	4.17	3.67
3	12.8	10.3	87.6667	EN36	31	上	205	90	13	1.13	30.06	35.20	2.98	2.84
4	13.9	11.5	116.6686	EN37	30	下	180	120	18	1.21	32.16	37.30	5.20	4.23
5	12.8	11.2	108.3160	WS72	31	中	295	110	26	1.19	21.85	28.14	3.16	3.07
6	11.1	10.7	80.2341	WS63	16	中	110	90	10	1.29	26.36	28.65	3.00	3.14
7	11.3	10.2	75.0492	WS72	31	上	296	100	24	1.32	20.17	24.78	2.65	2.80
8	13.8	11.6	117.5605	WS72	31	下	275	120	28	1.20	27.18	30.84	5.16	3.98
9	10.8	9.0	56.8851	W0	27	中	183	95	18	1.32	26.30	29.63	4.16	3.62
10	11.3	9.8	69.8162	ES10	18	上	112	90	14	1.43	23.16	27.34	3.16	3.00
11	11.6	10.3	78.6411	ES23	14	中	153	110	18	1.32	26.38	29.13	4.21	3.32
12	10.8	9.6	63.9240	ES23	14	上	178	100	13	1.43	23.19	27.20	3.17	3.00
13	12.7	10.5	89.9587	ES30	15	中	182	115	19	1.36	26.20	29.41	4.28	3.62
14	10.5	9.2	57.3252	WS80	18	上	236	95	12	1.48	21.18	26.32	3.00	2.70
15	11.3	10.2	75.0492	WS80	18	中	200	100	18	1.32	26.18	28.34	4.16	3.17
16	12.6	11.2	100.1107	WN16	27	中	213	110	16	1.29	27.00	32.28	3.18	2.68

第十章　多维标度法

第一节　引　　言

多维标度法（MDS）是高级生物统计学中的一种分析方法，它能够在低维空间展示具有“距离”概念的数据结构。为了体会它的应用，我们可以先看两个典型的例子。

应用实例 1　打开一张中国交通地图，你会发现各个主要城市之间均由各级公路或铁路相连接，并且各个城市之间的距离都能够查到。即使没有具体数据距离，也可根据比例尺，大致估算各个城市之间的距离。现在的问题是，假如没有看到地图，而只是告诉你一组城市中各个城市之间两两的距离（图 10-1），你能根据这些距离来确定各个城市的相对位置吗？图 10-1 是京津冀主要城镇间的里程表，据此，借助多维标度法，就可以确定各个城市的相对位置。

天津	345	256	415	460	120	176	83	124	264	364	353	136	天津
北京	285	292	399	456	228	147	58	183	290	221	228	北京	
张家口	476	538	590	647	532	376	496	412	513	388	张家口		
承德	522	532	691	736	396	384	296	245	403	承德			
秦皇岛	589	500	659	703	364	437	334	122	秦皇岛				
唐山	449	360	519	563	224	297	194	唐山					
廊坊	279	245	404	449	170	141	廊坊						
保定	130	162	246	311	156	保定							
沧州	225	136	294	340	沧州								
邯郸	181	204	65	邯郸									
邢台	116	159	邢台										
衡水	138	衡水											
石家庄	石家庄												

图 10-1　京津冀主要城市间的里程表

应用实例 2　在超市购买饮料时，我们会对多个品牌的饮料进行对比选择，并最终选购某个品牌，仔细想想，就会知道，其实在选择时，每个品牌都会在顾客心中有一个相对位置，最终购买结果在本质上就是它们在顾客心中相对位置的综合评判。例如，下面是 10 种不同品牌的饮料，使用定序数据表达了相同与不同，其中 0 表示相同，100 表示完全不同（表 10-1）。根据这些数据，通过多维标度法，可确定它们在客户内心的相对位置。

表 10-1　客户对 10 种饮料的评价表

	X_1	X_2	X_3	X_4	X_5	X_6	X_7	X_8	X_9	X_{10}
X_1	0									
X_2	34	0								
X_3	79	54	0							
X_4	86	36	70	0						

续表

	X_1	X_2	X_3	X_4	X_5	X_6	X_7	X_8	X_9	X_{10}
X_5	76	30	51	66	0					
X_6	63	40	37	90	35	0				
X_7	57	86	77	50	76	77	0			
X_8	62	80	71	88	67	54	66	0		
X_9	65	23	69	66	22	35	76	71	0	
X_{10}	26	60	70	89	63	67	59	33	59	0

像上边提到的这两种情况，就是多维标度法常见的应用，第一个例子应用到实际的距离数据中，第二个应用到内心感受的差距上。其实多维标度法还可以用到更多的地方，只要是满足广义上的“距离”、“差距”和“相似性”，实际上都可以用来处理数据。例如，你可以考察 10 个人两两之间的友好关系的紧密程度，通过这种关系程度的调查数据，经过多维标度处理，可以得到他们 10 人的相对位置，若将 10 人的相对位置连线成网，我们就可以知道这其中谁处在关系网的较中心位置，就可以确定处于该位置的人，应该是交际面较广的人。

多维标度法能够将距离信息转换成低维的“坐标”，这使得多维标度法的应用更为广泛，除了上述通过多维标度确定二维坐标，并将各个对象绘制在平面图上，确定对象中心所在外，还可以对数据进行分组、压缩、虚拟网络优化等。多维标度法目前已经应用到心理学、社会学、生物学等多个领域，假如我们把这种思考推广到生态学中，会解决很多类似的生态问题，如可以研究山地[87]线蚓群落结构特征，可以研究湖泊湿地植物生态种组[88]、数量分类和排序[89]等，也可以研究滨海滩涂[90-92]底栖生物的种群构成或者浮游植物[93, 94]的群落特征等。

从上述可知，多维标度法处理的数据，多数具有广义上的“距离”、“差距”、“相似”、“不同程度”等，在生物科学研究中，这几种数据的表现类型是不一样的，有的属于可与标准尺度度量而得到的数据，比如距离，有的属于某种程度的定性描述数据，比如植物叶子的“巨大”、“大”、“中”、“较小”、“小”等。根据数据的不同，多维标度法可有不同的分类，当为测量数据时，称为度量 MDS，当数据是程度描述数据时，一般称非度量 MDS。

第二节　古典 MDS 的基本原理

一、数据的准备

多维标度法进行分析的前提是具有“距离”等形式的数据，相似性数据也算是一种满足要求的数据。为了对数据做好准备，我们介绍如下的数据概念。

（一）相似与不相似程度的表示

对于一些非量化的程度概念，我们可以使用数据来表达相似程度，如前言中的例子，如果使用较大的数据表示非常相似，用较小的数据表示非常不相似，那么这时候得到的数据就称为相似数据。例如，用 10 表示非常相似，用 1 表示非常不相似。同样，如果使用较大的数据，如 10，来代表非常不相似，用较小的数据，如 1，来代表非常相似，那么描述某种程度而得到的数据则称为不相似数据。

（二）距离矩阵

要进行 MDS 分析，通常要将数据表达成矩阵的形式，一般的，称矩阵 $\boldsymbol{D}$ 为广义距离矩阵，如果 $\boldsymbol{D}$ 满足：

（1）$\boldsymbol{D}=(d_{ij})_{n\times n}$；

（2）$\boldsymbol{D}=\boldsymbol{D}'$；

（3）$d_{ij}\geqslant 0,d_{ii}=0,i,j=1,2,\cdots,n$，其中 d_{ij} 是点 i 与点 j 之间的距离。

设 r 为正整数，设 $\boldsymbol{R}^r$ 为 r 维空间，若将矩阵 $\boldsymbol{D}$ 与空间 $\boldsymbol{R}^r$ 中的 n 个点对应起来，满足

$$d_{ij}^2=(\boldsymbol{X}_i-\boldsymbol{X}_j)'(\boldsymbol{X}_i-\boldsymbol{X}_j),\quad i,j=1,2,\cdots,n \tag{10-1}$$

称 $\boldsymbol{D}$ 为欧氏距离矩阵。

（三）相似矩阵

前边已经讲过，除了距离矩阵之外，还有和距离矩阵类似的相似矩阵。由两点 i,j 的相似系数 c_{ij} 构成的相似矩阵 $\boldsymbol{C}=(c_{ij})_{n\times n}$，常常满足如下条件。

（1）$\boldsymbol{C}=\boldsymbol{C}'$；

（2）$c_{ij}\leqslant c_{ii},\quad i,j=1,2,\cdots,n=0$。

总之，要进行多维标度分析，如果原始数据是普通测量的数据，如浓度、植被高度等，则需要将数据通过转换，表达成广义矩阵的形式。如果是定序测量的数据，则需要分析数据对象的相似性，转换成相似或者不相似矩阵，才可以进行 MDS 分析。

二、基本原理

（一）基本思路

设 $\boldsymbol{X}_1,\boldsymbol{X}_2,\cdots,\boldsymbol{X}_n$ 是 r 维空间中的点，每个点的坐标分别表达为 $\boldsymbol{X}_i(\boldsymbol{X}_{i1},\boldsymbol{X}_{i2},\cdots,\boldsymbol{X}_{ir})$。当 $r=2$ 时，显然为二维平面上的点 $\boldsymbol{X}_i(\boldsymbol{X}_{i1},\boldsymbol{X}_{i2})$，当 $r=3$ 时，则为三维空间中的点 $\boldsymbol{X}_i(\boldsymbol{X}_{i1},\boldsymbol{X}_{i2},\boldsymbol{X}_{i3})$，这样讲来更具形象性。当 $r>3$ 时，我们无法将它们完整可视化，但可以想象，$\boldsymbol{X}_i(\boldsymbol{X}_{i1},\boldsymbol{X}_{i2},\cdots,\boldsymbol{X}_{ir})$ 表达的高维空间中的点和二维、三维的一样，两两之间也同样具有相对位置、距离远近等属性。

我们日常看到的事物，都处在三维空间或平面上，因此，要把高维空间中的点，重新绘制到三维空间或平面上，就必须满足两个条件，一是在三维空间或平面上要尽可能地保持各点在高维空间中的相对位置关系不变，二是将高维数据转成低维数据，在变换时可能要舍去部分信息，我们希望舍去的信息不显著影响各点相对位置。

根据上述的这些思路，我们可以想象一下如何实现这种转换，显然，要满足两条要求，各点的相对位置不变，舍去信息影响有限，则按照前边几章我们学习的知识，应该考虑对数据点进行预处理，形成某种矩阵，再求解该矩阵的特征值和对应的特征向量，将特征值按照

大小排队，保留足够的正特征值，特征值对应的特征向量构成新的矩阵，这个新矩阵的各行可看作新的坐标点。按照这种方法处理，我们就可以将高维空间的点“映射”到低维空间或平面上。这种思路或方法，这样看来也是一种数据压缩技术，而将高维数据表现在人类可看到的三维空间中或平面上，也算是一种数据的可视化方法。

（二）数学表达

为了叙述方便，我们给出具体的数学表达。若将 $\boldsymbol{X}_1,\boldsymbol{X}_2,\cdots,\boldsymbol{X}_n$ 看作 r 维空间中的点，则称矩阵 $\boldsymbol{X}=(\boldsymbol{X}_1,\boldsymbol{X}_2,\cdots,\boldsymbol{X}_n)'$ 为距离 $\boldsymbol{D}$ 的拟合构图，n 个样本点的距离矩阵 $\hat{\boldsymbol{D}}$ 称为 $\boldsymbol{D}$ 的拟合距离矩阵。很显然，我们希望 $\hat{\boldsymbol{D}}$ 尽可能地靠近 $\boldsymbol{D}$，即 $\hat{\boldsymbol{D}}\approx\boldsymbol{D}$，如果确实有某组样本点数据 $\boldsymbol{X}$，使得其 $\hat{\boldsymbol{D}}=\boldsymbol{D}$，那我们就可直接将 $\boldsymbol{X}$ 看作 $\boldsymbol{D}$ 的构图。很明显，我们的目的就是要找到这个 $\hat{\boldsymbol{D}}$。

为了求解在低维中的表达，我们考虑任意两点的距离关系。对于任意点 i 与点 j，它们之间的距离 d_{ij}，展开表达式得到

$$\begin{aligned}d_{ij}^2&=(\boldsymbol{X}_i-\boldsymbol{X}_j)'(\boldsymbol{X}_i-\boldsymbol{X}_j)\\&=\boldsymbol{X}_i'\boldsymbol{X}_i-\boldsymbol{X}_i'\boldsymbol{X}_j-\boldsymbol{X}_j'\boldsymbol{X}_i+\boldsymbol{X}_j'\boldsymbol{X}_j\\&=\boldsymbol{X}_i'\boldsymbol{X}_i+\boldsymbol{X}_j'\boldsymbol{X}_j-2\boldsymbol{X}_i'\boldsymbol{X}_j\end{aligned}\tag{10-2}$$

将式（10-2）两边先对角标 i 求和，然后再求平均，过程如下。

$$d_{ij}^2=\boldsymbol{X}_i'\boldsymbol{X}_i+\boldsymbol{X}_j'\boldsymbol{X}_j-2\boldsymbol{X}_i'\boldsymbol{X}_j$$

$$\Downarrow$$

$$\sum_{i=1}^n d_{ij}^2=\sum_{i=1}^n\boldsymbol{X}_i'\boldsymbol{X}_i+\boldsymbol{X}_j'\boldsymbol{X}_j-2\sum_{i=1}^n\boldsymbol{X}_i'\boldsymbol{X}_j$$

$$\Downarrow$$

$$\frac{1}{n}\sum_{i=1}^n d_{ij}^2=\frac{1}{n}\sum_{i=1}^n\boldsymbol{X}_i'\boldsymbol{X}_i+\boldsymbol{X}_j'\boldsymbol{X}_j-\frac{2}{n}\sum_{i=1}^n\boldsymbol{X}_i'\boldsymbol{X}_j$$

则得到如下新值：

$$\frac{1}{n}\sum_{i=1}^n d_{ij}^2=\frac{1}{n}\sum_{i=1}^n\boldsymbol{X}_i'\boldsymbol{X}_i+\boldsymbol{X}_j'\boldsymbol{X}_j-\frac{2}{n}\sum_{i=1}^n\boldsymbol{X}_i'\boldsymbol{X}_j\tag{10-3}$$

可知式（10-3）中的 $\frac{1}{n}\sum_{i=1}^n d_{ij}^2$ 表达了在 n 个点中，其他各点 i 到点 j 的距离的平均值。

进行类似的改写，式（10-2）两边先对角标 j 求和，然后再求平均，得到

$$\frac{1}{n}\sum_{j=1}^n d_{ij}^2=\boldsymbol{X}_i'\boldsymbol{X}_i+\frac{1}{n}\sum_{j=1}^n\boldsymbol{X}_j'\boldsymbol{X}_j-\frac{2}{n}\sum_{j=1}^n\boldsymbol{X}_i'\boldsymbol{X}_j\tag{10-4}$$

可知 $\frac{1}{n}\sum_{j=1}^n d_{ij}^2$ 表达了在 n 个点中，其他各点 j 到点 i 的距离的平均值。

同样的，式（10-2）两边先对角标 i 求和，然后求平均，之后再对 j 求和，然后再求平均，得到

$$\frac{1}{n}\sum_{j=1}^n\left(\frac{1}{n}\sum_{i=1}^n d_{ij}^2\right)=\frac{1}{n^2}\sum_{i=1}^n\sum_{j=1}^n d_{ij}^2=\frac{1}{n}\sum_{i=1}^n\boldsymbol{X}_i'\boldsymbol{X}_i+\frac{1}{n}\sum_{j=1}^n\boldsymbol{X}_j'\boldsymbol{X}_j-\frac{2}{n^2}\sum_{i=1}^n\sum_{j=1}^n\boldsymbol{X}_i'\boldsymbol{X}_j\tag{10-5}$$

可知 $\frac{1}{n^2}\sum_{i=1}^{n}\sum_{j=1}^{n}d_{ij}^2$ 表达了在 n 个点中，任意两点 i 到点 j 距离的总平均值。

设 $\bar{\boldsymbol{X}}=\frac{1}{n}\sum_{i=1}^{n}\boldsymbol{X}_i$ 和 $\bar{\boldsymbol{X}}=\frac{1}{n}\sum_{j=1}^{n}\boldsymbol{X}_j$ 代表各个点的平均，则点 i 与点 j 的离差积为

$$
\begin{aligned}
&(\boldsymbol{X}_i-\bar{\boldsymbol{X}})'(\boldsymbol{X}_j-\bar{\boldsymbol{X}})\\
&=(\boldsymbol{X}_i-\frac{1}{n}\sum_{i=1}^{n}\boldsymbol{X}_i)'(\boldsymbol{X}_j-\frac{1}{n}\sum_{j=1}^{n}\boldsymbol{X}_j)\\
&=\boldsymbol{X}_i'\boldsymbol{X}_j-\boldsymbol{X}_i'\frac{1}{n}\sum_{j=1}^{n}\boldsymbol{X}_j-\left(\frac{1}{n}\sum_{i=1}^{n}\boldsymbol{X}_i\right)'\boldsymbol{X}_j+\left(\frac{1}{n}\sum_{i=1}^{n}\boldsymbol{X}_i\right)'\left(\frac{1}{n}\sum_{j=1}^{n}\boldsymbol{X}_j\right)\\
&=\boldsymbol{X}_i'\boldsymbol{X}_j-\frac{1}{n}\sum_{j=1}^{n}\boldsymbol{X}_i'\boldsymbol{X}_j-\frac{1}{n}\sum_{i=1}^{n}\boldsymbol{X}_i'\boldsymbol{X}_j+\frac{1}{n^2}\sum_{i=1}^{n}\sum_{j=1}^{n}\boldsymbol{X}_i'\boldsymbol{X}_j
\end{aligned}
\tag{10-6}
$$

为了具体表达各项，将式（10-6）等号右侧各项进行凑项，以便于应用式（10-2）～式（10-5），下边式子中，底划线部分即凑项，则有

$$
\begin{aligned}
&\boldsymbol{X}_i'\boldsymbol{X}_j-\frac{1}{n}\sum_{j=1}^{n}\boldsymbol{X}_i'\boldsymbol{X}_j-\frac{1}{n}\sum_{i=1}^{n}\boldsymbol{X}_i'\boldsymbol{X}_j+\frac{1}{n^2}\sum_{i=1}^{n}\sum_{j=1}^{n}\boldsymbol{X}_i'\boldsymbol{X}_j\\
&=\frac{1}{2}\left(2\boldsymbol{X}_i'\boldsymbol{X}_j-\frac{2}{n}\sum_{j=1}^{n}\boldsymbol{X}_i'\boldsymbol{X}_j-\frac{2}{n}\sum_{i=1}^{n}\boldsymbol{X}_i'\boldsymbol{X}_j+\frac{2}{n^2}\sum_{i=1}^{n}\sum_{j=1}^{n}\boldsymbol{X}_i'\boldsymbol{X}_j\right)\\
&=\frac{1}{2}\left(\underline{-\boldsymbol{X}_i'\boldsymbol{X}_i+\boldsymbol{X}_i'\boldsymbol{X}_i}+2\boldsymbol{X}_i'\boldsymbol{X}_j\right)+\frac{1}{2}\left(\underline{-\boldsymbol{X}_j'\boldsymbol{X}_j+\boldsymbol{X}_j'\boldsymbol{X}_j}-\frac{2}{n}\sum_{j=1}^{n}\boldsymbol{X}_i'\boldsymbol{X}_j\right)\\
&+\frac{1}{2}\left(\underline{\frac{1}{n}\sum_{i=1}^{n}\boldsymbol{X}_i'\boldsymbol{X}_i-\frac{1}{n}\sum_{i=1}^{n}\boldsymbol{X}_i'\boldsymbol{X}_i}-\frac{2}{n}\sum_{i=1}^{n}\boldsymbol{X}_i'\boldsymbol{X}_j\right)+\frac{1}{2}\left(\underline{\frac{1}{n}\sum_{j=1}^{n}\boldsymbol{X}_j'\boldsymbol{X}_j-\frac{1}{n}\sum_{j=1}^{n}\boldsymbol{X}_j'\boldsymbol{X}_j}+\frac{2}{n^2}\sum_{i=1}^{n}\sum_{j=1}^{n}\boldsymbol{X}_i'\boldsymbol{X}_j\right)
\end{aligned}
$$

将括号内的各项重新排序，并利用式（10-2）～式（10-5）形式，得到

$$
\begin{aligned}
&=\frac{1}{2}\underbrace{\left(-\boldsymbol{X}_i'\boldsymbol{X}_i-\boldsymbol{X}_j'\boldsymbol{X}_j+2\boldsymbol{X}_i'\boldsymbol{X}_j\right)}_{(2)}+\frac{1}{2}\underbrace{\left(\boldsymbol{X}_j'\boldsymbol{X}_j+\frac{1}{n}\sum_{i=1}^{n}\boldsymbol{X}_i'\boldsymbol{X}_i-\frac{2}{n}\sum_{i=1}^{n}\boldsymbol{X}_i'\boldsymbol{X}_j\right)}_{(3)}\\
&+\frac{1}{2}\underbrace{\left(\boldsymbol{X}_i'\boldsymbol{X}_i+\frac{1}{n}\sum_{j=1}^{n}\boldsymbol{X}_j'\boldsymbol{X}_j-\frac{2}{n}\sum_{j=1}^{n}\boldsymbol{X}_i'\boldsymbol{X}_j\right)}_{(4)}+\frac{1}{2}\underbrace{\left(-\frac{1}{n}\sum_{i=1}^{n}\boldsymbol{X}_i'\boldsymbol{X}_i-\frac{1}{n}\sum_{j=1}^{n}\boldsymbol{X}_j'\boldsymbol{X}_j+\frac{2}{n^2}\sum_{i=1}^{n}\sum_{j=1}^{n}\boldsymbol{X}_i'\boldsymbol{X}_j\right)}_{(5)}\\
&=\frac{1}{2}\left(-d_{ij}^2+\frac{1}{n}\sum_{j=1}^{n}d_{ij}^2+\frac{1}{n}\sum_{i=1}^{n}d_{ij}^2-\frac{1}{n^2}\sum_{i=1}^{n}\sum_{j=1}^{n}d_{ij}^2\right)
\end{aligned}
$$

令

$$
b_{ij}=\frac{1}{2}\left(-d_{ij}^2+\frac{1}{n}\sum_{j=1}^{n}d_{ij}^2+\frac{1}{n}\sum_{i=1}^{n}d_{ij}^2-\frac{1}{n^2}\sum_{i=1}^{n}\sum_{j=1}^{n}d_{ij}^2\right)\tag{10-7}
$$

则遍历各个点 i,j，得到矩阵

$$
\boldsymbol{B}=(b_{ij})_{n\times n}=\begin{pmatrix}(\boldsymbol{X}_1-\bar{\boldsymbol{X}})'\\ \vdots\\ (\boldsymbol{X}_n-\bar{\boldsymbol{X}})'\end{pmatrix}\left((\boldsymbol{X}_1-\bar{\boldsymbol{X}}),\ \cdots\ (\boldsymbol{X}_n-\bar{\boldsymbol{X}})\right)\tag{10-8}
$$

称 $\boldsymbol{B}$ 为 $\boldsymbol{X}$ 的中心化内积矩阵，即去掉均值后，各离差值的乘积矩阵，由式（10-8）可知矩阵 $\boldsymbol{B} \geqslant 0$。

要进行多维标度分析，就要从中心化内积矩阵 $\boldsymbol{B}$ 开始，这也是前边几章中常常讲到的先进行数据标准化，然后再深入处理。设矩阵 $\boldsymbol{B}$ 的特征根中，大于零的有 r 个，且按照顺序排列为 $\lambda_1 \geqslant \lambda_2 \geqslant \cdots \geqslant \lambda_r$，则它们对应的单位特征向量为 $l_1, l_2, \cdots, l_r$，设 $\boldsymbol{T}$ 是由这些单位特征向量组成的矩阵 $\boldsymbol{T} = (l_1, l_2, \cdots, l_r)$，那么，由特征值和对应的特征向量构成了矩阵 $\hat{\boldsymbol{X}} = \left(\sqrt{\lambda_1} l_1, \sqrt{\lambda_2} l_2, \cdots, \sqrt{\lambda_r} l_r\right)$，其中 $\hat{\boldsymbol{X}}$ 的每一行数据，就可以看作空间中的一个点，则

$$\boldsymbol{B} = \hat{\boldsymbol{X}}\hat{\boldsymbol{X}}' = \boldsymbol{T}\boldsymbol{\Lambda}\boldsymbol{T}' \tag{10-9}$$

式中，$\boldsymbol{\Lambda} = \operatorname{diag}(\lambda_1, \lambda_2, \cdots, \lambda_r)$。需要说明一下，虽然我们希望通过这种形式得到各点的坐标，但并不是所有的距离矩阵都对应一个 r 维空间和 n 个点，且 n 个点之间的距离矩阵恰好等于欧几里得距离矩阵 $\boldsymbol{D}$，也就是说，并不是所有的距离矩阵都是欧氏矩阵，还存在非欧几里得矩阵。当不能得到欧几里得距离矩阵时，则只能求得低维空间中拟合的构图。

一般的，要确定低维空间的维数，常规的有 $r = 2,3$，即在计算之前，就明确确定低维的维数；也可以采用和主成分分析、因子分析相类似的形式，即计算前 r 个大于零的特征值的占比 k，当达到要求后，截断获得 r。

$$k = \frac{\lambda_1 + \lambda_2 + \cdots + \lambda_r}{|\lambda_1| + |\lambda_2| + \cdots + |\lambda_r| + \cdots + |\lambda_n|} \geqslant k_0 \tag{10-10}$$

需要说明的是，在求解特征值 λ_i 时，如果存在负值的特征值，则说明距离矩阵 $\boldsymbol{D}$ 是非欧几里得型的。

前边我们推求时得到的是关于具有度量特性的古典解，推导的基础是距离矩阵，对于非距离数据，或者说如果数据不是 n 个样品之间的距离，而是相似性度量时，我们还需要对相似矩阵 $\boldsymbol{C}$ 进行适当的转换，转换成广义的距离矩阵 $\boldsymbol{D}$，然后再按照上述的方法计算。其转换公式如下。

$$d_{ij} = \sqrt{c_{ii} + c_{jj} - 2c_{ij}} \tag{10-11}$$

因为 $\boldsymbol{C} \geqslant 0$，且 $c_{ii} + c_{jj} - 2c_{ij} \geqslant 0$，当 $i = j$ 时，$d_{ij} = 0$，且满足 $d_{ij} = d_{ji}$，可知转换后的距离矩阵是欧几里得矩阵。

第三节　非度量 MDS 的求解

对于度量数据，不管测量得到的是原始数据还是相似矩阵，都可以经过变换，使之变成距离矩阵，但有时候我们得到的是定序尺度数据，这类数据除了具有定类数据的差别外，不同类别之间还存在着某种顺序关系，如大小、高低、强弱等。例如，对于沿着山体海拔测定的植物分布，就存在着低、中、高等，我们的文化程度，也存在着小学及以下、中学、大学、研究生等。

当我们使用数字来表达这种程度时，如表达颜色的相似性，我们可以使用 1 来表达颜色非常相近，用 10 来表达颜色差别巨大，但这种数字只是表示相似或者不相似的程度，不能说不相似是相似的 10 倍，虽然有数据 1 和 10，但它们不具有倍数关系。当我们使用这种定序尺度数据，建立了研究对象两两之间的不相似或者相似矩阵时，显然不能使用前边介绍的

度量数据的计算方法，为了解决这方面的问题，Kruskal 提出了一个称为“应力”的度量概念，用来衡量某个数据的“几何化表示”偏离其“完美匹配表示”的程度。

Kruskal 方法的基本思想是：首先将 n 个对象的不相似或者相似程度矩阵确定下来，该矩阵在 r 维的空间中，肯定存在着一个匹配最好的构图或者拟合构图，虽然暂时不知道该构图，但可以知道，如果从某个初始构图出发，通过不断地调整各个对象在 r 维空间中的位置，最终会调整到那个最优匹配。在每次调整各个对象的位置时，我们需要给出一个评判标准，评判该次调整的改进程度，这个评判标准就是刚刚提到的“应力”，可以想象，经过一次次的调整迭代，最终会使得匹配达到最佳，当两次调整得到的匹配不再发生变化时，我们就认为无法再改进这种匹配了，此时应该是我们需要的结果。

将这种思想琢磨一下，本质上就是我们在编程时常常使用的迭代法，如在解方程时使用的牛顿迭代法，和此有异曲同工之处。回到这里，我们继续这个问题，设某个定序尺度的 n 个对象两两不相似程度矩阵为 $(\delta_{ij})_{n\times n}$，要找到这 n 个对象在 r 维空间中的一个拟合构图，先将这 n 个对象任意放置在 r 维空间中，形成一个初始的构图，设该构图中对象 i 的坐标为 $\boldsymbol{X}_i=(\boldsymbol{X}_{i1},\boldsymbol{X}_{i2},\cdots,\boldsymbol{X}_{ir})'$，则在该 r 维空间中，对象 i 和对象 j 之间的距离为

$$d_{ij}^2=(X_{i1}-X_{j1})^2+(X_{i2}-X_{j2})^2+\cdots+(X_{ir}-X_{jr})^2 \tag{10-12}$$

在这个初始构图基础上，对各个对象的坐标进行微调，以使得 d_{ij} 与 δ_{ij} 的不匹配加以改进，为了使用 δ_{ij}，Kruskal 采用最小平方单调回归的方法，将 δ_{ij} 单调转换为 $\hat{d}_{ij}$，并给出了应力的计算，以评测这种匹配的完美程度，应力的计算如下。

$$S_k=\sqrt{\frac{\sum_i\sum_j(d_{ij}-\hat{d}_{ij})^2}{\sum_i\sum_j d_{ij}^2}} \tag{10-13}$$

从式（10-13）可以看出，当 d_{ij} 与 $\hat{d}_{ij}$ 差异较大时，应力 stress 值也越大，说明匹配性也就越不好。一般的，应力值与匹配性之间的关系如表 10-2 所示。

表 10-2　应力与匹配程度对照表

应力值	0	（0，2.5%]	（2.5%，5%]	（5%，10%]	（10%，20%]
匹配度	完美	非常好	好	一般	差

除了 Kruskal 的应力公式外，塔卡杨也提出了一种类似的计算公式，且更受欢迎，在确定维数 r 后，应力 stress 的计算为

$$S_t=\sqrt{\frac{\sum_i\sum_j(d_{ij}^2-\hat{d}_{ij}^2)^2}{\sum_i\sum_j d_{ij}^4}} \tag{10-14}$$

和式（10-13）相比，式（10-14）将每一项都计算了平方，S_t 的值介于 0～1。一般的，当 $S_t<0.1$ 时，表示构图拟合很好。

关于拟合构图空间维数 r 的确定，可采用绘制 $S_k\sim r, S_t\sim r$ 图的形式加以确定，对于每一个确定的 r，我们都可以计算得到一个使得应力最小的构图，随着 r 的增加，最小应力将

逐渐下降，当 $r=n-1$ 时，应力降到 0，因此，我们可以从 $r=1$ 开始，计算并绘制应力 $S_k \sim r, S_t \sim r$ 图，从图上可找到明显“拐点”。这种通过迭代的方法，和赤池信息量准则（AIC）类似，在时间序列课程中，有这方面的介绍。

非度量 MDS，虽然其原始数据是定序尺度数据，但当我们在实际工作中无法得到准确的定量尺度距离矩阵，而只能得到这种确切的定序尺度数据时，这种处理方法的结果往往比不完善的定量数据还理想，且更接近于事实。基于这种事实，我们可以借此实现一些研究，那就是当数据不完善或者由于条件限制，不能很好地得到测定数据时，通过这种方法可进行相对定位研究，以解决某些科研问题。

第四节　权重多维标度

之所以提出权重多维标度方法，主要是在实际生活调查的科学研究中，常常遇到将多个单一的评测结果汇总成一个最终结果的情形。在生活中，比如选 10 人对 5 种饮料进行两两比对评测，每一个人都会有一个 5×5 的评测对比结果，10 个人则有 10 个 5×5 的评测对比结果。但我们更关心的是这 10 人总的评测对比结果，而不是单独的结果，这就存在如何将 10 个单独的评测结果汇成一个的问题，一般的，可采用加权的形式实现汇总。

在科学研究中，也常常出现这种类似的情况，以笔者对城市生态系统中各指标的相互作用研究为例，为了阐明城市生态系统中各指标之间的相互影响规律，我们利用国内 31 个省会城市（不含港澳台）的数据，筛选出自然子系统、经济子系统和社会子系统主要指标 28 个。这样，对于每一个城市而言，28 个指标之间的影响就可看作它们之间的作用距离，城市生态系统指标作用网就可看作影响距离网，且每一个城市都对应着一个作用距离矩阵（根据图论可将网络转换成矩阵）。但我们感兴趣的不是每一个单个城市的城市生态系统作用网，而是综合了我国各个主要城市的城市生态系统作用网的一般规律，如何将 31 个独立的作用网汇总成一个综合结果，我们可以对每一个城市的作用网赋一个权重，从而实现综合汇总。像这类生态系统相互作用网的汇总问题，也属于权重多维标度方法的应用范畴。

为了解决这类问题，Carroll 等提出了具权重参数的多维标度法，它本质上是“为有差异的个体之间进行赋权”的欧几里得距离模型。通俗的说，所谓权重多维标度法，是指在形成最终构图时，采用加权的方式来确定各个对象最终的坐标/对象间距离。

为了更清楚地了解这个加权过程，我们对加权过程加以具体考察如下。设有 m 人对 n 个对象进行两两评测，则每个人都会得到一个 $n \times n$ 的不相似矩阵，在将每个不相似矩阵转化为距离矩阵后，则每个人对应着一个距离矩阵，从而每个人也就对应着一个构图。我们将这个过程加以形象化，则如图 10-2 所示。

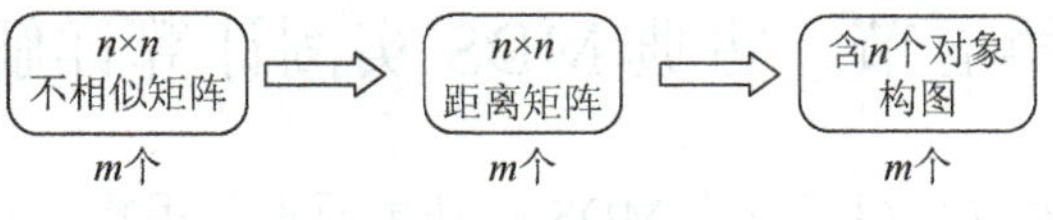

图 10-2　加权多维标度思路

我们知道，不论是哪个人的构图，每个人自己的构图中，都会含有这 n 个对象，将此列表，我们就会清楚，有表 10-3（表中字母 O 代表对象）。

表 10-3　加权多维标度法构成对象表

构图编号	对象编号			
	1	2	…	n
1	O_{11}	O_{12}	…	O_{1n}
2	O_{21}	O_{22}	…	O_{2n}
…	…	…	…	…
n	O_{m1}	O_{m2}	…	O_{mn}

现在我们已经得到了这 m 个构图，但我们的目的是得到一个最终的统一构图，它是各构图的一个综合汇总。很显然，要将各个构图汇成最终构图，不分轻重地直接将这 m 个构图叠加或进行其他方法的处理，显然不合时宜，可以想象，更合理的方法是针对不同的人，给予不同的权重，然后综合起来。下面是我们对这个过程的具体化。

在进行具体化之前，我们强调一下，每个构图均是由 n 个对象构成，假设 X_{it} 表示对象 i 在最终 t 维空间中的坐标，则第 k 人对应的第 k 个构图中，第 i 个对象的坐标为 $X_i^{(k)}(X_{i1}^{(k)}, X_{i2}^{(k)},\cdots,X_{ir}^{(k)})$。这样，第 k 人对应的第 k 个构图中的第 i 个对象，对最终构图中的同一个对象 i 的坐标贡献为

$$Y_{it}^{(k)} = \sqrt{\omega_{kt}}X_{it} \tag{10-15}$$

再回到上述列表中，考虑第 k 人的构图中，对象 i 和对象 j 的欧氏距离为

$$d_{ij}^{(k)} = \sqrt{\sum_{t=1}^{r}(Y_{it}^{(k)} - Y_{jt}^{(k)})^2} \tag{10-16}$$

将式（10-15）代入到式（10-16）中，将权重移到括号外边，得到

$$d_{ij}^{(k)} = \sqrt{\omega_{k1}(\mathrm{X}_{i1}^{(k)} - X_{j1}^{(k)})^2 + \omega_{k2}(\mathrm{X}_{i2}^{(k)} - X_{j2}^{(k)})^2 + \cdots + \omega_{kr}(\mathrm{X}_{ir}^{(k)} - X_{jr}^{(k)})^2} \tag{10-17}$$

式中，权重 ω_k 与每一个人相对应，各不相同。通过这样的计算，我们就得到了距离矩阵的构成要素，之后，再按照古典 MDS 中的计算方法，求解得到 $b_{ij}^{(k)}$。

$$\begin{aligned} b_{ij}^{(k)} &= \frac{1}{2}\left(-\left(d_{ij}^{(k)}\right)^2 + \frac{1}{n}\sum_{j=1}^{n}\left(d_{ij}^{(k)}\right)^2 + \frac{1}{n}\sum_{i=1}^{n}\left(d_{ij}^{(k)}\right)^2 - \frac{1}{n^2}\sum_{i=1}^{n}\sum_{j=1}^{n}\left(d_{ij}^{(k)}\right)^2\right) \\ &= \sum_{t=1}^{r}\omega_{kt}X_{it}X_{jt} \end{aligned} \tag{10-18}$$

在得到 $b_{ij}^{(k)}$ 之后，构建 $\boldsymbol{B}$ 求解 X，这可能需要求解最优解，具体解法，如非线性迭代等，可参考《数值分析》一类的教材。

第五节　古典 MDS 实例计算详解

在前边几节，我们大致介绍了古典 MDS 的基本原理与思想，在本节，我们给出两个具体的计算实例，通过实例训练，以掌握古典 MDS 的基本理论，并学会如何使用 MATLAB 代码快速完成分析。在多维标度法中，最典型的例子是美国 10 个城市飞行距离的 MDS 分析，表 10-4 是这 10 个城市的飞行距离矩阵，据此，进行 MDS 分析。

表 10-4　美国 10 个城市飞行距离[8]

	1	2	3	4	5	6	7	8	9	10
1	0	587	1212	701	1936	604	748	2139	2182	543
2	587	0	920	940	1745	1188	713	1858	1737	597
3	1212	920	0	879	831	1726	1631	949	1021	1494
4	701	940	879	0	1374	968	1420	1645	1891	1220
5	1936	1745	831	1374	0	2339	2451	347	959	2300
6	604	1188	1726	968	2339	0	1092	2594	2734	923
7	748	713	1631	1420	2451	1092	0	2571	2408	205
8	2139	1858	949	1645	347	2594	2571	0	678	2442
9	2182	1737	1021	1891	959	2734	2408	678	0	2329
10	543	597	1494	1220	2300	923	205	2442	2329	0

注：1. Atlanta；2. Chicago；3. Denver；4. Houston；5. Los Angeles；6. Miami；7. New York；8. San Francisco；9. Seattle；10. Washington

为了进行分析，笔者依照前述内容，编写了针对古典多维标度的程序，其调用格式如下。

```
X=[...
      0,  587, 1212,  701, 1936,  604,  748, 2139, 2182,  543
    587,    0,  920,  940, 1745, 1188,  713, 1858, 1737,  597
   1212,  920,    0,  879,  831, 1726, 1631,  949, 1021, 1494
    701,  940,  879,    0, 1374,  968, 1420, 1645, 1891, 1220
   1936, 1745,  831, 1374,    0, 2339, 2451,  347,  959, 2300
    604, 1188, 1726,  968, 2339,    0, 1092, 2594, 2734,  923
    748,  713, 1631, 1420, 2451, 1092,    0, 2571, 2408,  205
   2139, 1858,  949, 1645,  347, 2594, 2571,    0,  678, 2442
   2182, 1737, 1021, 1891,  959, 2734, 2408,  678,    0, 2329
    543,  597, 1494, 1220, 2300,  923,  205, 2442, 2329,    0
];
t='dist';
p=.85;
ClsicMultiDimenScale(X,t,p)
```

在上述调用 ClsicMultiDimenScale（X，t，p）命令中，参数 X 是距离矩阵，t 是数据类型，p 是计算累积特征值时的截断值。更详细的解释参看本章第六节所附的程序源代码说明。设定好后，直接运行即可。经过计算，中心化内积矩阵 B 的计算结果见表 10-5。

表 10-5　中心化内积矩阵 *B* 的计算结果

537 137.97	227 674.72	−348 122.18	198 968.67	−808 342.73	894 857.07	696 696.22	−1 005 131.48	−1 050 183.18	656 444.92
227 674.72	262 780.47	−174 028.93	−134 309.58	−593 985.98	234 414.32	585 084.97	−580 731.73	−315 384.43	488 486.17
−348 122.18	−174 028.93	235 561.67	−92 439.48	569 636.62	−563 061.08	−504 420.43	681 440.37	658 370.17	−462 936.73

续表

198 968.67	–134 309.58	–92 439.48	352 200.37	29 298.47	516 284.27	–124 220.58	–162 952.28	–550 030.48	–327 99.38
–808 342.73	–593 985.98	569 636.62	29 298.47	1 594 272.57	–1 129 628.13	–1 498 684.98	1 750 891.82	1 399 105.62	–1 312 563.28
894 857.07	234 414.32	–563 061.08	516 284.27	–1 129 628.13	1 617 392.17	920 343.32	–1 541 761.88	–1 866 872.08	918 032.02
696 696.22	585 084.97	–504 420.43	–124 220.58	–1 498 684.98	920 343.32	1 415 758.47	–1 583 181.23	–1 129 542.93	1 222 167.17
–100 5131.48	–580 731.73	681 440.37	–162 952.28	1 750 891.82	–1 541 761.88	–1 583 181.23	2 027 920.07	1 845 927.87	–1 432 421.53
–105 0183.18	–315 384.43	658 370.17	–550 030.48	1 399 105.62	–1 866 872.08	–1 129 542.93	1 845 927.87	2 123 619.67	–1 115 010.23
656 444.92	488 486.17	–462 936.73	–32 799.38	–1 312 563.28	918 032.02	1 222 167.17	–1 432 421.53	–1 115 010.23	1 070 600.87

中心化内积矩阵 B 的特征值（降序排列）及累积贡献率见表 10-6。

表 10-6　中心化内积矩阵 *B* 的特征值及累积贡献率

序号	特征值	累积贡献率/%
λ_1	9 582 144.299 2	84.64
λ_2	1 686 820.183 5	99.54
λ_3	8 157.298 4	99.61
λ_4	1 432.869 9	99.63
λ_5	508.668 7	99.63
λ_6	25.143 5	99.63
λ_7	0.000 0	99.63
λ_8	–897.701 3	99.64
λ_9	–5 467.576 7	99.69
λ_{10}	–35 478.885 2	100.00

通过设定累积超过 85%，确定本次运算维数 $r=2$，与上述特征值对应的特征向量见表 10-7。

表 10-7　矩阵 *B* 的特征向量

l_1	l_2	l_3	l_4	l_5	l_6	l_7	l_8	l_9	l_{10}
0.2322	–0.1101	0.3887	–0.0324	0.3285	0.3001	0.3162	0.6179	–0.3027	0.1024
0.1234	0.2624	0.3278	–0.2176	0.5331	–0.4663	0.3162	–0.3087	0.2522	–0.0229
–0.1556	0.0195	0.5912	0.0354	–0.6946	–0.1900	0.3162	0.0105	0.0563	0.0531
0.0522	–0.4410	0.0161	–0.0466	0.0298	0.5386	0.3162	–0.2750	0.5761	0.0434
–0.3889	–0.3004	–0.2063	0.3956	0.1405	–0.3303	0.3162	0.3188	0.1572	–0.4520
0.3662	–0.4480	–0.3573	–0.0628	–0.1318	–0.4083	0.3162	–0.0722	–0.2240	0.4406
0.3464	0.3996	–0.3802	–0.3766	–0.2859	0.0540	0.3162	0.2848	0.2080	–0.3534
–0.4589	–0.0867	–0.0859	–0.4787	0.0357	0.1734	0.3162	–0.3008	–0.5259	–0.2167

续表

l_1	l_2	l_3	l_4	l_5	l_6	l_7	l_8	l_9	l_{10}
−0.4334	0.4464	−0.2619	0.1575	0.0633	0.1225	0.3162	0.1181	0.1200	0.6100
0.3165	0.2583	−0.0321	0.6261	−0.0188	0.2062	0.3162	−0.3934	−0.3172	−0.2044

表 10-8 是古典解的全部坐标值。

表 10-8　古典 MDS 的全部坐标

X_{01}	X_{02}	X_{03}	X_{04}	X_{05}	X_{06}	X_{07}	X_{08}	X_{09}	X_{10}
718.7594	−142.9943	35.1025	−1.2250	7.4095	1.5046	0.0000	0.0000	0.0000	0.0000
382.0558	340.8396	29.6022	−8.2379	12.0243	−2.3383	0.0000	0.0000	0.0000	0.0000
−481.6023	25.2850	53.3938	1.3393	−15.6659	−0.9527	0.0000	0.0000	0.0000	0.0000
161.4663	−572.7699	1.4526	−1.7623	0.6719	2.7008	0.0000	0.0000	0.0000	0.0000
−1203.7380	−390.1003	−18.6351	14.9749	3.1692	−1.6561	0.0000	0.0000	0.0000	0.0000
1133.5271	−581.9073	−32.2688	−2.3757	−2.9719	−2.0472	0.0000	0.0000	0.0000	0.0000
1072.2357	519.0242	−34.3419	−14.2539	−6.4473	0.2709	0.0000	0.0000	0.0000	0.0000
−1420.6033	−112.5892	−7.7548	−18.1203	0.8054	0.8695	0.0000	0.0000	0.0000	0.0000
−1341.7225	579.7393	−23.6508	5.9615	1.4286	0.6144	0.0000	0.0000	0.0000	0.0000
979.6220	335.4728	−2.8998	23.6994	−0.4238	1.0341	0.0000	0.0000	0.0000	0.0000

这是取出的前 2 维坐标，得到古典解（$r=2$）见表 10-9。

表 10-9　古典解得到的前二维坐标

X_{01}	X_{02}
718.76	−142.99
382.06	340.84
−481.60	25.29
161.47	−572.77
−1203.74	−390.10
1133.53	−581.91
1072.24	519.02
−1420.60	−112.59
−1341.72	579.74
979.62	335.47

根据坐标，二维图形给出的相对位置如图 10-3 所示。

在上述的计算中，给出了很多的中间计算结果，主要是为了帮助读者进行验算。在实际中，这些中间计算结果是可以控制不输出的。当给出的数据是相似性矩阵时，只需将数据类型设定为“similar”即可，其他无需更改。表 10-10 给出了 6 门课程的相关系数矩阵，试据此分析各门课程。

图 10-3　美国 10 个城市相对位置拟合构图

表 10-10　6 门课程的相关系数矩阵[8]

	盖尔语	英语	历史	算术	代数	几何
盖尔语	1.000	0.439	0.410	0.288	0.329	0.248
英语	0.439	1.000	0.351	0.354	0.320	0.329
历史	0.410	0.351	1.000	0.164	0.190	0.181
算术	0.288	0.354	0.164	1.000	0.595	0.470
代数	0.329	0.320	0.190	0.595	1.000	0.464
几何	0.248	0.329	0.181	0.470	0.464	1.000

因为给出的矩阵是相关系数，因此在计算时需要说明数据类型是“similar”参数，下面给出完整的调用代码，在实际计算中，可稍加改动就可完成计算，而不必考虑程序的运行。

```
Y=[...
        1,  0.439,   0.41,  0.288,  0.329,  0.248
   0.439,      1,  0.351,  0.354,   0.32,  0.329
    0.41,  0.351,      1,  0.164,   0.19,  0.181
   0.288,  0.354,  0.164,      1,  0.595,   0.47
   0.329,   0.32,   0.19,  0.595,      1,  0.464
   0.248,  0.329,  0.181,   0.47,  0.464,      1
   ];
t='similar';
p=0.75;
ClsicMultiDimenScale(Y,t,p)
```

由相关系数矩阵计算得到的距离矩阵见表 10-11。

表 10-11 6 门课程的距离矩阵

0.0000	1.0592	1.0863	1.1933	1.1584	1.2264
1.0592	0.0000	1.1393	1.1367	1.1662	1.1584
1.0863	1.1393	0.0000	1.2931	1.2728	1.2798
1.1933	1.1367	1.2931	0.0000	0.9000	1.0296
1.1584	1.1662	1.2728	0.9000	0.0000	1.0354
1.2264	1.1584	1.2798	1.0296	1.0354	0.0000

中心化内积矩阵 B 的计算结果见表 10-12。

表 10-12 6 门课程的中心化内积矩阵

0.55	–0.03	0.03	–0.19	–0.15	–0.20
–0.03	0.52	–0.05	–0.14	–0.18	–0.13
0.03	–0.05	0.69	–0.25	–0.22	–0.20
–0.19	–0.14	–0.25	0.49	0.09	–0.01
–0.15	–0.18	–0.22	0.09	0.49	–0.02
–0.20	–0.13	–0.20	–0.01	–0.02	0.55

中心化内积矩阵 B 的特征值（降序排列）及特征值的累积贡献率见表 10-13。

10-13 矩阵 *B* 的特征值及累积贡献率

λ_1	λ_2	λ_3	λ_4	λ_5	λ_6
1.1429	0.6233	0.6021	0.5248	0.3963	0.0000
34.74%	53.69%	72.00%	87.95%	100%	100%

原始数据的特征向量，每列为对应于上面相应特征值的向量，见表 10-14。

表 10-14 矩阵 *B* 的 6 个特征向量

l_1	l_2	l_3	l_4	l_5	l_6
–0.3775	–0.3377	0.4129	–0.6205	0.1456	–0.4082
–0.2259	–0.6106	–0.4940	0.3700	–0.1690	–0.4082
–0.5805	0.6438	0.0153	0.2852	0.0155	–0.4082
0.4281	–0.0507	0.2334	0.3518	0.6850	–0.4082
0.3942	0.0493	0.4245	0.1217	–0.6932	–0.4082
0.3616	0.3059	–0.5921	–0.5081	0.0160	–0.4082

表 10-15 是古典解的全部坐标值。

表 10-15　6 门课程的全部坐标

X_{01}	X_{02}	X_{03}	X_{04}	X_{05}	X_{06}
−0.4036	−0.2666	0.3204	−0.4495	0.0917	−0.0000
−0.2415	−0.4821	−0.3833	0.2680	−0.1064	−0.0000
−0.6206	0.5083	0.0119	0.2066	0.0098	−0.0000
0.4577	−0.0400	0.1811	0.2548	0.4312	−0.0000
0.4214	0.0389	0.3294	0.0882	−0.4364	−0.0000
0.3866	0.2415	−0.4594	−0.3681	0.0101	−0.0000

表 10-16 是得到的古典解（$r=3$ 维坐标值）。

表 10-16　6 门课程的前 3 维坐标

X_{01}	X_{02}	X_{03}
−0.40	−0.27	0.32
−0.24	−0.48	−0.38
−0.62	0.51	0.01
0.46	−0.04	0.18
0.42	0.04	0.33
0.39	0.24	−0.46

三维图形输出如图 10-4 所示。

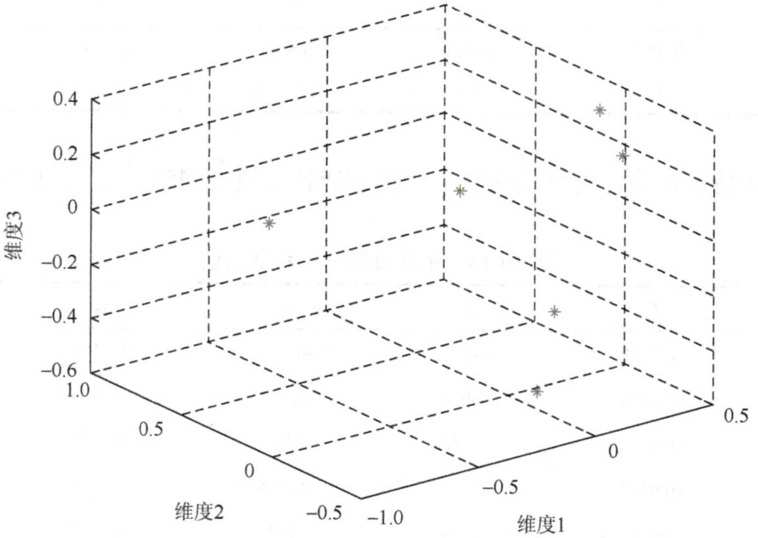

图 10-4　6 门课程的三维拟合构图

取前 2 维，则有 6 门课程的二维拟合构图（图 10-5）。

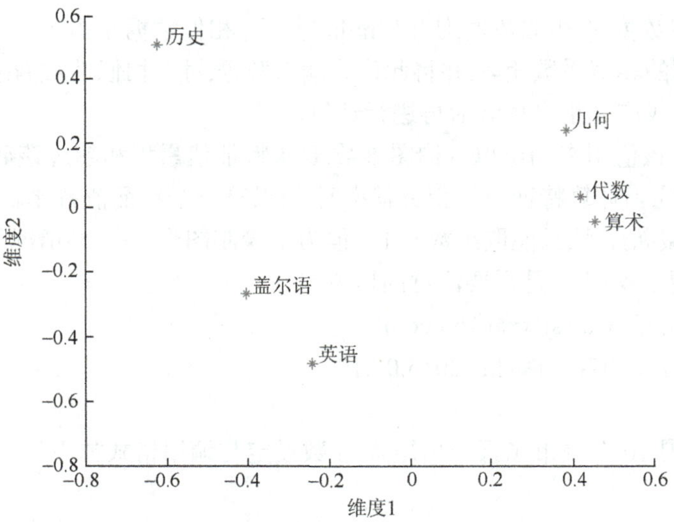

图 10-5　6 门课程的二维拟合构图

第六节　多维标度的 MATLAB 实现

一、古典多维标度计算函数

在本章第五节的实例计算中，我们已经看到，调用代码进行计算很简单，只需要把数据矩阵准备好，将数据类型说明及截断阈值确定好，运行即可得到上述结果。在调用计算时，主要是调用了古典多维标度计算函数 ClsicMultiDimenScale，该程序是笔者为了验证实例计算而简单编写的通用函数，调用简单方便，该程序的调用格式如下。

ClsicMultiDimenScale（MyArr，DataType，pCutOff）

该函数支持 3 个参数，分别为 MyArr、DataType 和 pCutOff，但后两个允许使用缺省默认值。该函数支持 3 种数据类型输入，只需将数据类型参数说明即可。更详细的说明，参看函数本身的说明。下面给出原始计算代码。

```
function ClsicMultiDimenScale(MyArr,DataType,pCutOff)
% 功能：用来计算度量型古典多维标度,但不适用于非度量古典及权重多维标度数据。
% 参数：程序支持 3 个参数 MyArr,DataType,pCutOff 但后两个可使用缺省默认值。
% 1.MyArr：数据矩阵,需要计算的数据存放在此矩阵中,该参数不可缺省。
% 2.DataType: 数据类型说明参数,用来指明输入数据的类型,在古典多维标度法
%     中有 3 种经常使用的数据类型,即
%     <1>原始数据,使用'origin'表示,原始数据是最初测定的各项参数,程序对
%         原始数据首先进行标准化处理,然后计算欧几里得距离;
%     <2>距离数据,使用'dist'表示,距离数据是指将已经计算完的距离矩阵数据
%         作为输入数据,程序在此基础上继续计算后续工作。在缺省情况下,该类型
%         数据是程序的默认数据类型。虽然可使用默认简化输入,但为了慎重,不
%         建议使用默认省略,而是每次计算要准确给出数据类型。
```

```
%     <3>相似数据/不相似数据,使用'similar'表示. 相似数据是指已经有计算
%          得到的相似系数矩阵,并将此作为输入数据,对于相似性数据,需要首先
%          转换成广义距离矩阵后再进行计算。
% 3.pCutOff: 该值用来确定拟合构图维数,要求特征值累积和超过该截断值。需要
%     特殊说明,当计算特征值累积贡献率时,如果第一个特征值占比就超过了阈值,
%     则按照截断原则,只能取维数 r=1。但为了绘制图形,在这种情况下,程序强制取
%     r=2,以便于绘图,这是需要注意的地方。
% 编制: 马寨璞, wdwsjlxx@163.com
% 日期: 2011.05.07;   修订: 2015.07.10.
%
% 样例: 美国 10 个城市飞行距离矩阵,参数设定与调用格式如下:
%   X=[...
%          0,   587,  1212,   701,  1936,   604,   748,  2139,  2182,   543
%        587,     0,   920,   940,  1745,  1188,   713,  1858,  1737,   597
%       1212,   920,     0,   879,   831,  1726,  1631,   949,  1021,  1494
%        701,   940,   879,     0,  1374,   968,  1420,  1645,  1891,  1220
%       1936,  1745,   831,  1374,     0,  2339,  2451,   347,   959,  2300
%        604,  1188,  1726,   968,  2339,     0,  1092,  2594,  2734,   923
%        748,   713,  1631,  1420,  2451,  1092,     0,  2571,  2408,   205
%       2139,  1858,   949,  1645,   347,  2594,  2571,     0,   678,  2442
%       2182,  1737,  1021,  1891,   959,  2734,  2408,   678,     0,  2329
%        543,   597,  1494,  1220,  2300,   923,   205,  2442,  2329,     0
%     ];
%        t='dist';
%        p=0.85;
%        ClsicMultiDimenScale(X,t,p)
%

% 如果不给出数据类型,则默认为距离类型
if nargin<2||isempty(DataType)
    DataType='dist';
else
    types={'origin','dist','similar'};
    DataType=internal.stats.getParamVal(DataType,types,'TYPE');
end
% 截断值默认 0.80
if nargin<3||isempty(DataType)
    pCutOff=0.80;
end
```

```
%主要计算步骤结果予以输出,以检验运行
fprintf('1,当前处理的原始数据如下\n');disp(MyArr);
% 数据类型不同,采用不同的预处理方法
switch DataType
    case 'origin'      % 输入原始测量数据,需要计算两两距离
        AB=zscore(MyArr);% 数据标准化
        Y=pdist(AB,'Euclid');% 计算距离函数
        MyArr=squareform(Y); fprintf('\n');
        fprintf('2,数据经过了标准化预处理,计算得到 %s 距离\n','Euclid');
        FormatOutput(MyArr,2);
        [nRows,nCols]=size(MyArr);
    case 'dist'        % 输入数据为距离矩阵,由此继续往下进行
        [nRows,nCols]=size(MyArr);
        disp('2,已经是距离矩阵,直接继续进行计算');
        FormatOutput(MyArr,2);
    case 'similar'   % 输入相关矩阵开始,转换成距离矩阵
        [nRows,nCols]=size(MyArr);
        temp=zeros(nRows,nCols);
        for ir=1:nRows
            for jc=1:nCols
                temp(ir,jc)=MyArr(ir,ir)+MyArr(jc,jc)-2*MyArr(ir,jc);
            end
        end
        MyArr=sqrt(temp);
        disp('2,由相关系数矩阵计算得到的距离矩阵');
        FormatOutput(MyArr,4);
end

% 计算中心化内积矩阵 B
B=zeros(nRows,nCols);
MyArr=MyArr.^2;
xRowAver=mean(MyArr,1);
xColAver=mean(MyArr,2);
xAver=sum(sum(MyArr,1),2)/(nRows^2);
for ir=1:nRows
    for jc=1:nCols
        B(ir,jc)=(-1*MyArr(ir,jc)+xRowAver(jc)+xColAver(ir)-xAver)/2;
    end
end
```

```
disp('3,中心化内积矩阵 B 的计算结果');
FormatOutput(B,2);

% 求解中心化内积矩阵 B 的特征值,并计算特征值的累积贡献率
[E,~]=eig(B);
[Lamda,IY]=sort(eig(B),1,'descend'); % matlab 自动按照大->小排序
for jc=1:nCols % 改换对应特征值的各个特征向量顺序
    TE(:,jc)=E(:,IY(jc));
end
Eigen=TE;
disp('4,中心化内积矩阵 B 的特征值 (降序排列):');
FormatOutput(Lamda',4);
disp('5,中心化内积矩阵 B 的特征向量,每列为对应于上面相应特征值的向量:');
FormatOutput(Eigen,4);
%计算特征值的累积贡献率
s=0; OnKey=1;r=0;
disp('6,特征值的累积贡献率：');
for jc=1:nCols
      s=s+abs(Lamda(jc));
      per=s/sum(abs(Lamda));
      if jc==1
            fprintf('\tLamda(%2.2d)=%.4f; PerCent =%.2f%%;',jc,Lamda(jc),per*100);
      else
            fprintf('\n\tLamda(%2.2d)=%.4f; PerCent =%.2f%%;',jc,Lamda(jc),per*100);
      end
      if per>=pCutOff && OnKey;
           fprintf('当特征值累积和超过%d%%时,特征值个数为%d 个, ',pCutOff*100,jc);
           OnKey=0;
           if jc>3
                 r=3;
                 fprintf('为了绘图方便,当计算得到的 r 大于 3 时,只取 r = 3.');
           else
                 r=jc;
                 fprintf('计算得到: r = %d.',r);
           end
      end
end
fprintf('\n\n');
```

```
%   形成古典解坐标
mdszb=zeros(nRows,nCols);
for jc=1:nCols
    temp=Lamda(jc)^0.5;
    mdszb(:,jc)=temp*Eigen(:,jc);
end

% 特殊处理说明:当计算r=1时,但为了绘制图形,在这种情况下,
% 强制取r=2,以便于绘图。
if 1==r,
    r=2;disp('说明：为了绘制二维平面图,本次运算修改维数 r=1 为 r=2');
end
disp('7,这是古典解的全部坐标值：');FormatOutput(mdszb,4);
xNew=mdszb(:,1:r);
disp('8,这是得到的古典解( r-维坐标值 )：');
FormatOutput(xNew);

%   简单的绘图输出,详细绘图请自行补充绘图细节
switch r
    case 2 % 绘制二维图
        plot(xNew(:,1),xNew(:,2),'r*');
        xlabel('维度 1');ylabel('维度 2');
        disp('9,二维图形已经输出,请查看！可进行简单标注.');
        % 简单标注
        for jc=1:nCols
            sn{jc}=sprintf(' Obj %2.2d\n',jc);
        end
        set(gcf,'color','w');box off;
        msgbox('手工标注变量名,完毕回车确认！');pause(2);
        gname(sn);
    case 3 % 绘制三维图
        plot3(xNew(:,1),xNew(:,2),xNew(:,3),'r*');
        xlabel('维度 1');ylabel('维度 2');zlabel('维度 3');
        grid on;set(gcf,'color','w');box off;
        disp('9,三维图形已经输出,请查看！');
    otherwise
        disp('9,出问题啦! 按照你给出的特征值累积贡献率,不能绘图啊！');
        return;
end
```

二、多维标度计算函数 mdscale

在 MATLAB 中，有专门的程序用来计算多维标度，该程序名称为 mdscale，它的调用方法如下。

1）Y=mdscale（D，P）

这种调用格式以 $n\times n$ 的相异度矩阵 $\boldsymbol{D}$ 为基础，计算非度量数据的多维标度，其返回结果存放在 Y 中，Y 是一个 n 行（n 个对象点）p 列（维数）的矩阵，它包含各点之间的欧氏距离矩阵，该矩阵是不相似矩阵 $\boldsymbol{D}$ 的近似单调变换，在缺省参数时，mdscale 使用 Kruskal 提出的规范化应力标准。

您可以指定 $\boldsymbol{D}$，它既可以是一个完整的 $n\times n$ 矩阵，也可以是一个上三角形式矩阵，比如由 PDIST 输出。不相似矩阵必须是实对称矩阵，主对角线上元素为零，其他元素均为非负元素。具有上三角形式的不相似矩阵必须有实数非负的元素。在 mdscale 中，NaN 按缺失数据处理，在计算时会忽略这些元素。mdscale 程序不接受无穷大 Inf。

您还可以指定 $\boldsymbol{D}$ 作为完整的相似矩阵，相似矩阵的主对角线元素均为 1，其他元素则小于 1。mdscale 会将相似矩阵转换成不相似矩阵，它将各点之间的距离返回，并保存在矩阵 Y 中，其中各值近似等于 $\sqrt{1-\boldsymbol{D}}$。假如你要使用其他不同的转换方法，则在调用 mdscale 之前，需先完成这种转换（将相似矩阵转为不相似矩阵）。

2）[Y，STRESS]=mdscale（D，P）

这种调用格式返回最小应力 stress，该应力据 Y 计算得到。

3）[Y，STRESS，DISPARITIES]=mdscale（D，P）

这种调用格式除了返回应力外，还返回了差异阵，即不相似矩阵 D 的单调变换结果。

4）[...]=mdscale（...，'PARAM1'，val1，'PARAM2'，val2，...）

这种调用格式允许用户使用“名/值”对来设置更多的选项参数，这些参数如下。

'Criterion'——该参数用来指定最小化的拟合优度标准，它也确定了标度的类型。当为非度量标度类型时，选项有如下几种。

（1）'stress'——该选项指定应力计算按照 Sk 式计算公式（10-13），MATLAB 代码中称该项为 STRESS1，也是缺省默认值。

（2）'sstress'——该选项指定应力的计算按照 St 计算公式（10-14）。

当为度量标度类型时，选项有如下几种。

（1）'metricstress'——该选项指明在计算应力时采用差异平方和进行标准化。

（2）'metricsstress'——该选项指明在计算应力时采用差异四次方和进行标准化。

（3）'sammon'——萨蒙非线性映射标准，按此标准，非对角线差异必须严格为正。

（4）'strain'——该选项表明使用与古典 MDS 一样的标准。

'Weights'——权重矩阵/向量，该矩阵或向量与矩阵 $\boldsymbol{D}$ 的维数相同，包含非负的不同权重值数据。在应力计算与最小化时，使用这些权重值来区别 $\boldsymbol{D}$ 中相应元素的不同贡献，若权重为 0，则忽略 $\boldsymbol{D}$ 中对应的元素。需要注意的是：若指定一个完整的矩阵作为权重阵，那么该矩阵的主对角线元素将被忽略，这些元素不会起什么作用，因为 $\boldsymbol{D}$ 中相应的对角元素不纳入应力计算。

'Start'——用来指定 Y 中各点的初始构图方法，包含的选项有如下几种。

（1）'cmdscale'——使用古典 MDS 方法，该方法也是缺省默认值，但要注意的是，当有 0 权重值时，该选项无效。

（2）'random'——从尺度适当坐标无关的 P 维正态分布中随机选取坐标。

（3）matrix——$n \times p$ 维的初始位置矩阵，在这种情况下，使用[]形式，mdscale 默认 p 是该矩阵的第二个维数，用户也可以提供 3 维矩阵，但此时第三维的数据暗指'Replicates'的值。

（4）'Replicates'——标度的重复次数，对每一个重复，都有一个新的初始构图，缺省情况下，其值取 1。

'Options'——最佳匹配标准迭代算法选项，由 STATSET 创建，STATSET 的选项参数如下。

（1）'Display'——展示输出的层次，选项分别为 ff'（缺省选项），'iter'和'final'。

（2）'MaxIter'——最大允许迭代次数，缺省为 200 次。

（3）'TolFun'——应力标准与其梯度的终止容限，缺省为 1e-4。

（4）'TolX'——构图位置步长尺寸的终止容限，缺省 1e-4。

下面我们利用 MATLAB 自带数据，介绍 mdscale 的调用情况，为帮助理解，部分代码已经做了注释。最后给出了拟合构图和欧氏距离下的线性拟合散点图（图 10-6）。

```
clear,clc;
load cereal.mat   % 加载数据
X = [Calories Protein Fat Sodium Fiber ...
     Carbo Sugars Shelf Potass Vitamins];
X = X(strcmp('K',cellstr(Mfg)),:);% 取出特定行
% Create a dissimilarity matrix.形成不一致矩阵
dissimilarities = pdist(X);
%利用非度量标度重建2D数据,并绘制结果的Shepard图线
[Y,stress,disparities]= mdscale(dissimilarities,2);%这里的P=2,指明在二维
distances = pdist(Y);
[dum,ord]= sortrows([disparities(:),dissimilarities(:)]);%按行排列
%绘制拟合图
subplot(1,2,1),plot(Y(:,1),Y(:,2),'r*');
for ir=1:size(Y,1),
    txtStr=sprintf('%d',ir);
    text(Y(ir,1),Y(ir,2),txtStr);
    hold on;
end
xlabel('dimen 1');ylabel('dimen 2');
%绘制线性拟合散点图
subplot(1,2,2),
```

```
plot(dissimilarities,distances,'bo',...
dissimilarities(ord),disparities(ord),'r.-');
xlabel('Dissimilarities'); ylabel('Distances/Disparities')
legend({'Distances''Disparities'},'Location','NW');
set(gcf,'color','w');
```

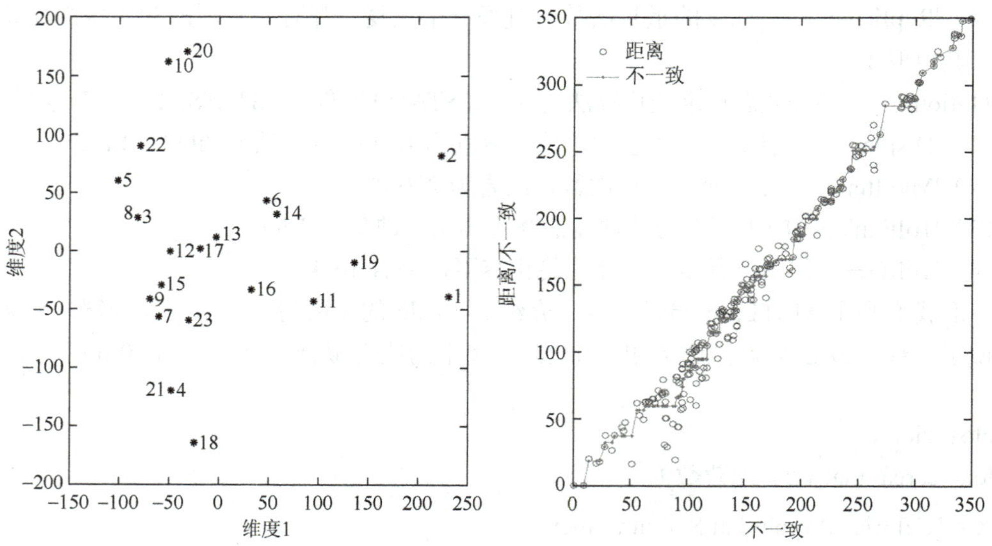

图 10-6　谷物营养成分 MDS 结果

习　题

1. 引言中给出了 10 种不同类型的饮料数据，其中 0 表示相同，100 表示不同，试进行 MDS 分析。

2. 引言中给出了京津冀地区主要城市之间的距离，试确定各个城市的相对位置，并思考理论中心城市的最佳位置。

3. 表 X10-1 给出了河北省内部分交通节点县之间的距离，试进行古典 MDS 分析。

表 X10-1　河北省内 10 县交通距离表

沽源	696	740	921	836	543	399	585	484	493	沽源
青龙	563	552	851	662	379	489	173	107	青龙	
遵化	513	454	801	550	272	379	94	遵化		
唐海	566	446	768	542	385	431	唐海			
涞源	270	347	472	447	186	涞源				
安新	226	259	428	355	安新					
馆陶	198	94	172	馆陶						
涉县	202	238	涉县							
南宫	89	南宫								
高邑	高邑									

4. 表X10-2是关于描述早餐中谷类食物成分含量的10个测量值，试对这些数据进行MDS分析。

表 X10-2　早餐中谷类食物成分含量

热量	蛋白质	脂肪	钠	纤维素	碳水化合物	糖类	谷壳	碳酸钾	维生素
110	2	2	180	15	10.5	10	1	70	25
130	3	2	210	2	18	8	3	100	25
110	6	2	290	2	17	1	1	105	25
120	1	3	210	0	13	9	2	45	25
110	3	2	140	2	13	7	3	105	25
110	1	1	180	0	12	13	2	55	25
110	1	1	180	0	12	13	2	65	25
100	2	1	140	2	11	10	3	120	25
110	1	1	280	0	15	9	2	45	25
110	3	1	250	15	115	10	1	90	25
110	2	1	260	0	21	3	2	40	25
110	2	1	180	0	12	12	2	55	25
100	2	1	220	2	15	6	1	90	25
130	3	2	170	15	135	10	3	120	25
100	3	2	140	25	10.5	8	3	140	25
110	2	1	200	0	21	3	3	35	100
140	3	1	190	4	15	14	3	230	100
100	3	1	200	3	16	3	3	110	100
110	2	1	250	0	21	3	3	60	25
110	1	1	140	0	13	12	2	25	25
100	3	1	200	3	17	3	1	110	25
110	2	1	200	1	16	8	1	60	25

注：本数据摘自 MATLAB 2014a 自带 cereal 数据包

5. 为在药物分子设计中判断未知化合物的生物活性，在构效关系分析中引入多维标度法，测定了一系列芳氧基乙酰肼衍生物抑制单胺氧化酶的结构及活性数据，如表X10-3[95]所示，其中 R_2，R_3，R_4，X，Y，Z 分别表示不同位置，如图X10-1示意。表中，CL代指Cl，I-PR代指 $CH(CH_3)_2$，CA代指 $CH_2C_6H_5$，CMA代指 $CH(CH_3)C_6H_5$，试进行符号数据的MDS分析。

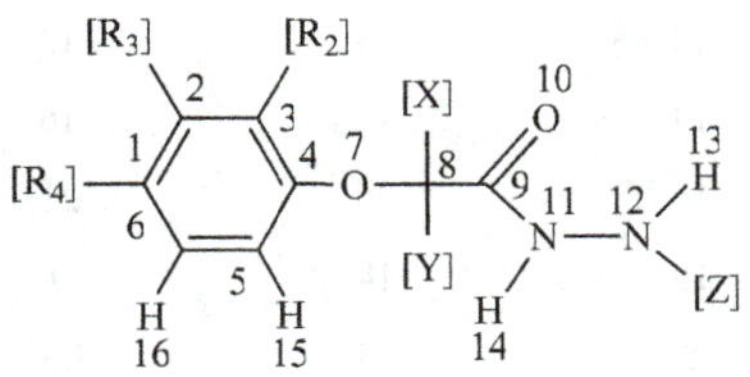

图 X10-1　芳氧基乙酰肼衍生物的结构框架模型

表 X10-3　芳氧基乙酰肼衍生物抑制单胺氧化酶的结构及活性数据

化合物	R_2	R_3	R_4	X	Y	Z	实验值
1	H	H	H	H	H	I-PR	5.42
2	CL	H	H	H	H	I-PR	5.60
3	H	CL	H	H	H	I-PR	5.40
4	H	H	CL	H	H	I-PR	5.96
5	CH_3	H	H	H	H	I-PR	5.54
6	H	CH_3	H	H	H	I-PR	5.05
7	H	H	CH_3	H	H	I-PR	5.40
8	H	H	CL	H	H	C_2H_5	6.00
9	H	H	H	H	H	C_2H_5	5.82
10	H	H	H	CH_3	CH_3	I-PR	4.34
11	H	H	CL	H	H	CA	6.96
12	H	H	H	H	CH_3	CA	6.14
13	H	H	H	H	CH_3	I-PR	5.00
14	CL	H	H	H	CH_3	I-PR	5.16
15	H	CL	H	H	CH_3	I-PR	4.96
16	H	H	CL	H	CH_3	I-PR	5.00
17	OCH_3	H	H	H	H	I-PR	5.62
18	H	OCH_3	H	H	H	I-PR	5.42
19	H	H	OCH_3	H	H	I-PR	5.52
20	H	H	CL	CH_3	CH_3	I-PR	4.80
21	H	CH_3	H	H	CH_3	I-PR	4.00
22	H	H	H	H	H	CMA	5.70
23	H	H	CH_3	H	H	CMA	6.05
24	H	H	CL	H	H	CMA	6.00

6. 表 X10-4 显示了 10 名小学生 6 项智力测验得分的资料[96]，用多维标度法对其进行分析。

表 X10-4　小学生智力测验得分

学生编号	常识	算术	理解	填图	积木	译码
1	14	13	28	14	22	39
2	10	14	15	14	34	35
3	11	12	19	13	24	39
4	7	7	7	9	20	23
5	13	12	24	12	26	38
6	19	14	22	16	23	37
7	20	16	26	21	38	69
8	9	10	14	9	31	46
9	9	8	15	13	14	46
10	9	9	12	10	23	46

7. 在地质学的研究领域，遇到的一些定性变量有时只有类别差别，无顺序和大小差别。例如，地质上的东西向构造、北东向构造、南北向构造，三者无顺序、大小之差。通过不相似数理化理论，可得到它们之间的不相似性，表 X10-5 是乌拉山金矿 26 个变量（包括定性和定量变量）和 27 个单元的计算得分表（名称稍作修改）[97]，试进行多维标度分析。

表 X10-5　数量化理论Ⅳ预测靶区得分表

	A	*B*	*C*	*D*
1	−0.0523	0.0520	−0.0154	0.3988
2	−0.0199	0.0126	−0.0466	0.0350
3	−0.0489	0.0475	−0.0635	0.0985
4	−0.0222	0.0314	0.0195	0.0858
5	−0.0533	0.0277	−0.0290	−0.4765
6	0.9794	0.0061	−0.0047	0.0009
7	−0.0186	0.0334	−0.0137	−0.0008
8	−0.0167	0.0212	−0.0133	0.0373
9	−0.0469	0.0236	−0.0345	0.0250
10	−0.0365	0.0471	−0.0140	0.0029
11	−0.0609	0.0458	−0.0586	0.0502
12	−0.0364	0.0087	−0.0113	−0.0118
13	−0.0471	0.0342	−0.0375	0.0568
14	−0.0331	−0.9771	0.0504	0.0035
15	−0.0276	0.0321	−0.0588	0.0048
16	−0.0479	0.0331	−0.0423	−0.0811
17	−0.0513	0.0499	−0.0843	0.0054
18	−0.0253	0.0335	0.0079	0.0018
19	−0.0484	0.0352	−0.0035	0.0288
20	−0.0362	0.0546	−0.0220	0.0216
21	−0.0284	0.0542	−0.0163	0.0309
22	−0.0303	0.0152	−0.0469	0.0022
23	−0.0533	0.0504	−0.0811	0.1543
24	−0.0364	0.0488	−0.2080	−0.6706
25	−0.0288	0.0334	−0.0406	−0.0083
26	−0.0365	0.0946	0.9534	−0.1027
27	−0.0363	0.0508	−0.0855	0.3075

注：*A*=41.4849；*B*=40.0541；*C*=37.7518；*D*=37.0191

参 考 文 献

[1] 张淑珍，徐鹏飞，靳立梅，等. 野生大豆对大豆疫霉根腐病抗感反应及聚类分析[J]. 东北农业大学学报，2009，40（11）：1-6.

[2] 杜荣骞. 生物统计学[M]. 3 版. 北京：高等教育出版社，2009.

[3] 陈为，沈责潜，陶煜波，等. 数据可视化[M]. 北京：电子工业出版社，2013.

[4] 陆璇，叶俊译. 实用多元统计分析[M]. 北京：清华大学出版社，2008.

[5] 朱娜. 渤海湾溢油区水体及水生动物体内重金属含量的季节变化[D]. 保定：河北大学硕士学位论文，2014.

[6] 杨月珍，夏文明，王尔贵，等. 雷达图在临床诊断中的应用[J]. 南京军医学院学报，2001，03：205-206.

[7] 高惠璇. 应用多元统计分析[M]. 北京：北京大学出版社，2005.

[8] 朱建平. 应用多元统计分析[M]. 北京：科学出版社，2010.

[9] 方慷. 白洋淀三大典型水体附着藻类群落结构研究[D]. 保定：河北大学硕士学位论文，2014.

[10] 张立志. 我国 1978～2011 年生态足迹时间序列研究与应用[D]. 保定：河北大学硕士学位论文，2014.

[11] 徐筱杰，侯廷军，乔学斌，等. 计算机辅助药物分子设计[M]. 北京：化学工业出版社，2004.

[12] 马赛璞，谷中如，井爱芹，等. 金银花根围 AM 真菌与土壤环境的典型相关分析[J]. 生态学杂志，2013，32（9）：2517-2524.

[13] 盛骤，谢式千，潘承毅. 概率论与数理统计[M]. 4 版. 北京：高等教育出版社，2008.

[14] 王振龙，胡永宏. 应用时间序列分析[M]. 北京：科学出版社，2010.

[15] 张尧庭，方开泰. 多元统计分析引论[M]. 武汉：武汉大学出版社，2013.

[16] 埃伯哈德. 蔡德勒. 数学指南[M]. 北京：科学出版社，2012.

[17] 张贤达. 矩阵分析与应用[M]. 北京：清华大学出版社，2004.

[18] 董梦荟. 汪洋沟可培养细菌的季节性变化及其与环境因子的关系[D]. 保定：河北大学硕士学位论文，2014.

[19] 付兴亮. TNT 生产废水对斑马鱼毒性效应的研究[D]. 保定：河北大学硕士学位论文，2013.

[20] 李春瑜. 重金属铜、镉对海陆蛙蝌蚪毒性作用的初步研究[D]. 海口：海南师范大学硕士学位论文，2013.

[21] 周宏轩. Ca^{2+}和饵料脂肪对中华绒螯蟹性早熟能量学研究[D]. 保定：河北大学硕士学位论文，2010.

[22] 张敏莹，徐东坡，刘凯，等. 中国五大湖秀丽白虾地理种群的形态差异与判别分析[J]. 长江流域资源与环境，2010，19（6）：678-684.

[23] 韩晓磊，马强，李小蕊，等. 中国螯虾科虾类（克氏原螯虾和东北螯虾）形态差异及判别分析[J]. 中国农学通报，2011，27（11）：61-65.

[24] 颜云榕，易木荣，冯波，等. 南海鸢乌贼 3 个地理群体形态差异与判别分析[J]. 广东海洋大学学报，2015，35（03）：43-50.

[25] 党彤，杨雪梅，黄琳琳，等. 基于核 Fisher 判别分析的油田油水层预测[J]. 价值工程，2015，11：172-174.

[26] 赵嵘，齐黎明，葛须宾，等. 基于系统聚类分析和判别分析的煤与瓦斯突出预测[J]. 华北科技学院学报，2015，12（2）：14-20.

[27] 余颂，陈善雄，余飞，等. 膨胀土判别与分类的 Fisher 判别分析方法[J]. 岩土力学，2007，28（3）：499-504.

[28] 明亮，王继安. 大豆凝集素含量测定及聚类分析[J]. 大豆科技，2009，5：20-23.

[29] 陈双. 玉米自交系聚类分析[J]. 黑龙江科技信息，2011，6：202-203.

[30] 徐春环，周志尊，陈志国. 2009. 模糊聚类分析法在氨基酸分子分析中的应用[J]. 中国现代药物应用，2009，3（9）：179-180.

[31] 孟凡宇，吴群英. 辽宁城市发展的因子聚类分析[J]. 现代经济，2007，6（8）：43-46.

[32] 彭义峰. 住宅价格、居民收入以及住房支付能力的分类研究[D]. 武汉：华中师范大学硕士学位论文，2013.

[33] 石卫华. 景德镇市天气状况的模糊聚类分析[J]. 改革与开放，2011，18：117-119.

[34] 潘伟. 个性化信息服务关键技术聚类分析[J]. 现代情报，2007，10：212-214.

[35] 王青松，李爽，马瑞萍，等. 基于模糊聚类分析的数据库模糊查询的研究[J]. 小型微型计算机系统，2015，36（6）：1199-1203.

[36] 施建军. 关于以《红楼梦》120 回为样本进行其作者聚类分析的可信度问题研究[J]. 红楼梦学刊，2010，05：318-335.

[37] Tan PN. 数据挖掘导论[M]. 2 版. 范明，范宏建等译. 北京：人民邮电出版社，2011.

[38] 徐克学. 生物数学[M]. 北京：科学出版社，2004.

[39] 陈希孺. 概率论与数理统计[M]. 合肥：中国科学技术大学出版社，2009.

[40] 颜庆津. 数值分析[M]. 北京：北京航空航天出版社，1992.

[41] 张祥鹤. 金银花根围 AM 真菌时空分布及其与碳氮关系研究[D]. 保定：河北大学硕士学位论文，2012.

[42] 张志勇. 精通 matlab 2011a[M]. 北京：北京航空航天大学出版社，2011.

[43] 张凤兰，郝丽珍，王萍，等. 蒙古高原特有属——沙芥属蔬菜植物果实和种子形态指标聚类分析[J]. 中国园艺学会第七届青年学术讨论会论文集，园艺学进展（第七辑），2006，7：420-423.

[44] 胡永红，吴志峰，李定强，等. 基于 ARIMA 模型的区域水生态足迹时间序列分析[J]. 生态环境，2006，15（1）：94-98.

[45] 吕海龙，董希斌. 不同整地方式对小兴安岭低质林生物多样性的影响[J]. 森林工程，2011，06：5-9.

[46] 高明，朱玉杰，董希斌，等. 采伐强度对大兴安岭用材林生物多样性的影响[J]. 东北林业大学学报，2013，08：18-21.

[47] 林金成，强胜，吴海荣. 外来入侵杂草空心莲子草对植物生物多样性的影响[J]. 农村生态环境，2005，02：28-32.

[48] 蒲高忠，唐赛春，潘玉梅，等. 不同生境中飞机草的群落结构及其生物多样性[J]. 草业科学，2012，03：447-452.

[49] 张泱，吕海龙，董希斌. 不同改造方式对小兴安岭低质林生物多样性的影响[J]. 东北林业大学学报，2012，04：80-84，89.

[50] 肖相政，廖宗文，杜建军. 生物有机肥对青枯病防效及土壤微生物多样性的影响[J]. 江苏农业科学，2012，09：119-122.

[51] 刘海平，叶少文，杨雪峰，等. 西藏尼洋河水生生物群落时空动态及与环境因子的关系：1. 浮游植物[J]. 湖泊科学，2013，05：695-706.

[52] 刘海平，叶少文，杨雪峰，等. 西藏尼洋河水生生物群落时空动态及与环境因子关系：2. 着生藻类[J]. 湖泊科学，2013，06：907-915.

[53] 刘海平，叶少文，杨雪峰，等. 西藏尼洋河水生生物群落时空动态及与环境因子关系：3. 大型底栖动物[J]. 湖泊科学，2014，01：154-160.

[54] 李志斐，王广军，谢骏，等. 草鱼养殖池塘生物膜固着微生物群落碳代谢 Biolog 分析[J]. 水产学报，2014，12：1985-1995.

[55] 张伟，李纯厚，贾晓平，等. 混凝土礁体和铁制礁体附着生物群落多元统计分析[J]. 南方水产，2009，

03：30-35.

[56] 布仁仓，胡远满，常禹，等. 景观指数之间的相关分析[J]. 生态学报，2005，25（10）：2764-2775.

[57] 马寨璞，李静，佟霁坤，等. 复合生态系统中信息流指标构成与属性[J]. 河北大学学报（自然科学版），2014，33（1）：57-63.

[58] 殷旭旺，张远，渠晓东，等. 浑河水系着生藻类的群落结构与生物完整性[J]. 应用生态学报，2011，22（10）：2732-2740.

[59] 龚珞军，张仕萍，熊邦喜，等. 不同类型湖泊夏季浮游生物多元聚类分析[J]. 水生生物学报，2010，01：43-50.

[60] 李磊，王云龙，蒋玫，等. 江苏如东滩涂贝类养殖区表层沉积物中重金属来源分析及其潜在生物毒性[J]. 环境科学，2012，08：2607-2613.

[61] 张莹，许修宏，李洪涛. 污泥堆肥过程中生物酶活性与理化因子关系分析[J]. 农业环境科学学报，2012，11：2290-2295.

[62] 刘庆朝. 倍半萜类化合物构效关系研究[D]. 保定：河北大学硕士学位论文，2013.

[63] 高明，朱玉杰，董希斌，等. 采伐强度对大兴安岭用材林生物多样性的影响[J]. 东北林业大学学报，2013，08：18-21.

[64] 谢中华. MATLAB 统计分析与应用：40 个案例分析[M]. 北京：北京航空航天大学出版社，2010.

[65] 王学仁. 地质数据的多变量统计分析[M]. 北京：科学技术出版社，1982.

[66] Dallas E. 应用多元统计分析方法（影印版）[M]. 北京：高等教育出版社，2004.

[67] 吕航，刘明遥，苏小四，等. 主因子分析方法在确定地下水石油烃生物降解过程中的应用[J]. 中南大学学报（自然科学版），2013，44（8）：3552-3560.

[68] 王雄军，赖健清，鲁艳红，等. 基于因子分析法研究太原市土壤重金属污染的主要来源[J]. 生态环境，2008，17（2）：671-676.

[69] 张玉洁. 新疆沙冬青 AM 真菌多样性及其空间异质性研究[D]. 保定：河北大学硕士学位论文，2014.

[70] 杨军. 大清河保定段浮游藻类群落结构特征及水质评价[D]. 保定：河北大学硕士学位论文，2013.

[71] 尚景盛，王玉光，胡立胜. 应用对应分析研究 COPD 中医证候与病情分级的相关性[J]. 上海中医药大学学报，2004，18（4）：29-30.

[72] 郑弘，吕华东，陈崇帼，等. 对应分析在恶性肿瘤分布研究中的应用[J]. 海峡预防医学杂志，1999，（1）：3-5.

[73] 罗盛，马峻岭，陈景武. 分组对应分析在流行病学研究中的应用[J]. 中国卫生统计，2008，25（3）：280-282.

[74] 王菊，侯洁，杨萌尧，等. 对应分析在大气颗粒物源解析中的应用研究[J]. 中国环境监测，2012，28（3）：41-46.

[75] 龚磊，卢文喜，辛欣，等. 对应分析方法在白城市洮北区地下水水质评价中的应用[J]. 水资源保护，2011，27（1）：38-41.

[76] 王晓鹏. 水质评价的对应分析方法及在湟水流域的应用[J]. 青海师范大学学报：自然科学版，2001，（1）：66-70.

[77] 史希来. 属性数据分析引论[M]. 北京：北京大学出版社，2006.

[78] 郭水良，曹同. 应用典范对应分析探讨长白山金发藓科植物的生态位分化[J]. 植物研究，2000，20（3）：286-225.

[79] 邢海燕，沈毅，俞敏，等. 对应分析在研究居民就诊单位与就诊原因中的应用[J]. 中国卫生统计，2002，19（5）：268-269.

[80] 朱秀华，李晓旭. 对应分析法在城市大气环境质量评价中的应用[J]. 大连交通大学学报，2010，31（1）：